गाँधी विचार रत्न

गांधी विचार रत्न

सौरभ उपाध्याय

इशिका पब्लिशिंग हाउस
जयपुर दिल्ली

इशिका पब्लिशिंग हाउस
ए –25, ''गणेश सदन'', गली न. 4, आदर्श बस्ती,
बी.एल. हाउस के पास, टोंक फाटक,
जयपुर–302018 (राजस्थान) भारत
फोन : 0141-2761280, Mob. 9887532741
Email: ishikapublishinghouse@yahoo.in

दिल्ली कार्यालय : 102, प्रथम मंजिल, 'सत्यम हाउस'
4324/3, अंसारी रोड़, दरियागंज, नई दिल्ली – 110 002
फोन : 011–45652440

ISBN: 9788189471736

Price: ₹ 1725.00

टाइपसेटिंग : बी.एस. कम्प्यूटर्स, जयपुर

मुद्रक : थॉमसन प्रेस, नई दिल्ली

प्रस्तावना

अधिकतर लोगों को राजनीति और धर्म का, सदाचार और नीति का मिलना बर्दाश्त नहीं हो पाता। सत्य, दया और प्रेम सिर्फ पारिवारिक और सामाजिक क्षेत्र में ही आचरण योग्य माने जाते हैं। राजनीति में सिर्फ उपयुक्तता और वांछनीयता को उपयुक्त समझा जाता है। गाँधीजी ने धर्म निरपेक्षता और धार्मिकता को कभी एक दूसरे से अलग नहीं किया। राजनीति को वह सत्याग्रह के माध्यम से चाहते थे। इस सन्दर्भ में महाकवि रवीन्द्र नाथ ठाकुर ने एक अवसर पर गाँधीजी के बारे में सही ही कहा था कि "वह विचारों से नहीं मनुष्यों से प्रेम करते हैं।" गाँधीजी प्रत्येक समस्या को नैतिक सन्दर्भ में देखना पसन्द करते थे।

महात्मा गाँधीजी ने अहिंसा का प्रयोग अपने जीवन में किया और सम्पूर्ण देश का इस सिद्धान्त के साथ तादात्म्य कराया। इस प्रकार गाँधीजी की अहिंसा परम्परागत अहिंसा से मित्र हो गई क्योंकि उसमें व्यावहारिकता समाहित है। गाँधीजी ने अहिंसा को व्यवहारोपयोगी बनाकर अहिंसा के पुरातन अर्थों की सीमाओं का विस्तार किया। गाँधीजी ने अहिंसा के वैयक्तिक तत्व में सामाजिकता का प्रवेश कराया तथा उसके निष्क्रिय एवं सैद्धान्तिक पक्ष को अत्यन्त सक्रिय बना दिया। अब तक अहिंसा एक व्यक्ति के सुधार मात्र का सहारा था, गाँधीजी ने उसका प्रयोग विशाल समूहों पर किया।

संसार विभिन्न धर्मों का एक अमित भण्डार है। सामान्य रूप में जब प्रचलित धर्मों को समुदाय की संज्ञा देकर विचार होने लगता है तब अन्य धर्मों के प्रति अनेक प्रकार की शंकाएँ जन्म लेने लगती हैं। कभी-कभी यह शंकाएँ घृणा में परिणित होकर

हमें विवेकहीन बना देती हैं। हम परस्पर एक दूसरे से बहुत दूर खड़े हो जाते हैं। गाँधीजी ने हिन्दू धर्म को अधिक उदार मानने के कारण अपनाया और जीवन पर्यन्त श्रेष्ठ हिन्दू बनकर उसका पालन किया लेकिन उनकी धार्मिक मनोभावनाएँ किसी धर्म विशेष के प्रति अनादरपूर्ण नहीं थीं। गाँधीजी ने किसी भी प्रचलित धर्म में सत्य को प्रतीक माना।

गाँधीजी के अनुसार धार्मिक मान्यताओं की पूर्णता इस तथ्य में निहित है कि सम्पूर्ण समाज की अनुभूति करे। एकता का व्यावहारिक आदर्श लेकर गाँधीजी ने जिस प्रकार अस्पृश्यता के कलंक को मिटाने के लिए धर्म को शुद्धता प्रदान की, उसी प्रकार गाँधीजी बड़े सम्प्रदायों के बीच एकता चाहते थे। भारत में प्रधानतम दो धर्मानुयायी रहते हैं–हिन्दू धर्म के अनुयायी तथा इस्लाम धर्म के अनुयायी। इन दोनों धर्मों की अपनी-अपनी मान्यताओं के कारण ही दोनों धर्म रूढ़ियों को ग्रहण करते चले आ रहे हैं। यद्यपि साम्प्रदायिक एकता की इच्छा रखने वाले इस महान् सन्त के सामने ही देश विभाजित हुआ, किन्तु विभाजन के बाद भी भारत में रहे मुसलमान सद्भावना के प्रसार को पाकर हिन्दुओं के सामीप्य का सुख भोग सके, गाँधीजी की यह जीवन पर्यन्त इच्छा रही।

सौरभ उपाध्याय

अनुक्रमणिका

1

जीवन परिचय

मोहनदास करमचंद गाँधी (महात्मा गाँधी) ने भारतीय इतिहास में जो स्थान प्राप्त किया है, शायद ही कोई दूसरा व्यक्ति उस स्थान को प्राप्त कर सकेगा। महात्मा गाँधी के समय में सम्पूर्ण भारत ब्रिटिश साम्राज्य के अधीन था। अंग्रेज अपना प्रभाव जमाने के लिए भारतीयों पर अत्याचार कर रहे थे। हालांकि अंग्रेजों को देश से भगाने के लिए सन् 1857 में ही क्रांति की ज्वाला भड़क उठी थी लेकिन गाँधीजी ने देश की आजादी हेतु एक नए रूप में आन्दोलन छेड़ा। उन्होंने अहिंसा का मार्ग अपनाया और इसी मार्ग पर चलते हुए उन्होंने अंग्रेजों को देश छोड़ने के लिए विवश कर दिया।

महात्मा गाँधी का जन्म और बचपन

महात्मा गाँधी का जन्म 2 अक्टूबर, 1869 को गुजरात के पोरबन्दर नामक स्थान पर हुआ। इनकी माता का नाम पुतलीबाई व पिता का नाम करमचंद गाँधी था। गाँधीजी पूरा नाम मोहनदास करमचंद गाँधी था। इनके पिता कुटुम्ब प्रेमी, सत्यप्रिय, उदार परन्तु क्रोधी थे। वह राजकोट में कुछ समय तक प्रधानमंत्री रहे थे और राज्य के बड़े भक्त थे। एक बार जब असिस्टेंट पोलिटिकल एजेन्ट ने राजकोट के ठाकुर साहब की शान के खिलाफ कुछ शब्द कहे, तब उन्होंने उसका विरोध किया। ठाकुर साहब इस पर नाराज हो गये तथा गाँधी जी को माफी मांगने का आदेश दिया। परन्तु उन्होंने क्षमा मांगने से मना कर दिया फलस्वरूप उन्हें कुछ समय

हवालात में गुजारना पड़ा। गाँधी जी की माता एक धार्मिक, सीधी-सादी व साध्वी तथा उनका मन पूजा-पाठ एवं धार्मिक कार्यों में अधिक लगता था। वह नियमित मंदिर जाती थीं तथा देव पूजन के बाद ही भोजन ग्रहण करती थीं। कठिन-से-कठिन व्रत वह लेतीं और उन्हें पूरा करतीं। यहां तक कि बीमारी की हालत में भी वे व्रतों को नहीं छोड़ती थीं। वह उदार एवं भावुक महिला थीं। पुतलीबाई व्यवहार कुशल एवं बुद्धिमान भी थीं। राज दरबार की सब बातें जानती थीं। महात्मा गाँधी जी बचपन में अपनी मां के साथ दरबार गढ़ जाते थे तथा उनकी माँ से ठाकुर साहब की विधवा माता माँ जी साहब से जो कुछ बातचीत होती थी उसे बड़े ध्यान से सुनते थे।

शिक्षा

गाँधीजी ने अपनी प्रारंभिक शिक्षा राजकोट के प्राथमिक विद्यालय से की। ये एक साधारण श्रेणी के विद्यार्थी थे। वे कभी झूठ नहीं बोलते थे तथा संकोची स्वभाव के थे। उनकी मित्र मण्डली सिर्फ नाममात्र की थी। स्कूल में सिर्फ अपने काम से मतलब रखते थे। अनावश्यक छात्रों की संगति उनको पसन्द नहीं थी। राजकोट में ही उन्होंने हाईस्कूल तक की शिक्षा प्राप्त की।

हाईस्कूल के प्रथम वर्ष परीक्षा के समय की एक घटना उल्लेखनीय है। शिक्षा विभाग के इन्सपेक्टर, जाइल्स साहब मुआयना करने विद्यालय में आये। उन्होंने पहले दर्जे के विद्यार्थियों से पांच शब्द लिखवाये। उनमें से एक शब्द था केटल। उनकी स्पेलिंग (हिज्जे) गाँधी जी ने गलत लिख दी थी। मास्टर साहब ने गाँधी जी को अपने बूट से ठोकर मारकर सतर्क किया, पर अध्यापक के संकेत को वे समझ न सके उनके दिमाग में यह बात नहीं आई कि मास्टर साहब सामने के लड़के की स्लेट देखकर हिज्जे दुरुस्त करने का संकेत कर रहे हैं। गाँधी जी यह मानकर बैठे थे कि मास्टर तो उसके लिए हैं कि कोई लड़का नकल न कर सके फिर मुझे क्यों नकल करने के लिए संकेत कर रहे हैं। उन्होंने दृढ़ संकल्प कर रखा था कि मुझे नकल नहीं करनी है, चाहे मेरा शब्द भले ही गलत हो जाय।

सब लड़कों के पांचों शब्द सही निकले अकेले वही गलत कर बैठे। उनकी बेवकूफी मास्टर जी ने बाद में बतायी परन्तु गाँधी जी के दिमाग पर उसका कोई प्रभाव नहीं पड़ा। वे किसी भी परीक्षा में नकल का सहारा नहीं लेते थे।

गाँधीजी 'श्रवण-पितृभक्ति' नाटक व 'सत्य हरिश्चन्द्र नामक' नाटक से काफी प्रभावित थे। जीवन पर्यन्त उन्होंने माता-पिता की सेवा करने का संकल्प ले

लिया तथा उनके मन में श्रवण कुमार के समान बनने के विचार उठने लगे। वे माता-पिता की सेवा को ही अपना कर्तव्य समझते थे। 'सत्य हरिश्चन्द्र नाटक' से भी वे काफी प्रभावित हुये। हरिश्चन्द्र की सत्य प्रतिज्ञा से ही प्रभावित होकर उन्होंने जीवन में सत्यव्रत का पालन करना सीखा। उनकी धारणा थी कि जिस तरह हरिश्चन्द्र ने अपने जीवन में कितनी भयंकर विपत्तियाँ भोगीं परन्तु सत्य का पालन अन्तिम समय तक करते रहे। अन्त में उनको सब कुछ प्राप्त हुआ उसी प्रकार से गाँधी जी ने भी यह दृढ़ संकल्प कर लिया था कि वे सत्य का मार्ग नहीं छोड़ेंगे इसके लिए चाहे कोई भी कीमत क्यों न चुकानी पड़े।

विवाह

जिस समय गाँधीजी का विवाह हुआ उस समय उनकी आयु मात्र तेरह वर्ष थी। उस समय उनके भाई व चचेरे भाइयों का विवाह एक ही साथ सामूहिक-रिवाज से सम्पन्न कराया गया था। उस समय वे हाईस्कूल में पढ़ रहे थे। उस समय वर्तमान हिन्दू समाज में एक ओर पढ़ाई और दूसरी ओर शादी दोनों साथ-साथ चल सकते थे। उनकी पत्नी कस्तूरबा गाँधी उम्र में बराबर थीं, परन्तु स्वभाव से बहुत भोली-भाली एवं सरल व सुशील थीं। कस्तूरबा जी को वे बहुत प्यार करते थे। कभी-कभी दोनों दम्पत्ति में झड़प होती फिर आपस में समझौता हो जाता। कस्तूरबा जी हमेशा गाँधी जी का ख्याल रखती थीं, तथा उनकी हर आवश्यकता को पूरा करती थीं।

मांस-भक्षण निषेध

गाँधी जी का परिवार धार्मिक था। उनके के माता-पिता वैष्णव थे और वे उनके परम भक्त थे। बाद में गाँधीजी ने अपनी इस कृत्य के लिए पश्चाताप किया और भविष्य में कभी ऐसा न करने का संकल्प किया। गाँधीजी ने कुछ लोगों की संगति में आकर मांस भक्षण कर लिया था जिसकी जानकारी उनके परिजनों को नहीं थी। गाँधीजी भी यह भलीभांति जानते थे कि उनके इस कृत्य को माता-पिता सहन नहीं कर सकेंगे।

गाँधीजी इंग्लैण्ड में

गाँधीजी को जब यह पता चला कि उनके इंग्लैण्ड जाने का प्रबन्ध कर दिया गया है तो वे काफी वेचैन हो गए। भावजी दवे अपने मित्र के परिवार को उसकी प्रतिष्ठा के अनुकूल ही ऐसा परामर्श दे रहे थे। मोहन से जब इस प्रसंग पर पूछा गया तब उनका उत्तर इस जिज्ञासा को इस रूप में स्पष्ट करता है, "मुझे विलायत

भेजा जाए तो बहुत अच्छा है।" गाँधीजी की इच्छा थी कि उन्हें इंग्लैण्ड डाक्टरी पढ़ने के लिए भेजा जाए किन्तु वैष्णव परिवार की मर्यादा के कारण उन्हें वकालत के अतिरिक्त अन्य किसी व्यवसाय की दीक्षा के लिए इंग्लैण्ड भेजने का कोई प्रश्न नहीं था। प्रारम्भिक औपचारिकताओं में कुछ कठिनाइयाँ और असुविधाएँ दोनों थीं।

धर्मगत सीमाएँ इंग्लैण्ड के लिए रास्ता को रोकने के लिए उत्सुक थीं। माँस, मदिरा और स्त्री संगम से दूर रहने की प्रतिज्ञा करके मोहन ने माता को आश्वस्त किया था किन्तु उनकी जाति उन्हें भेजने के लिए अन्तिम क्षण तक भी तैयार नहीं हुई। उन्हें जाति से निकाल दिया गया। जाति के विचार में समुद्र यात्रा अनुचित थी। इस असुविधा के साथ-साथ अर्थ के प्रबन्ध की व्यवस्था का प्रश्न एक दुविधापूर्ण कठिनाई थी। मोहन के बड़े भाई ने अपनी पूरी सामर्थ्य लगाकर धन का प्रबन्ध भी किया और बिरादरी के जाति से बहिष्कृत करने पर भी मोहन को इंग्लैण्ड भेजने के निश्चय पर डटे रहे। मोहन दास इंग्लैण्ड जाने के समय एक बच्चे के पिता बन चुके थे। इस प्रकार उन्हें भी मोह की दीवार तोड़कर इंग्लैण्ड जाना था। माता और पत्नी के प्रति उनका स्नेह अधिक उमड़ रहा था किन्तु इंग्लैण्ड जाने के आकर्षण ने उन्हें दृढ़ निश्चयी बना दिया था। 4 सितम्बर 1888 को उन्होंने मुम्बई से इंग्लैण्ड के लिए प्रस्थान किया। सामुद्रिक यात्रा की कठिनाई के बाद सितम्बर के अन्तिम दिन वह इंग्लैण्ड पहुँच गए।

समस्याएँ—गाँधीजी ने इंग्लैण्ड पहुंचते ही यह अन्दाजा लगा लिया कि भारत के जीवन व यहां के जीवन में काफी फर्क है। पुस्तक के आधार पर मिलने वाले ज्ञान से यह ज्ञान कुछ भिन्न था। एक परिचित डाक्टर प्राण जीवन मेहता के सद्परामर्श में ही इंग्लैण्ड के जीवन का आभास मिल जाता है, "किसी की चीज नहीं छूनी चाहिए; किसी से जान पहचान होने पर हिन्दुस्तान में यों ही सवाल किए जा सकते हैं। वैसे यहां नहीं किए जा सकते; बातें करते हुए जोर से नहीं बोला जाता।" इन साधारण बातों की दीक्षा देने में डाक्टर मेहता का अहंकार नहीं बल्कि उसका मोहन दास की अनभिज्ञता के प्रति प्रेम परिलक्षित होता है। गाँधीजी जिस माहौल में पहुंचे थे वह राजकोट के माहौल से बिल्कुल अलग था जिसके चलते गाँधीजी काफी कष्ट महसूस कर रहे थे। उनके अपने शब्दों में, "देश बहुत याद आता था। माता का प्रेम आंखों के सामने नाचा करता। रात हुई कि रोना शुरू हुआ। घर की अनेक प्रकार की स्मृतियों की चढ़ाई के कारण नींद कहां से आ पाती? यह दुःख-गाथा किसी से कहा भी नहीं जा सकती थी... मनुष्य विचित्र,

रहन-सहन विचित्र, घर भी विचित्र। घरों में रहने की रीति-नीति भी वैसी ही विचित्र। क्या बोलने और क्या करने में यहाँ के शिष्टाचार का भंग होता है, इसका भी बहुत कम पता था।''

गाँधीजी के लिए एक बड़ी समस्या मांसाहार का सेवन न करना बन गयी थी। ''शाकाहार की प्रतिज्ञा उनके जी का जंजाल हो गई। इंग्लैण्ड के मित्रों को यह फिक्र सताने लगी कि खान-पान का परहेज उसके स्वास्थ्य को चौपट ही नहीं कर देगा, वह यहां के समाज में घुल-मिल भी नहीं पाएगा और खासा नक्कू बन कर रह जाएगा।'' मांस खाने की इच्छा भी होती होगी फिर भी प्रतिज्ञा के कारण हाथ बंधे हुए थे। गाँधीजी तीन वर्ष तक इंग्लैण्ड में ही व्यतीत करने के लिए विवश थे।

एक दिन अचानक गाँधीजी को फेरिंग्डन स्ट्रीट पर शाकाहारी रेस्तरां के बारे में पता चला। उस दिन उन्होंने आनन्दपूर्वक भोजन किया। डगमगाते हुए पैरों को सम्बल मिल गया। अब वे शाकाहार के प्रति और भी दृढ़ संकल्प हो गए। 'ईथिक्स ऑफ डाइट' में हावर्ड विलियम्स ने महान् युग पुरुषों को शाकाहारी सिद्ध करके गाँधी के मन में एक नए विश्वास की भावना को जागृत किया। डॉक्टर श्रीमती अनाकिंग्सफर्ड की पुस्तक 'डि परफैक्ट वे इन डाइट' तथा 'प्ली फार वेजीटेरियनिज्म' ने उनमें मानसिक और शारीरिक अनुशासन की भावना को पैदा किया। शाकाहारी बने रहने की प्रतिज्ञा ने उन्हें एक नया जीवन प्रदान किया। यहीं से उनकी कठिन यात्रा का प्रथम चरण प्रारम्भ होता है। यहीं से उनका विशाल हृदय द. अफ्रीका और भारत की भारी कठिनाइयों के लिए उपयुक्त तैयारी करता है। शाकाहार के प्रति दृष्टिकोण के इस परिवर्तन से गाँधीजी में एक नए आत्म विश्वास का उदय हुआ। लोगों द्वारा निरादर किए जाने अथवा सनकी समझे जाने की तरफ ध्यान देना उन्होंने छोड़ दिया। अब उनका इंग्लैण्ड का प्रवास सरल हो गया था। उन्होंने 'निरामिष संघ' की सदस्यता भी ग्रहण कर ली।

अंग्रेज बनने की उनकी इच्छा ने उनके स्वरूप को बदल दिया। उनकी पोशाक और विचार-चिंतन बदलने लगे। इसका उनके मन पर कोई प्रभाव नहीं पड़ा। वह अपने आपको पुनः भारत में लौटाने में समर्थ हुए। उन्होंने अल्प कार्य बनने के संकल्प को पूरा कर लिया। स्त्रियों से बचे रहने के संकल्प पर आंच आने से पूर्व ही वह संभल गए। इस नई प्रवृत्ति ने उन्हें सामाजिक बना दिया। उनकी झिझक बहुत अंशों तक दूर हो गई। 'वेजीटेरियन' नामक पुस्तक में उनके एक लेख ने यह

स्पष्ट कर दिया कि वे शुद्ध शाकाहारी हैं। वह लन्दन की शाकाहारी संस्था की कार्यकारिणी के सदस्य बन गए। लन्दन के निरामिष जलपान गृह में वे कट्टर धर्म के अनुयायियों से मिले।

गाँधीजी ने इंग्लैण्ड में कुल तीन वर्ष का समय व्यतीत किया। इस दौरान शुरू शुरू में उनके समक्ष शाकाहार भोजन प्राप्त करने में काफी मुश्किल हुई, किन्तु उसका समाधान पा लेने के बाद अब उन्होंने एक सीधे रास्ते पर चलने का विश्वास पा लिया था। गाँधीजी का शर्मीलापन यद्यपि पूरी तरह से दूर नहीं हुआ था किन्तु यहीं उनके लिए सामाजिक और राष्ट्रीय विचारों के निकट पहुँचने का अवसर मिला। 'अंजुमन इस्लामिया' के माध्यम से वह सामाजिक एवं राष्ट्रीय प्रश्नों की बहस में भाग लेने लगे। इंग्लैण्ड प्रवास में उन्होंने परिवर्तन की दिशा में चल रहे इंग्लैण्ड के सामाजिक, राजनीतिक और साहित्यिक प्रभावों को स्वीकार नहीं किया। वह पूरी तरह से निजी और नैतिक प्रश्नों में ही उलझे रहते थे। वह माता को दी गई प्रतिज्ञाओं की पूर्ति के लिए विशेष रूप से जागरूक रहे। 12 जून 1891 को उन्होंने अपने भारत वापस आने के मार्ग को ग्रहण किया। अब वह एक बैरिस्टर थे। उन्होंने एक जिज्ञासु की तरह कानून को पढ़ा था, सौंपे गए दायित्व को सम्पन्न किया था। अध्ययन में व्यावहारिक ज्ञान की कमी से वह चिन्तित थे, लेकिन चिन्तातुर नवयुवक की आस्था और विश्वास परिस्थितियों और व्यवस्थाओं के कारण वे धीरे-धीरे चिन्तामुक्त हो गए।

गाँधीजी दक्षिण अफ्रीका में

गाँधीजी के बड़े भाई के एक मित्र वकील थे। उन्होंने अपने इस पेशे में काफी सफलता अर्जित की थी। वे काफी लोकप्रिय हो चुके थे। उसी समय उनके भाई साहब के पास पोरबन्दर की दादा अब्दुल्ला एण्ड कम्पनी नाम की एक मेमन दुकान का संदेश आया कि दक्षिण अफ्रीका में हमारा बड़ा कारोबार है। तैयब हाजीखान मुहम्मद पर हमारा चालीस हजार पौंड का बड़ा मुकदमा बहुत दिनों से चल रहा है। यदि आप अपने भाई को वहां भेज दें तो हमें भी मदद मिलेगी और उनकी भी कुछ मदद हो जायेगी। इस प्रकार गाँधी जी अप्रैल, 1893 में हिन्दुस्तान से अफ्रीका के लिए चल दिए।

अफ्रीका पहुंचने के बाद गाँधीजी को डरबन की अदालत पहुंचने का अवसर मिला। अदालत में मजिस्ट्रेट ने उनकी तरफ देखकर कहा—'अपनी पगड़ी उतार लो', गाँधीजी ऐसा न कर अदालत से बाहर चले आये। उन्होंने पगड़ी वाली घटना पर

अखबारों में लिखा और पगड़ी तथा अपने पक्ष का समर्थन किया। 'अनवेलकम विजिटर- अनिमंत्रित अतिथि' के नाम से उनका नाम अखबारों में आया। तीन-चार दिन में ही लगभग पूरा दक्षिण अफ्रीका गाँधीजी के नाम से परिचित हो गया।

अफ्रीका में ही घटी एक घटना ने गाँधीजी के जीवन पर गहरा प्रभाव डाला। एक बार वे डरबन से नेटाल की राजधानी मेरित्सबर्ग तक की यात्रा ट्रेन से प्रथम श्रेणी के डिब्बे में करनी चाही परन्तु उनको रेलवे के कर्मचारियों व अफसरों द्वारा जबर्दस्ती धक्का मारकर प्रथम श्रेणी के डिब्बे से नीचे गिरा दिया गया। जाड़े का मौसम था। वे रात भर जाड़े में स्टेशन पर ही रहे। सुबह अब्दुल्ला को उन्होंने समाचार भेजा तथा जनरल मैनेजर को तार द्वारा एक लम्बी शिकायत लिख भेजी। जनरल मैनेजर ने अपने आदमियों का पक्ष तो लिया परन्तु कहा कि स्टेशन मास्टर को लिख दिया है कि गाँधी को सकुशल अपने मुकाम पर पहुंचा दो।

विभिन्न प्रकार की समस्याओं का सामना करते हुये जोहान्सबर्ग पहुँचे और यहाँ से फिर रेल से प्रिटोरिया पहुँचे।

लोगों में आज भी यह धारणा प्रचलित है कि वकील बिना झूठ बोले वकालत नहीं कर सकता। गाँधीजी ने इस धारणा को गलत साबित किया और दक्षिण अफ्रीका में वकालत करते समय कभी असत्य का प्रयोग नहीं किया। इसका गाँधी जी पर कोई असर न होता था, क्योंकि वे झूठ बोलकर न तो धन कमाना चाहते थे और न पद प्रतिष्ठा ही पाना चाहते थे। जोहान्सबर्ग में एक बार गाँधी जी एक मुकदमें की पैरवी कर रहे थे। तभी उन्हें पता चला कि उनके मुवक्किल ने उन्हें धोखा दिया है, कठघरे में वह बिलकुल घबरा गया था। उन्होंने बिना बहस किये ही मजिस्ट्रेट से कहा कि मुकदमा खारिज कर दीजिये। विरोधी वकील को इस पर आश्चर्य हुआ। लेकिन मजिस्ट्रेट इससे खुश हुआ। उनके सत्यपालन का प्रभाव उनके साथी वकीलों पर भी अच्छा ही पड़ा। अपनी सत्यवादी नीति के कारण गाँधीजी काफी प्रसिद्धि हो चुके हैं। वहाँ के रंगवेष के वातारण में भी वे कुछ मामलों में उनका प्रीति पात्र भी बन जाते थे।

गाँधी जी जब प्रिटोरिया से डरबन लौटे तो मुकदमे का कार्य समाप्त हो जाने फलस्वरूप वे भारत लौटने का विचार करने लगे। उन्हीं दिनों दक्षिण अफ्रिाका की गोरी सरकार ने काला कानून पास करके भारतीयों को मताधिकार से वंचित कर दिया। गाँधी जी ने दक्षिण अफ्रीका में ही रहकर उस काले कानून का विरोध करने का निश्चय् किया। वे 1914 ई. तक अफ्रीका में ही रहे और इस दौरान दो बार भारत भी आये थे। दूसरी बार वे अपने कुटुम्ब को भी दक्षिण अफ्रीका ले गये थे।

दक्षिण अफ्रीका में ही गाँधीजी ने 'नेटाल इंडियन कांग्रेस' की स्थापना की। इसका उद्देश्य गोरों द्वारा किये जा रहे अत्याचारों का विरोध करना था। उन्होंने फिनिक्स में एक आश्रम भी स्थापित किया था। उन पर बड़े-बड़े जघन्य अत्याचार किये गये। उन पर अंडे फेंके गये, कंकड़ों-पत्थरों की वर्षा की गई और उन्हें मार डालने की भी धमकी दी गई, पर गाँधी जी न तो भयभीत हुये और न ही विचलित। वे प्राणों पर खेलकर अत्याचारों का विरोध करते रहे। उन्होंने सत्याग्रह भी किया फलस्वरूप उन्हें जेल की सजा भी दी गई, किन्तु अन्त में गाँधी जी की ही विजय हुई। दक्षिण अफ्रीका में सत्याग्रह करके और विजय प्राप्त करने के कारण गाँधी जी का नाम सारे संसार में फैल गया। भारतीय जनता उन्हें देवदूत मानने लगी। सन् 1915 में स्वदेश वापसी पर भारतीय जनता ने उनका स्वागत बड़े मार्मिक तरीके से किया।

टालस्टाय-आश्रम

22 अगस्त 1906 को ट्रांसवाल-सरकार ने 'असाधारण गजट' में एक आर्डिनेन्स का मसविदा छपा है जिसका उद्देश्य एक प्रकार के दक्षिण-अफ्रीका प्रवासी भारतीयों की बर्बादी करना था, उनको तबाह करना था। उसके अनुसार आठ साल या उससे ज्यादा उम्र के हर एक हिन्दुस्तानी को चाहे वह मर्द हो या औरत, ट्रांसवाल में रहने के लिए एशियाटिक रजिस्टर में अपना नाम दर्ज करवाना पड़ता और अपने लिए रजिस्ट्री का परवाना प्राप्त करना पड़ता। नाम लिखने की अर्जी में अपना नाम, स्थान, जाति, उम्र, वगैरह लिखे जाते थे। नाम लिखने वाले अधिकारी अर्जीदार का हुलिया नोट करते और अंगूलियों तथा अंगुठे के निशान ले लेते। जो स्त्री-पुरुष नियत समय में रजिस्टरी न करवा लेते, उनका ट्रांसवाल में रहने का हक छिन जाता।

11 सितम्बर 1906 को सभा बुलायी गई। उसमें जो सबसे महत्त्वपूर्ण प्रस्ताव हुआ वह इस प्रकार था। उनका आशय था कि इस बिल का विरोध करने के लिए तमाम उपायों का अवलम्बन किया जाय, पर यदि इतने पर भी वह पास हो ही जाय तो भारतीयों को उनके आगे अपना सिर न झुकाना चाहिए और इस अवज्ञा के फलस्वरूप जो कुछ दुःख सहना पड़े वह सब सह लेना चाहिए। आन्दोलन को उस समय निष्क्रिय प्रतिरोध कहते थे। बाद में इसका नाम सत्याग्रह रख दिया गया।

इस आन्दोलन पर ध्यान न देते हुए कुछ हिन्दुस्तानियों ने अपने नाम रजिस्टरी करवा ही ली। परन्तु काफी प्रयास के बाद भी उनकी संख्या 500 से ज्यादा न हो सकी। तब उन्होंने पकड़ा-धकड़ी शुरू की। जर्मिस्टन में बहुत से भारतीय थे। उनमें

राम सुन्दर नामक एक व्यक्ति भी था। वह बड़ा वाचाल और बहादुर दिखता था। उसक गिरफ्तार होते ही जहाँ केवल जर्मिस्टन के भले लोग उसे चाहते थे, वहां अब सारे दक्षिण-अफ्रीका के लोग उसको जानने लग गये। उसकी गिरफ्तारी का दिन बड़ी धूमधाम से मनाया गया। पर राम सुन्दर अयोग्य साबित हुआ। और आन्दोलन के मार्ग से हट गया।

दिसम्बर, 1907 में कई आमुआओं को अदालत में हाजिर होने का समन मिला। अन्ततः वे सब 28 दिसम्बर शनिवार को अदालत में हाजिर हुये। उन्हें इस बात का जवाब देना था कि एशियाटिक कानून के मुताबिक रजिस्टरी न कराने के कारण क्यों न उन पर मुकदमा चलाया जाय? मजिस्ट्रेट ने हर एक का मुकदमा अलग-अलग किया और तमाम मुलजिमों को हुक्म दिया कि कुछ तो 48 घंटे के अन्दर और कुछ 7 या 14 दिन के अन्दर ट्रांसवाल छोड़कर चले जायें। इसका अन्तिम समय 10 जनवरी 1908 था और उसी दिन गाँधी जी को अदालत में सजा सुनने के लिए बुलाया गया। उसमें किसी को सफाई देनी ही नहीं थी। सब अपना गुनाह कबूल करने वाले थे कि हमने मियाद के अन्दर ट्रांसवाल न छोड़कर आज्ञा भंग की है। अदालत में गाँधी जी ने जो बयान दिया, उसमें मजिस्ट्रेट से अपने लिए अधिक-से-अधिक सजा की मांग की। लेकिन मजिस्ट्रेट ने उन्हें सिर्फ दो महीने की ही सजा दी।

गाँधीजी को जोहान्सबर्ग की जेल में ले जाया गया। वहां सारी औपचारिकताएं पूरी कर उन्हें एक बड़े कमरे में ले गया। कुछ देर वहाँ रखा होगा कि इतने में उनके और साथी भी हंसते-हंसते और बातचीत करते हुये वहाँ आ गये। उनके बाद उनका मुकदमा कैसे चला, आदि सब हाल उन्होंने कह सुनाया। सबको एक ही जेल में एक ही बड़े कमरे में रखे जाने से लोगों में काफी खुशी व्याप्त थी।

जोहान्सबर्ग के जेल में सादी कैद के कैदियों को सुबह मक्की का दलिया मिलता था, दलिये में नमक नहीं रहता था। वह अलग से दिया जाता था। दोपहर को बारह बजे एक पाव भात, थोड़ा नमक और आधी छटांक घी के साथ एक डबल रोटी भी मिलती थी। शाम को मक्की के आटे की राब और थोड़ी आलू की तरकारी मिलती। आलू मगर छोटे-छोटे हों तो दो और बड़े होते तो एक मिलता था। जेल के डॉक्टर से कुछ मसाले मांगे गए और कहा गया कि मसाला भारत की जेलों में भी दिया जाता है तो डॉक्टर ने कड़ककर जवाब दिया 'यह हिन्दुस्तान नहीं है।' कैदी को स्वाद कैसा?

1910 ई. में मि. केलनबेक ने अपनी ग्यारह सौ एकड़ जमीन मुफ्त में गाँधी

जी को प्रदान कर दी। जिससे सभी सत्याग्रही एक साथ रह सकें। इस खेत में कोई एक हजार पेड़ थे। उसके सिर पर कोई एक छोटी सी टेकड़ी थी, जिस पर एक छोटा सा मकान था। दो कुएं थे, एक छोटा सा झरना भी था, जहां से स्वच्छ पानी मिलता था। लाली रेलवे स्टेशन वहाँ से कोई एक मील पड़ता था और जोहान्सबर्ग 21 मील। बस, इसी जमीन पर मकान बनाकर सत्याग्रही कुटुम्बों को बसाने का निश्चय किया। इस खेत में सन्तरा, खुमानी और बेर का उत्पादन इतना ज्यादा होता था कि लोगों को खाने के बाद भी बच जाता था। पास में ही एक झरना भी था।

गाँधी जी ने यह नियम रखा था कि नौकरों के द्वारा किसी प्रकार का घर, खेती या मकान बनाने का काम भी न लिया जाय। इसलिए पाखाना साफ करने से लेकर खाना पकाने तक का सभी काम प्रत्येक कुटुम्ब स्वयं करता था।

महिलाओं व पुरुषों को अलग-अलग रखने की व्यवस्था थी। इसलिए मकान भी अलग-अलग और दूर-दूर ही बनाये गये। शुरू में 10 स्त्रियाँ और 60 पुरुषों के रहने योग्य मकान बनाना था। साथ ही एक पाठशाला के लिए भी मकान बनाना था। इसके अलावा बढ़ई खाना, मोची खाना आदि के लिए अलग से मकान बनाया गया था।

आश्रम में रहने के लिए जो लोग आने वाले थे, वे गुजरात, मद्रास, आंध्र तथा उत्तर भारत के थे। वे कई धर्मों से संबंधित थे जैसे, मुसलमान, पारसी और ईसाई इत्यादि। लगभग, 40 युवक, 2-3 बूढ़े, 5 स्त्रियाँ और 25-30 बच्चे थे, जिनमें 4-5 कुमारियाँ थीं। इस आश्रम में आकर कमजोर आदमी भी सशक्त हो गये और परिश्रम करने में जरा भी हिचकिचाहट नहीं होती थी।

गाँधी जी लोगों को सक्षम बनाना चाहते थे इसलिए उनका उद्देश्य यह था कि सत्याग्रही कुटुम्बों को उद्यमी रखें, उनके पैसे बचायें और अंततः हम कुछ स्वाश्रयी बन जायँ। आश्रम के लिए पाठशाला तो होनी ही चाहिए। शिक्षा का खास भार मि. केलनवेक और गाँधी जी पर था। पाठशाला का समय दोपहर बाद ही रखा जा सकता था। परन्तु सबसे कठिनाई तो यह थी कि तमिल, तेलुगू और गुजराती इन तीनों भाषाओं के बोलने वालो को एक साथ और किस तरह पढ़ाया जाय? मातृभाषा के द्वारा शिक्षा देने की लालसा तो गाँधी जी को हमेशा रहती थी। तमिल तो वे कुछ जानते थे पर तेलुगू की भाषा से जरा भी परिचित नहीं थे। इस स्थिति में अकेला एक शिक्षक लाचार था। परन्तु वह शिक्षा प्रयोग व्यर्थ साबित नहीं हुआ। लड़कों में कभी असहिष्णुता नहीं दिखाई दी। एक-दूसरे के धर्म और रीति-रिवाज को उन्होंने अदरक सा सीखा, सभ्यता सीखा और उद्यमी भी बने। गाँधी जी जब उन बालकों

को जिसको वे जानते थे, उनके कार्यों को देखते हुये उनको यही मालूम होता था कि टालस्टाय आश्रम की अत्यन्त मधुर स्मृतियों में से शिक्षा प्रयोग की स्मृति सही साबित हुई।

स्वदेश वापसी

दक्षिण अफ्रीका की गतिविधियों से गाँधीजी काफी चर्चित हो गए थे। भारतीय जनता तो उन्हें देवदूत व मसीहा मानने लगी। गाँधी जी जब 1915 ई. में भारत लौटे तो यहां के लोगों ने उनका भव्य स्वागत किया।

स्वदेश आकर गाँधीजी शांत नहीं बैठे। उन्होंने सारे देश का दौरा किया। उन्होंने अपने दौरे में भारत की गरीबी के ऐसे चित्र देखे जो बड़े ही हृदयद्रावक थे। गाँधी जी स्वदेशवासियों की गरीबी को देखकर कांप उठे। देश की इस हालत के लिए वे ब्रिटिश प्रशासन को जिम्मेदार मानते थे। बिहार का दौरा कर गाँधीजी ने चम्पारन में निलहे गोरों के अत्याचारों की नृशंसता देखी। नील की खेती करने वाले गोरे भारतीय मजदूरों को मजदूरी तो कम देते ही थे, उनके साथ पशुवत् व्यवहार भी करते थे। गाँधी जी ने चम्पारन में भी सत्याग्रह किया जिसमें उन्हें सफलता हासिल हुई।

गाँधीजी द्वारा देश के विभिन्न हिस्सों का भ्रमण करने व भाषणों से सारे भारत में एक नया जीवन संचालित हो उठा। भारत के लोग अंगड़ाइयाँ लेकर उठ बैठे और स्वराज्य प्राप्त करने की तैयारियों में लग गए।

सत्याग्रह आश्रम—साबरमती आश्रम की स्थापना

25 मई, सन् 1915 ई. को गाँधीजी ने साबरमती आश्रम की स्थापना की। गाँधी जी के कुछ मित्रों ने सलाह दी कि आप अहमदाबाद में ही आश्रम स्थापित कीजिये तथा आश्रम के खर्च का भार भी उन्होंने अपने जिम्मे पर लिया। गाँधी जी का भी ख्याल था कि गुजराती भाषा के द्वारा देश की अधिक से अधिक सेवा कर सकूँगा। अहमदाबाद पहले हाथ बुनाई का बड़ा भारी केन्द्र था, अतः गाँधीजी ने विचार किया कि इससे चरखे का काम अच्छी तरह हो सकेगा साथ ही गुजरात का प्रधान नगर होने के कारण यहाँ के धनाढ्य लोग धन द्वारा अधिक सहायता दे सकेंगे।

यह निश्चय किया गया कि कोचरब में स्थित श्री जीवनलाल बैरिस्टर का मकान, किराये पर लिया जाय। गाँधी जी को अहमदाबाद में बसाने वालों में जीवनलाल ही अग्रणी थे। गाँधी जी ने आश्रम का नाम सत्याग्रह रखा क्योंकि उसमें लोगों का उद्देश्य था सत्य की पूजा, सत्य का शोध करना, उसी का आग्रह करना और

दक्षिण अफ्रीका में जिस पद्धति का प्रयोग गाँधी जी ने किया था उसी का परिचय भारतवासियों को कराना। उसमें सेवा और सेवा पद्धति दोनों का भाव अपने आप आ जाता था।

गाँधीजी ने आश्रम के संचालन हेतु सतगुरु दास बनर्जी द्वारा बनाई गई नियमावली को अपनाने का निश्चय किया परन्तु उन्होंने सुझाया कि इन व्रतों में नम्रता के व्रत को भी स्थान मिलना चाहिए। नम्रता का अर्थ होता है 'शून्यता', शून्यता प्राप्त करने के लिए दूसरे व्रत हैं ही। शून्यता मोक्ष की स्थिति है। मुमुक्ष या सेवक के प्रत्येक कार्य में यदि नम्रता-निरभिमानता न हो, तो वह मुमुक्ष नहीं, सेवक नहीं, वह स्वार्थी है, अहंकारी है।

प्रारम्भ में आश्रम में लगभग तेरह तमिल लोग थे। गाँधी जी के साथ दक्षिण अफ्रीका से पांच तमिल बालक आये थे तथा यहाँ के लगभग 25 पुरुष मिलकर ही आश्रम का आरम्भ हुआ था। सब एक भोजनालय में भोजन करते थे और इस तरह रहने का प्रयत्न करते थे कि, मानों सब एक ही कुटुम्ब के हैं।

गाँधी जी को एक दिन अमृतलाल ठक्कर द्वारा भेजा गया एक पत्र प्राप्त हुआ जिसमें लिखा था, 'एक गरीब और ईमानदार अन्त्यज कुटुम्ब की इच्छा आपके आश्रम में आकर रहने की है। क्या आप उसे अपने यहां रख सकेंगे। चिट्ठी पढ़कर गाँधी जी आश्चर्यचकित तो हुए क्योंकि उन्हें यह आशा न की थी कि ठक्कर बापा जैसों की सिफारिश लेकर कोई अन्त्यज कुटुम्ब इतनी जल्दी आ जायेगा। उन्होंने साथियों को वह चिट्ठी दिखायी। उन लोगों ने उसका स्वागत किया। गाँधी जी ने अमृतलाल भाई को एक पत्र द्वारा सूचित किया कि यदि वह कुटुम्ब आश्रम के नियमों का पालन करने के लिए तैयार हो, तो हम लेने के लिए तैयार हैं। बस, दुधाभाई, उनकी पत्नी, दानी बहन और दुधमुंही लक्ष्मी आश्रम में आ गयीं। दुधाभाई बम्बई में शिक्षक थे। वह आश्रम के नियमों का पालन करने के लिए तैयार थे। इसलिए वह आश्रम में ले लिये गये। पर उससे सहायक मित्र मण्डल में बड़ी खलबली मची। जिस कुएं में बंगले के मालिक का भाग था, उसमें से पानी भरने में दिक्कत होने लगी। चरस हांकने वालों को भी यदि हमारे पानी की छींटे लग जाते, तो उसे छूत होने लगती। उसने हमें गालियाँ देनी शुरू कीं। दुधाभाई को भी वह सताने लगा।

गाँधी जी ने सबसे कह रखा था कि गालियाँ सह लेनी चाहिएं और दृढ़तापूर्वक पानी भरते रहना। जब चरसवाले ने देखा कि सभी लोग उसकी गालियों की तरफ ध्यान नहीं दे रहे हैं तो वह आश्चर्यचकित हो गया और स्वयं शर्मिन्दा हुआ और उसने सबका पिण्ड छोड़ दिया। परन्तु इससे आश्रम को आर्थिक सहायता मिलनी

बन्द हो गयी। जिन भाइयों में पहले से ही अछूतों के प्रवेश पर भी, जो आश्रम के नियमों का पालन करते हों, शंका खड़ी थी कि, उन्हें तो यह आशा ही नहीं थी कि आश्रम में कोई अन्त्यज आ जायेगा। इधर आर्थिक सहायता बन्द हुई, उधर लोगों के बहिष्कार की अफवाह के बारे में भी गाँधीजी को पता चला।

गाँधी जी ने अपने साथियों के साथ यह विचार कर रखा था कि बहिष्कार होने या सहायता न मिलने की दशा में भी अहमदाबाद नहीं छोड़ा जायेगा। भले ही कहीं अछूतों की बस्ती में जाकर मेहनत मजदूरी का गुजारा करना पड़े। इन आश्रम के प्रारम्भिक जांच के दिनों में पंजाब की स्त्रियाँ तो गाँधी जी को ऐसी मालूम हुईं, मानों वे उन्हें युगों से पहचानते हैं। गाँधी जी जहां जाते, वहां झुण्ड की झुण्ड स्त्रियाँ आ जातीं और अपने चरखे से कते सूत का ढ़ेर सामने रख देती। इसी से गाँधीजी को यह मालूम हुआ कि पंजाब खादी का एक महान क्षेत्र हो सकता है। ज्यों-ज्यों गाँधी जी लोगों पर हुये जुल्मों की जाँच अधिकाधिक गहराई से करने लगे, त्यों-त्यों उनके अनुमान से परे सरकारी अराजकता, हाकिमों की नादिर शाही और उनकी मनमानी अन्धाधुन्ध बातें सुनकर आश्चर्य और दुःख हुआ करता।

पठानकोट-पंजाब

गाँधीजी यह सोचकर आश्चर्यचकित थे कि पंजाब जहाँ से सरकार को ज्यादा-से-ज्यादा सैनिक मिलते हैं, वहां लोग क्यों इतना बड़ा जुल्म सहन कर रहे हैं। कमेटी द्वारा पंजाब की रिपोर्ट तैयार करने का काम गाँधी जी को सौंपा गया था। वे जानना चाहते थे कि जैसे पंजाब में अत्याचार हुये, रिपोर्ट में जितनी बातें लिखी गई हैं, सबसे लिए रिपोर्ट में प्रमाण मौजूद हैं। रिपोर्ट में जो प्रमाण पेश किये गये हैं, उनसे बहुत अधिक प्रमाण कमेटी के पास थे। ऐसी एक भी बात रिपोर्ट में दर्ज नहीं की है, जिसके बारे में थोड़ा भी शक था। इस प्रकार बिल्कुल सत्य को सामने रखकर लिखी गयी रिपोर्ट में ब्रिटिश राज अपनी सत्ता कायम रखने के लिए किस हद तक जा सकता है और कैसे अमानुषिक कार्य कर सकता है। इस रिपोर्ट में जो भी बातें उल्लिखित हैं वे आज भी सच्चाई की प्रतिमूर्ति बनीं।

भारतीय राष्ट्रीय कांग्रेस व पूर्ण स्वराज्य

गाँधीजी ने यह निश्चय कर लिया था कि किसी भी कीमत पर ब्रिटिश शासन का अन्त करना है। खादी की केसरिया बाना पहन, त्याग की तोप ले उन्होंने भारत में जोरों से विल्पव का डमरु बजाया। फिर क्या था, सोये हुये गुलामों की नींद टूटी। म्रिसभानों में प्राण आया। अचेतों में चेतना का संचार हुआ। महात्मा गाँधी के नेतृत्व

में खद्दरधारी सिपाहियों की विराट सेना उमड़ पड़ी। विप्लव के नारे जमीन से उठकर आकाश चूमने लगे। 'झंडा ऊंचा रहे हमारा' और 'भारत छोड़ो' की ध्वनि भारत में बच्चे-बच्चे के कंठ के प्रति ध्वनित होने लगी। ब्रिटिश सरकार आंखें फाड़-फाड़कर विप्लव की इस अपूर्व ज्योति को जिसकी चिंगारी ने चारों ओर आग लगायी थी, देखने लगी।

प्रथम विश्व युद्ध

भारतीय नेतओं ने यह सोचकर प्रथम विश्व युद्ध में अंग्रेजों की सहायता की कि युद्ध में विजय प्राप्त करने के पश्चात् अंग्रेज भारतीयों को कुछ मौलिक अधिकार अवश्य प्रदान करेंगे। परन्तु ऐसा कुछ भी नहीं हुआ, उन्होंने एक काला कानून बनाकर भारतीयों के विश्वास और आशाओं पर क्रूर प्रहार किया। उस काले कानून का नाम 'रोलट एक्ट' था। गाँधी जी ने तीव्र शब्दों में रौलट एक्ट का विरोध किया। रौलट एक्ट के विरोध में सारे भारत में सभायें की गईं। बड़े-बड़े जूलूस निकाले गये। इसी के विरोध हेतु अमृतसर के जलियांवाला बाग में एक बड़ी सभा बुलाई गई थी जहां जनरल डायर ने गोलियाँ चलवाकर सैकड़ों लोगों को मौत के घाट उतार दिया। इस निर्मम, जघन्य हत्याकांड से पूरा भारत दहल गया। अंग्रेज शासन का क्रूरतम-वीभत्स अत्याचार चरम सीमा पर आ पहुंचा। गाँधी जी का हृदय इस हत्याकांड से कांप उठा उन्होंने अंग्रेजी सरकार के अत्याचारों के विरुद्ध सन् 1920 में असहयोग आन्दोलन की घोषणा की। यह आन्दोलन भारत की स्वाधीनता का प्रथम युद्ध था, गाँधी जी ने इस युद्ध में सर्वप्रथम सत्याग्रह, अहिंसा और असहयोग के अस्त्र का प्रयोग किया था। गाँधी जी ने जब शंख फूंका, तो भारत के कोने-कोने में असहयोग की आंधी चल पड़ी। वकीलों ने कचहरियँ छोड़ दीं, विद्यार्थियों और अध्यापकों ने पठन-पाठन का काम छोड़ दिया। गाँव-गाँव में, नगर-नगर में विदेशी वस्त्रों की होलियाँ जलाई जाने लगीं। चर्खे से संगीत निकलने लगा। हाथों में तकलियाँ नाचने लगीं। पूरा देश अंग्रेजों के विरुद्ध गाँधीजी के पीछे-पीछे चल दिया।

लोगों में अंग्रेजों के प्रति इतना ज्यादा आक्रोश व्याप्त हो गया था कि गोरखपुर के चौरी-चौरा नामक स्थान पर पुलिस स्टेशन पर आक्रमण कर अंग्रेज पुलिस अफसर, थानेदार व थाने पर तैनात पुलिसकर्मियों को पकड़कर जिंदा जला दिया गया तथा पूरा पुलिस स्टेशन फूंक दिया गया। गाँधी जी इस हिंसक घटना से बड़े दुःखी हुए और असहयोग आन्दोलन को स्थगित कर दिया। इस घटना के लिए उन्होंने उपवास करके भगवान से क्षमा मांगी। इस घटना से असहयोग आन्दोलन के ज्वालामुखी को शांत कर दिया।

असहयोग आन्दोलन स्थगित करने के बाद भी अंग्रेजी सरकार ने गाँधीजी को 1922 ई. के प्रथम सप्ताह में गिरफ्तार कर लिया। गाँधी जी 1924 ई. तक कारागार में ही रहे। जिन दिनों वे कारागार में थे, उन्हीं दिनों भारत के कई बड़े-बड़े नगरों में भयानक साम्प्रदायिक दंगे हुये। गाँधी जी के हृदय को उन दंगों से बड़ा आघात लगा। उन्होंने हिन्दुओं और मुसलमानों में एकता स्थापित करने के लिए 21 दिनों का अनशन किया।

जेल से रिहा होकर गाँधीजी अपने साबरमती आश्रम में रहकर रचनात्मक कार्य करने लगे। यह आश्रम 1935 ई. तक कार्य में संलग्न था। गाँधी जी ने वर्धा के पास सेवाग्राम में दूसरे आश्रम की स्थापना की। उनका यह आश्रम सेवाग्राम के नाम से प्रसिद्ध था। गाँधी जी के रचनात्मक कार्यों में अछूतोद्धार, ग्राम सुधार और चर्खे तथा करघे का मुख्य प्रचार था। उनका कहना था सच्चा स्वराज्य उसी समय स्थापित हो सकता है, जब गांवों की उन्नति होगी और स्वदेशी या खद्दर का प्रचार होगा।

साइमन कमीशन का भारत में आगमन

भारत में साइमन कमीशन का आगमन राजनीतिक दृष्टि से एक महत्वपूर्ण घटना रही। 1928 ई. में जब 'साइमन कमीशन' भारत आया, तो कांग्रेस ने उसके बहिष्कार की घोषण की। फलस्वरूप जहां-जहां भी यह गया लोगों ने इसके विरोध में नारे लगाए। 'साइमन कमीशन गो बैक' साइमन कमीशन वापस जाओ। लाठियाँ चलीं, गोलियाँ भी बरसीं, किन्तु गगनभेदी नारा गूंजता ही रहा। यद्यपि आन्दोलन स्थगित हो गया था, किन्तु ब्रिटिश सरकार शंकित था कि कहीं पुनः आन्दोलन की आग प्रज्जवलित न हो, अतःउसने भारतीय नेताओं को प्रलोभन में फंसाने के लिए एक जाल बिछाया। उसने यह देखने के लिए कि भारत में स्वराज्य के लिए उचित वातावरण है या नहीं, एक कमीशन नियुक्त किया। उस कमीशन का नाम था 'साइमन कमीशन।' इस कमीशन के सभी सदस्य अंग्रेज थे जिससे भारतीयों ने यह अन्दाजा लगा लिया कि यह कमीशन सिर्फ ब्रिटिश प्रशासन के क्षत्र में ही रिपोर्ट देगा।

पूर्ण स्वाधीनता संग्राम

कलकत्ता में हुए कांग्रेस अधिवेशन में सर्वसम्मति से एक प्रस्ताव पास कर ब्रिटिश सरकार को चेतावनी दी गई कि यदि ब्रिटिश सरकार एक वर्ष में भारत को औपनिवेशिक स्वराज न दे देगी, तो भारत को विवश होकर पूर्ण स्वाधीनता की घोषणा

करनी पड़ेगी। ब्रिटिश प्रशासन ने इस प्रस्ताव को नजरअन्दाज कर दिया। फलस्वरूप जनवरी, 1929 में लाहौर में नेहरू की अध्यक्षता में कांग्रस का अधिवेशन हुआ। गगनभेदी नारों के साथ पूर्ण स्वाधीनता का प्रस्ताव पास किया गया और गाँधी जी को अधिकार दिया गया कि स्वाधीनता संग्राम के लिए कार्यक्रम बनायें।

डांड़ी यात्रा

डांडी यात्रा अंग्रेजों द्वारा पारित नमक कानून के विरुद्ध एक अभियान था। गाँधी जी ने मार्च 1930 ई. में नमक-कानून भंग आन्दोलन की घोषणा कर दी। उन्होंने स्वयं 80 सत्याग्रहियों के साथ डांडी में जाकर नमक कानून को भंग किया। वे बन्दी बनाये गये और उन्हें लाठी से चोट भी आई। उनके गिरफ्तार होते ही सारे भारत में नमक कानून भंग आन्दोलन की आंधी चल पड़ी लाखों स्त्री-पुरुष गिरफ्तार हुये। जगह-जगह लाठियों और गोलियों की वर्षा भी हुई। नमक कानून के विरुद्ध आन्दोलन की आग में पूरा देश कूद पड़ा था तभी कांग्रेस और वायसराय में समझौता हो गया। फलस्वरूप आन्दोलन स्थगित हो गया। सभी राजनीतिक बंदी छोड़ दिये गये। समझौते के फलस्वरूप 1931 ई. में गाँधी जी गोलमेज कान्फ्रेस में सम्मिलित होने के लिए लंदन गये। किन्तु वहाँ उन्हें कोई सफलता नहीं मिली। गाँधी जी लंदन से स्वदेश वापस आ रहे थे तभी ब्रिटिश सरकार का दमनचक्र पुनः चल पड़ा और आन्दोलन की आंधी भी फिर चल पड़ी। गाँधी जी को पुनः गिरफ्तार करके पूना के आगाखाँ महल में बन्द कर दिया गया। और ब्रिटिश सरकार ने एक कानून के द्वारा अछूतों को हिन्दुओं से पृथक् करने का प्रयत्न किया। पता चलने के बाद गाँधी जी ने उस कानून के विरोध में आमरण अनशन का निश्चय किया। उनके अनशन से सारे भारत में हलचल पैदा हो गईं। उनका अनशन कई सप्ताह चला। ऐसा लगने लगा कि अब गाँधीजी की मृत्यु हो जायेगी किन्तु मालवीय जी के प्रयत्नों से समस्या सुलझ गई। ब्रिटिश सरकार ने अपने कानून वापस ले लिए। गाँधी जी ने अनशन तोड़ दिया। फलस्वरूप कांग्रेस व ब्रिटिश सरकार में पुनः समझौता हुआ। सभी राजनीतिक बन्दी छोड़ दिये गये। राज्यों और केन्द्र में कांग्रेस मंत्रिमडल हो गया परन्तु कुछ ही दिनों पश्चात् पुनः तनाव पैदा हो गया। कांग्रेस पदों को छोड़कर आन्दोलन के मार्ग पर चलने लगी।

द्वितीय विश्व युद्ध और महात्मा गाँधी

द्वितीय विश्वयुद्ध की शुरुआत सन् 1939 में हुई। उस युद्ध की विभीषिका में अंग्रेज बुरी तरह फंसे हुए थे। वे अपनी विजय के लिए भारत की धन-जन शक्ति

का उपयोग करने लगे। कांग्रेस की ओर से इसका विरोध किया गया, पर अंग्रेज सरकार ने इस तरफ कोई ध्यान नहीं दिया।

भारत छोड़ो आन्दोलन

गाँधीजी ने अगस्त, 1942 में 'भारत छोड़ो आन्दोलन' की धोषणा की गई। फलस्वरूप सभी बड़े-बड़े नेता गिरफ्तार कर लिये गये। उनकी गिरफ्तारी के साथ ही सारे भारत में आन्दोलन की आंधी चल पड़ी। लाखों स्त्री-पुरुष गिरफ्तार हुये। दो वर्षों तक आन्दोलन चलता ही रहा। दो वर्षों के बाद महासमर बन्द हो गया। युद्ध में अंग्रेज विजयी हुये। यद्यपि वे विजयी हुये थे, पर अशक्त और भिखारी से बन गये थे। एक ओर भारत में छिड़ा उनके विरुद्ध आन्दोलन और दूसरी ओर उनकी निर्बलता। उन्होंने अनुभव किया कि अब वे भारत को अपने चंगुल में नहीं रख पायेंगे। अतः अंग्रेज 15 अगस्त 1947 ई. को भारत से चले गए। भारत पूर्ण स्वाधीन हो गया। किन्तु इस स्वाधीनता के बदले भारत को भारी कीमत चुकानी पड़ी। देश दो भागों में बंट गया—हिन्दुस्तान व पाकिस्तान।'

गाँधीजी की दिनचर्या

गाँधीजी एक महान व्यक्ति थे। उनका समस्त कार्य जनकल्याण से जुड़ा होता था। उनके जीवन की छोटी-छोटी बातों में महत्ता विद्यमान थी। गाँधीजी समय व नियम के पक्के थे। वे सभी कार्य समय व नियम के अनुसार की करते थे। सब ओर कर्त्तव्यनिष्ठा संयम, सत्य और प्रेम की महिमा दिखाई देती थी। उनका एक-एक क्षण प्रभु व मानवता के लिए अर्पण था। शायद ही किसी महापुरुष ने इतनी ईमानदारी से जीवन व्यतीत किया होगा, जितनी ईमानदारी से बापू ने किया।

गाँधी जी अपनी दिनचर्या का नियमपूर्वक पालन करते थे। इस कारण लोग उन्हें 'गिलट की घड़ी का दास' तथा 'सत्रह घंटों का गुलाम' भी कहा करते थे। उनका लोगों से मिलने-जुलने का जो समय निर्धारित होता था लोग उनसे एक मिनट ज्यादा समय नहीं ले सकते थे। इस सन्दर्भ में काका साहब कालेककर के शब्दों में—"बापू समय के इतने पाबन्द थे कि उनकी मिशाल भारत में नहीं मिलेगी।" एक बार काका साहब को गाँधीजी के साथ बम्बई जाने का अवसर मिला। प्रातः 7 बजे जाने का समय निश्चित किया गया था। काका साहब एक मिनट बाद उनके कमरे में पहुंचे तब बापू अपना सारा सामान स्वयं लिए रास्ता तय करते नजर आए। दौड़कर काका साहब उनके निकट पहुंच गए। बोले, आपने मेरी प्रतीक्षा नहीं की? बापू ने प्रतीक्षा

करने की कोई जरूरत नहीं बतलाई। किसी को देर हो तो स्वयं देर न करें, ऐसा उनका आदर्श था।

गाँधीजी समय को इतना ज्यादा महत्व देते थे कि उनकी नजर में समय सम्पत्ति के समान था। उनका कहना था कि समय बचाने वाला, उसका सदुपयोग करने वाला सम्पत्ति या धन बचाता है। समय सम्पत्ति उपार्जित सम्पदा से किसी प्रकार कम नहीं है। अनियमितता या समय का मूल्यांकन न करने के कारण नष्ट होने वाले समय धन का अनुमान लगाना कठिन है। बापू के कथनानुसार जिस प्रकार एक-एक रुपये-पैसे का हिसाब रखते हैं उसी प्रकार समय सम्पत्ति का भी हिसाब रखना चाहिए क्योंकि ऐसा करने पर जब हम महीने के अंत में सारा हिसाब देखेंगे तब समय के सदुपयोग या दुरुपयोग का विवरण सामने आने पर जीवन नियत होगा और उसमें विद्यमान त्रुटियों को दूर करने की प्रेरणा मिलेगी।

गाँधीजी कहीं भी होते थे घर, बाहर या कारागार में, अपने नियम से पीछे नहीं हटते थे। साबरमती आश्रम में रहने वाले सभी भाई-बहन सत्यपालन, अनुशासन व तत्परता के नियम का सही-सही पालन करें, इसके लिए गाँधी जी ने आश्रम में एक नियम प्रचलित किया था कि सुबह-शाम की प्रार्थना के समय, सुबह-शाम के भोजन के समय और सामूहिक सूत्र यज्ञ जैसे कार्यक्रम के समय आश्रम में रहने वाले लोग घंटी बजते ही प्रार्थना, भोजन और सूत्र यज्ञ के स्थान पर पहुंचने में यदि जाने-अनजाने में एक मिनट की भी देरी करेंगे और महीने में इस तरह तीन बार देर के दोषी बनेंगे तो वे आश्रमवासी के नाते आश्रम में रहने की अपनी पात्रता खो देंगे। इस नियम के तहत आरम्भ से ही जो लोग आश्रम में सपरिवार रहते थे उन लोगों को आश्रम छोड़कर जाने से पहले बापू की आज्ञा लेनी पड़ती थी। बाकी सभी लोगों को अपने इन तीन दोषों के बाद स्वयं आश्रम छोड़ देना होता था। गाँधी जी के इस कठोर नियम से कई पुराने तथा नये निष्ठावान् साधक अचम्भित रह गए।

गाँधीजी की दिनचर्या ब्रह्ममुहूर्त से प्रारम्भ हो जाती थी। जोहान्सबर्ग पहुंचने तक स्वयं सुबह छः-सात बजे से पहले सोकर नहीं उठ पाते थे, किन्तु इसके बाद आधी रात में सोने पर भी आमतौर पर भोर में साढ़े तीन बजे उठ जाते थे, सामान्यतया उनके उठने का समय चार बजे था। जिस समय उनको कोई विशेष काम करना होता था ऐसे समय वे अपनी नींद की परवाह किए बिना काफी देर रात तक अपना कार्य पूरा करते थे। उनकी इस दिनचर्या के कुछ उदाहरण आगे दिए गए हैं—

जून 1934 में बापू काशी विद्यापीठ में कांग्रेस कार्य समिति की बैठक के अवसर पर यहां आये हुए थे। उस समय वे अस्वस्थ चल रहे थे। फिर भी अपनी

अस्वस्थता की परवाह किसे बिना गाँधी जी आधी रात में जगकर अपने सहायकों के साथ अपना कार्य पूरा करते थे। गाँधी जी के सहयोगी भी प्रसन्नतापूर्वक बापू के साथ देर रात तक कार्य करते रहते थे। सेवाग्राम में भी बापू रात में दो-तीन बजे उठकर लिखते थे। गाँधीजी के इस प्रकार के कार्यों को देखकर काका साहब ने इसे नींद पर अत्याचार की संज्ञा दी है। यद्यपि बापू स्वयं निद्रा पूर्ण मात्रा में लेने के पक्षधर थे, परन्तु कभी-कभी ऐसी स्थिति उत्पन्न हो जाती थी कि उन्हें अपनी नींद के समय में कटौती करनी पड़ती थी।

गाँधीजी ने अपनी नींद पर पूर्ण नियंत्रण प्राप्त कर लिया था। आवश्यकता पड़ने पर बापू बिना अलार्म के भी जग जाते थे, फिर भी कभी-कभी वे अलार्म लगाकर सोते थे। एक बार बापू ने रात में 3 बजे का अलार्म लगाया, किन्तु अलार्म 12 बजे से पूर्व ही बज गया। गाँधी जी अलार्म बजते ही उठ बैठे। उन्होंने दातुन की और बैठ गए लिखने, कुछ देर बार घड़ी पर नजर पड़ी तो रात के बारह बजे थे। गाँधी जी के पास कार्य अधिक था, अतः पुनः सोने के बजाय अपने लिखने का कार्य जारी रखा। एक बार एक पत्र उन्होंने रात के ढाई बजे लिखा था। यरवदा जेल में सुबह चार बजे उठकर बापू अपना कार्य करते थे। नोआखाली में रात के ग्यारह बजे सोने पर भी दो बजे उठ जाते और मनु बहन को जगाकर पत्रादि लिखने-लिखाने लग जाते थे। सन् 1942 में एक बार बापू आगा खाँ महल में सुबह छह बजे सोकर उठे। इससे उन्हें बहुत आत्म ग्लानि हुई। उन दिन उन्होंने उपहार में दूध का त्याग कर दिया तथा केवल फलों का रस लिया। सन् 1948 की 30 जनवरी को अन्तिम दिन वे अपने सामान्य नियम के अनुसार साढ़े तीन बजे उठे थे। गाँधीजी स्वयं तो ब्रह्ममुहूर्त में उठते ही थे साथ ही अन्य लोगों को भी ऐसा करने के लिए प्रेरित करते थे।

नित्य-क्रिया

गाँधीजी जिस समय जोहान्सबर्ग में थे उस समय खड़े दातुन करते थे। उनकी दातुन बबूल की होती थी जिसका सिरा चीर और कूटकर कूंची की शक्ल में बनाकर रात को उनके बिस्तर के निकट रख दिया जाता था। उनके लिए बादाम के छिलकों को जलाकर, नमक के साथ मिलाकर, पीसकर मंजन बनाया जाता था। दातुन के फेंकने के बजाय उसे पानी से अच्छी तरह से धोकर एक बर्तन में इकट्ठा करते थे और जब वह सूख जाता था तब उसको जलाकर जलावन के रूप में प्रयोग करते थे। इस प्रकार किसी तरह की गन्दगी भी नहीं फैलती और वह दातुन भी व्यर्थ नहीं जाती थी।

गाँधी जी पन्द्रह मिनट तक दातून करते थे। इस दौरान वे गीता कंठस्थ किया करते थे। गाँधी जी के कथनानुसार हमें दातुन करने के साथ-ही-साथ आध्यात्मिक दातुन कर अपने मन का मैल भी मुंह के मैल की भांति ही साफ करना चाहिए। दातुन करने के पश्चात् वे तुरन्त नियमपूर्वक आधा सेर खौलते पानी में शहद और सोडा मिलाकर बहुत चाव से पीते थे। ऐसा वे मेद-नाश तथा आंतों की शुद्धि के लिए करते थे।

शहर और सोडा बॉय कार्ब पीने के बाद सुबह की प्रार्थना के लिए थोड़ी देर रहती और सामने कोई आवश्यक पत्र या लेख लिखने का काम होता तो उतनी देर तक बापू लालटेन के प्रकाश में लिखने बैठ जाते।

धार्मिक लगाव गाँधीजी को विरासत में मिला था। ईश्वर में गाँधीजी दृढ़ विश्वास तथा असीम श्रद्धा एवं निष्ठा थी। उनके अनुसार जिस प्रकार शरीर के लिए आहार अनिवार्य होता है उसी प्रकार आत्मा के लिए ईश्वर प्रार्थना भी आवश्यक होती है। उनका सारा जीवन प्रार्थना समन्वित था। वे चाहे ग्राम के शान्तिमय वातावरण में रहते या दौरे पर या कोलाहल भरे जन समूह के बीच, जेल में या राजनीतिज्ञ मंच पर, स्वस्थ रहते या आमरण उपवास की स्थिति में, रेल में रहते या जहाज पर, प्रार्थना सदा उनके दैनिक जीवन का अभिन्न अंग रही। इस तरह प्रभु प्रार्थना से वह असीम शान्ति प्राप्त करते थे। ईश्वर प्रार्थना से प्राप्त यह असीम शान्ति प्राप्त करते थे। इसलिए बापू अपने दैनिक जीवन में सामूहिक रूप से सबको संग लेकर वे भगवान की प्रार्थना करते थे। बापू सामूहिक प्रार्थना के साथ-साथ व्यक्तिगत प्रार्थना पर भी बल देते थे और व्यक्तिगत प्रार्थना को सामूहिक प्रार्थना का मूल मानते। बापू के आश्रम में हर कार्य का शुभाम्भ प्रार्थना के साथ किया जाता था। गाँधीजी का गानना था कि प्रार्थना 'सुबह की कुंजी' और 'शाम की चटकनी' है।

गाँधीजी हमेशा खुले मैदान में प्रार्थना करते थे। क्योंकि इतने बड़े विशाल प्रार्थना मंदिर का निर्माण कोई सम्राट भी नहीं करा सकता था। प्रार्थना के समय बापू की निश्चल मुद्रा समाधिस्य जैसी होती थी। वे अन्तर्मुख रहते। प्रार्थना के समय बापू कभी भी प्रार्थना स्थल पर देर से नहीं पहुँचते थे। प्रार्थना का समय प्रातः चार बजकर दस मिनट या चार बजकर बीस मिनट पर निश्चित किया गया था। आश्रम में प्रार्थना के समय घंटी बजाई जाती थी और यदि घंटी बजने में देर हो जाती थी तो स्वयं बापू घंटी बजाने पहुँच जाया करते थे। प्रार्थना के समय दोनों समय दो-दो मिनट का मौन रखा जाता था। शान्ति के समय बापू माला फेरते थे।

बापू की प्रार्थना का क्रम दक्षिण अफ्रीका में भजन से आरम्भ हुआ। वहाँ प्यानों

के माध्यम से प्रार्थना के कई भजन गाये जाते थे। गाँधीजी गोलमेज सम्मेलन के दौरान लन्दन में सुबह तीन बजे उठकर प्रार्थना किया करते थे और अपने साथ के लोगों को भी प्रार्थना के लिए जगा देते थे। साबरमती आश्रम में उनकी प्रार्थना का समय 4:20 बजे निश्चित था जो 5 बजे तक चलती थी। संगीताचार्य खरे जी के सहयोग से प्रार्थना व भजन तम्बूरे पर गाया जाता था। भजन के साथ-साथ रामधुन भी बजाया जाता था। अन्तिम दिनों में जब बापू बहुत थके होते थे तब आश्रम में सुबह की प्रार्थना उनके शयन के स्थान पर होती और वे लेटे-लेटे सबके संग प्रार्थना में भाग लिया करते थे।

साबरमती की प्रातःकालीन प्रार्थना के बारे में पंडित बनारसी दास चतुर्वेदी जी का कहना था कि प्रातःकालीन प्रार्थना के समय ऊपर आकाश में सुन्दर तारागण, सामने शीतल मन्दवाहिनी साबरमती, चारों ओर स्वच्छ वायु सुनने के लिए गायनाचार्य शास्त्री खरे का मधुर स्वर और दर्शन के लिए संयम मूर्ति गाँधी जी।

गाँधीजी अपनी प्रार्थना में सभी धर्मों को शामिल करते थे अर्थात् जापानी बौद्ध मंत्र, उपनिषद् मंत्र, प्रातः स्मरण वाले श्लोक, एकादश व्रत, कुरान की आयतें, जरथ्रोस्त्री गाथा, भजन, रामधुन और गीता का पाठ नित्य-प्रतिदिन होता था। गीता का नित्य पाठ इस क्रम से होता कि एक सप्ताह में गीता का पारायण हो जाता था। ऐसा काका साहब कालेलकर के कथनानुसार होता था। माता कस्तूरबा के निधन दिवस पर हर महीने की बाईसवीं तारीख को विशेष रूप से सम्पूर्ण गीता का पाठ किया जाता था, बापू की प्रार्थना सभा में गाये जाने वाले भजन हिन्दुस्तानी, गुजराती, मराठी, बंगला सिंधी तथा अंग्रेजी कई भाषाओं में होते थे। गुजराती भजनों में गाँधीजी का सर्वाधिक प्रिय भजन नरसी मेहता का लिखा हुआ, **"वैष्णव जन तो तेने कहये जे पीड पराई जाणे रे"** था। गाँधीजी प्रायः प्रत्येक महत्त्वपूर्ण अवसर पर इस भजन को गाकर कार्य शुभारम्भ करते, सन् 1924 में अपने 21 दिन के उपवास के समय रघुवर! तुमको मेरी लाज! वाला भजन जो गोस्वामी तुलसीदास जी द्वारा रचित है, उसको बराबर गाते रहते थे।

रामधुन गाँधीजी का बहुत प्रिय था। सामूहिक प्रार्थना के समय रामधुन अवश्य गाया जाता था और बापू उस समय स्वयं अपने हाथों से ताली बजाया करते थे। कभी-कभी स्टेशनों पर जब बापू के दर्शन के लिए अपार जन समूह उमड़ पड़ता और भारी शोर होने लगता था तो ऐसे समय में बापू अपने साथ के लोगों को रामधुन गाने के लिए कहते थे, रामधुन गीत के गाते ही वातावरण बिल्कुल शान्त हो जाता था।

डॉक्टरों ने गाँधीजी को आराम करने की सलाह दे रखी थी फलस्वरूप प्रातःकालीन प्रार्थना के बाद वे कुछ समय के लिए सो जाते थे। कभी वे जरूरत पड़ने पर प्रार्थना के बाद पत्र लिखते-लिखते और लेख भी लिखते। बाद में अक्सर कुछ देर सोकर अपनी थकान दूर करते। बापू सामान्यतया दिन-भर में चार बार शौच के लिए जाते थे। प्रारम्भ में वे शौच निवृत्ति के लिए खेत में जाते थे। लेकिन बाद में वे कमोड या कमोड की तरह के पाखाने का इस्तेमाल करते थे। अफ्रीका में आश्रम गृह के समीप लगभग डेढ़ फुट गहरा गड्ढा खोदा गया था। उसमें सारा मल डालकर मिट्टी से पाट दिया जाता था जिससे वातावरण में किसी प्रकार की दुर्गन्ध फैलने नहीं पाती थी। साथ ही कृषि कार्य के लिए अमूल्य खाद की प्राप्ति भी हो जाती थी। बापू शौचालय को पुस्तकालय जैसा स्वच्छ रखने के लिए लोगों को कहते थे। बापू का शौचालय बिल्कुल स्वच्छ रहता था। कब्ज की शिकायत होने के कारण बापू को शौचालय में काफी देर तक बैठना पड़ता थ। यह उनकी विवशता थी। इसलिए अपने समय को नष्ट न करते हुए वे शौचालय में कोई पुस्तकें व समाचार-पत्र पढ़ा करते थे तथा कभी-कभी जब वे सेवाग्राम में थे तब शौचालय में ही आश्रमवासियों से मिलने का कार्यक्रम बनाते थे। परन्तु गाँधीजी लोगों से अपनी इस आदत का अनुसरण न करने की आग्रह करते थे क्योंकि वे स्वयं इसे सही नहीं मानते थे।

प्रातःकालीन भ्रमण

गाँधीजी की नजर में प्रातःकाल में टहलना भोजन व नींद से भी ज्यादा जरूरी है। इसे वे 'कसरतों की रानी' कहा करते थे। टहलने के अपने नियम में वे जल्दी किसी प्रकार का परिवर्तन नहीं करते थे, परिस्थितिवश कभी-कभी परिवर्तन स्वाभाविक था। नियमपूर्वक सभी ऋतुओं में वे टहला करते थे। टहलते समय बात करना बापू उचित नहीं मानते थे। इस समय वे गीता जैसे गम्भीर विषय पर मनन करते या मौन रखने के पक्ष में थे। साबरमती आश्रम में प्रतिदिन दोनों समय बापू एक मील तक टहलने के लिए जाते थे। सेवाग्राम में शुरू में करी बसवा साल तक वे सुबह-शाम टहला करते थे। अन्तिम दिनों में उन्होंने घूमना कम कर दिया था। सन् 1932 में यरवदा जेल में सरदार पटेल के साथ प्रतिदिन नियमपूर्वक आंगन में घूमते समय वे अखबार सुनते। उन दिनों जब कोई अखबार न होता तो 'मार्डन रिव्यू' पढ़ा जाता था। दिल्ली में अपने अन्तिम दिनों में वे प्रातः भ्रमण के समय अखबार पढ़ते। सन् 1942 में भारत छोड़ो आन्दोलन के समय जब वे गिरफ्तार कर आगा खाँ महल में

थे तब उस समय वे जेल और बगीचे के बीच के बरामदे में घूमते समय वे गीता कण्ठस्थ किया करते थे।

गाँधीजी ने सुबह टहलने की आदत उसी समय डाल दी थी जब वे हाईस्कूल में पढ़ रहे थे। गोलमेज सम्मेलन के समय जब गाँधी जी लन्दन में थे तब वे प्रतिदिन आठ से दस मील तक टहलने के लिए जाते थे। दक्षिण अफ्रीका में इक्कीस मील पैदल चलकर वे वकालत करने जाते। उन दिनों वे शनिवार को बयालीस मील की पदयात्रा करते। बहुत सुबह की उठकर रात को बनाई हुई रोटियाँ और नींबू का अचार साथ में लेकर निकल पड़ते थे। रास्ते में पड़ने वाले झरने पर रुक कर स्नान करते और इक्कीस मील का रास्ता तय करके अदालत पहुंचते और रोटियाँ खाकर काम में लग जाते। शाम को गाड़ी से घर लौटते किन्तु शनिवार को पैदल ही लौटते। इस प्रकार गाँधी जी बयालीस मील का रास्ता पैदल ही तय कर लेते थे। एक बार जब गाँधी जी पुणे के प्राकृतिक चिकित्सालय में रुके थे, तब दोनों समय वहाँ के बगीचे के बीच बरामदे में टहला करते थे। अन्तिम दिनों में घर से बाहर जाने में असमर्थ होने पर गाँधीजी अपने कमरे में ही टहल लिया करते थे।

सुबह का नाश्ता

गाँधीजी नाश्ता व भोजन दोनों ही बहुत संयमित तरीके से करते थे इसलिए उन्होंने इसका प्रयोग बन्द कर दिया। विद्यार्थी जीवन में वे सुबह के नाश्ते में ओटमील (जई) की लपसी और कोको उनका प्रिय था। बाद में जब उन्हें यह पता चला कि कोको चाय या कॉफी स्वास्थ्य के लिए हानिकारक होता है तब उन्होंने इसका प्रयोग करना बन्द कर दिया। दक्षिण अफ्रीका के टालस्टाय आश्रम में जब वे रह रहे थे तब उस समय वहां वह सुबह छह बजे रोटी और गेहूँ की बनी कॉफी लेते थे। गेहूँ को एक खास तरीके से भून कर पीसकर उसे उबले पानी में दूध और चीनी के साथ मिलाकर कॉफी पीते थे। यदि गाय का दूध नहीं मिल पाता था तो डिब्बे के दूध से कॉफी बनाया जाता था। लेकिन बाद में डिब्बे का भी दूध बन्द कर दिया गया और मूंगफली को पानी में पीसकर बनाया गया दूध कॉफी बनाने के लिए इस्तेमाल किया जाने लगा।

गाँधी जी दूध को मांसाहार की श्रेणी में रखते थे इसलिए उन्होंने इसका प्रयोग बन्द कर दिया। उनके अनुसार रक्त, मांस और मज्जा से मिलकर ही दूध बनता है, अतः दूध को अहिंसा धर्म के विरुद्ध मानते थे। दूसरे ऐसे अनेक गरीब बच्चे हैं जिन्हें दूध नहीं मिल पाता है जिसकी उन बच्चों को सख्त जरूरत है। अतः जब

बच्चे बिना दूध के जी सकते हैं तब बड़ों को भी दूध के बिना अपना निर्वाह करना चाहिए।

गाँधीजी सन् 1918 में आंव के रोग से ग्रस्त हो गए अतः डॉक्टरों ने उन्हें दूध का सेवन करने का सुझाव दिया। लेकिन गाँधी जी किसी प्रकार तैयार नहीं हो रहे थे। अन्त में डॉक्टरों के विशेष आग्रह पर ही वे बकरी का दूध लेने के लिए तैयार हुए। दूध की जगह वे जैतून के तेल व बादाम की गिरी का प्रयोग करते थे क्योंकि इनमें दूध की पौष्टिकता पाई जाती थी।

कभी-कभी सुबह के नाश्ते में गाँधीजी फिनिक्स आश्रम में क्यूने पद्धति से निर्मित डबल रोटी, खजूर, नारंगी के छिलकों का मुरब्बा या फल और गेहूँ वाली कॉफी इत्यादि लिया करते थे। सन् 1922 में जब वे यरवदा जेल में थे तब प्रतिदिन सुबह किशमिश अच्छी तरह साफ करके लेते थे। सन् 1925 में जब वे साबरमती आश्रम में थे तब प्रायः साढ़े छह बजे नाश्ते में राब, भुने हुए आटे और गुड़ से निर्मित चाय सरीखा पलता गरम पेय तथा हाथचक्की से पीसे मोटे आटे के बनी ब्रेड व दूध लेते थे। सन् 1932 में जिस समय यरवदा जेल में वे अस्पृश्यता निवारण के सम्बन्ध में अनशन पर थे तब उपवास के बाद वे नारंगी, मौसमी, अंगूर या अनार का रस पूर्ण मात्रा में लेते थे तथा साथ में टमाटर के रस का भी प्रयोग करते थे। सेवाग्राम में वे सुबह के जलपान में खजूर के रस का गुड़ लिया करते थे। जिस दिन उनकी मृत्यु इुई उस दिन सुबह पौने छह बजे उन्होंने सोलह औंस सन्तरे का रस लिया था।

रोगियों की सेवा

एक बीमार व्यक्ति को गाँधीजी भगवान के समान मानते थे। उनका मानना था कि एक बीमार व्यक्ति की सेवा करना भगवान की सेवा करने के बराबर है। अपंग एवं असहायों की सेवा करना ही सबसे बड़ा मानव धर्म है। ऐसे कार्यों को करने से बापू को असीम सुख एवं सन्तोष प्राप्त होता था। बापू की दैनिक क्रिया के अन्तर्गत नियमित रूप से रोगियों की सेवा शुश्रूषा करना भी शामिल होता था। अपने आश्रम में बापू प्रतिदिन रोगियों से मुलाकात करते व उनका हाल-चाल पूछते। बापू के आश्रमों में कुष्ठ और चेचक जैसे संक्रामक रोग से ग्रस्त रोगियों की सेवा भी अत्यन्त लगन के साथ की जाती थी। कुष्ठ रोगियों को बापू कभी भी हेय दृष्टि से नहीं देखते थे बल्कि उनके आश्रम में उनका भी उचित सम्मान किया जाता था। बापू के मन में सज्जनों के प्रति प्रेम और दुर्जनों के प्रति उदासीनता या तटस्थता

का भेद-भाव नहीं था और न ही कभी वे धनी-निर्धन, अमीर-गरीब का ही भेद करते थे।

दक्षिण अफ्रीका में रहते हुए बापू ने जूलू युद्ध में घायलों की सेवा की थी जिससे उन्हें रोगी सेवा तथा परिचर्या का पूर्ण ज्ञान व अनुभव प्राप्त हुआ। यही सेवा भावना आगे चलकर बापू की दैनिक क्रिया का अभिभाज्य अंग बन गया। सन् 1896-97 के दौरान गुजरात के राजकोट में प्लेग का व्यापक प्रकोप था उस समय बापू ने प्लेग निवारण में भी काफी मदद की थी। कोचरब आश्रम में दक्षिण अफ्रीका के वीर सत्याग्रही मारीशस निवासी थम्बी नायडू के पुत्र फकीरी नायडू विद्यार्थी जीवन में ही बड़े चेचक से ग्रस्त हो गए थे। बापू ने उनकी सेवा भी दिन-रात की। मवाद में लिपटे उनके वस्त्र बापू स्वयं धोते, सुबह-शाम उनके कपड़े बदलते, उनके कपड़ों को उबालते, धोते एवं सुखाते थे। बापू के इस स्नेह-भाव से भरी सेवा से भम्बी नायडू इतना प्रभावित हुए कि जब बापू दक्षिण अफ्रीका से वापस आने लगे तब थम्बी नायडू ने अपने चारों पुत्रों को बापू के चरणों में सौंप दिया। इस प्रकार उस सत्याग्रही मारीशस वीर सिपाही थम्बी नायडू ने अपने पुत्र रत्न को बापू को दान कर दिया। सन् 1904 में जब गाँधीजी जोहान्सबर्ग में थे तो उस समय वहां भीषण प्लेग का प्रकोप था। वहाँ भी बापू ने रोगियों की जी-जान से सेवा की।

रोगियों के प्रति गाँधीजी की इतनी ज्यादा निष्ठा थी कि साबरमती आश्रम में सांयकालीन प्रार्थना के पश्चात् आश्रम में रहने वाले सभी बीमार व्यक्तियों के स्वास्थ्य के बारे में बापू लोगों से जानकारी लेते थे। किसी व्यक्ति को अधिक बीमार होने या उसके बारे में जानकारी न मिलने पर वे स्वयं उससे जाकर मिलते थे। अत्यधिक व्यस्तता के बावजूद बापू रोगियों से मिलने के लिए अवश्य समय निकाल लेते थे। ऐसे ही व्यस्तता के समय में बापू सन् 1926 में घनश्याम दास बिड़ला के आग्रह पर दिल्ली से लगभग दस मील दूर जहां उनकी धर्मपत्नी मरणासन्न अवस्था में पड़ी थी उन्हें देखने के लिए गए। घनश्याम दास बिड़ला की पत्नी क्षय रोग से पीड़ित थीं और उनकी यह हार्दिक इच्छा थी कि वे मृत्यु से पूर्व बापू के दर्शन अवश्य कर लें। बापू को देखकर उनकी सारी इच्छाएँ पूरी हो गईं और उन्होंने शान्तिपूर्वक अपना शरीर छोड़ा।

द्वितीय गोलमेज सम्मेलन के दौरान गाँधीजी लंदन गए हुए थे। वहां अस्पताल में भरती नेत्रहीन व अपंग दो व्यक्तियों ने बापू से मिलने की इच्छा प्रकट की। अधिक व्यस्तता होने के बाद भी गाँधीजी ने समय निकालकर उन विकलांग भाइयों से मिलकर उन्हें संतुष्ट किया। मद्रास में बापू के पुराने मित्र थे। वे कुष्ठ रोग से

पीड़ित थे। जब बापू को उनके बारे में पता चला तब बापू ने उनकी खूब सेवा की, उनके घावों से मवाद निकल रहा था। बापू स्वयं अपने हाथों से उनके मवाद भरे घाव को धोते एवं उनकी परिचर्या करते।

गाँधीजी में लोगों के प्रति इतनी दया थी कि सन् 1922 में सविनय अवज्ञा के आन्दोलन के दौरान जब बापू जेल में थे, तब जेल सुपरिटेण्डेण्ट ने बापू की देखभाल के लिए अफ्रीका के एक सीदी (हब्सी) कैदी को नियुक्त किया था। उस कैदी भाई के हाथ में एक दिन बिच्छू ने डंक मार दिया। वह रोते-चिल्लाते बापू के पास आए। बापू ने तुरन्त उनके हाथ का वह भाग पानी से धोकर कपड़े से पोंछा व सुखाकर डंक की जगह स्वयं मुंह से चूसकर विष को कम किया जिससे उनका दर्द कम हो गया। बाद में अन्य उपचार भी बापू ने किया जिससे वह पूरी तरह से ठीक हो गया।

1930 में पुनः जब बापू यरवदा जेल मे थे उस समय भी उनकी सेवा के लिए जो महाराष्ट्रीयन कैदी नियुक्त किया गया था वह दर्द से लंगड़ा कर चलता था। जेल सुपरिटेण्डेण्ट से पूछकर बापू ने उसकी भी चिकित्सा की। इस प्रकार जेल जैसी जगहों पर भी बापू को रोगी की सवा करने का जो अवसर मिला, उसे बापू ने पूरी निष्ठा से निभाया।

गाँधीजी ने सन् 1936 में अपने रहने के लिए सेवाग्राम को चुना। वहां भी उन्होंने रोगियों की सेवा का कार्य भार संभाला। यद्यपि इस कार्य में उनका हाथ बंटाने के लिए वहां अनेक त्यागी बुद्धिमान व्यक्ति यथा-कनुभाई गाँधी, डॉ. सुशीला बहन नैयर, प्रभाकर जी प्रभृति तथा उनकी प्रतिनिधिस्वरूप स्वयं राष्ट्र माता कस्तूरबा भी वहां उपस्थित रहती थीं। फिर भी रोगियों की सेवा स्वयं गाँधी जी किया करते थे। सेवाग्राम का वर्तमान कस्तूरबा दवाखाना जिसकी स्थापना गाँधीजी ने बहुत ही छोटे स्तर पर की थी, आज बहुत ही व्यापक बन चुका है।

आश्रम में कमोड़ वेडपन (शैया शौचपत्र), एनीमा गरम पानी की रबड़ की थैली, घाव बांधने की पट्टी, सोडा बॉय कार्ब, आयोडिन, फल, दूध, नमक, तरकारियाँ, सूखे मेवे, एरंड (रेड़ी) तेल, मूंगफली, तिल, अलसी, सरसों का तेल, शहद आदि बराबर काफी मात्रा में उपलब्ध रहते थे। बीमार व्यक्तियों के लिए फलों की व्यवस्था स्वयं गाँधी जी करते थे और प्रायः अपने हिस्से के फल भी रोगियों में बाँट देते थे।

संस्कृत के महान् विद्वान एवं कवि दत्तात्रेय वासुदेव शास्त्री परचुरे यरवदा जेल में बापू के साथी थे। उनको गलित कुष्ठ रोग की बीमारी थी जिसके कारण समाज

से वे निकाल दिए गए थे। ऐसी स्थिति में बापू उन्हें सेवाग्राम आश्रम में ले आए जहाँ अपने हाथों से उनकी मालिश करते, उनकी मरहम पट्टी करते, उनके घावों को प्रतिदिन धोते तथा उनके लिए विशेष आहार की व्यवस्था करते थे। बापू ने आश्रम के निकट ही उनके लिए एक कुटी बना दी थी। बापू के उपचार एवं देखभाल के बावजूद वे पूर्व रूप से स्वस्थ नहीं हो पाये थे। अन्त में उनको कुष्ठ धाम भेजना पड़ा। वासुदेव शास्त्री परचुरे ने बापू के बारे में कहा था कि 'बापू ने जितने प्रेम से मुझ अस्पृश्य महारोगी को अपनाया और अपने हाथों से मेरी सेवा की, उतनी सेवा मेरी माँ भी नहीं करती। बापू के प्रेम से ही अभी तक मैं जिन्दा हूँ।" एक बार वर्धा में कांग्रेस कार्यसमिति की बैठक के बीच बापू शास्त्री जी को परिचर्या सम्बन्धी हिदायत देने लगे। पंडित जवाहर लाल नेहरू उस समय संभवतः कांग्रेस के अध्यक्ष थे। वे बापू पर बिगड़ पड़े। झल्लाकर बोले, क्या यह स्वराज्य और कार्यसमिति से बढ़कर जरूरी काम है? बापू दृढ़ता के स्वर में बोले–'हां, मेरे लिए यह स्वराज्य से बढ़कर है।"

गाँधी जी वायसराय से बातें करने के लिए शिमला गए थे। लेकिन किसी कारणवश वार्ता पांच-सात दिन के लिए स्थगित कर दी गई थी तबउस समय भी बापू परचुरे शास्त्री की सेवा-सुश्रूषा करने के लिए सेवाग्राम चल पड़े। महादेव भाई ने बापू से पूछा कि 'सेवाग्राम में आपके लिए इतना महत्त्वपूर्ण कौन-सा कार्य है जो आप यहां से सेवाग्राम के लिए जा रहे हैं।' तब बापू ने कहा–'परचुरे शास्त्री की सेवा का काम सबसे महत्त्वपूर्ण है।' महादेव भाई निरुत्तर हो गए। इस प्रकार स्पष्ट है कि गाँधीजी की नजर में देश की आजादी व कुष्ठ रोगी की सेवा करना दोनों का समान महत्व है।

स्नान क्रिया

जिस समय गाँधी जी सेवाग्राम में थे उस समय नित्य क्रिया से निवृत्त होकर वे रोगियों की देखभाल में लग जाते थे। तत्पश्चात् आश्रम के सामने बने चबूतरे पर बैठते और कस्तूरबा अपना पतिधर्म निभाते हुए अपने हाथों से बापू के पैरों की धूल को साफ करती थीं। शरीर को स्वस्थ बनाये रखने व रक्तचाप को सन्तुलित रखने के लिए बापू नियमित मालिश कराते थे। जब तक बापू साबरमती आश्रम में थे तब तक वे पूरे शरीर में मालिश न कराकर केवल पैर के तलुओं और सिर में तेल लगवाते थे। जब गाँधीजी सेवाग्राम में थे तब वहां सूर्य निकलने के साथ ही अपने शरीर की मालिश कराते थे। जाड़े के दिनों में सरसों के तेल में कागजी नींबू

मिलाकर तथा गर्मी के दिनों में नारियल के तेल से बापू की मालिश की जाती थी। मालिश के समय भी बापू पत्रादि लिखवाने का कार्य कराते थे, काम-काज के बारे में सूचना देते तथा मुलाकात करने आए लोगों से बातचीत करते। अपने अन्तिम दिनों में अत्यधिक थकावट के कारण मालिश कराते समय गाँधी जी कभी-कभी सो जाते और कभी मौन हो जाते।

सेवाग्राम में बापू के बाल आश्रमवासी ही काटा करते थे। अधिकांशतया मुन्ना लाल ठाकुर बलवन्त सिंह बापू के बाल काटने का कार्य करते थे। दाढ़ी बनाने का कार्य स्वयं बापू ही किया करते थे। कभी-कभी मनु बहन गाँधी जी की दाढ़ी बनाया करती थीं। वे बिना साबुन, ब्रुश व शीशे के ही दाढ़ी बनाया करते थे। उस समय बापू गरम पानी से भरे टब में बैठे रहते थे, टब में ही कभी-कभी गहरी नींद में सो जाते थे। प्रायः पांच मिनट बाद जग जाते थे।

सेवाग्राम में गाँधीजी के स्नान हेतु एक अलग कमरा था। बापू नहाते समय साबुन का प्रयोग नहीं करते थे क्योंकि सन् 1925-26 में ही जब वे साबरमती आश्रम में थे, साबुन का त्याग कर दिया था। नहाने के बाद गाँधी जी अपने शरीर को तौलिये से रगड़-रगड़कर पोंछते थे। मीरा बहन द्वारा भेंट किए गए पत्थर के टुकड़े से वे अपने पैरों की सफाई करते थे। स्नान करने में उन्हें लगभग आधे घंटे का समय लगता था जबकि जोहान्सबर्ग में वे पांच मिनट में ही स्नान करते थे। इस समय गाँधी जी गीता को कण्ठस्थ करते थे। टालस्टाय आश्रम में रहने वाले लोग आपस में एक-दूसरे की दाढ़ी व बाल बना लेते थे। बैरिस्टरी पढ़ने तक बापू अंग्रेजी ढंग से बाल कटवाते थे और बड़े बाल रखते थे लेकिन बाद में बापू ने बाल रखना छोड़ दिया क्योंकि उनसे अनुसार बाल न रखने से समय, तेल, कंघी आदि की बचत होती है और गन्दगी भी सिर में नहीं होने पाती है।

प्रिटोरिया (दक्षिण अफ्रीका) में एक बार एक अंग्रेज नाई ने बापू की दाढ़ी बनाने से इंकार कर दिया था तब स्वयं उस समय गाँधी जी ने अपने हाथों से अपने बाल काटे थे। भारत आने पर गाँधी जी नाई से हजामत बनवाते थे। एक दिन जब रसोइया बनाने वाले हरिजन गोविन्द भाई के बाल काटने से सवर्ण नाई ने इन्कार कर दिया तभी से बापू ने नाइयों से हजामत बनवाना छोड़ दिया था।

स्वाध्याय और लेखन

पठन-पाठन व लेखन गाँधीजी का प्रिय कार्य था। स्नान करने के बाद बापू जी खादी के वस्त्र पहनते थे और दोपहर का भोजन करने से पूर्व वह अधिकांशतया

पढ़ने, लिखने व नई भाषाएँ सीखने का कार्य करते थे। स्वाध्याय और लेखन का कार्य जितना गाँधी जी ने किया उतना शायद ही किसी अन्य व्यक्ति ने किया होगा। अत्यधिक व्यस्तता के बावजूद उन्होंने खूब पढ़ा और लिखा। बापू को हिन्दी, अंग्रेजी, गुजराती, लैटिन, उर्दू, मराठी, तमिल, तेलुगू, उर्दू, बंगला, फ्रेंच, संस्कृत के अतिरिक्त अन्य भाषाओं का भी ज्ञान था। उन्हें चौदह भाषाओं में अपना हस्ताक्षर करना आता था। उनकी अंग्रेजी इतनी सरल, संक्षिप्त और ठोस थी कि उनके कट्टर विरोधी अंग्रेज भी उनके द्वारा प्रकाशित 'यंग इंडिया' को बड़े शौक से पढ़ते थे।

2

गाँधी से पूर्व का भारत

भारत पर ब्रिटिश शासन का अधिकार था। अंग्रेजी साम्राज्य विस्तार से भारत में विभिन्न तरह की परेशानियां उत्पन्न हो गईं। भारतीय धीरे-धीरे जागृत होने लगे जिसके बाद वे अपने अधिकारों को लेकर आन्दोलन करने लगे। इसी के साथ भारत के कुछ लोगों में राजनीतिक जागृति भी हुई। ये ब्रिटेन के इतिहास और राजनीतिक प्रगति से परिचित हो गये। इस शिक्षित मध्यम वर्ग को दो हिस्सों में विभाजित कर सकते हैं—पहला वह शिक्षित वर्ग, जो सरकारी सेवाओं में भरती होना अथवा सरकार से संबद्ध होना अपना लक्ष्य निर्धारित किया। दूसरा वह जिसने वकालत अथवा पत्रकारिता को अधिक पसंद किया। दोनों उपवर्ग अपने लक्ष्य प्राप्ति से समाज में प्रतिष्ठित और सम्मानित हो सकते थे। दोनों में ही सरकार समर्थक और सरकार विरोधी भावनाएँ थीं। दूसरे उपवर्ग के सदस्य सरकार की नीतियों को उसके कथित उद्देश्यों की कसौटी पर जांच कर उनके दोषों को स्पष्ट कहते थे। पत्रकारिता के माध्यम से उन्होंने सरकार की नीति के लक्ष्य, गुण और दोष से भारत के लोगों को अवगत कराया।

उपरोक्त दोनों वर्ग दो श्रेणियों में विभाजित था। एक गुट वह था जो अंग्रेजी सरकार के घोषित लक्ष्यों और कथित उपलब्धियों का गुणगान तथा इंग्लैंड में प्रचलित प्रजातंत्र और व्यक्तिगत अधिकारों की चर्चा करता था और भारत में भी उसी तरह की सुविधाओं का इच्छुक था। दूसरा गुट सरकार की नीतियों को वास्तविक-व्यक्तिगत

स्वतंत्रता और प्रजातंत्र में सहायक नहीं मानता था। उसने आत्मसम्मान के लिए भारतवासियों को अपने अधिकारों के लिए प्रयत्नशील होने और सरकार की कृपा पर आश्रित न रहने की सलाह दी। कालांतर में इन दोनों गुटों ने अलग-अलग मार्ग अपनाया क्योंकि पहला गुट अंग्रेजी भक्ति, निष्ठा से प्रेरित तथा उनकी सर्वोच्चता में आस्था रखने वाला था। दूसरा गुट प्राचीन भारतीय महानता से प्रेरित और भारतीय संस्कृति तथा आदर्शों में आस्था रखने वाला था। पहला गुट ब्रिटिश सरकार से ही अपनी नीति में कुछ बदलाव करने का आग्रह विनम्रपूर्वक किया जाता था। समय व्यतीत होने के साथ-साथ यह विनम्रता कुछ कम अवश्य हुई लेकिन मूल रूप में अंग्रेजों के प्रति आस्था बनी रही।

सन् 1833 के चार्टर एक्ट और 1858 ई. की घोषणा में कहा गया कि प्रशासकीय सेवाओं में बिना किसी भेदभाव के नियुक्ति होगी। लेकिन 1870 ई. के पश्चात् प्रतियोगीता परीक्षाओं में भारतीयों की सफलता की संभावना से अंग्रेज प्रशासकों ने भारतीयों के लिए व्यावहारिक रूप में प्रवेश द्वार बंद करने की योजना बनाई। इसलिए 19वीं सदी के अंतिम चतुर्थांश में भारतीय राजनीतिक आंदोलन कुछ प्रशासकीय सुविधाओं तथा प्रशासन से संबद्ध होने के प्रश्न को लेकर आरंभ हुआ। इस आंदोलन का नेतृत्व शिक्षित वर्ग ने ही किया। इस वर्ग का अखिल भारतीय होना और इसकी मांगों का किसी विशिष्ट क्षेत्र अथवा सीमित गुट के हितों में न होना, इसके राष्ट्रीय आंदोलन कहे जाने के लिए पर्याप्त हैं।

अंग्रेजी अधिकारी यह साबित करते रहे कि ब्रिटिश साम्राज्य से भारत के आर्थिक परिस्थिति में बदलाव हुआ है। वे बाह्य लक्षणों से अपने तर्क को सिद्ध करते थे। रेलों के निर्माण, उद्योगों की स्थापना, नए नगरों का विकास, कृषि उत्पादन में वृद्धि, आयात-निर्यात व्यापार में वृद्धि आदि ऐसे तथ्य थे जिनसे वे अपनी बात को प्रामाणिक बताते थे। लेकिन वास्तव में भारतीय नेता यह अनुभव करते थे कि भारत में अकालों का प्रकोप तथा कृषकों की निर्धनता बढ़ रही थी। दादाभाई नौरोजी ने कहा कि भारत निर्यात का आयात व्यापार से अधिक्र होना इस धन निष्कासन का एक साधन मात्र था। कुटीर उद्योगों का विनाश इंग्लैंड की मुक्त व्यापार नीति का परिणाम था। भू-राजस्व की अत्यधिक मांग तथा सरकार द्वारा महाजनों को प्रश्रय देने से किसानों की स्थिति दयनीय हो गई।

सन् 1880-85 के लगभग ब्रिटिश सरकार की नीतियों की मुक्त आलोचना की जाने लगी। यह साम्राज्यवादी नीति प्रजातीय विभेद तथा सरकार की उच्च सेवाओं में समस्त स्थान अंग्रेजों के लिए सुरक्षित रखने में केंद्रित थी। 1858 ई. के पश्चात्

अंग्रेज प्रशासक भारतीय सामंतवर्ग–जमींदार, राजा-महाराज। आदि–का समर्थन प्राप्त करने को उत्सुक थे। क्योंकि इस समय तक उन्हें समझ में आ गया था कि भारतीय नेताओं को मिलाकर रखना सही रहेगा। 1870 ई. के पश्चात् प्रश्न यह था कि भारतीय नेताओं में से कौनसे वर्ग को अपनाया जाए–सामंती वर्ग अथवा शिक्षित वर्ग। अंग्रेजी शिक्षित वर्ग अपने आपको भारतीय जनता का प्रवक्ता समझता था। इसलिए वह लेजिस्लेटिव कौंसिलों में अधिक प्रतिनिधित्व एवं प्रशासनिक सेवाओं में ब्रिटिश के समान अधिकार चाहता था। अंग्रेज प्रशासक भारत को एक उपनिवेश मानते थे इसलिए उसमें प्रशासन का अधिकार अपने लिए सुरक्षित रखना चाहते थे। विभिन्न गवर्नर जनरलों की नीति में मुख्य अंतर इसी बात पर था कि किस वर्ग को अपने पक्ष में किया जाए। रिपन शिक्षित वर्ग को और लिटन सामंती वर्ग को ब्रिटिश साम्राज्य के पक्ष में करने के इच्छुक थे।

ए. ओ. ह्यूम ने 1885 में कांग्रेस की स्थापना की। उसके बाद हर वर्ष भारतीय राष्ट्रीय कांग्रेस के सम्मेलन भारत के विभिन्न बड़े-बड़े नगरों में आयोजित होते रहे। शुरुआती दिनों में कांग्रेस के प्रत्येक नेता ब्रिटिश प्रशासन और साम्राज्य के हृदय से शुभचिंतक थे। लेकिन बाद में कांग्रेस ने भी अंग्रेजों की नीतियों का विरोध किया। भारतीय राजनीति में साम्प्रदायिकता का प्रवेश बीसवीं शताब्दी में हुआ।

उन्नीसवी शताब्दी के अन्त में और बीसवीं शताब्दी के शुरुआत में क्रान्तिकारी आंदोलन चला था। यह उग्र राष्ट्रवाद की एक अवस्था थी। क्रांतिकारी आतंकवाद राजनैतिक गतिविधि का एक ऐसा रूप था जिसे राष्ट्रीय युवा वर्ग की अत्यधिक प्रेरित पीढ़ी ने अपनाया था। इस वर्ग को प्रचलित राजनैतिक गतिविधियों में अपनी रचनात्मक शक्तियों को व्यक्त करने का उचित मौका नहीं प्राप्त हुआ था।

आर्थिक स्थिति

बी. एन्सटे के अनुसार, "अठारहवीं सदी तक पैदावार तथा औद्योगिक और व्यापारिक संगठन के हिन्दुस्तानी तरीके दुनिया के किसी हिस्से में रायल तरीकों के मुकाबले में नीचे न रहेंगे। हिन्दुस्तान तिजारती माल तैयार करने वाला एक बहुत ही तरक्कीयाफ्ता मुल्क था और अपने यहां से तैयार किया हुआ। माल यूरोप और दूसरे देशों में भेजता था। उसकी महाजनी की व्यवस्था खूब अच्छी थी और देशभर में संगठित थी और बड़े-बड़े रोजगारियों की हुण्डियाँ हिन्दुस्तान में सब जगह सकारी जाती थीं।" भारत के इस गौरवशाली आर्थिक युग में देश प्रगतिवान रहा है। उद्योग के क्षेत्र में भारत की उच्चता सत्रहवीं के अन्त तक अपने शीर्ष पर पहुँच चुकी थी,

"इंग्लैण्ड के लोगों ने हल्के सूती कपड़ों को उन भद्दे गर्म वस्त्रों के मुकाबले में जिन्हें वह सदियों से पहन रहे थे, प्राथमिकता दी।"

यूरोपीय लुटेरे ने भारत की समृद्धि से आकर्षित होकर यहां पहुंचे। भारत की विजय के बाद का इतिहास अंग्रेजों की लूट का इतिहास ही समझा जाता है। अंग्रेजों ने इस देश की संपत्ति को लूटकर इस सोने की चिड़िया को गरीबी के अभिशाप में कैद कर दिया। "भारत में अंग्रेजी राज्य की स्थापना होने के साथ-साथ एक ओर भारत के बाजारों में भारतीय माल की बिक्री कम होनी आरम्भ हुई क्योंकि मशीनों से बना माल भारत के बने माल की अपेक्षा सस्ता बैठता था और दूसरी ओर विदेशी माल की खपत बढ़ने लगी।" भारतीय व्यापार को कई दिशाओं से इस प्रभाव का शिकार होना पड़ा। भारतीय वस्त्र उद्योग तो लगभग इन प्रतिबन्धों और इन चालों के बीच मर गया। भारतीय वस्तुओं पर ब्रिटेन में इतना शुल्क लगा दिया जाता था कि उनको लेने के लिए कोई तैयार ही नहीं होता था। ब्रिटिश वस्तुएँ बिना शुल्क दिए भारत पर थोपी जाती थीं। इस प्रकार जानबूझ कर भारतीय उद्योगों को पतन के रास्ते की ओर उन्मुख किया।

अपने मन्तव्य की पूर्ति में उन्होंने राजनीतिक शक्ति का भी बहुत दुरुपयोग किया। "इस्ट इण्डिया कम्पनी की प्रभुता का हित इसी में है कि यूरोप की जो वस्तुएँ भारतीय उपनिवेश में ले जाई जाएँ उन्हें जितनी कम कीमत पर संभव हो सके, बेचा जाए तथा भारतीय वस्तुओं को जिन्हें यहां बेचने के लिए लाया जाए उन्हें जितना महंगा संभव हो सके बेचा जाए।" रोमेश दत्त की दृष्टि में, "यह ईस्ट इण्डिया कम्पनी की नीति भी नहीं थी कि भारतीय उद्योगों को प्रोत्साहन का अवसर दिया जाए।' भारतीय कपड़ा, जलयान उद्योग तथा आय सुविधाजनक वस्तुओं का उत्पादन नष्ट हो गया था। "भारत से ब्रिटेन को जाने वाला कपड़े का निर्यात जहाँ सन् 1814 में 12,66,608 गज था वह सन् 1835 में 3,56,086 गज रह गया। इसके विपरीत ब्रिटेन से आयात होने वाला सूत का माल इस अवधि में 8,17,77,277 गज हो गया।" इसी प्रकार जलयान उद्योग की भी दशा हो गई। 1795-96 में कलकत्ते में 6 जलयान 4105 टनों के बनाए गए थे और 500 से 600 टन तक के 5 पहले से थे, यह संख्या आगामी वर्षों में गिर गई।" जेम्स मिल ने इस वस्तुस्थिति को राजनीतिक आधार पर उपयुक्त अनुभव नहीं किया। "विदेशी निर्माताओं ने राजनीतिक अन्याय के हथियार को ऐसे प्रतिद्वन्द्वी के विपरीत प्रयोग किया जो उनके सामने समानता के आधार पर नहीं आ सकता था।"

भारत में अनगिनत कारीगर एवं श्रमिक अपने पारिवारिक लघु उद्योगों को औद्योगिक अवसान के कारण बन्द कर दिया। उनका सम्पन्न परिवार अपनी कला को स्वभावतः भूलने लगा। उनका जीविकोपार्जन भी उनके लिए स्वयं एक समस्या बन गया। ''सन् 1789 तक बंगाल का समृद्ध औद्योगिक प्रान्त इतना नष्ट हो चुका था कि भारत में कम्पनी का एक तिहाई प्रदेश जानवरों से बसा हुआ जंगल लगने लगा था।'' सन् 1835 में भारत के गवर्नर जनरल को यह स्वीकार करना पड़ा कि, 'वाणिज्य के इतिहास में यह दुःख अद्वितीय है। सूत कातने वालों की हड्डियाँ भारत को रंगहीन बना रही हैं।'' कुछ ही समय में सूत कातने तथा बुनने वाले मौत के कगार पर पहुंच गए। जैसे चिड़िया बिना फल के पेड़ों को छोड़ देती है। ढाका और मुर्शिदाबाद जैसे किसी समय में अपने सूती काम के स्तर तथा संख्या के लिए प्रसिद्ध नगर अब मरुस्थल जैसे लगने लगे हैं।'

सामाजिक स्थिति

मुसलमानों के पहले से भारत में संयुक्त परिवार व्यवस्था चली आ रही थी। गोत्र, कुल तथा जाति के अटूट स्नेह बन्धनों में बंधी हुई थी। ''इस सम्पूर्ण व्यवस्था को यूरोप के व्यक्तिवादी विचारों ने प्रभावित कर दिया।'' पाश्चात्य समाज व्यवस्था के दृष्टिकोण से प्रभावित व्यक्ति हिन्दुओं की संयुक्त परिवार व्यवस्था की अब अनेक आधारों पर आलोचना कर सकते हैं। किन्तु उसके गुणों एवं महत्व को सर्वथा भुलाया नहीं जा सकता। ''संयुक्त परिवार प्रणाली के बाद ..... ऐसी संस्था थी जो कि सामाजिक सुरक्षा प्रदान करती थी।'' जाति... गठित समाज में सभी अपने-अपने कार्य करते थे। पूजा विवाह तथा भोजन .... प्रणाली ने जाति प्रथा को सहारा दिया। उस युग को प्राचीन जाति व्यवस्था... भारत का गौरव इतना बंध गया था कि प्रत्येक व्यक्ति जहां जिस रूप में था, सुखी था और पूरा देश उस पर गर्व करता था। इस व्यवस्था को कलंकित करने के लिए इस पर अस्पृश्यता का कलंक लगाया गया। किन्तु यह निष्पक्षता से कहा जा सकता है, कि ''प्राचीन भारतीय संस्कृति में अस्पृश्यता को कोई स्थान नहीं था।'' अंग्रेजी शासन ने जाति प्रथा की मर्यादा को छिन्न-भिन्न करने के साथ-साथ गौरवान्वित संगठन को मर्यादाहीन बनाने का भी निश्चय किया जिसमें उसे काफी सफलता भी प्राप्त हुई।

प्राचीन युग में भारत में महिलाओं का प्रमुख स्थान था। विवाह के लिए स्वयंवरों की व्यवस्था द्वारा उसे अपना जीवन साथी चुनने की स्वतन्त्रता थी। हिन्दू

समाज व्यवस्था में विवाह को एक पवित्र मिलन सूत्र के रूप में माना गया है। मुसलमानों तथा यूरोपियनों की भांति हिन्दुओं में विवाह को कभी अनुबन्ध का रूप नहीं दिया गया। प्राचीन भारत में पर्दा प्रथा का अभाव था। भारत में मुगलों के आने के बाद अनेक कारणों से स्त्रियों की पहली स्थिति में परिवर्तन हुआ। यूरोपीय लोगों के भारत में आवागमन के पश्चात् सारे पारिवारिक गठन में शिथिलता आने के कारण आर्थिक एवं व्यक्तिवादी विचारों ने स्त्रियों पर भी अपना प्रभाव डालना आरम्भ किया। फलस्वरूप पारिवारिक सामूहिकता एवं गठन में दरारें पड़ने लगीं। भारतीय स्त्री का पूजनीय स्वरूप सिर्फ आदर्श का इतिहास बनकर ही रह गया।

ब्रिटिशकालीन भारत में यातायात के क्षेत्र में अत्यधिक विकास हुआ। इससे नगर तथा ग्राम के मध्य का अन्तर भी कम होने लगा। नगरों में बड़े उद्योगों की स्थापना होने लगी। पाश्चात्य शिक्षा पद्धति के प्रचार व प्रसार के कारण डाक्टरों, वकीलों और इंजीनियरों की संख्या में वृद्धि होने लगी। बुद्धिजीवी वर्ग के परतन्त्रता मुक्ति की कामना जाग उठी। भारतीयों के प्रति किए जा रहे दुर्व्यव्यवहार के कारण राष्ट्रीय भावना को उत्तेजित एवं प्रबल होने का अवसर मिला। भारतीयों को उच्च सम्मान के पदों से वंचित रखा जाता था। इस सबका परिणाम यह हुआ कि भारतीयों में अंग्रेजों के प्रति नफरत की भावना दिनोदिन बढ़ती चली गई। ऐसा ही भावना उन भारतीय अधिकारी वर्ग के प्रति भी हो गई जो उनके साथ यूरोपीय जैसे व्यवहार करने लगा था।

धार्मिक स्थिति

मुगलों के भारत आगमन तक हिन्दुओं का प्राचीन धर्म 'सनातन धर्म' था। मुस्लिम संस्कृति ने भारत में पहुंचकर समय-समय पर इस धर्म पर प्रहार कर उसे झुलसा दिया था। मुस्लिम काल में सनातन धर्म ने संघर्षों के जीने का उपक्रम बनाया किन्तु यूरोपीयों के आगमन पर स्थिति में कुछ बदलाव आया। व्यापार के साथ-साथ विदेशी शासकों ने ईसाई धर्म का प्रचार भी अपना लक्ष्य बनाया। 19वीं सदी की शुरुआत में हिन्दू अपने धर्म की सुरक्षा हेतु काफी उत्साहित थे। 'ऐसे समय में एक ऐसी जाति भारत का शासक बन गई जो पुरुषार्थ में प्रवीण, साहस में अग्रणीय, तथा लोभ में अतिशय प्रचण्ड थी। किन्तु यह सब होते हुए भी जो इंग्लैण्ड भारत आया था वह ट्यूडर और स्टीवर्ट काल का इंग्लैण्ड नहीं था। ट्यूडर और स्टीवर्ट कालीन इंग्लैण्ड में धार्मिक भावना कूट-कूट कर भरी हुई थी। यदि उन्नीसवीं सदी में भी

इंग्लैण्ड वालों में वही धर्मोन्माद रहा होता, तो भारत में हिन्दुत्व और इस्लाम दोनों में से एक भी जीवित रहता या नहीं, यह संदिग्ध है।'' इस कथन के सन्दर्भ में यह स्पष्ट रूप से कहा जा सकता है कि जितना मुसलमान राजाओं ने अपने धर्म के प्रचार हेतु कार्य किया उतने कार्य अंग्रेज जाति ने नहीं किए, किन्तु यह मानना कठिन है कि अंग्रेजों ने अपने धर्म के प्रचार के लिए प्रयत्न नहीं किए।

पाश्चात्य धर्म एवं शिक्षा ने भारतीय आत्मा को उस समय एकदम कचोटना प्रारम्भ कर दिया जबकि यहाँ का युवक वर्ग भी अपने देश की अपेक्षा पश्चिम की संस्कृति की ओर ललचायी दृष्टि से देखने लगा। बंगाल में राजा राम मोहन राय ने ब्रह्म समाज, स्वामी दयानन्द सरस्वती ने आर्य समाज, राम कृष्ण परमहंस ने राम कृष्ण मिशन तथा श्रीमती ऐनी बेसेन्ट ने थियोसाफिकल सोसायटी के माध्यम से इस गिरते हुए विशाल भारतीय किले की प्राचीरों को सम्भाल लिया और हिन्दू धर्म में पुनर्निर्माण और नवीन चेतना का स्पन्दन हुआ। इस काल की इन प्रभुत्वशील प्रवृत्तियों ने भारत के रूप को बचाया नहीं अपितु उसे संसार में फैलाया भी है। आन्दोलन के रूप में संगठित यह प्रवृत्तियाँ अपने आप में इतनी पूर्ण और सशक्त थीं कि ईसाई मत का प्रचार शिथिल पड़ने लगा। उन्होंने भारतीय इतिहास को जीवन्ता प्रदान की।

राजनीतिक दशा

ब्रिटिशों के आगमन के दौरान भारत के राजाओं के आपसी संबंध मधुर नहीं थे। विदेशी व्यापारी ऐसी स्थिति में एक पक्ष को अपने धन तथा सेना की सहायता देकर उसकी विजय में सहायक बन जाता था और इस प्रकार उसे अपने पक्ष तथा अधिकार में कर लेता था। पारस्परिक फूट तथा मनोमालिन्य को तत्कालीन भारतीय राजनीति का प्रमुख अंग स्वीकार किया जाता था। विजयी पक्ष से अंग्रेज नजराने के रूप में अनेक शासकीय सुविधाएँ प्राप्त कर लेते थे। यह सुविधाएँ धीरे-धीरे वरदान सिद्ध हो गईं। अंग्रेजों को राजनीतिक सत्ता प्राप्ति के लिए लगभग 111 युद्ध करने पड़े। स्थिति एक सुसंगठित, आर्थिक एवं सैनिक दृष्टि से प्रगतिशील विजय हेतु बहुत अनुकूल थी। मुगल साम्राज्य के पतन के बाद हुए विप्लव व अराजकता की स्थिति ने इस विजय को और निकट ला दिया था।'' इस विश्लेषण में देश की तत्कालीन राजनीतिक अवस्था का आभास मिल जाता है।

ब्रिटिशों ने भारतीयों को देशद्रोह करने की सीख दी। इस कार्य में सैकड़ों

गद्दारों ने देश की पवित्रता को, सहयोग देकर, भंग किया। ईस्ट इण्डिया कम्पनी ने अपनी सार्थकता सिद्ध करते हुए राजनीतिक जीवन पर अपनी पकड़ मजबूत कर ली परन्तु सन् 1857 के प्रथम स्वतन्त्रता संग्राम के बाद भारतीय जनता को सन्तुष्ट करने के निमित्त शासन सत्ता ब्रिटिश संसद ने अपने हाथ में ले ली। सन् 1858 में महान् अधिकार पत्र भारतीयों के निमित्त प्रस्तुत किया गया। इस पत्र की घोषणाएँ महत्वपूर्ण नहीं थीं। सन् 1877 का वर्ष दुर्भिक्ष का वर्ष था किन्तु राजकीय विशाल, दरबारों के आयोजित करने की प्रथा में कोई बदलाव नहीं हुआ।

1878 में वर्नाक्यूलर प्रेस एक्ट पास करके भारतीय समाचार पत्रों पर अपना अधिकार जमा लिया। "अंग्रेजी शासन काल में भारतीय समाचारों पत्रों पर यह बलात्कार था।" आर्म्स एक्ट ने भारतीयों की भावनाओं को उद्वेलित कर दिया। 1883 में इलबर्ट बिल पर हुए उत्तेजनात्मक प्रहारों ने भारतीयों के मन में अंग्रेजी शासकों के प्रति सम्पूर्ण निष्ठा को समाप्त कर दिया। इस बिल के आधार पर भारतीय मूल के न्यायधीशों को भी अंग्रेजों के मुकदमें सुनने का अधिकार प्राप्त होता, किन्तु लार्ड रिपिन की इस उदारता में अंग्रेज जाति भागीदार बनने के स्थान पर कठोर बन गई। ए. सी. मजूमदार ने इस सन्दर्भ में यह लिखा है कि, "इस बिल ने भारतीयों को एक राष्ट्रीय संस्था के निर्माण का मार्ग प्रशस्त किया।" वस्तुतः बहुविध कारणों के साथ-साथ इस बिल के कारण जागृत असन्तोष ही भारतीय राष्ट्रीय कांग्रेस के जन्म का आधार प्रस्तुत करता है।

भारतीय संघ की स्थापना 1866 में दादाभाई नौरोजी ने ईस्ट इण्डिया एशोसियेशन, 1870 में रानाडे ने सार्वजनिक सभा तथा 1876 में सुरेन्द्र नाथ बनर्जी ने की। इन संस्थाओं के संस्थापकों ने देश के जागृत आक्रोश को सही दिशा देने के लिए ही इन संस्थाओं की स्थापना की थी। अंग्रेजों ने भारतीय राष्ट्रीय कांग्रेस के निर्माण में सक्रिय सहयोग दिया। ए. ओ. ह्यूम के सक्रिय प्रयासों से इस महान कार्य को अंग्रेजों की इस संस्था के प्रति प्रारम्भिक सहयोग वृत्ति में आ गया। 1885 से 1905 तक कांग्रेस ने उदार बने रहकर राजनीतिक जीवन में सराहनीय भूमिका का निर्वहन किया। विभिन्न धर्मावलम्बियों के प्रतीक रूप में इस संस्था में धर्मनिरपेक्षता के उदाहरण से जनमानस को आप्लावित किया।

ब्रिटिश प्रशासन के दुर्व्यवहारों से असन्तुष्ट होकर देश की राजनीति में एक क्रांतिकारी परिवर्तन आया। काँग्रेस के प्रारम्भिक नेताओं में सुरेन्द्र नाथ बनर्जी, दादभाई नौरोजी तथा गोपाल कृष्ण गोखले का यह विश्वास रहा था कि सेवा, प्रार्थना

और सहयोग की नीति का अवलम्बन ही देश को विकास के मार्ग में अग्रसर करेगा। किन्तु बंग भंग के बाद उनका विश्वास भी सहम गया। कलकत्ता कारपोरेशन एक्ट 1899, भारतीय विश्वविद्यालय एक्ट 1904, आफीशियल सीक्रेट्स एक्ट 1904 के सन्दर्भ भारतीयों की भावनाओं को आक्रोशित करने में सर्वाधिक योग दे बैठे। बंग भंग के कारण 7 अगस्त 1905 को कलकत्ते के टाउनहाल में विदेशी और विशेष रूप से अंग्रेजी वस्तुओं का बहिष्कार हुआ। "यह बहिष्कार अंग्रेज सरकार की जनमत के प्रति दिखाई गई उपेक्षा का परिणाम था।" जन विरोध के परिणामस्वरूप इसे सन् 1911 में समाप्त कर दिया गया।

ब्रिटिश प्रशासन की सैनिक नीति, दुर्भिक्ष तथा महामारी विदेशों में भारतीयों के साथ किए जा रहे अभद्र व्यवहार तथा अन्तर्राष्ट्रीय घटनाओं ने देश में उग्र भावनाओं को अभिव्यक्त करना प्रारम्भ कर किया था। तिलक ने 'केसरी' तथा 'मराठा' साप्ताहिक के माध्यम से देश की राजनीतिक भावनाओं को प्रकट किया। 1907 में उदारवादियों और उग्रवादियों के बीच बढ़ रही खाई ने दोनों को सूरत अधिवेशन में पृथक् कर दिया। तिलक का सम्पूर्ण जीवन देश की तत्कालीन राजनीतिक अवस्था की सरल अभिव्यक्ति है। श्रीमती ऐनी बेसेन्ट द्वारा चलाया गया होमरूल आन्दोलन भी तत्कालीन राजनीतिक स्थिति के कारण पर्याप्त समय तक गतिवान रहा। तिलक के साथ उग्रवादियों में अरविन्द घोष, विपिनचन्द्र पाल और लाला लाजपतराय के नाम प्रमुख रूप से जुड़े थे। ब्रिटिश शासन ने ही देश की राजनीति में क्रान्तिकारियों के उदय के अवसर दिए।

1857 के पूर्व तथा इसके पश्चात भी कुछ समय तक अंग्रेजी शासन मुसलमानों के प्रति उदासीन ही रहा। परन्तु जैसे-जैसे कांग्रेस की शक्ति बढ़ने लगी वैसे-वैसे प्रशासन मुस्लिमों के प्रति अपने रवैये में बदलाव लाने लगा, सरकार मुसलमानों के प्रति अपनी नीति में परिवर्तन करने लगी। स्पष्ट रूप से ब्रिटिश शासन की कूटनीतियों ने साम्प्रदायिकता का जहर भारतीय राजनीति में पूर्णतः घोल दिया। "यह उनकी कुशल 'विभाजन कर शासन करो' की नीति का ही प्रत्यक्ष परिणाम था। अब राजनीति में अंग्रेजों के कारण साम्प्रदायिक त्रिभुज की रचना हुई।" "यद्यपि अंग्रेजों ने साम्प्रदायिकता के उभरने में अपना हाथ होने के औचित्य से इंकार किया है।" यह बात जनस्वीकृत है कि 30 दिसम्बर सन् 1906 को सर सैय्यद अहमद खाँ के द्वारा हुई मुस्लिम लीग की स्थापना को प्रोत्साहित करने का श्रेय मिस्टर बैक को जाता है। फलस्वरूप संस्था के द्वारा की गई साम्प्रदायिकता प्रतिनिधित्व की सिफारिश देश के विभाजन का कारण बनी।

गाँधीजी से पूर्व का युग कूटनीतिक एवं प्रलोभनों का युग था। अंग्रेजी शासन ने इसी के द्वारा भारत को अपने अधीन कर लिया। पहले से चली आ रही ग्रामीण पंचायतें तथा पंच-सरपंच सभी शिथिल हो गए। ऐसी ही परिस्थितियों से गाँधीजी भारतीय राजनीति में उतरे। साम्प्रदायिकता का विष, अस्पृश्यता का कलंक अन्यायों से टकराने पर परतन्त्रता के विषाक्त सन्दर्भों ने गाँधीजी को एक कार्य क्षेत्र दिया। ब्रिटिश अत्याचारों से देश को मुक्त कराने तथा देश को स्वतंत्रतापूर्ण जीवन देने के लिए राजनीति में प्रवेश करके पथ-प्रदर्शक का कार्य किया। अपने अथक प्रयासों एवं कार्य के कारण वह देश की जनता के प्रेरणाधार बने।

3

गाँधी से पूर्व का युग-बोध

अंग्रज शासन ने भारत को गुलाम तो अवश्य बनाया परन्तु उसकी स्थापना से भारत की राजनीतिक प्रशासनिक एवं सामाजिक स्थिति परिवर्तित हुई। भारतीयों के दिलों में स्वयं हित, स्वयं के सुख-दुख की भावना जागृत हुई। अंग्रेजों द्वारा अपनाई गयी नीति पद्धति ने पैतृक भूमि संबंध, संयुक्त परिवार प्रणाली तथा सार्वजनिक एवं सामूहिक सामाजिक नियंत्रण को समाप्त करने में अत्यधिक उत्प्रेरक तत्त्व का कार्य किया। कार्नवालिस द्वारा व्यक्ति के मरने के पश्चात् उसकी अचल संपत्ति (भूमि) का उसके पुत्रों में विभाजन आवश्यक कर देने से पुरानी सामाजिक व्यवस्था की स्थिरता का आधार ही समाप्त हो गया। अंग्रजी न्यायालय के द्वारा किये गये निर्णय उलझे हुए थे तथा उनमें स्थिरता भी नहीं थी जिस कारण मुकदमा आगे बढ़ जाता तथा परंपरा पर आधारित अधिकारों के लिए सफल चुनौती प्रस्तुत हुई। अब पुरातन व्यवस्था का अंत होने लगा। अंग्रेजी प्रशासनिक व्यवस्था के फलस्वरूप विभिन्न क्षेत्रों में एक नए वर्ग का विकास हुआ। भूराजस्व में एक नए जमींदार वर्ग के, दक्षिण में भूमिहर किसानों के और अवध में ताल्लुकेदारों के नए अधिकारों का विकास हुआ। यह पूर्णतः अंग्रेजी व्यवस्था थी। इन जमींदारों तथा ताल्लुकेदारों की एक विशेषता यह भी थी कि वे सामान्यतः स्वयं खेती नहीं करते थे और बहुधा अपने अधीन किसानों के मध्य रहते भी नहीं थे। वे अनुपस्थित सामन्त की भाँति प्रांतीय राजधानियों में अंग्रेजी अधिकारियों की तरह रहने लगे। उस समय धन एकत्र करने का सर्वश्रेष्ठ साधन भूमि था अतः लोगों ने अधिकांश पूंजी से भूमि खरीदी।

नवीन परिवर्तनों का प्रभाव व्यावसायिक जगत पर भी पड़ा। प्राचीन व्यापारियों का कार्य मुद्रा का परिवर्तन अथवा स्थानान्तरण था जो 18वीं शताब्दी के अन्त तक समाप्त हुआ, जैसा जगत सेठ परिवार के इतिहास से ज्ञात होता है। भारतीय व्यापारियों के लिए भारतीय व्यापारी के व्यवसाय के अवसर अब समाप्त होने लगे थे इसका कारण अंग्रेजी फर्मों द्वारा आयात-निर्यात किया जाने लगा था। इस व्यापारिक वर्ग में कई वर्गों के लोग थे। एक समूह उन दानी व्यापारियों का था जो कंपनी के लिए वस्तुएँ एकत्र तथा क्रय करते थे, समूह उन लोगों का था जो कंपनी की ओर से कुछ कार्य करने का ठेका ले लिया करते थे। (जैसे जहाजों की मरम्मत, अथवा नदियों द्वारा किए गए व्यापार की देखभाल करना) अथवा कंपनी के लिए दलालों का कार्य या कंपनी कर्मचारियों के लिए बेनामी व्यापार करते थे। 18वीं सदी के अंत में एजेंसी हाउस प्रणाली की स्थापना होने लगी जिसके कारण भारत में वस्तुओं के निर्यात की दर में वृद्धि हुई। 1813 ई. में कंपनी के भारतीय व्यापार के एकाधिकार को समाप्त कर दिया गया। कुछ समय के बाद भारत में अंग्रेजी वस्तुओं का आयात बहुत बढ़ा। इस आयात-निर्यात व्यापार की वस्तुओं के वितरण तथा एकत्र करने में भारतीय व्यापारिकों को जरूरत पड़ी जमीदारों एवं व्यापारियों को सदस्यता एवं कार्य सौंप दिये गये।

अंग्रेजों ने अपनी मातृभाषा अंग्रेजी होने के कारण सभी क्षेत्रों में इसके प्रचार तथा प्रसार हेतु बल दिया। ब्रिटिश भारत की मातृभाषा भी अंग्रेजी बनाना चाहते थे यही कारण था कि भारतीय अंग्रेजी शिक्षा की ओर आकर्षित हुए। मैकाले तथा अन्य अंग्रेज प्रशासकों ने अंग्रेजी शिक्षा का समर्थन विभिन्न उद्‌देश्यों से किया। इनमें सबसे प्रमुख यह मंतव्य था कि पढ़े-लिखे भारतीयों का एक ऐसा वर्ग तैयार हो जाए जो अपने चिंतन, रुचि तथा स्वभाव से अंग्रेज हो अर्थात् अंग्रेजी वस्तुओं, संस्थाओं तथा आदर्शों की उच्चता में विश्वास रखे। ईसाई मिशनरीज अंग्रेजी शिक्षा प्रसार को ईसाई धर्म प्रसार में सहायक समझते थे। सरकारी नौकरी प्राप्त करने के लिए भारतीयों का अंग्रेजी शिक्षा ग्रहण करना जरूरी हो गया था। देश की आर्थिक निर्धनता, कृषि की अवनत स्थिति को देखकर सरकारी नौकरी प्राप्त करना ही जीवन निर्वाह का एक प्रमुख साधन रह गया। साक्षर भारतवासियों के लिए जीवन निर्वाह का द्वितीय विकल्प वकालत था जिससे सरकार पर निर्भर नहीं रहना पड़ता। वैसे तो अन्य व्यवसाय भी थे जैसे अध्ययन एवं चिकित्सा परन्तु एक विदेशी विधि प्रणाली से अनभिज्ञ साधारण जनता के लिए न्यायालयों में वकीलों की आवश्यकता हुई।

उपर्युक्त तथ्यों के आधार पर यह कहा जा सकता है कि 19वीं सदी में कुछ

ऐसे वर्गों का विकास हुआ जो 18वीं सदी के भारतीय समाज में नहीं थे। वकील, डॉक्टर, अध्यापक तथा राजकीय कर्मचारी उस मध्यम वर्ग के भाग थे जो अंग्रेजी शिक्षा तथा प्रशासनिक नीति के फलस्वरूप पैदा हुआ। 18वीं सदी में यह वर्ग अंग्रेजों का प्रशंसक था परन्तु 19वीं सदी में जन्मे कुछ तत्वों के कारण इसे ब्रिटिश शासन की बुराई करनी पड़ी। अंग्रेजों की प्रजातीय विभेद तथा भारत में प्रजातंत्रीय प्रणाली को स्थापित न करने के कारण ब्रिटिश आलोचना के पात्र बने।

पाश्चात्य देशों की अपेक्षा भारत में मध्यम वर्ग के विकास का कारण यह था कि यह आर्थिक तथा औद्योगिक विकास के अभाव में विकसित हुआ था। पश्चिम में आर्थिक विकास की पूर्ति हेतु शिक्षा प्रणाली का विकास किया गया और भारत में शिक्षा पद्धति का विकास सरकारी नौकरी हेतु किया गया। अंग्रेजी सरकार चाहती थी कि यह मध्यम वर्ग अंग्रेजों का अनुसरण तथा उनके साथ अधीनस्थ सहयोग करने वाला बन जाए। शिक्षा के विकास में साहित्यिक शिक्षा की प्रधानता रही। अल्पतम तकनीकी और वैज्ञानिक शिक्षा की उन्नति हुई। शिक्षित वर्ग भी सरकारी नौकरी को ही प्रतिष्ठा और सम्मान का सूचक मानने लगा। व्यापार अथवा उद्योगों के विकास पर उसका बहुत कम ध्यान गया।

ब्रह्म समाज

जिस समय भारत में हिन्दू धर्म और समाज अन्धविश्वासों के कारण पराभव की अनुभूति का शिकार हो गया था तथा युवक वर्ग में ईसाईयत के प्रति मोह बढ़ रहा था उस समय इनसे विकसित अव्यवस्था का प्रतिरोध करने के लिए राजा राम मोहन राय ने 20 अगस्त, 1828 को ब्रह्म समाज की स्थापना की। राय ने इस्लाम, ईसाइयत तथा हिन्दू धर्म का गहन अध्ययन किया था। उन्होंने यूरोप के ज्ञान और उसकी पद्धति को अपनाकर इस प्रगतिशील युग में भारत को पुनर्जागृत करने का संकल्प किया। सामाजिक सुधारक के रूप में उन्होंने धार्मिक अन्धविश्वासों के प्रति अपनाए गए जड़वादी दृष्टिकोण की निन्दा की। उन्होंने अपनी इस धार्मिक और सामाजिक विरासत के कारण मूर्ति पूजा का खण्डन, बहुदेवत्ववाद के स्थान पर एकेश्वरवाद की प्रशंसा तथा विश्व धर्म का प्रतिपादन किया। हिन्दू धर्म में व्याप्त कुरीतियों का वह घोर विरोध करते थे किन्तु इसका आशय यह नहीं था कि उनकी दृष्टि में हिन्दू धर्म का आधार अस्वीकार था।

ब्रह्म समाज ने अतीत और अर्वाचीन के बीच की दूरी को खत्म करना शुरू किया। "मिशन की मुख्य विशेषता यह है कि वह मनुष्य के नैतिक व्यवहार की

पवित्रता को सर्वाधिक महत्व देता है। यह इस बात में विश्वास रखता है कि मनुष्य की आध्यात्मिक उन्नति उसके मस्तिष्क की पवित्रता तथा चरित्र पर निर्भर करती है।" तत्कालीन समाज में जाति प्रथा की कठोरता, सती प्रथा तथा विधवा विवाह निषेध की परम्पराओं को ब्रह्मसमाज ने समाप्त करने का निर्णय लिया। उनका दूसरा कदम नारियों को समान अधिकार दिलाना था, "सती प्रथा के विरुद्ध संघर्ष में ब्रह्मसमाज को सफलता प्राप्त हुई।" राजा राम मोहन राय की मृत्यु के बाद संगठनात्मक गतिरोध के कारण ब्रह्मसमाज का प्रभाव क्षेत्र सीमित हो गया।

आर्य समाज

10 अप्रैल 1875 को मुम्बई में आर्यसमाज की स्थापना स्वामी दयानन्द के द्वारा की गई। स्वामी यह मानते थे कि पूर्णरूपेण स्वदेशी मान्यताओं और आदर्शों के सहारे ही देश का कल्याण हो सकता है। आर्य समाज के माध्यम से स्वामी जी ने भारत को पौराणिक आध्यात्मिक परम्पराओं से विमुख होने के कारण प्रताड़ित किया। उन्होंने आध्यात्मिक अधःपतन को रोकने के लिए मूर्ति पूजा का विरोध किया। उन्होंने भारत की रचना को वैदिक शिक्षा का अनुसरण किया। "वह विश्वास करते थे कि यद्यपि अन्य धर्म भी कुछ सत्य ग्रहण किए हुए हैं किन्तु वेदों का धर्म ही मात्र सच्चा धर्म था, यह सम्पूर्ण मानव जाति के लिए था, यह उनका कर्त्तव्य है कि सम्पूर्ण मानव जाति को रंग, देश और जाति के भेद भूलकर उसे प्रदान करे।"

आर्यसमाज वास्तव में स्वामी दयानंद की विशेषताओं की प्रतिभा या विकास में बाधा स्वामीजी की मृत्यु के पश्चात् ही आ गयी। हालांकि असंख्य आर्य समाजियों ने मिलकर कार्य करने का दृढ़ संकल्प किया लेकिन फिर भी कुछ विषयों पर मतभेद के कारण आर्यसमाज के अनुयायियों में 1892 ई. में दो दल बन गए। यह मतभेद इस मौलिक समस्या को लेकर आरंभ हुआ कि क्या एक आर्यसमाजी के लिए केवल 10 सिद्धांतों का ही मानना आवश्यक था अथवा दयानंद के विभिन्न आदेशों एवं वेदों की व्याख्या को मानना भी आवश्यक था? यह विवाद दयानंद द्वारा दिए गए व्याख्या अधिकार से संबंधित था। क्या एक आर्यसमाजी अपनी व्यक्तिगत जीवन पद्धति में स्वतंत्र है अथवा बहुमत के अधीन है। यह समस्या 10 सिद्धांतों के अतिरिक्त व्यक्तिगत व्याख्या और विश्वासों के स्वतंत्रता की थी। कालांतर में शिक्षा के क्षेत्र में दो दल बन गए। (i) वह जो प्राचीन गुरुकुल आश्रम के आधार पर शिक्षा प्रसार चाहते थे (ii) वह जो आधुनिक अंग्रेजी शिक्षा का समर्थक था। स्वधर्मी होने पर भी दोनों दलों ने अंत तक सहयोग से कार्य किया।

स्वामी विवेकानंद और रामकृष्ण मिशन

स्वामी विवेकानन्द 19वीं सदी के पर धर्म सुधारक थे। इन्होंने आर्य समाज और ब्रह्म समाज की अपेक्षा हिन्दू धर्म का प्रसार अधिक सम्मान के साथ किया। 19वीं सदी के आरंभ में राममोहन हिंदू धर्म के लिए क्षमायाचक से अधिक नहीं थे। स्वामी दयानंद भी वेदों में निहित धर्म अथवा ज्ञान को ही प्रभावशाली ढंग से प्रस्तुत कर सके। उन्होंने ईसाई मिशनरियों द्वारा की गई आलोचना का प्रतिउत्तर मात्र दिया। लेकिन स्वामी विवेकानंद ने समस्त वेदांत की सैद्धांतिक व्याख्या की और पश्चिमी धर्मों से हिन्दू धर्म को श्रेष्ठ बतलाया।

स्वामी विवेकानंद जी का जन्म कोलकाता में सन् 1863 में हुआ था। उनके बचपन का नाम नरेन्द्र दत्त था। वह पश्चिमी दर्शन के अच्छे ज्ञाता थे। आरंभ में वह साधारण ब्रह्म समाज के अनुयायी थे, लेकिन दक्षिणेश्वर के रामकृष्ण परमहंस के संपर्क में आने के पश्चात् उनका भारतीय दर्शन तथा धर्म के प्रति दृष्टिकोण परिवर्तित हुआ। जैसे-जैसे उनका रामकृष्ण से संपर्क बढ़ता गया वैसे-वैसे एक नई प्रकार की प्रेरणा उनमें जागृत होती गई और अंततः वह रामकृष्ण के परम शिष्य बन गए। परमहंस ने सब धर्मों की समानता तथा एक ही औपचारिकता बताया। भक्ति तथा ज्ञान के मार्ग से ईश्वर को पहचाना जा सकता था और इन दोनों मार्गों में परमहंस ने शक्ति पर अधिक बल दिया। धार्मिक वाद-विवाद में उलझने को अनावश्यक बताया। उनके अनुसार धर्म प्रचारक के लिए सबसे बड़ी आवश्यकता ईश्वर अनुभव की थी। रामकृष्ण ने धर्म के व्यावहारिक पक्ष पर अधिक बल दिया। उनके संपर्क में नरेंद्रनाथ को वास्तविक आध्यात्मिक ज्ञान का अनुभव हुआ।

रामकृष्ण के मरने के बाद वे कई वर्षों तक भारत की यात्रा करते रहे। 1893 ई. में वह भ्रमण करते हुए कन्याकुमारी पहुँचे और वहाँ मन्दिर में बैठे-बैठे उन्हें यह ज्ञान हुआ कि भारत का उत्थान धार्मिक दर्शन प्रचार से न होकर साधारण गरीब भारतीय नागरिकों के जीवन स्तर तथा उनकी दरिद्रता को दूर करके ही संभव हो सकता है। 1893 ई. में अमरीका में विश्व धर्म सम्मेलन में भाग लेने के लिए जाते समय उन्होंने स्वामी विवेकानंद नाम ग्रहण किया। वह अमरीका, इंग्लैंड, यूरोप में तीन वर्ष रहे। उन्होंने फरवरी 1896 ई. में वेदांत सोसायटी की स्थापना करके अमेरिका में धर्म का प्रचार किया। वह चाहते थे कि कुछ भारतीय धर्म प्रचारक अमरीका में भारतीय दर्शन अर्थात् वेदांत का प्रचार करें और उनके अमरीकी शिष्य भारत आकर विज्ञान और संगठन का महत्त्व सिखाएँ। भारत वापस आने के बाद 1 जनवरी 1899 में रामकृष्ण मिशन की स्थापना की।

सर्वप्रथम स्वामी जी ने अमेरिका तथा यूरोप हिन्दू धर्म का प्रचार किया। विश्व धर्म सभा में स्वामी विवेकानन्द जी ने कहा कि धर्म की सत्यता पर विश्वास होना चाहिए। भारत एक ऐसा राष्ट्र है जहां प्रत्येक धर्म स्वतंत्र है। धर्म परिवर्तन से कोई लाभ नहीं है क्योंकि प्रत्येक का लक्ष्य समान है। उन्होंने पश्चिमी देशों को यह बताया कि भारत में ईसाई धर्म प्रचारकों से इतना लाभ नहीं हो सकता जितना पश्चिमी औद्योगिक तकनीकी तथा आर्थिक ज्ञान से हो सकता है। भारत की विजय राजनीतिक ही हो सकती थी सांस्कृतिक नहीं हो सकती थी। स्वामी जी ने हिंदू धर्म की पश्चिमी देशों में व्याख्या की और यह बताया कि वेदों में ज्ञानयोग, कर्मयोग, भक्तियोग आदि मार्गों से ईश्वर तक पहुँचा जा सकता था। इन विभिन्न मार्गों में से किसी एक पर विश्व के विभिन्न धर्म आधारित थे। कर्म तथा पुनर्जन्म के सिद्धांतों का सही अर्थ समझाया। हिन्दूधर्म को समझने के लिये पश्चिम के कई विद्वान स्वामीजी के शिष्य बन गये।

स्वामी विवेकानंद विदेशों की यात्रा करके भारत आये और यहां भारतीयों को पश्चिम सभ्यता के केवल गुणों को अपनाने के लिए प्रेरित किया। पश्चिम की जीवन पद्धति में कुछ गुणों ने उन्हें प्रभावित किया। जनकल्याण की भावना और उसके लिए संगठित प्रयत्न अनुकरणीय लक्ष्य थे। भारत में साधारण जनता के लिए बड़ी उपेक्षा का दृष्टिकोण था, इसलिए उन्होंने संगठित प्रयत्नों को अति आवश्यक बताया। पश्चिमी भौतिक और आर्थिक प्रगति, अमरीकी स्त्रियों की स्वतंत्रता और सामाजिक प्रतिष्ठा ने विवेकानंद को प्रभावित किया था। समाज कल्याण, जनसेवा के लक्ष्यों की प्राप्ति के लिए स्वामी जी ने रामकृष्ण मिशन की स्थापना की। इसकी स्थापना का प्रमुख उद्देश्य सम्पूर्ण संसार में धर्म का प्रचार हो सके।

भारत की स्थिति को देखते हुए स्वामी जी का हृदय विदीर्ण हो गया। इसलिए दरिद्र नारायण के लिए कार्य करने का मंच ऐसा था जहाँ विभिन्न जातियाँ, वर्ग तथा धर्म मिल सकते थे। यह सेवा ईसाइयों का सदावर्त नहीं था बल्कि लोगों को अपनी सेवा आप करने का लक्ष्य था। गरीबों और बीमारों की सहायता करने से ईश्वर की प्राप्ति होगी और समाज सेवा का लक्ष्य भी पूरा होगा। हिंदू धर्म द्वारा प्रस्तुत मानव सेवा का वृहत् लक्ष्य कुछ भ्रांतियों अथवा अर्थों के कारण लुप्त हो गया था। इसलिए उन्होंने हिंदू साधुओं और संन्यासियों को उस संकीर्णता से निकलने के लिए कहा जिसमें वे निजी मोक्ष के लिए प्रयत्नशील रहते थे। संन्यास के साथ-साथ सेवाभाव उतना ही महत्त्वपूर्ण लक्ष्य होना चाहिए। विवेकानंद की सबसे बड़ी सफलता यह थी

कि उन्होंने संन्यासियों के समक्ष व्यक्तिनिष्ठा की अपेक्षा समाज सेवा के आदर्श प्रस्तुत किए।

स्वामी जी ने भारत में व्याप्त भेदभाव रखने वाले पाखंडी साधुओं और ब्राह्मणों को संकीर्ण विचार वाला बताया। वह इस कारण थियोसोफिकल सोसायटी से भिन्न विचार रखते थे क्योंकि यह सोसायटी तंत्र, अंधविश्वासों और मिथ्या को प्रोत्साहन देती थी। विवेकानंद ने पश्चिमी देशों में हिंदुओं की आध्यात्मिक उपलब्धियों की चर्चा करके उस हीनता की भावना को बहुत सीमा तक समाप्त करने का सफल प्रयास किया जो ईसाई मिशनरियों के धर्म प्रचार से पैदा हो गई थी। उन्होंने वेदांत की मुख्य शिक्षा यह बताई कि प्रत्येक व्यक्ति अपने में ईश्वर की ज्योति देख सकता है। जिस प्रकार ईश्वर स्वतंत्र है उसी प्रकार प्रत्येक व्यक्ति भी सदा स्वतंत्र है। पश्चिमी राजनीतिक तथा अन्य संस्थाओं के पीछे जो भारतीय दौड़ रहे हैं, उन्हें यह ध्यान रखना चाहिए कि उन देशों में व्यापक असंतोष तथा व्याकुलता है यद्यपि हमें आत्मसम्मान और आत्मविश्वास की भावना जागृत करनी चाहिए।

विवेकानंद ने भारतीयों को 'अभय' होने की शिक्षा दी। लोगों को शारीरिक बल, आंतरिक शक्ति के विकास करने का पाठ पढ़ाया। उन्होंने पश्चिमी सभ्यता में जिन दोषों का वर्णन एक उच्चतर दर्शन के प्रतिपादन में किया, वह सामान्य भारतीय को प्रोत्साहन देने के लिए पर्याप्त था। देशभक्ति, समाज सेवा के जिन लक्ष्यों का प्रतिपादन किया गया वह भारत में एक नये देश-प्रेम को प्रोत्साहन देने में सफल हुआ। आध्यात्मिक स्वतंत्रता का क्षेत्र अत्यंत व्यापक तथा विस्तृत था, जिससे पश्चिमी देशों में उग्र राष्ट्रीयता की भावना जागृत हो गयी। हिन्दू धर्म को मजबूती प्रदान करने के उद्देश्य से जून 1899 ई. में स्वामी जी ने पुनः अमेरिका की यात्रा की।। 1901 ई. में स्वामी विवेकानंद जी अमेरिका से भारत आये और अपनी 39 वर्ष की अवस्था में 4 जुलाई, 1902 ई. में इस संसार से हमेशा के लिये विदा हो गये।

इन सभी धार्मिक-सामाजिक सुधार आन्दोलनों की छाया में अन्य अनेक छोटे बड़े आन्दोलन चले। प्रार्थना समाज, देव समाज, राधास्वामी सत्संग मुख्य हैं। इन सभी आन्दोलनों की मुख्य प्रवृत्ति चाहे धार्मिक और आध्यात्मिक रही हो लेकिन इन सब आन्दोलनों ने मिलकर सामाजिक कुरीतियों को दूर करने में महत्वपूर्ण योगदान दिया। भारतीय मुसलमानों के माध्यम अहमदिया आन्दोलन और बहावी आन्दोलन का भी अपना पृथक् स्थान है। गाँधी से पूर्व इन आन्दोलनों ने राष्ट्रीय जीवन को संचरणशील बनाए रखा। इन आन्दोलनों का प्रभाव उदारवादी और उग्रवादी सभी राजनेताओं पर पड़ा। लाला लाजपतराय जैसे कर्मठ आर्य समाजी नेता ने अपना सारा

जीवन ही देश की सेवा में लगा दिया। संक्षेप में हमें इस युग के प्रमुख राजनेताओं को भी समझ लेना चाहिए।

उदारवाद : उदारवादी विचारक

गाँधीजी से पूर्व का समस्त राष्ट्रीय चिन्तन दो प्रकार की पृथक्-पृथक् विचारधारा में दृष्टिगोचर होता है। दोनों का मूल रूप से भारतीय राष्ट्रीय काँग्रेस के साथ निकट का सम्बन्ध था। इन दो पृथक् विचारधाराओं को हम उदारवाद और उग्रवाद की संज्ञा देते हैं। उदारवादियों में सर दिनशावाचा, दादा भाई नौरोजी, जस्टिस महादेव गोविन्द रानाडे, सर फिरोजशाह मेहता, सुरेन्द्रनाथ बनर्जी तथा गोपाल कृष्ण गोखले के नाम विशेष रूप से उल्लेखनीय हैं। "उदारवादियों के रूप में कांग्रेस उस समय देश के सर्वोत्तम बुद्धिजीवियों को, प्रतिभाशाली व्यक्तियों को अपने अंक में समाहित किए हुए थी।"

उदारवादी अंग्रेज के न्याय और शासन में बहुत विश्वास रखते थे। 1895 में सुरेन्द्रनाथ बनर्जी का यह कथन इस सन्दर्भ में विशेष रूप से उल्लेखनीय है, "हम इंग्लैण्ड की ओर प्रेरणा और निर्देश के लिए देख रहे हैं। इंग्लैण्ड हमारा राजनीतिक नेता है। हम अंग्रेज की न्यायप्रियता में घोर विश्वास रखते हैं। हम सांसदों की जननी तथा विश्व के महानतम प्रतिनिधि सदन में अपनी अमित आस्था रखते हैं।" उदारवादियों ने अंग्रेजों के कार्यों के प्रति सहयोगात्मक प्रवृत्ति को अपनाया। भारत में शिक्षा ज्यादा से ज्यादा प्रचार एवं प्रसार भारतीय उद्योगों का विकास और राजकीय कार्यों में भारतीय नागरिकों को विशेष प्राथमिकता दी जाये। उदारवादी भारतीयों के समान अधिकार की आवश्यकता पर विशेष रूप से बल देते थे। उदारवादियों ने संवैधानिक आधार पर ही सुधार के लिए प्रयत्न किए। वह अपनी न्यायोचित मांगों को भी उदार रूप में ही प्रस्तुत करके अपने सम्पूर्ण दायित्वों की इतिश्री अनुभव करते थे। वह लोकतन्त्रीय आदर्शों के प्रति आस्थावान थे। प्रतिनिधि संस्थाओं में अधिकाधिक प्रतिनिधि के लिए, विचाराभिव्यक्ति और प्रेस की स्वतन्त्रता के लिए तथा उच्च प्रशासनिक पदों पर भारतीयों की समान नियुक्ति के प्रति उदारवादी बहुत ही प्रयत्नशील थे। उन्होंने राजनीति को धर्म से तो पृथक् किया किन्तु नैतिकता और राजनीति को एक-दूसरे का सहयोगी माना। नैतिकता को ही जीवन का आधार समझा।

आलोचकों के अनुसार उदारवादियों से समाज को जितनी आशाएँ थीं, वह पूर्ण नहीं हो सकीं क्योंकि उदारवादी जिस पद्धति को लेकर चल रहे थे कुछ उसमें दोष

था तथा कुछ इन लोगों के चिन्तन में भी दोष रह गया था। वह अंग्रेजी शिक्षा, अंग्रेजी साहित्य, और अँग्रेजियत के महत्व को स्वीकारते हुये भारतीय होने का गौरव ही समाप्त कर दिया, यह उदारवादियों की सबसे बड़ी कमजोरी थी। इस कमजोरी को उन्होंने दूर करने का कभी प्रयास नहीं किया, वह तो भारतीयों को अंग्रेजी शिक्षा दिए जाने की आवश्यकता और उपयोगिता पर बल दे रहे थे। इस कारण से उनका जनता ने साथ छोड़ दिया और वे केवल अंग्रेजों के प्रिय बनकर रह गये।

आलोचकों के लिए वह केवल 'आराम कुर्सी के राजनीतिज्ञ' तथा अंग्रेजों के प्रिय भक्त थे' किन्तु वास्तविकता यह थी कि उन्होंने अपनी अपार देश-भक्ति की किसी से सौदेबाजी नहीं की। वे भारतीयों को अधिक अधिकार दिए जाने के लिए हमेशा प्रयासरत रहे। उदारवादियों ने बंगाल विभाजन के समय अपनी राष्ट्र भक्ति का प्रदर्शन कर अनुकरणीय उदाहरण प्रस्तुत किया। उदारवादियों की अपनी कुछ सीमाएँ थीं, उन सीमाओं के अन्तर्गत इन्होंने सम्पूर्ण राष्ट्र की सामर्थ्य भर सेवा की। यह पृष्ठभूमि गाँधीजी के लिए प्रेरणा बनी और सहारा भी।

उग्रवाद : उग्रवादी विचारक

भारत को स्वतंत्रता दिलाने में उग्रवाद के समर्थकों का विशेष योगदान है। उसके कारण राष्ट्रीय जीवन में चेतना भी बनी रही और गतिशीलता भी। बाल गंगाधर तिलक, विपिन चन्द्र पाल, अरविन्द घोष, तथा लाला लाजपतराय ने राष्ट्र धर्म के पूर्ति के निमित्त उग्रवादी मान्यताओं का प्रतिपादन किया। उग्रवादियों ने उदारवादियों की नीतियों का विरोध करते हुए उन्हें गतिशील क्रांतिकारी नीतियों को अपनाने का अनुरोध किया। उग्रवादी ऐसे कार्यक्रम का समर्थन करना चाहते थे जो साम्राज्यवाद को हमेशा के लिये समाप्त कर दे। 'सूरत विभाजन' के रूप में दो पृथक्-पृथक् दलों के रूप में कांग्रेस का विभाजन स्पष्ट रूप से उग्रवाद और उदारवाद का विभाजन ही था। 1896 में बाल गंगाधर तिलक ने इस सम्पूर्ण वातावरण का चित्र इस रूप में प्रस्तुत किया था, "गत 12 वर्षों से हम चिल्ला रहे हैं कि शासन हमारी बातों को सुने लेकिन सरकार हमारी आवाज को नहीं सुनती, बन्दूक की आवाज सुनती है। हमारे शासकों ने हमारे ऊपर अविश्वास किया है। अब हमें अधिक शक्तिशाली संवैधानिक साधनों के आधार पर अपनी बात उन्हें सुनानी चाहिए।"

महान उग्रवादी बाल गंगाधर तिलक के लिये 'स्वराज्य' आत्मसम्मान का आभूषण था, जन्मसिद्ध अधिकार था। उग्रवाद मूल रूप से धार्मिक और आध्यात्मिक मान्यताओं पर खड़ा था। एक तरफ उग्रवादियों को भारतीय संस्कृति और इतिहास

प्रेरणा दे रहा था तथा दूसरी ओर तत्कालीन समाज सुधारकों और धर्म सुधारकों के आन्दोलन भी इनकी प्रेरणा के स्रोत थे। इस आध्यात्मिक और धार्मिक मनोवृत्ति का यह परिणाम निकला कि साधारण जनता इन्हें अपना सच्चा नेता और शुभचिन्तक मानने लगी।

उदारवादी तथा उग्रवादी दोनों के विचारों में बहुत अधिक भिन्नता थी। वह प्रार्थनापत्रों की राजनीति, याचना और भिक्षावृत्ति की राजनीति को तिलांजलि देकर भारतीयों में व्याप्त हीन भावना को उनमें से निकाल फेंकने के लिए उन्होंने 'एक राष्ट्र' की कल्पना का विस्तार किया। भारत को देव तुल्य स्थान मानकर पूजा। उग्रवादियों ने स्वतन्त्रता और स्वराज्य के लिए कठिन तपस्या की। तिलक का जीवन राष्ट्र के लिए जेल में व्यतीत हुआ। स्वदेशी और बहिष्कार के मूलमन्त्र देकर देश को खड़ा तो कर दिया किन्तु अभी तक उसमें संघर्ष के प्रति जागरूक बने रहने की शक्ति नहीं आई थी। फलतः उग्रवादियों ने धार्मिक राष्ट्रवाद को प्रोत्साहन दिया। उग्रवादियों ने पहले तो विदेशी वस्त्रों के बहिष्कार तक अपने को सीमित रखा था किन्तु बाद में उपाधियों, सम्मान सूचक पदों और प्रतिनिधि संस्थाओं के बहिष्कार को भी अपने कार्यक्रम में मिलाया।

उग्रवादियों के लिए संवैधानिक साधनों का अर्थ प्रार्थना पत्र ही था। उग्रवादियों को संवैधानिक साधनों का अर्थ बहिष्कार, स्वदेशी और राष्ट्र भाषा था। उग्रवादियों ने अहिंसा और हिंसा की व्याख्या करने में अपना समय नष्ट नहीं किया। राष्ट्र को जिस प्रकार के बलिदानी, उत्साही चरित्र की आवश्यकता थी, उसके लिए इन्होंने अपनी पूरी सामर्थ्य और शक्ति को लगा दिया। आलोचकों के लिए उग्रवादी हिन्दू सम्प्रदायवाद के प्रसार में संलग्न थे। संघर्षशील राष्ट्रीय नेताओं को किसी सम्प्रदाय विशेष का समर्थक और हितैषी बताना उचित नहीं है। उनका समस्त जीवन न्यायसंगत कार्यों में बीता। उन्होंने संघर्ष को अपने जीवन का आधार बनाया। इन्होंने अपने कार्यों से भारत के इतिहास को गर्व करने योग्य बना दिया। उदारवादी भारत के शुभचिंतक होते हुए भी पाश्चात्य संस्कृति को अपना आदर्श मानते थे, इसका विरोध उग्रवादियों ने किया। वह तो पश्चिम के आधार पर भारत के पुनर्निर्माण के विरुद्ध थे। उग्रवादियों को यह पूर्ण विश्वास था कि प्रार्थनापत्रों से देश को स्वराज्य प्राप्त नहीं होगा। फलतः उन्होंने उग्र संवैधानिक साधनों का प्रयोग किया। इन दोनों विचारधाराओं ने भारतीय राष्ट्रीय आन्दोलन को समयानुकूल दिशा प्रदान की।

गाँधीजी को उदारवादियों का आध्यात्मिक चिन्तन और उग्रवादियों को राष्ट्र धर्म विरासत में मिले। उग्रवादियों ने जिन साधनों को अपनाया, गाँधी का पूरा राष्ट्रीय

स्वतन्त्रता संग्राम उसी आधार पर खड़ा दिखाई देता है। उन्होंने असहयोग और आन्दोलन और सविनय अवज्ञा आन्दोलन से बहिष्कार किया और जिस पद्धति को अपनाया वह उग्रवादियों का सशक्त साधन ही था। इस सम्पूर्ण विश्लेषण से यह स्पष्ट हो जाता है कि, महात्मा गाँधी को भारत में उदारवादियों और उग्रवादियों ने समान रूप से प्रेरित किया। उदारवादियों ने उनके विचारों को तथा उग्रवादियों ने उनके कार्यों को प्रभावित किया, तभी तो उस कोमल हृदय व्यक्ति में इस्पाती संकल्पों का स्वरूप मुखरित देखते हैं। दोनों ही विचारधाराओं से गति और जीवन पाकर उन्होंने राष्ट्र की अनथक सेवा की।

4

द. अफ्रीका का राजनीतिक दूत

मोहनदास करम चन्द गाँधी 1891 ई. में बैरिस्ट्री की पढ़ाई पूरी करके भारत वापस आए। उसके बाद उन्होंने मुम्बई उच्च न्यायालय में वकालत करना शुरू किया। इस काम में उन्हें अधिक सफलता नहीं मिली तो वे राजकोट में अर्जी लिखने का काम शुरू किया जिससे उन्हें तीन सौ रुपये प्रति महीने आमदनी होती थी। सन् 1893 में गाँधीजी दक्षिण अफ्रीका गए। दक्षिण अफ्रीका की यात्रा उन्होंने भारतीय फर्म दादा अब्दुल्ला एण्ड कंपनी के मुकदमे के संदर्भ में की थी। वहां पर उन्होंने रंगभेद के विरुद्ध संघर्ष किया। वास्तव में वहां की सरकार की रंगभेद नीति के कारण भारतीय समुदाय को कोई भी ऐसा मानवीय अधिकार प्राप्त नहीं था जो कि एक सभ्य जीवन जीने के लिए आवश्यक था।

दक्षिण अफ्रीका में उस समय करीब दो लाख भारतीय रहते थे। इनमें से अधिकांश अनुबंधित मजदूर और स्वतंत्र मजदूर थे। कुछ व्यापारी थे और कुछ उनके क्लर्क और सहायक। खेत, बागान मालिक अनुबंधित मजदूरों के साथ अर्ध दासों जैसा व्यवहार करते थे। अन्य भारतीयों को रंगभेद की नीति से उत्पन्न अनेक प्रकार की कठिनाइयों का सामना करना पड़ता था, जो कि नागरिक अधिकार, व्यापारिक और सम्पत्ति के अधिकार से संबंधित थीं। अपने दैनिक जीवन में उन्हें अनेक प्रकार के अपमानों का सामना करना पड़ता था, जैसे प्रत्येक भारतीय को बिना किसी फर्क के कुली कहकर पुकारा जाता था, भारतीयों को फुटपाथ पर चलने की अनुमति नहीं थी और रात में वे बिना परमिट के नहीं निकल सकते थे, भारतीय रेलगाड़ी में प्रथम और द्वितीय श्रेणी में यात्रा भी नहीं कर सकते थे और अक्सर उन्हें रेल के डिब्बे

के पायदान पर ही खड़े होकर यात्रा करने पर बाध्य किया जाता था, जो होटल पूर्णतः यूरोपियों के लिए आरक्षित थे उनमें भारतीयों को जाने की अनुमति नहीं थी, ट्रांसवाल में भारतीयों को रहने के लिए और व्यापार के लिए एक निश्चित क्षेत्र दिया गया था। यह क्षेत्र स्वास्थ्य की दृष्टि से हानिकर थे, न तो वहाँ पानी और बिजली की ही उचित व्यवस्था थी और न ही नालियों की, इसके अतिरिक्त जो पहले अनुबंधित मजदूर रह चुके थे उन्हें तीन पौण्ड मतगणना का कर देना पड़ता था।

दक्षिण अफ्रीका जिस कारण से गाँधीजी गए थे उसे ध्यान से बिल्कुल ओझल नहीं किया जा सकता था। दीवानी मुकदमें की फाइलें तैयार होने लगीं। रात-दिन लगकर उन्होंने बही खातों को कानूनी दृष्टि से पढ़ा, उन्हें अंग्रेजी में तैयार किया। इस समस्त प्रक्रिया में उन्हें यह आभास हुआ कि 40 हजार पौण्ड के इस मुकदमें में अब्दुल्ला सेठ और तैयब सेठ दोनों ही तबाह हो जाएँगे। इन दोनों पक्षों में व्यापारिक मुकदमें के साथ-साथ पारिवारिक कलह भी थी। गाँधीजी को अब्दुल्ला सेठ का पक्ष अधिक मजबूत लगा। गाँधी इस मुकदमें में सच्चे वकील की भूमिका सम्पादित करना चाहते थे। उन्होंने आपस में पंच फैसले के द्वारा मुकदमे को निबटाने का परामर्श दिया। काफी कठिनाई के बाद गाँधी दोनों पक्षों को मनाने में सफल हुए। पंच फैसले में अब्दुल्ला की जीत हुई। गाँधीजी के आग्रह पर अब्दुल्ला सेठ ने धन प्राप्त करने का पर्याप्त समय दे दिया। इस सन्दर्भ में गाँधी की प्रतिक्रिया उनके भावी जीवन का पवित्र आदर्शों का द्योतक है, "दोनों पक्षों को खुशी हुई। दोनों की प्रतिष्ठा में वृद्धि हुई, मेरे सन्तोष की सीमा न रही। मैंने सच्ची वकालत करना सीखा। मुझे जान पड़ा कि वकील का कर्त्तव्य फरीकैन के बीच में खुदी हुई खाई को भरना है। इस शिक्षा ने मेरे मन में ऐसी जड़ जमाई कि मेरी बीस साल की वकालत का अधिक समय अपने दफ्तर में बैठे सैकड़ों मुकदमों में सुलह कराने में ही बीता। इसमें मैंने कुछ खोया नहीं। पैसे के घाटे में रहा यह भी नहीं कहा जा सकता। आत्मा तो नहीं गँवाई।"

दक्षिण अफ्रीका में गाँधीजी के राजनीतिक जीवन की शुरुआत

अफ्रीका के प्रवासी भारतीयों के लिए गाँधीजी प्रसिद्ध नाम थे। मुकदमें की समाप्ति के बाद जब उनके अथिति मुवक्किल ने उनके सम्मान में विदाई समारोह का आयोजन किया तभी 'नेटाल मरकरी' नामक अखबार के शीर्षक 'इण्डियन फ्रैंचाइज' ने गाँधी को द. अफ्रीका से न जाने के लिए विवश किया। द. अफ्रीका

में भारतीयों को मताधिकार से वंचित करने के लिए एक विधेयक नेटाल की विधान सभा में पेश किया जा रहा था। इस विधेयक से भारतीय व्यापारी एवं भारतीय मूल के अन्य निवासियों के सभी प्रकार के अधिकार छिन जाते। विदाई समारोह विधेयक विरोधी आन्दोलन की राजनीतिक समिति के रूप में परिवर्तित हो गया। इस समिति का गठन गाँधी के आह्वान पर हुआ था, अतः उनकी विदाई स्थगित हो गई। वह भारतीयों के प्रवक्ता हो गए। आन्दोलन का नेतृत्व गाँधीजी को दिया गया।

गाँधीजी ने सर्वप्रथम सभी भारतीय को संगठित करने का निश्चय करके अपनी आन्दोलन की रणनीति को तीन अंगों में विभाजित किया—

(अ) एक तो द. अफ्रीका की भिन्न-भिन्न जातियों के प्रवासी भारतीयों के बीच एकता की भावना पैदा करना।

(ब) इस विधेयक से होने वाले प्रभाव और परिमाण से भारतीयों तथा यूरोपीयों को परिचित कराना।

(स) भारत और इंग्लैण्ड की सरकारों और दोनों देशों के जनमत को इस आन्दोलन के पक्ष में करने के लिए व्यापक प्रचार करना।

इन तीनों दिशाओं में सफलता के बिना इस विधेयक के सम्बन्ध में किसी प्रकार के प्रतिरोध की आशा करना निर्मूल था। फलतः गाँधी ने अपने युवा उत्साह और सजीव विवेक को इस आन्दोलन को संगठित करने के काम में पूरी तरह लगा दिया।

विधेयक पारित हो गया, गाँधी का उत्साह सजीव हो उठा

नेटाल की विधानसभा को गाँधीजी ने पांच सौ भारतीयों के हस्ताक्षर वाला प्रार्थना पत्र भेजा। इस प्रार्थना पत्र ने विधेयक पारित होने के मार्ग को तो अवरुद्ध नहीं किया किन्तु विधान सभा के सदस्यों के मानस को निश्चित रूप से प्रवाहित किया। महात्मा गाँधी के साहस को बाहर मिले प्रोत्साहन ने निश्चित ही बढ़ा दिया था। 28 दिसम्बर 1894 के वार्षिक अधिवेशन में भारतीय राष्ट्रीय कांग्रेस ने मताधिकार विधेयक के खिलाफ प्रस्ताव पारित किया और लन्दन के 'टाइम्स' अखबार ने द. अफ्रीका के भारतीयों की समस्या के सन्दर्भ में आठ विशेष लेख लिखे। नेटाल की विधान सभा द्वारा पारित विधेयक पर इंग्लैण्ड की रानी के हस्ताक्षर अपेक्षित थे। आंदोलन का स्वरूप बहुत उग्र और विशाल होता जा रहा था और गाँधीजी के भारत लौटने की तिथि अब सन्निकट आ गई थी। नेटाल के बीस भारतीय व्यापारियों

ने आन्दोलन की गरिमा और गाँधी के नेतृत्त्व की उपयोगिता को अनुभव करते हुए स्थायी रूप से वहीं रह जाने के लिए अनुबन्धित कर लिया।

सर्वोच्च न्यायालय में गाँधीजी वकील के रूप में प्रविष्ट हो गए। सर्वोच्च न्यायालय में पोशाक सम्बन्धी विवाद के विषय में अधिक कठोर दृष्टिकोण नहीं अपनाया क्योंकि उन्हें अब बड़ी लड़ाई के लिए अपनी शक्ति को संचित करना था। उन्होंने भारतीयों को संगठित करके नेटाल इण्डियन कांग्रेस की स्थापना की। इस संगठन को गाँधी से और गाँधी को संगठन से पर्याप्त शक्ति मिली। उन्होंने इस संगठन को एक शक्तिशाली विरोधी संगठन के रूप में विकसित किया। यह भारतीय अल्पसंख्यकों के राजनीतिक एवं आर्थिक अधिकारों की सुरक्षा माध्यम ही नहीं, उनमें सुधार और उनमें एकता कायम करने का अस्त्र भी थी। गाँधीजी इस संस्था से पैसा नहीं लेते थे क्योंकि उनकी मान्यता थी कि सार्वजनिक संस्थाओं से पैसा लेने वाला व्यक्ति समाज की स्वतन्त्रता एवं निर्भीकतापूर्वक आलोचना नहीं कर सकता। प्रशिक्षण के यह प्रारम्भिक दिन उनके जीवन के भावी आदर्शों की नींव डाल रहे थे।

सन् 1890 तक दक्षिण अफ्रीका में चालीस हजार 'गिरमिटिया मजदूर' (पांच वर्ष तक दस शिलिंग पर कार्य करने के लिए अनुबन्धित मजदूर) अर्ध गुलामी की अवस्था में जीवन व्यतीत कर रहे थे। पांच वर्ष बाद मजदूरों को मुफ्त भारत लौट आने का हक मिलता था। इनमें से अधिकांश वहीं बस गए थे। गाँधीजी से प्रभावित होकर वे भी संगठित हो रहे थे। गोरे यूरोपीयों के लिए वह एक सजीव खतरा बन रहे थे। पांच वर्ष के इकरारनामें की अवधि समाप्त कर वह वहाँ मुक्त रूप से रहना चाहते थे कि 1893 में नेटाल को जब उत्तरदायी शासन का अधिकार मिल गया तब नेटाल के गोरे प्रतिनिधियों ने भारत सरकार के सम्मुख तीन विकल्प रखे–

(1) सभी भारतीय मजदूरों के लिए गिरमिट की प्रथा अनिवार्य कर दी जाए,

(2) यह शर्त यदि स्वीकार नहीं हो तो तब प्रत्येक मजदूर को भारत लौटने की विवशता हो,

(3) प्रति व्यक्ति पच्चीस पौण्ड का वार्षिक कर लगाने की छूट हो।

इस सब पृष्ठभूमि में मताधिकार का विधेयक विशेष महत्व रखता था। गाँधी ने अपने पूरे प्रयत्नों से इंग्लैण्ड की सरकार के समक्ष अपने पक्ष का प्रतिपादन किया। परन्तु नेटाल के गोरे लोगों ने 'गवर्नर को मतदाता सूची में नाम दर्ज कराने की स्वीकृति' का अधिकार देकर भारतीयों को मताधिकार से वंचित कर दिया। इसके

अलावा भारतीय व्यापारियों पर बहुत से प्रतिबन्ध लगा दिये गये। नेटाल के गोरे ट्रांसवाल और औरेंज-फ्री स्टेट के अपने बोअर पड़ोसियों का ही अनुसरण कर रहे भारतीयों को न बोअरों से न्याय मिल रहा था और न अंग्रेजों से। सभी भारतीय को कुली कहकर पुकारा जाता था। ट्राँसवाल में भारतीय व्यापारी खास जगहों के बाहर न तो रह सकते थे और न व्यापार ही कर सकते थे।

अभियान-1

गाँधीजी जब दक्षिण अफ्रीका पहुंचे थे उसी समय उन्हें रंगभेद नीति का अनुभव हो गया था। डरबन के एक न्यायालय में यूरोपीय न्यायाधीश ने गाँधीजी को अपनी पगड़ी उतारने का हुक्म दिया था, परंतु गाँधीजी ने ऐसा करने से इनकार कर दिया और विरोध में कमरे से बाहर चले गए। इसी प्रकार परेडोरिन जाते समय गाँधीजी को वैन वाले डिब्बे में जाने को कहा गया। जब गाँधीजी ने ऐसा करने से इनकार किया तो उन्हें बलपूर्वक डिब्बे से बाहर फेंक दिया गया। परंतु नैटल की सरकार ने जब प्रवासी भारतीयों से मताधिकार वापस लिये जाने का विधेयक पेश किया तो गाँधीजी दक्षिण अफ्रीका में संघर्ष छेड़ने के लिए तत्पर हो गए।

जब विदाई के समय गाँधीजी के सम्मान में एक भोज दिया गया तो उस समय गाँधीजी ने उपर्युक्त प्रस्तावित बिल को पारित किए जाने के संदर्भ में खबर पढ़ी। गाँधी जी ने कहा कि "हमारे कफन में यह पहली कील है।" भारतीय व्यापारियों ने इस बिल के विरुद्ध गाँधीजी से सहयोग माँगा। गाँधीजी ने भारत लौटने के अपने इरादे को स्थगित कर दिया। यह विदाई समारोह बिल के खिलाफ संघर्ष की सभा मे परिवर्तित हो गया।

गाँधीजी ने संघर्ष को सशक्त बनाने के लिए सर्वप्रथम प्रयास यह किया था कि नेटाल में रहने वाले भारतीय समुदाय के विभिन्न घटकों को एकता के सूत्र में बाँध सके। इस उद्देश्य से प्रेरित हो 1893 में उन्होंने इंडियन नेटाल ओरगनाइजेशन नामक सभा की स्थापना की। इसके साथ-साथ गाँधीजी का यह भी प्रयास था कि भारतीयों के कष्टों का अधिक से अधिक प्रचार किया जा सके जिससे कि उन्हें भारत और इंग्लैंड की स्त्रियों और जनता से मदद मिल सके। भारत में भारतीय राष्ट्रीय कांग्रेस ने इस विधेयक के खिलाफ एक प्रस्ताव पास किया और इसी प्रकार इंग्लैंड में भी कुछ अखबारों और गणमान्य व्यक्तियों ने दक्षिण अफ्रीका में भारतीयों के हितों की रक्षा के लिए किए जा रहे संघर्ष के प्रति सहानुभूति प्रकट की।

उपरोक्त विरोध के बावजूद नेटाल की विधान सभा ने बिल पारित कर दिया

और यहां तक कि वहां के राज्यपाल ने भी उस पर सहमति दे दी। गाँधीजी ने लगभग 10 हजार भारतीयों से हस्ताक्षर करवा कर एक लंबी अर्जी इंग्लैंड के औपनिवेशिक सचिव को भेजी जिसमें यह अपील की गई थी कि महारानी विक्टोरिया इस विधेयक को सहमति न दें। औपनिवेशिक कार्यालय ने इस बिल को अस्वीकार कर दिया परन्तु नेटाल विधानसभा ने कुछ बदलाव कर बिल को पारित कर दिया। अब इस परिवर्तित बिल के अनुसार किसी भी गैर-यूरोपीय देशों के व्यक्ति को जिन देशों में कि अभी तक ऐसा संगठन नहीं है, जो कि संसदीय मताधिकार प्रणाली पर स्थापित हो, मतदान का अधिकार नहीं दिया जाएगा, जब तक कि उसे गवर्नर जरनल से जाकर न मिल जाए। इस परिवर्तित विधेयक को मान्यता दे दी गई।

रंगभेद के खिलाफ गाँधीजी ने लेख लिखकर अपना संघर्ष जारी रखा क्योंकि वे जनता की सहायता प्राप्त करना चाहते थे। इससे दक्षिण अफ्रीका में रहने वाले कई यूरोपीय उत्तेजित हो उठे। 1886 में जब गाँधीजी अपने परिवार के साथ नेटाल पहुंचे तो यूरोपियों ने उन पर हमला भी किया परंतु एक उच्च्च सैनिक अधिकारी की पत्नी द्वारा गाँधीजी बचा लिए गए। यह घटना भी गाँधीजी को अपना संघर्ष जारी रखने से निरुत्साहित नहीं कर पाई। क्वेटा के कांग्रेस अधिवेशन में उन्होंने दक्षिण अफ्रीका में भारतीयों की स्थिति पर एक प्रस्ताव पास कराने में सफलता प्राप्त की। 1902 में गाँधी पुनः दक्षिण अफ्रीका लौटे और 12 वर्ष तक वहाँ पर रहकर उन्होंने रंग भेद के विरुद्ध संघर्ष किया। 1903 में उन्होंने 'इंडियन ओपीनियन' नामक एक साप्ताहिक पत्रिका का प्रकाशन प्रारंभ किया जिसके द्वारा उनके संघर्ष का प्रचार किया जाता था। 1904 में गाँधीजी अपने कुछ अनुयायियों के साथ डरबन के निकट फौनिक्स नामक स्थान पर रहने लगे। यहाँ के सभी निवासियों ने गाँधीजी के सत्याग्रह में भाग लिया।

गाँधीजी ने दक्षिण अफ्रीका में ब्रिटिश हाई कमिश्नर को एक बार यह बताया था कि :

> "हम भारतीय राजनैतिक स्वतंत्रता नहीं चाहते हैं, परंतु हम यह चाहते हैं कि हम अन्य ब्रिटिश वाशिंदों के साथ शांति और भातृत्व के साथ सम्मानपूर्वक रह सकें।"

सन् 1906 में ट्रांसवल की सरकार ने एक और कानून पारित किया। इस कानून के द्वारा प्रत्येक भारतीय के लिए, जो कि 8 वर्ष की आयु से ऊपर था, यह आवश्यक था कि वह अपना पंजीकरण कराए और पंजीकरण फार्म पर अपने अंगूठे

और उंगलियों की छाप दे। पंजीकरण नहीं कराने वालों को अपराध मानते हुए सजा दी जा सकती थी या देश से निकाला भी जा सकता था। भारतीयों से किसी भी समय पंजीकरण सर्टिफिकेट दिखाने को कहा जा सकता था और पुलिस अधिकारियों को अधिकार था कि वह किसी भी भारतीय के घर में घुसकर उसके कागजात देख सकते थे। इस बिल का विरोध करने के लिए गाँधीजी ने जोहान्सबर्ग के अंपायर थियेटर में एक सभा आयोजित की। अपने सम्मान और प्रतिष्ठा को बनाए रखने के लिए भारतीय संघर्ष के लिए पूरी तरह से तैयार थे। इस सभा में गाँधीजी ने कहा था कि: "मेरे जैसे लोगों के लिए केवल एक ही रास्ता सामने है, हम मर सकते हैं लेकिन ऐसे कानून के आगे झुकेंगे नहीं। शायद यह रास्ता न अपनाना पड़े, परंतु यदि और लोग पीछे हटते हैं और मैं अकेला भी रह जाता हूँ तो भी मैं अपनी प्रतिज्ञा को नहीं छोड़ूंगा।"

इस सभा में भाग ले रहे सभी भारतीयों ने भगवान को साक्षी मानते हुए यह शपथ ली कि यदि इस विधेयक को कानून बनाया गया तो वे इसके आगे नहीं झुकेंगे।

ट्रांसवाल की विधानसभा ने इस घिनौने बिल को पास कर दिया। इस समय गाँधीजी एक प्रतिनिधिमंडल लेकर इस उद्देश्य से इंग्लैंड गए कि वे अंग्रेजी सरकार से इस बिल को अस्वीकार (वीटो) करवा देंगे, परंतु उनका यह प्रयास सफल नहीं हो पाया। यह घोषणा की गई कि अप्रैल, 1907 से यह नया कानून लागू होगा। इस विधेयक के खिलाफ गाँधीजी ने सत्याग्रह आंदोलन किया। पैसिव रेसिसटेन्स एसोसिएशन नामक संगठन की स्थापना की गई। इस संगठन ने भारतीय मूल के लोगों से यह अपील की कि वे पंजीकरण कार्यालयों का बहिष्कार करें। 30 नवंबर, 1907 तक सिर्फ 519 भारतीय ने खुद को पंजीकृत कराया। पंजीकरण विधेयक का विरोध कराने के कारण गाँधीजी को 2 माह की साधारण कैद की सजा दी गई।

जनरल स्मट्स के एक मित्र अल्बर्ट कार्टराइट ने गाँधीजी की स्मट्स से भेंट करवायी। इस मुलाकात के दौरान जनरल स्मट्स ने गाँधीजी को यह आश्वासन दिया कि यदि भारतीय स्वैच्छिक रूप से पंजीकरण कर लें तो इस कानून को रद्द कर दिया जाएगा। इस पर विचार-विमर्श के लिए गाँधीजी ने भारतीयों की एक सभा बुलाई। कई भारतीयों ने गाँधीजी द्वारा इस प्रस्ताव को स्वीकार किए जाने पर आपत्ति प्रकट की, क्योंकि उन्हें जनरल स्मट्स से किसी भी प्रकार के न्याय की आशा नहीं थी। कुछ भारतीयों ने तो गाँधीजी पर यह आरोप भी लगाया कि उन्हें जनरल स्मट्स ने

कोई लालच दे दिया था। अगले दिन जब गाँधीजी स्वैच्छिक रूप से अपना पंजीकरण कराने के लिए पंजीकरण कार्यालय की ओर जा रहे थे तो एक पठान ने उन पर हमला भी किया।

स्मट्स जल्द ही अपने कथनों से पीछे हट गया और कानून को रद्द करने से मुकर गया। भारतीयों ने स्वैच्छिक पंजीकरण के लिए जब अपनी अर्जी सरकार से वापस मांगी तो सरकार ने उन्हें देने से इनकार कर दिया। गाँधीजी ने पुनः सत्याग्रह आंदोलन प्रारंभ किया। उन्होंने यह घोषणा की कि भारतीय अपना पंजीकरण सर्टिफिकेट जलाएंगे जिसके बाद कई भारतीयों ने पंजीकरण सर्टीफिकेट को आग की लपटों के हवाले कर दिया। इसी समय ट्रांसवाल सरकार ने एक अप्रवासी कानून बनाया जिसका उद्देश्य भारत से आकर बसने वाले नए लोगों को रोकना था। गाँधीजी ने यह घोषणा की कि सत्याग्रह आंदोलन इस कानून के विरुद्ध भी होगा।

सत्याग्रह आंदोलन में नैटल में रह रहे बहुत से भारतीयों ने भाग लिया और उन्हें सरकार द्वारा गिरफ्तार कर लिया गया। जेल में सत्याग्रहियों से कड़ा श्रम कराया गया। लेकिन ट्रांसवाल सरकार की दमनकारी नीति गाँधीजी और उनके आंदोलन को कमजोर नहीं कर पाई। सत्याग्रही छोटे-छोटे समूहों में गिरफ्तारियाँ देते रहे। उनके परिवारों को सत्याग्रह फंड द्वारा आर्थिक सहायता दी गई। वास्तव में सत्याग्रह सभा को भारतीय राष्ट्रीय कांग्रेस और भारत के कई अन्य धनिक, जैसे कि रतन, टाटा, हैदराबाद के निजाम आदि पैसा दे रहे थे। बाद में जाकर सत्याग्रही टालस्टाय फार्म नामक स्थान पर रहने लगे, यहाँ पर वे साधारण जीवन व्यतीत करते थे और वह सब सीखते थे, जो कि एक सच्चे सत्याग्रही के लिए जरूरी था।

अभियान-2

दक्षिण अफ्रीका के सुप्रीम कोर्ट ने 1913 में अपने एक निर्णय के द्वारा उन सभी शादियों को रद्द घोषित कर दिया जो कि ईसाई धर्म विधि से नहीं हुई थीं और जिनका विवाह कार्यालय में पंजीकरण नहीं हुआ था। दूसरे शब्दों में इस निर्णय के द्वारा समस्त हिन्दू-मुस्लिम और पारसी शादियाँ कानूनन अवैध हो गईं। गाँधीजी ने इस निर्णय के दुष्परिणामों के विरुद्ध अपील की और कानून में परिवर्तन लाने को कहा, परंतु तत्काल इसका कोई सकारात्मक नतीजा नहीं निकला। अतः गाँधीजी ने अपने संघर्ष को तेज कर दिया इसमें महिलायें भी बढ-चढ़कर शामिल हुईं। 6 नवंबर, 1913 के दिन गाँधीजी ने ट्रांसवाल की सीमा को पार करने के लिए एक यात्रा प्रारंभ

की। उनके साथ जो सत्याग्रही थे उनमें 127 स्त्रियाँ, 57 बच्चे और 237 पुरुष थे। गाँधीजी को गिरफ्तार कर लिया गया। सरकार की दमनकारी नीति के बावजूद आंदोलन में किसी प्रकार की कमजोरी नहीं आई। इस आंदोलन को मदद मिल सके इस उद्देश्य से भारत में गोपाल कृष्ण गोखले ने सम्पूर्ण देश का दौरा किया। भारत के वायसराय लार्ड हार्डिंग ने भी इस समय यह मांग की कि दक्षिण अफ्रीका की सरकार के विरुद्ध अत्याचार करने का जो आरोप है, उसकी निष्पक्ष जांच की जाए। इस प्रकार लार्ड हार्डिंग की लंदन और प्रिटोरिया में आलोचना की गई।

अंततः बातचीत शुरू हुई और एक ऐसे प्रस्ताव पर हस्ताक्षर किए गए जो कि भारतीयों की मुख्य समस्याओं का निदान करता था। स्वतंत्र श्रमिकों पर से 3 पाउंड का कर हटा लिया गया। भारतीय तौर-तरीकों से किए गए विवाहों को मान्यता प्राप्त हुई और केवल दक्षिण अफ्रीका में आने के लिए ही आदिवासी सर्टिफिकेट पर अंगूठे का निशान लगाया जाना था। इसके बाद सत्याग्रह आंदोलन समाप्त कर दिया गया।

सन् 1906 तक गाँधीजी को अंग्रेजी न्याय में अत्यधिक आस्था थी। 1899 में बोअर युद्ध के दौरान उन्होंने इंडियन एम्बूलैंस कार्पस संगठित कर अंग्रेजी सरकार की सहायता भी की थी परंतु शीघ्र ही अंग्रेजों के प्रति उनका यह मोह टूट गया। अपने साथियों और सहयोगियों के कष्टों को दूर करने के लिए सत्याग्रह उनके लिए एक अंतिम विकल्प था। परंतु अंग्रेजी साम्राज्य के प्रति उनकी सहानुभूति समाप्त नहीं हुई। उनकी सहानुभूति इस आशा पर आधारित थी कि एक न एक दिन अंग्रेजों के रवैये में बदलाव जरूर होगा।

दक्षिण अफ्रीका में हुए संघर्ष ने गाँधीजी के जीवन और हमारे राष्ट्रीय आंदोलन को कई प्रकार से प्रभावित किया। जैसे अहिंसात्मक सत्याग्रह का प्रयोग भारत में ब्रिटिश शासन के खिलाफ किया। अंग्रेज इतिहासकार ज्युडिथ ब्राउन ने यह धारणा व्यक्त की कि सत्याग्रह गाँधी द्वारा दक्षिण अफ्रीका में अपनाया गया मात्र एक चतुराई से परिपूर्ण हथियार था। लेकिन यदि हम गाँधीजी के संघर्ष पर संपूर्ण दृष्टि डालें तो यह स्पष्ट हो जाता है कि गाँधीजी को सत्याग्रह में पूर्ण आस्था थी और यह किसी विशिष्ट परिस्थिति में अपनाई गई रणनीति मात्र नहीं थी। गाँधीजी हिन्दू-मुस्लिम एकता को अति आवश्यक मानते थे। इसी कारण उन्होंने भारत में अंग्रेजों के विरुद्ध संघर्ष में हिंदू-मुस्लिम एकता को अत्यधिक महत्त्व दिया। इसके अतिरिक्त दक्षिण अफ्रीका के संघर्ष ने यह भी स्पष्ट कर दिया कि गाँधीजी किसी एक क्षेत्र के या किसी धार्मिक सम्प्रदाय के प्रतिनिधि नहीं थे वरन् वे संपूर्ण भारतीय जनता के नेता थे।

वास्तव में यह इस प्रकार की उनके प्रति धारणा का बन जाना ही था जो कि भारतीय राजनीति में उनके आगमन में सहायक सिद्ध हुआ।

गाँधी की भारत यात्रा नवीन संघर्ष की शुरुआत

प्रवासी भारतीयों ने गाँधीजी से नेटाल में बसने का अनुरोध किया जिसे उन्होंने स्वीकार कर लिया। इस उद्देश्य के लिए वह सन् 1896 के मध्य में भारत आए। वह वहाँ भारतीय नेताओं से दक्षिण अफ्रीका की समस्या पर विचार-विमर्श करना चाहते थे तथा अपने परिवार को अपने साथ ले जाना चाहते थे। उन्होंने भारत में आकर 'एन अपील टू एवरी ब्रिटिश इन साउथ अफ्रीका' तथा 'दि इण्डियन फ्रेंचाइज, एन अपील' दो पुस्तकों को देश के नागरिकों को प्रस्तुत किया। फीरोजशाह मेहता, गोखले और तिलक से उन्होंने सम्पर्क स्थापित किया। गाँधीजी का मुम्बई और मद्रास में जोरदार अभिनन्दन हुआ। गाँधी के भारत भ्रमण काल की रिपोर्ट को लन्दन के 'रायटर' पत्र ने इस ढंग से प्रस्तुत किया कि नेटाल का गोरा समाज भारतीयों से और अधिक क्षुब्ध हो गया। गाँधी को संघ से यह तार मिला कि उन्हें शीघ्र ही दक्षिण अफ्रीका वापस आ जाना चाहिए। गाँधी ने अपने सभी कार्यक्रम को स्थगित करके नेटाल लौट जाने की तैयारी की।

गाँधी और उनका परिवार जिस जहाज से यात्रा कर रहा था। वह स्टीमर 'कूरलैड' दूसरे स्टीमर 'नादेरी' के साथ ही नेटाल पहुँचा। दोनों जहाजों में लगभग आठ सौ यात्री थे जिनमें से चार सौ यात्री नेटाल में उतरने वाले थे। वहां यह खबर फैल गई कि गाँधी अपने साथ आठ सौ भारतीयों को ला रहा है और नेटाल में उन्हें बसाना चाहते हैं। इस समाचार ने उन्हें उत्तेजित और क्रोधित कर दिया। 13 जनवरी 1897 को जहाज ने बन्दरगाह में प्रवेश किया। हजारों लोगों ने जहाज को घेर लिया। पुलिस ने कठिनाई से उस परिस्थिति पर नियन्त्रण किया। इस आपाधापी में गाँधीजी को भी चोटें आईं जिसके बाद वे रुस्तम जी के मकान मरहम-पट्टी करा रहे थे तब भीड़ ने उस मकान को ही जला देने की धमकी दी। पुलिस अधीक्षक के समझाने पर (व्यापक हितों के सन्दर्भ में) वह यहां से अन्यत्र गए। अपराधियों के विरुद्ध किसी प्रकार के शिकायत न करने के निश्चय के कारण गाँधी की लोकप्रियता और अधिक फैल गई। उनके इस व्यवहार से उन्हें तथा समस्त भारतीयों को संघर्ष कराने का एक साहसिक विश्वास प्रदान किया।

दक्षिण अफ्रीका में गृहयुद्ध

दक्षिण अफ्रीका पर अपना-अपना आधिपत्य स्थापित करने को लेकर सन्

1899 में अंग्रेज और बोअर आपस में भिड़ गए। इस गृह युद्ध ने दक्षिण अफ्रीका की धरती को दो गोरी जातियों के खून से रंगना आरम्भ कर दिया। भारतीय मूल के लोगों को इस गृह युद्ध में कोई रुचि नहीं थी। जितना युद्ध बढ़ता था उतना ही भारतीय प्रसन्नता का अनुभव करते थे क्योंकि उन्हें दोनों ही गोरी जातियाँ अपमानित करती थीं। इस समय गाँधीजी ने भारतीयों को संगठित किया और उन्हें यह सोचने के लिए प्रेरित किया कि हम अपने मन में किसी के प्रति भी विद्वेष नहीं रखें और न वास्तविक युद्ध में शामिल ही होना चाहिए। किन्तु इंसानियत के लिए घायलों की सेवा जरूर करनी चाहिए। गाँधी की प्रारम्भिक अहिंसा ने उन्हें वास्तविक युद्ध से तो दूर रखा लेकिन घायलों की सेवा करने को प्रेरित किया। इस प्रेरणा के परिणामस्वरूप उन्होंने भारतीयों को अपने विचारों के अनुकूल बना लिया। जब ब्रिटिश सैनिक टुगेला नदी के किनारे बुरी तरह पिटने लगी तब उन्होंने गाँधी और भारतीयों की सहायता चाही। गाँधी ने लगभग 1100 भारतीयों के सहायता दल का निर्माण किया। इस सहायता से ब्रिटिश गृहयुद्ध में विजयी हुआ। फलतः भारतीयों के प्रति अत्यधिक सम्मान प्रदर्शित किया।

उपर्युक्त घटना के पश्चात् गाँधी पूरी तरह आश्वस्त थे कि अब भारतीयों को दक्षिण अफ्रीका में सम्मानपूर्वक जीने के अवसर सरलता से सुलभ होंगे। इस विश्वास के आधार पर गाँधी ने भारतीय सहयोगियों को अपने भारत लौट जाने के निश्चय की सूचना दी। सन् 1901 में गाँधीजी अखिल भारतीय राष्ट्रीय कांग्रेस के कलकत्ता अधिवेशन में सम्मिलित हुए। गोखले पहले से ही उनमें रुचि लेने लगे थे। वह चाहते थे कि गाँधी मुम्बई में ही स्थायी रूप से बस जाएँ तथा भारतीय राजनीति में सक्रिय रूप से भाग लें। दक्षिण अफ्रीका के प्रवासी भारतीयों को बोअर युद्ध के बाद अंग्रेजों से ही अधिक कष्ट अनुभव होने लगे थे फलतः इंग्लैण्ड के उपनिवेश मन्त्री मि. चेम्बरलेन के दक्षिण अफ्रीका के दौरे पर आने से पूर्व उन्होंने गाँधी को पुनः लौट आने के लिए तार दिया। गाँधी दिसम्बर 1902 में डरबन लौट गए। इस बार गाँधीजी ट्राँसवाल की बड़ी अदालत में वकालत करने का निश्चय किया तथा जोहान्सबर्ग को गतिविधियों का केन्द्र बनाया। गाँधी इस बार सिर्फ छः महीनों के लिए आए थे लेकिन वह बारह साल तक यहीं रहे।

गाँधीजी का नवीन संघर्ष

गाँधीजी फिर से अब नवीन संघर्ष के लिए तैयार हो गये थे। इस नेतृत्व ने गाँधी को मन, वचन और कर्म से संघर्ष के लिए समर्पित कर दिया। इस समर्पण

के आग्रह का यह परिणाम निकला कि अब न उन्हें अपने व्यवसाय की चिन्ता थी, और न अपने परिवार की। प्रवासी भारतीयों के अधिकारों और मुक्ति की लड़ाई ही उनके लिए सब कुछ थी। इस लड़ाई के बीच उनके विचारों और विश्वासों में महान अन्तर आ गया। सबसे बड़ा बदलाव उनके धार्मिक चिन्तन में हुआ। वह थियोसॉफिकल सोसायटी के सदस्य तो नहीं बने किन्तु उसके साहित्य ने उनकी धार्मिक जिज्ञासा को उभारने में अत्यधिक सहयोग दिया। वह 'न्यू टेस्टामेन्ट', 'दि किंगडम ऑफ गॉड इज विदिन यू' नामक पुस्तक से पर्याप्त रूप से प्रभावित हुए। गाँधीजी के लिए 'गीता' (हिन्दी धर्म ग्रन्थ) मार्गदर्शिका, आचरण संहिता बन गई। गीता के 'अपरिग्रह' और 'समभाव' आदर्श ने उनके आत्मिक विकास को अनन्त संभावनाओं से परिपूर्ण कर दिया। फल में आसक्त हुए बिना काम करने के विश्वास ने उन्हें नया जीवन दिया।

हिन्दू धर्म की मान्यता है कि प्राणी मात्र एक है, सभी जीव ईश्वर के ही अंग हैं इस विश्वास ने ही अहिंसा में गाँधीजी की आस्था को दृढ़ किया। हिन्दू धर्म और उसके धार्मिक विश्वासों ने गाँधीजी की आत्मा को सन्तुष्ट ही नहीं किया बल्कि अमित शान्ति भी प्रदान की। इसी आधार पर उन्होंने उन प्रथाओं के घोर विरोध करने का निश्चय किया। जिनके आधार पर स्त्रियों और अस्पृश्य समाज के लोगों को सुखी जीवन जीने के विभिन्न अवसरों से वंचित किया गया था। सत्य और प्रेम के सही भाष्य ने उनमें सहिष्णुता के विचारों को पुष्ट किया। ईश्वर में उनकी अगाध श्रद्धा स्थापित हो गई। उनका हृदय पवित्र हो गया और मन अहंकार से शून्य हो गया। वे सादा जीवन उच्च विचार में विश्वास में विश्वास करने लगे इसलिए उन्होंने कम्पाउन्डरी भी सीखी।

सादा जीवन और मानव सेवा—गाँधीजी के जीवन में सबसे महान बदलाव यह हुआ कि वह सादगी एवं सेवाभाव के प्रति कृत-संकल्पित हो गये। एक धर्मादा अस्पताल में नियमपूर्वक कम्पाउन्डरी सीखकर वह सबसे गरीब भारतीय गिरमिटिया मजदूरों की सेवा करने लगे। अपने अन्तिम बच्चे के लिए दाई की भूमिका में अपनी पत्नी की सेवा की। उन्होंने स्कूल मास्टर की भूमिका में अपने बच्चों को स्वयं पढ़ाना प्रारम्भ किया। उन्होंने दक्षिण अफ्रीका के प्रवास में अपने आपको भारतीय के रूप में ही रखा। गाँधी ने अपने संतानों को गोरों के विद्यालय में शिक्षा के लिए नहीं भेजा।

सन् 1904 में उनके पत्रकार मित्र मि. पोलक ने रस्किन की एक लघु पुस्तक 'अन्टू दिस लास्ट' पढ़ने के लिए दी। इस पुस्तक के प्रति उनके मन में इतना अनुराग पैदा हुआ कि जब तक वह पुस्तक समाप्त नहीं हुई उन्होंने अन्य कोई कार्य

नहीं किया। यह कार्य केवल अध्ययन तक ही सीमित नहीं रहा, जीवन के विविध क्षेत्रों में उसका प्रतिपादन किया। "इस पुस्तक को हाथ में लेकर छोड़ नहीं सका। उसने मुझे पकड़ लिया। जोहन्सबर्ग से नेटाल तक 24 घण्टे का रास्ता था। ट्रेन शाम को डरबन पहुंचती थी। पहुंचने के बाद सारी रात नींद नहीं आई। पुस्तक में प्रकट किए गए विचारों को अमल में लाने का इरादा किया। इस पुस्तक ने मेरे जीवन में तत्काल महत्व का रचनात्मक परिवर्तन किया। बाद को मैं उसका उल्टा किया और वह 'सर्वोदय' के नाम से छपा है। मेरा यह विश्वास है कि जो चीज मुझमें गहराई से भरी हुई थी उसका स्पष्ट प्रतिबिम्ब मैंने रस्किन के इस ग्रन्थ रत्न में देखा, इस कारण उसने मेरे हृदय पर अपना साम्राज्य जमा लिया।"

फोनिक्स आश्रम की स्थापना और सत्याग्रह का जन्म—गाँधीजी ने प्रेस को खेत पर ले जाने का निश्चय किया इसके लिए उन्होंने 'इण्डियन ओपिनियन' प्रेस के प्रबन्धक एलवर्ट वेस्ट के साथ योजना बनाई। एक हजार पौण्ड से जमीन का एक टुकड़ा खरीदा गया। अब 'इण्डियन ओपिनियन' फोनिक्स से निकलने लगा। इस आश्रम में मि. पोलक, मि. वेस्ट के अतिरिक्त गाँधीजी का परिवार और उनके चचेरे भाई और भतीजे रहते थे। गाँधीजी के आश्रम के लोग नियमित रूप से प्रार्थना करते और सामूहिक सफाई के कार्यक्रम को सम्पन्न करते थे। गाँधी के लिए तो शहर के भीड़ भरे वातावरण से मुक्ति का यह वातावरण किसी सुखदस्वर्ग से कम नहीं था किन्तु सार्वजनिक और वकालत दोनों के ही कार्यों ने उन्हें शीघ्र ही जोहान्सबर्ग लौटने के लिए बाध्य कर दिया।

गाँधीजी ने अपने जीवन में अहिंसा, सत्य, प्रेम और सेवा के भाव को जिस रूप में ग्रहण किया था उसी रूप में उन्होंने सत्याग्रह के भाव को ग्रहण किया। बोअर युद्ध के बाद ट्रांसवाल के गोरों ने अपने यहां एशिया के लोगों के अतिक्रमण के भय का अतिरंजित चित्र प्रस्तुत किया। बोअर युद्ध प्रारंभ होने पर जो बहुत से भारतीय परिवार ट्रांसवाल से चले गए थे। युद्ध की समाप्ति के बाद वह वहां लौट रहे थे। इस प्रकार वहां के कुल भारतीयों की संख्या 1903 में केवल 1899 ही थी। गोरे भारतीयों को दक्षिण अफ्रीका में प्रवेश पर, जमीन आदि के खरीदने पर पूर्णरूपेण प्रतिबन्ध लगाना चाहते थे। गाँधीजी इन प्रतिबन्धों से किंचित मात्र भी विचलित नहीं थे परन्तु उनकी इच्छा थी कि सभी नियम सबके लिए होना चाहिए सिर्फ भारतीयों के लिए नहीं।

गाँधीजी वहां पर ब्रिटिश साम्राज्य की अन्य प्रजाओं के साथ शान्ति और मेल-मिलाप से, इज्जत और आत्म-सम्मान के साथ रहने के इच्छुक थे। किन्तु

ब्रिटिश साम्राज्य के पोषकों ने भारतीयों के पंजीकरण के प्रश्न को लेकर स्थिति को गम्भीर बना दिया। गाँधीजी को पंजीकरण कानून स्वीकार नहीं था। अँगुलियों के निशान और अंगूठों के निशान लेकर ही पंजीकरण की व्यवस्था पूर्ण होती थी। इस कानून का विरोध करने के लिए 15 सितम्बर 1906 को जोहान्सबर्ग की एम्पायर नाट्यशाला में एक सभा की गई। गाँधीजी ने सभा में प्रस्ताव पास कराया जिसमें इस काले कानून को न मानने का फैसला किया गया। जोहान्सबर्ग की सभा में उन्होंने कहा था, "मुझ जैसों के लिए तो सिर्फ एक ही रास्ता होगा, मर मिटना; पर मान लीजिए कि सब गिर गए और मैं अकेला ही रह गया, तो भी मेरा विश्वास है कि प्रतिज्ञा भंग मुझसे हो ही नहीं सकती।"

सभा में मौजूद प्रत्येक लोगों के इस कानून को न मानने की प्रतिज्ञा ली। गाँधी ने लोगों को शान्तिपूर्वक आन्दोलन चलाने की प्रेरणा दी। 'पैसिव रेजिस्टेंस' (निष्क्रिय प्रतिरोध) के लिए उन्होंने भारतीय समाज को संगठित किया। प्रवासी भारतीयों ने इसका नामकरण फिर 'सदाग्रह' और 'सत्याग्रह' कर दिया। इस आन्दोलन में 'अपने शत्रुओं को भी प्यार करने' की इसमें व्यवस्था निहित है। गाँधीजी के पत्र 'इण्डियन ओपिनियन' ने इस आन्दोलन में महत्वपूर्ण भूमिका सम्पादित की। 28 दिसम्बर 1907 को गाँधीजी और उनके 26 प्रमुख साथियों को पंजीकरण कानून के विरोध करने के सम्बन्ध में दो माह की साधारण कैद की सजा दी गई थी।

सरकार ने सोचा कि इस सजा से आंदोलन कमजोर पड़ जाएगा। लेकिन जेल जाने के उत्सुक लोगों की संख्या अधिक होती गई। जेली के रूप में ही जनरल स्मट्स ने गाँधीजी से एक समझौता किया कि यदि भारतीय परवानों को ग्रहण कर ले तब पंजीकरण के आदेश रद्द कर दिए जाएंगे। गाँधीजी ने यह स्वीकार कर लिया। गाँधीजी अपने घोषित समझौते के अनुसार जब 10 फरवरी 1908 को परवाना ग्रहण करने के लिए दफ्तर गए तो कुछ लोगों ने उन पर हमला कर दिया। गाँधी सत्याग्रह की सच्ची अनुभूति से प्रेरित थे, उन्होंने मारने वालों को किसी प्रकार की भी हानि नहीं पहुँचाई किन्तु जनरल स्मट्स ने उनके साथ विश्वासघात किया। गाँधी ने 'विश्वासघात' शीर्षक से 'इण्डियन ओपिनियन' में लेख लिखा। परवाने ग्रहण करने वालों को काले कानून से मुक्त तो रखा गया किन्तु नए आने वाले भारतीयों पर काला कानून पूर्ववत् लागू था।

सन् 1907 में गाँधीजी ने फिर सत्याग्रह आंदोलन का निश्चय किया।

ट्रांसवाल के बहुत से भारतीयों ने अपने ऐच्छिक परवानों को एक जगह इकट्ठा किया और उनकी होली जला दी। गाँधीजी की हार पर खुशी मनाने वाले जनरल स्मट्स के अब बेचैन होने की बारी थी। इसी बीच ट्रांसवाल की विधान सभा ने 'इंमिग्रैंट्स रजिस्ट्रेशन एक्ट' पास कर दिया। नए आने वाले भारतीयों पर यह एक कड़ा प्रतिबन्ध था। 1908 के अगस्त माह में नेटाल के कुछ प्रमुख भारतीयों ने ट्राँसवाल की सीमा को पार किया। इसमें उनका उद्देश्य ट्रांसवाल में बसना नहीं था वह तो नए प्रतिबन्धों को तोड़ना चाहते थे। जिसके कारण उन सभी को गिरफ्तार करके कारावास में बन्द कर दिया गया। 1908 में दूसरी बार जेल जाने के कारण गाँधीजी को भी इन परेशानियों को भोगना पड़ेगा। जेल, देश निकाला और भारी-भारी अर्थ दण्ड भी सत्याग्रह को रोक नहीं सके। गाँधीजी ने आन्दोलन की कमजोरी का आभास होने लगा था।

इस आन्दोलन को जारी सहकारी खेती योजना की मदद से रखा जा सकता था। फिनिक्स इस केन्द्र (जोहान्सबर्ग) से बहुत दूरी पर स्थित था इसलिए किसी अन्य स्थान की खोज करनी थी किन्तु धनाभाव ने योजना को खटाई में डाल दिया। इसी बीच गाँधीजी को इस कार्य के लिए जर्मन के नागरिक मि. केलन बेग ने इतनी सहायता दे दी कि उन्होंने 20 मील की दूरी पर 1100 एकड़ भूमि खरीद ली। इसके बाद गाँधीजी ने सत्याग्रह को और भी तीव्र कर दिया। इस फार्म का नाम गाँधीजी ने "टालस्टाय फार्म" रखा। टालस्टाय फार्म ने सहयोगी परिवारों को ही जीवन नहीं दिया बल्कि गाँधी को भी आत्मविश्वास से भर दिया।

सत्याग्रह आन्दोलन चार साल तक जारी रहा। गाँधी और उसके सहयोगियों में मनोबल की कमी नहीं थी। यद्यपि बड़े व्यापारियों में मनोबल की भावना क्षीण हो गई थी। 1911 में भारत में राजा जार्ज पंचम के राजदरबार के अवसर पर दक्षिण अफ्रीका की सरकार ने घोषणा की कि वह ट्रांसवाल में भारतीयों के प्रवेश के प्रतिबन्ध को उठा लेगी। इस प्रकार 27 मई 1911 को अस्थायी समझौते के आधार पर आन्दोलन समाप्त कर दिया गया।

सन् 1912 में भारतीय राष्ट्रीय कांग्रेस के नेता श्री गोपाल कृष्ण गोखले को सभी स्थानों पर मान पत्र भेंट किए गए। वहाँ की सरकार से भेंट करने के बाद गोखले ने गाँधी से कहा कि काला कानून रद्द हो गया है, उन्हें एक वर्ष में भारत लौट आना चाहिए। गोखले अभी आए ही थे कि भारतीय मजदूरों पर तीन पौण्ड के कर प्रस्तावों को रद्द करने की घोषणा कर दी गई। सरकार की इस दोहरी नीति से सत्याग्रह और तेज हो गया।

22 सितम्बर 1913 को इस सत्याग्रह को प्रारम्भ करते हुए गाँधी ने अपने आप को होम देने का निश्चय किया। गोखले को इस समाचार ने चिन्ता में डाल दिया था। वह गाँधी के निश्चय से परिचित थे, उन्होंने सफलता के लिए अपनी शुभकामनाएं भेजीं। कस्तूरबा सहित सोलह सत्याग्रही पहले जत्थे के रूप में नेटाल से ट्रांसवाल में प्रवेश करते हुए बन्दी बना लिए गए। इस जत्थे के बाद 'टालस्टाय फार्म' के दूसरे जत्थे की ग्यारह महिलाओं को प्रोत्साहन पर न्यूकैसल के कोयला खान मजदूरों ने हड़ताल प्रारम्भ कर दी। इन पर कोयला खान के मालिकों ने अत्याचार प्रारम्भ कर दिए किन्तु साहसी मजदूरों ने अपनी हड़ताल को समाप्त नहीं किया। 6 नवम्बर 1913 को इन्हें भी जेल में बन्द कर दिया जिसमें 2037 पुरुष तथा 127 स्त्रियाँ थीं। गाँधी को बोक्सरस्त में बन्दी बना लिया गया जबकि मजदूरों को नेटाल भेजा गया। गाँधी तथा अन्य सभी बन्दियों को विभिन्न तरह की यातनाएं दी जाती थीं।

इस समय श्री गोखले अस्वस्थ थे किन्तु उन्होंने भारतीयों से उदारतापूर्वक दान देने की प्रार्थना की। इस प्रकार भारतीयों द्वारा सहानुभूति और सहयोग की अपरिमित भावना को पाकर गाँधी का उत्साह और अधिक बढ़ गया। जनरल स्मट्स इस लड़ाई में अपने को घिरा हुआ मानने लगा। गोखले ने मि. एन्ड्रज तथा मि. पियर्सन को मध्यस्थता के लिए दक्षिण अफ्रीका भेजा। जिसके बाद 3 पौण्ड के कर को उठा लिया गया, हिन्दू मुसलमानों के विवाहों को वैध करार दे दिया गया। अंगूठे की छापवाले अधिवासी प्रमाण पत्र की व्यवस्था को भारतीयों के लिए स्वीकार कर लिया गया।

गाँधीजी की प्रयोगशाला—यह आंदोलन सफलतापूर्वक सम्पन्न हुआ। गाँधी का जीवन इस सुखद अनुभूति से अनुप्रेरित हो रहा था। दक्षिणी अफ्रीका गाँधी के लिए एक प्रयोगशाला बन गया। इसके बाद गाँधीजी को वार्षिक आय पांच हजार पौण्ड सालाना हो गई थी। गाँधी 9 जनवरी 1915 को जब मुम्बई के अपोलो बन्दरगाह पर उतरे तब उनका एक विजयी राष्ट्रीय वीर के समान स्वागत हुआ। तीन दिन बाद जहांगीर प्रेरित के महलनुमा भवन में उनके सम्मान में एक शानदार स्वागत समारोह हुआ। फिरोज शाह मेहता ने उन्हें 'भारतीय स्वाधीनता संग्राम का वीर' तथा भारत सरकार ने उन्हें 'हिन्दी केसरी' की उपाधि से सम्मानित किया। गाँधी के यह सभी सम्मान उनकी उस महान प्रयोगशाला के प्रयोगों की उपलब्धि थे जो उन्होंने प्रवासी भारतीय के रूप में किए थे। गाँधीजी जब डरबन से स्वदेश वापस आने लगे

तो उन्होंने स्वर्णाभूषणों को प्रवासी भारतीयों का एक ट्रस्ट बनाकर उसे सौंप दिए। इस प्रकार उन्होंने मोह की दीवार को प्रत्येक स्थल से गिरा दिया था। उन्होंने अपने जीवन के सभी क्षणों को सेवा के लिए समर्पित कर दिया था। अहिंसा, सत्य और प्रेम के विधान ने उन्हें सत्याग्रह की दीक्षा दी थी। आश्रम जीवन उनके लिए परिवार हो गया था जब सर्व-धर्म समभाव तथा अस्पृश्य समाज की सेवा के आदर्श व्यवहार रूप में मुखरित थे। यह प्रयोग गाँधीजी को प्रेरणा से भर दिया।

5

भारत वापसी : सत्याग्रह आन्दोलनों का प्रारम्भ

जुलाई 1914 ई. में प्रथम विश्वयुद्ध की शुरुआत हो गई उस समय मोहनदास करमचन्द्र गाँधी ब्रिटेन में भारतीयों के अधिकारों के लिए संघर्षरत थे। गाँधीजी ने विश्वयुद्ध में ब्रिटिश सरकार की मदद करने का निश्चय किया। इसके लिए उन्होंने एम्बुलैंस दल बनाने का फैसला किया लेकिन शीघ्र ही ब्रिटिश प्रशासन से उनका विवाद हो गया जिसके बाद उन्होंने इससे खुद को अलग कर लिया। 9 जनवरी, 1915 के दिन जब गाँधीजी भारत लौटे तो भारत के प्रमुख प्रतिनिधियों एवं जनता ने उनका जोरदार अभिनंदन किया। गोपाल कृष्ण गोखले गाँधीजी को 'सर्वेन्टस ऑफ इंडियन सोसाइटी' में सम्मिलित करना चाहते थे लेकिन सोसाइटी के अन्य कुछ सदस्य इसके खिलाफ थे। फलस्वरूप गाँधीजी सोसाइटी में शामिल नहीं हो पाए। गोखले ने गाँधी से इस समय यह वादा लिया कि भारत में राजनीतिक विषयों पर वे एक वर्ष तक अपना मत जाहिर नहीं करेंगे। वायदे का पालन करते हुए 1915 और 1916 में गाँधीजी सिंध, रंगून, बनारस और मद्रास आदि स्थानों पर गए। उन्होंने रवीन्द्रनाथ ठाकुर के शांतिनिकेतन की भी यात्रा की और वे हरिद्वार तथा कौमुदी मेले में भी गए। इससे गाँधीजी भारत की वास्तविक परिस्थिति से अवगत हुए।

1915 में गाँधीजी ने अहमदाबाद में साबरमती नदी के किनारे अपने आश्रम की स्थापना की थी। यहां पर वे अपने निकट सहयोगियों के साथ निवास करते थे जिन्हें एक सच्चे तथा कुशल सत्याग्रही बनने का प्रशिक्षण दिया जाता था। इस दौरान

गाँधीजी राजनीति से जुड़े मुद्दों पर कोई विशेष ध्यान नहीं दे रहे थे। अधिकांश सभाओं में वे केवल अपने दक्षिण अफ्रीका के अनुभवों और जो विचारधारा उनकी वहां पर बनी थी, के बारे में ही बोलते थे। जिस समय एनीबेसेंट ने गाँधीजी से "होम रूल लीग" की स्थापना में सहयोग देने के लिए कहा तो उन्होंने यह कहकर इनकार कर दिया कि वे युद्ध के दौरान ब्रिटिश सरकार को तंग नहीं करना चाहते थे। गाँधीजी ने 1915 के कांग्रेस अधिवेशन में भी हिस्सा लिया, लेकिन इस समय स्वायत्त शासन जैसे महत्त्वपूर्ण विषय पर बोलने को उन्होंने टाल दिया। इस समय कांग्रेस में गरम दल को वापस शामिल करने का विचार हो रहा था। उनका गाँधीजी ने स्वागत किया, लेकिन इसके साथ-साथ उन्होंने यह भी स्पष्ट कर दिया कि वे किसी गुट में नहीं हैं। उन्होंने संगठित कांग्रेस के अधिवेशन में हिस्सा लिया, जिसमें उन्होंने केवल अनुबंधित मजदूरों की भर्ती के संबंध में भाषण दिया और इस प्रथा की समाप्ति की मांग के लिए एक प्रस्ताव पास हुआ।

सत्याग्रह आश्रम की स्थापना

गाँधीजी ने एक वर्ष तक गोखले के आदेशानुसार राजनीतिक प्रश्नों पर एक शब्द भी नहीं कहा। 25 मई 1915 को उन्होंने अहमदाबाद में अपने आश्रम को स्थापित किया। राजकोट, कलकत्ता और हरिद्वार में आश्रम स्थापित करने के प्रस्तावों को क्रियान्वित करने के पहले ही आर्थिक सहायता के आश्वासनों ने अहमदाबाद में रुकने की अधिक प्रेरणा दी थी। इस आश्रम को उन्होंने सत्याग्रह-आश्रम की संज्ञा दी। इसे वह सत्य की खोज, सत्य के प्रयोग तथा सत्य के आचरण के लिए सर्वथा उपयुक्त अनुभव करते थे। सत्य, अहिंसा, ब्रह्मचर्य, अस्तेय, अस्वाद, अपरिग्रह, अभय, अस्पृश्यता निवारण, शरीरश्रम, सर्वधर्म समभाव और स्वदेशी के एकादश व्रत का प्रचार और प्रभाव आश्रम की धरोहर बन गया। पूरा आश्रम सेवा और श्रम के मन्त्रों का उच्चारण करता था। गाँधीजी और कस्तूरबा इस आश्रम के जननी थे।

स्थानीय सत्याग्रह

सन् 1915 से 1918 के मध्य कांग्रेस और लीग में समझौता सम्पन्न हो गया था। युद्ध काल में राजनीतिक आन्दोलन से अपने को अलग रखने का निर्णय किए रहने के बाद भी जनता की जिन तकलीफों को मिटाना एकदम जरूरी हो गया था, उनके लिए गाँधीजी तत्काल तैयार हो गए। इस समय बिहार के चम्पारन जिले में निलहे गोरों और नील की खेती करने वाले किसानों में विवाद चल रहा था। गाँधीजी

की उपस्थिति को इस क्षेत्र में संभाग के आयुक्त ने उपयुक्त नहीं माना और उन्हें तुरन्त चम्पारन छोड़ने का आदेश दिया गया। गाँधी ने उनके आदेश की अवहेलना करते हुए कहा, "आज्ञा का उल्लंघन करने में मेरा उद्देश्य कानून से स्थापित सरकार का अपमान करना नहीं, बल्कि मेरा हृदय जिस अधिक बड़े कानून को स्वीकार करता है, अर्थात् अन्तरात्मा की आवाज, उसका अनुसरण करना है।" आज्ञा के उल्लंघन के आरोप में गाँधीजी पर मुकदमा चलाया गया परन्तु बिहार सरकार के हस्तक्षेप से मुकदमा वापस ले लिया।

गाँधीजी को अफ्रीका में सत्याग्रह से बहुत सफलता मिली थी। उन्होंने यहां पर उसका प्रयोग किया। संभावित खतरे का आभास करके गाँधी सरकार ने इस पूरे प्रसंग की जांच आयोग की स्थापना की। गाँधीजी को भी इसका सदस्य बनाया गया। गाँधीजी के प्रयत्न से वर्षों से चली आ रही 'तिनकठिया' कानून को खत्म कर दिया गया। निलहे गोरे के पक्ष में कम्पनी ने 1817 में कानून बनाया था। गाँधीजी के प्रयत्नों से कानून भी समाप्त हुआ और किसानों पर निलहों गोरे के अत्याचार का इतिहास भी समाप्त हो गया। गाँधीजी के समक्ष अब दूसरा महत्वपूर्ण प्रश्न अहमदाबाद मिल मालिक-मजदूर विवाद का था। अगस्त 1917 से मिल मजदूरों को 'प्लेग बोनस' दिया जा रहा था। जिसे मिल मालिकों ने खत्म करने का प्रस्ताव पेश किया। इस प्रस्ताव का मजदूरों ने इस आधार पर विरोध किया कि युद्ध के कारण जीवन स्तर इतना महंगा हो गया है कि इस वेतन में जीवन चलना सम्भव नहीं है। मजदूर पहली मजदूरी पर काम करने को तैयार नहीं थे, मिल मालिक अतिरिक्त वेतन देना नहीं चाहते थे। यह प्रश्न गंभीर विवाद के रूप में बदल गया।

गाँधीजी के प्रयास से दोनों पक्ष पंच फैसले के लिए तैयार हो गए लेकिन वह मन से किसी फैसले को उत्सुक नहीं थे फलतः उन्होंने मजदूरों पर हड़ताल के आरोप लगाकर पंच फैसले की बात को अस्वीकार कर दिया। गाँधीजी ने मजदूरों का पक्ष लेकर बोनस के पैंतीस प्रतिशत के लिए सत्याग्रह प्रारम्भ किया। जिसके बाद मिल मालिक पंच फैसले के लिए तैयार हो उठे। फैसला मजदूरों के पक्ष में गया। वे इस सत्याग्रह में प्रमुख उद्योगपति अम्बा लाल साराभाई की बहिन अनुसूया गाँधी के साथ थी। इस नैतिक विजय ने गाँधीजी के पक्ष को अत्यधिक मजबूत कर दिया था।

इसके पश्चात् गाँधीजी को खेड़ा जिले के किसानों के संघर्ष में शामिल होना पड़ा। सूखे के कारण फसल नष्ट हो गई थी और सारे जिले में लगभग अकाल की स्थिति हो गई थी, जिसके कारण किसान लगान माफी चाहते थे। सरकारी अधिकारी नियमों का सहारा लेकर लगान माफ करने के पक्ष में नहीं थे। जब प्रस्तावों, भेंट

वार्ताओं तथा प्रेस सूचनाओं से परिस्थिति में कोई बदलाव नहीं हुआ तो यहां भी गाँधीजी ने सत्याग्रह शुरू किया। पहले दो सत्याग्रह मजदूर वर्ग से सम्बद्ध थे लेकिन यह सत्याग्रह एक ऐसे वर्ग से सम्बद्ध था जो जमींदार और सरकार दोनों से ही समान रूप से प्रताड़ित रहता रहा है। इस सत्याग्रह में गाँधीजी को सरदार पटेल ने बहुत मदद की। किसानों पर तरह-तरह के अत्याचार किए गए किन्तु अन्त में सरकार को यह घोषणा करनी पड़ी कि लगान देने योग्य किसान ही लगान दें। इस घोषणा के साथ ही गाँधीजी ने सत्याग्रह स्थगित कर दिया।

प्रथम विश्वयुद्ध काल में यह तीनों आन्दोलन यद्यपि अपेक्षित सफलता देने के आधार पर सफल ही रहे किन्तु गाँधी का दृष्टिकोण किंचित मात्र भी इन आन्दोलनों के कारण सरकार को परेशान करना नहीं था। गाँधीजी का मानना था कि संकट में राजभक्ति दिखाने का अर्थ यह नहीं है कि हम स्वराज्य के योग्य हो गए। राजभक्ति को गाँधी एक गुण के रूप में स्वीकार करते थे। युद्ध काल में जिन्ना, खापर्डे और तिलक यह चाहते थे कि सरकार को किन्हीं निश्चित शर्तों के आधार पर ही सहायता दी जाए। गाँधीजी ने अपने स्वभाव के अनुसार वायसराय को सहयोग का आश्वासन दे दिया। इस बीच गाँधीजी अस्वस्थ हो गए और इसी बीच युद्ध समाप्त हो गया। युद्ध काल में नियुक्त रौलट कमेटी के प्रस्तावों पर रौलट बिल प्रस्तुत हो गया। इस बिल ने नागरिक अधिकारों पर करारी चोट की। अंग्रेजों ने गाँधीजी और भारतीयों की सद्‌भावना पर करारा व्यंग्य किया। युद्धोत्तर काल में जो शुभ संकेत की आशा बंधी थी वह सब व्यर्थ ही सिद्ध हुई। इस क्रूर अन्याय के खिलाफ गाँधीजी ने देश को जागृत करने का निश्चय किया।

भारतीय राजनीति में प्रादुर्भाव

भारत की राजनीति में गाँधीजी का पदार्पण 1917-18 के बीच हुआ जो कि तीन स्थानीय समस्याओं से संबंधित था। ये समस्याएँ थीं; चंपारन और खेड़ा में किसानों का संघर्ष और अहमदाबाद में मजदूरों का संघर्ष। यहाँ पर गाँधी ने सत्याग्रह की तकनीक का इस्तेमाल किया और अंततः इन्हीं स्थानीय संघर्षों के माध्यम से वे संपूर्ण भारत के सर्वमान्य नेता बन गये।

चंपारन

गाँधीजी ने सत्याग्रह का प्रथम प्रयोग 1917 ई. में उत्तरी बिहार के चंपारन जिले में किया था। यहां पर 19वीं सदी के प्रारंभ से ही यूरोपीय पूंजीपतियों द्वारा

किसानों, मजदूरों का शोषण किया जा रहा था। यूरोपीय बागान मालिकों ने इस क्षेत्र में 19वीं शताब्दी के प्रारंभ से नील के बागान और फैक्टरियाँ स्थापित की थीं। 1916-17 में चंपारन का अधिकांश क्षेत्र सिर्फ तीन भू-स्वामियों के कब्जे में था। ये भू-स्वामी-बेतिया, राम नगर और मधुबन जागीरों के मालिक थे। इनमें बेतिया की जागीर सबसे बड़ी थी और उसमें लगभग 1500 गाँव आते थे। भू-स्वामी इनकी देखरेख के लिए ठेके पर दे देते थे और ठेकेदारों में सबसे प्रभुत्वशाली वर्ग यूरोपीय बागान मालिकों का था। यहाँ पर असंतोष का मुख्य कारण यह था कि किसानों को भूमि पर स्थाई अधिकार प्राप्त नहीं था। उन्हें बागान मालिकों से जमीन के पट्टे इस शर्त पर मिलते थे कि वे निश्चित भू-भाग पर केवल नील की ही खेती करेंगे। इसके बदले में बागान मालिक कृषकों को कुछ अग्रिम धन भी देते थे।

नील की खेती 'तिनकठिया' व्यवस्था के अन्तर्गत की जाती थी। इसमें किसान को अपनी भूमि के 3/20 हिस्से पर केवल नील की ही खेती करनी होती थी और अधिकांशतः उसकी भूमि के सबसे अधिक उपजाऊ हिस्से पर उसे नील की खेती करनी पड़ती थी। तिनकठिया व्यवस्था में यद्यपि 1908 में कुछ सुधार लाने की कोशिश की गयी थी, परंतु इससे किसानों की स्थिति में कोई बदलाव नहीं हुआ। किसानों को कम दाम पर नील बेचने को मजबूर किया जाता था। इस समय जर्मनी के वैज्ञानिकों ने कृत्रिम नीले रंग का उत्पादन कर लिया था, जिसके परिणामस्वरूप विश्व के बाजारों में भारतीय नील की मांग गिर गई थी। चंपारन के अधिकांश बागान मालिकों ने यह महसूस किया था कि नील के व्यापार से अब उन्हें अधिक मुनाफा नहीं होगा। परंतु मुनाफे को बनाए रखने के लिए उन्होंने अपने घाटे को किसानों पर लादना प्रारंभ कर दिया और कृषकों से कहा कि अगर वे उन्हें एक बड़ा मुआवजा दे दें तो किसानों को नील की खेती से मुक्ति मिल सकती है। इसके अतिरिक्त उन्होंने लगान में अत्यधिक वृद्धि कर दी और कई प्रकार के अवैध कर किसानों पर लगाए।

कांग्रेस का अधिवेशन सन् 1916 में लखनऊ में आयोजित हुआ जिसमें चम्पारन के कृषकों पर हो रहे अत्याचारों की चर्चा हो रही थी उस समय गाँधी जी ने इस मुद्दे पर कोई विशेष प्रतिक्रिया नहीं जतायी थी परंतु अंततः चंपारन के एक किसान राजकुमार शुक्ल ने गाँधीजी को चंपारन आने के लिए बाध्य किया। जब गाँधीजी मोतीहारी (चंपारन का जिला-कार्यालय) पहुंचे तो उनकी उपस्थिति को जन शांति के लिए एक खतरा समझा गया। जिसके परिणामस्वरूप तत्काल ही उन्हें गिरफ्तार कर उन पर जिला न्यायालय में मुकदमा चलाया गया। परंतु बिहार सरकार

के हस्तक्षेप से मुकदमा वापस ले लिया गया। इसके साथ-साथ गाँधीजी को भी यह चेतावनी दी गई कि वे कोई बखेड़ा खड़ा न करें। परंतु उन्हें किसानों के कष्टों के बारे में जानकारी हासिल करने की पूर्ण स्वीकृति दे दी गई। सरकार ने "चंपारन एगरेरियन कमेटी" का गठन किया। गाँधीजी भी इस कमेटी के एक सदस्य थे। इस कमेटी ने यह सिफारिश की कि तिनकठिया व्यवस्था और अन्य प्रकार के कर को खत्म कर दिया जाए। बढ़ाए गए लगान की दरों में कमी की गई और जो वसूली अवैध रूप से किसानों से की गई थी उसका 25 प्रतिशत किसानों को लौटाया जाना था। कमेटी की इन सिफारिशों को 1919 के 'चंपारन एगरेरियन एक्ट' के रूप में पारित किया गया।

इस कृषक आंदोलन में गाँधीजी के अधिकतर सहयोगी शिक्षित मध्यम वर्ग से थे, जैसे कि राजेन्द्र प्रसाद, गोरख प्रसाद, आचार्य कृपलानी आदि। स्थानीय महाजनों और गाँवों के मुख्तियारों ने भी गाँधीजी को सहयोग दिया था लेकिन सर्वाधिक सहयोग किसानों और उनके स्थानीय नेताओं ने दिया था। गाँधी जी वहां पैदल या बैलगाड़ी पर यात्रा करते थे और किसानों से उन्हीं की भाषा में वार्तालाप करते थे।

खेड़ा

गुजरात के इस जगह पर गाँधीजी ने दूसरा सत्याग्रह आंदोलन किया। यहां पर उनकी सत्याग्रह की तकनीक को वास्तव में एक इम्तहान से गुजरना पड़ा। खेड़ा अधिक उपजाऊ क्षेत्र था और यहां पर उगने वाली खाद्य फसलों, तंबाकू और रूई को अहमदाबाद में एक सुलभ बाजार प्राप्त था। यहां पर कई धनी किसान थे जो कि पट्टीदार कहलाते थे। इसके भूमिहीन किसान भी यहां निवास करते थे।

गुजरात प्रान्त में 1917 ई. में बहुत अधिक वृष्टि हुई जिसके कारण खारीपन की फसल बर्बाद हो गयी। इसी समय मिट्टी का तेल, लोहा, कपड़ों और नमक की कीमतों में भी वृद्धि हुई जिसने कि किसानों के जीवन स्तर को काफी संकटमय बना दिया था। किसानों ने इस समय लगान माफ करने का अनुरोध किया। लगान कानून के अंतर्गत ऐसा प्रावधान मौजूद था कि यदि कुल उपज सामान्य उपज के मुकाबले केवल 25 प्रतिशत हो तो पूरा लगान माफ किया जा सकता था। बंबई के दो वकीलों, श्री वी.जे. पटेल और जी.के. पारख ने इस संबंध में छान-बीन की और वे इस नतीजे पर पहुंचे कि उपज का एक बड़ा हिस्सा नष्ट हो चुका था, परंतु सरकार इससे सहमत नहीं थी। खेड़ा के कलक्टर ने लगान माफ करने से इनकार कर दिया। सरकारी धारणा यह थी कि किसानों ने यह मांग नहीं की थी वरन् इसके लिए उन्हें होम रूल

लीग और गुजरात सभा के लोगों ने उकसाया था। गाँधीजी स्वयं इस समय गुजरात सभा के अध्यक्ष थे। सच्चाई यह थी कि यहां आंदोलन प्रारंभ करने की पहल दरअसल मोहन लाल पांडे जैसे स्थानीय गांव के नेताओं ने की थी।

गाँधीजी ने लगान की जांच की और कहा कि प्रशासनिक अधिकारियों द्वारा उत्पाद का बढ़ा-चढ़ा कर मूल्य निर्धारित किया गया था तथा कृषकों का यह वैध अधिकार था कि वे लगान न दें। इसमें उन्हें कोई सुविधा नहीं प्रदान की जा रही थी लेकिन सरकार ने इस दिशा में कुछ नहीं किया। कुछ हिचकिचाहट के बाद गाँधीजी ने 22 मार्च, 1918 से सत्याग्रह का प्रारंभ नदियाद में एक सभा करके किया। इस सभा में गाँधीजी ने किसानों को लगान नहीं देने को कहा। किसानों के उत्साह को बढ़ाने के लिए और उनके हृदय से सरकार का भय निकालने के लिए गाँधीजी ने विभिन्न गांवों की यात्रा की।

इस आंदोलन में इन्दुलाल याज्ञिक, बिट्ठल भाई पटेल और अनसुइया साराभाई ने काफी योगदान दिया था। 21 अप्रैल के दिन सत्याग्रह अपनी चरम सीमा पर पहुंचा। 2,337 किसानों ने यह शपथ ली कि वे लगान नहीं देंगे। सरकार ने अपनी क्रूर नीति के द्वारा कुछ गरीब किसानों को लगान देने के लिए बाध्य किया। इस समय रबी की फसल अच्छी हुई जिससे कि लगान न देने का मुद्दा कुछ कमजोर पड़ा। इसी समय सरकार ने यह आदेश जारी किया कि लगान की वसूली केवल उन्हीं किसानों से की जानी चाहिए जो कि उसको दे सकते हैं और गरीब किसानों पर इसके लिए दबाव नहीं डाला जाना चाहिए, तो गाँधीजी ने सत्याग्रह को समाप्त करने की घोषणा की। सत्याग्रह आंदोलन खेड़ा के 559 गांवों में से केवल 70 गांवों में ही यह सफल रहा था और यही कारण था कि गाँधीजी ने केवल थोड़ी सी रियायत मिलने पर ही सत्याग्रह वापस ले लिया था लेकिन इसमें कोई संदेह नहीं कि इस सत्याग्रह के द्वारा गुजरात के ग्रामीण क्षेत्र में गाँधीजी के सामाजिक आधार में विस्तार हुआ।

अहमदाबाद

यहां पर गाँधीजी ने अपना तीसरा सत्याग्रह शुरू किया। यह सत्याग्रह यहां के मिल मालिकों तथा इसमें कार्य करने वाले मजदूरों से सम्बन्धित था। अहमदाबाद, गुजरात के महत्त्वपूर्ण औद्योगिक नगर के रूप में विकसित हो रहा था लेकिन श्रमिक का अभाव था जिससे उन्हें आकर्षित करने के लिए वे मजदूरी की ऊंची दर देते थे। 1917 में अहमदाबाद में प्लेग की महामारी फैल गयी जिसके बाद श्रमिकों को शहर छोड़कर जाने से रोकने के लिए मिल मालिकों ने उन्हें "प्लेग बोनस" देने का निर्णय

किया जो कि कभी-कभी साधारण मजूरी का लगभग 75% होता था। जब प्लेग का क्षय कम हुआ तो मिल मालिकों ने इस भत्ते को खत्म करने के लिए प्रस्ताव पेश किया। श्रमिकों ने इसका विरोध किया। श्रमिकों की धारणा थी कि युद्ध के दौरान जो महंगाई हुई थी, यह भत्ता उसकी भी पूर्ति करता था। मिल मालिक 20% की वृद्धि देने को तैयार थे, परंतु मूल्य वृद्धि को देखते हुए श्रमिक 50% की वृद्धि माँग रहे थे।

गाँधीजी को इस बारे में गुजरात सभा के सचिव सूचना देते रहते थे। एक मिल मालिक अम्बालाल साराभाई से उनका व्यक्तिगत परिचय था, क्योंकि उसने गाँधी के आश्रम के लिए धनराशि दी थी। इसके अतिरिक्त अम्बालाल की बहन अनसुइया साराभाई गाँधीजी के प्रति आदर भाव रखती थी। गाँधीजी ने अम्बालाल साराभाई से विचार-विमर्श करने के उपरांत इस समस्या में हस्तक्षेप करने का निर्णय लिया। श्रमिक और मिल मालिकों ने निर्णय किया कि वे इस समस्या को बोर्ड के ऊपर छोड़ दिया जाए जिसमें कि तीन प्रतिनिधि मजदूरों के हों और तीन मिल मालिकों के। अंग्रेज कलेक्टर इस बोर्ड के अध्यक्ष होने थे। गाँधीजी इस बोर्ड में श्रमिकों के प्रतिनिधि के रूप में मौजूद थे, परंतु अचानक मिल मालिक बोर्ड से पीछे हट गए। और 22 फरवरी से मिल मालिकों ने तालाबन्दी की घोषणा कर दी।

गाँधी जी ने इस समय मिलों की आर्थिक स्थिति के बारे में जानकारी हासिल की और उनके द्वारा दी जा रही मजूरी की दरों की तुलना बंबई में दी जा रही मजूरी की दरों से की। इस अध्ययन के उपरांत गाँधीजी ने यह निष्कर्ष निकाला कि मजदूरों को 50% के स्थान पर 35% बढ़ोत्तरी की माँग करनी चाहिए। गाँधीजी ने मिल मालिकों के खिलाफ सत्याग्रह शुरू किया और मजदूरों से कहा कि जब तक उनकी मांगें पुरी नहीं होती तब तक ये काम करने नहीं जाएंगे और शांतिपूर्वक सत्याग्रह करते रहेंगे। अनेक स्थानों पर सभाएं हुई और गाँधीजी ने इनमें भाषण दिए। इस स्थिति के ऊपर उन्होंने कुछ लेख भी लिखे।

12 मार्च को मिल मालिकों ने तालाबन्दी खत्म करने की घोषणा की लेकिन साथ यह भी कहा कि हम उन्हीं मजदूरों को काम पर लगायेंगे जिन्हें 20% मजदूरी स्वीकार होगी। इसके विपरीत 15 मार्च को गाँधीजी ने यह घोषणा की कि जब तक कोई समझौता नहीं होता वे भूख हड़ताल पर रहेंगे। इस समय गाँधीजी का उद्देश्य यह था कि श्रमिकों को काम पर जाने से रोका जा सके। अंततः 18 मार्च के दिन एक समझौता हुआ, इसके अनुसार, श्रमिकों को उनकी शपथ को देखते हुए पहले दिन की मजूरी 35% वृद्धि के साथ हासिल होनी थी और दूसरे दिन उन्हें 20% की

वृद्धि, जो कि मिल मालिकों द्वारा प्रस्तावित की जा रही थी, मिलनी थी। तीसरे दिन से तब तक, जब तक कि एक मध्यस्थता के द्वारा निर्णय नहीं लिया जाता उन्हें 27½% की वृद्धि मिलनी थी। अंततः मध्यस्थ ने गाँधीजी के प्रस्ताव को मानते हुए मजदूरों के पक्ष में 35% की वृद्धि का निर्णय दिया।

रौलट एक्ट

सन् 1917-18 के बीच गाँधीजी ने एनी बीसेंट की नजरबंदी का विरोध किया था और अली बंधुओं (मुहम्मद अली और शौकत अली), की जेल से रिहाई की भी माँग की थी। अली बंधु 'खिलाफत' को लेकर गिरफ्तार किए गए थे। उस समय के अन्य राजनीतिक नेताओं की तरह गाँधीजी ने सुधार प्रस्तावों में कोई दिलचस्पी नहीं ली थी लेकिन जिस समय अंग्रेजी सरकार ने रौलट ऐक्ट को पारित करने का निर्णय लिया तो गाँधीजी ने राष्ट्रीय राजनीति में सक्रिय रूप से भाग लेने का फैसला किया।

सन् 1917 में भारतीय सरकार ने जस्टिस सिडनी रौलट की अध्यक्षता में एक कमेटी का गठन किया था जिसका उद्देश्य क्रांतिकारियों के कार्यों की जांच-पड़ताल करते हुए उनके दमन के लिए कानून प्रस्तावित करना था। रौलट कमेटी ने कानून में कई तरह के बदलाव किए जाने का सुझाव रखा। इन सुझावों को ध्यान में रखते हुए भारतीय सरकार ने राष्ट्रीय काउंसिल के सम्मुख दो विधेयक 6 फरवरी, 1919 के दिन प्रस्तुत किये। सरकार का यह दावा था कि पड्यंत्रकारी अपराधों को रोकने के लिए यह विधेयक केवल अस्थायी आधार पर अपनाए जा रहे हैं। लेकिन वास्तव में ये विधेयक जो प्रतिबंध युद्ध के दौरान लगाए गए थे उन्हें स्थायी रूप देने के उद्देश्य से प्रेरित थे। इसके तहत विशेष न्यायालय के द्वारा मुकदमा चलाया जा सकता था जिसमें कि तीन हाईकोर्ट के जज सदस्य होने थे। इसके निर्णय के खिलाफ अपील नहीं हो सकती थी और न्यायालयों की कार्यवाही भी खुले तौर पर नहीं होती थी। किसी भी व्यक्ति को बिना वारंट के गिरफ्तार किया जा सकता था या उसकी तलाशी ली जा सकती थी। बिना मुकदमा चलाए ही किसी भी व्यक्ति को दो वर्ष तक जेल में रखा जा सकता था। भारतीय राष्ट्रवादियों की यह धारणा थी कि यह बिल उस गैर-सरकारी और सरकारी जनमत को संतुष्ट करने के लिए लाए गए थे जिसने कि मोंटेग्यू सुधार प्रस्तावों पर आपत्ति जतायी थी।

आंदोलन

गाँधीजी ने इस बिल के खिलाफ आंदोलन शुरू किया। उनके आधार पर जो

शक्तियाँ सरकार को दी जा रही थीं वे खतरे से खाली नहीं थीं और वाइसराय को बहुत पहले से ही आपातकालीन शक्तियाँ प्राप्त थीं। उन्होंने यह भी कहा कि ये ऐसे दमनकारी बिल हैं जो कि सुधारों के सभी प्रस्तावों को रद्द कर देते हैं। गाँधीजी पूरी तरह इस बिल के खिलाफ थे। 24 फरवरी, 1919 के दिन बंबई में इन बिलों का विरोध करने के लिए गाँधीजी ने एक सत्याग्रह सभा का संगठन किया। इस सभा के सदस्यों ने यह शपथ ली कि वे अत्यंत ही सभ्य तरीके से, जिनका कि निर्णय एक कमेटी द्वारा लिया जाएगा, इन बिलों का विरोध करेंगे और इन संघर्ष में वे सच्चाई का रास्ता अपनाते हुए अहिंसात्मक आंदोलन करेंगे। सत्याग्रह आंदोलन का प्रारंभ करते हुए गाँधीजी ने यह कहा थाः "मेरा यह पक्का विश्वास है कि हमें कष्ट सहकर ही अपनी मुक्ति प्राप्त होगी, न कि अंग्रेजों द्वारा टपकाये गए सुधारों से। वह क्रूर शक्ति इस्तेमाल करते हैं जबकि हम आत्मा की शक्ति।"

सम्पूर्ण देश में विरोध प्रदर्शन के बावजूद सरकार के व्यवहार में कोई बदलाव नहीं हुआ। सरकार गैर-सरकारी सदस्यों द्वारा इनके खिलाफ मत दिए जाने के बावजूद काउंसिल ने एक बिल पारित कर दिया। 21 मार्च, 1919 के दिन वाइसराय ने बिल को अपनी सहमति प्रदान कर दी। इस समय उदारवादी नेताओं के गुट ने जिसमें कि सर डी.ई. वादी, सुरेंद्रनाथ बनर्जी, तेज बहादूर सप्रू और श्रीनिवास शास्त्री शामिल थे, उनका मानना था कि सत्याग्रह सुधारों की प्रक्रिया में बाधा डालेगा। वे यह भी समझते थे कि आम नागरिक सभ्य तरीके से रौलट एक्ट का विरोध नहीं कर पाएगा। ऐनीबीसेंट भी सत्याग्रह के पक्ष में नहीं थी क्योंकि वह इसे घातक मानती थी। सत्याग्रह का प्रारंभ करने के लिए गाँधीजी ने देशवासियों को हड़ताल करने को कहा। इस दिन कोई कार्य नहीं होना था। जनता को उपवास रखना था। प्रार्थना करनी थी और इस प्रकार बिलों का विरोध करना था। आरंभ में हड़ताल की तिथि 30 मार्च रखी गई थी परंतु बाद में इसे बदलकर 6 अप्रैल कर दिया गया गया।

दिल्ली में 30 मार्च को इस हड़ताल में हिस्सा लेने वाले नागरिकों पर पुलिस द्वारा गोली भी चलायी गयी जिसमें 10 व्यक्तियों की जाने चली गयी और कुछ घायल भी हो गये अन्ये बड़े नगरों में हड़ताल 6 अप्रैल को हुई और जनता ने व्यापक सहयोग दिया। गाँधीजी ने हड़ताल को एक महान सफलता बताई। 7 अप्रैल को गाँधीजी ने सत्याग्रहियों को साहित्य कानून न मानने का सुझाव दिया। इन कानूनों का विरोध करना, विशेष तौर से इसलिए चुना गया था क्योंकि अन्य कानूनों को व्यक्तियों द्वारा तोड़ने पर हिंसा हो सकती थी। इसके लिए 4 किताबों को, जिनमें गाँधीजी की "हिंद स्वराज" भी शामिल थी, जिसे बंबई सरकार ने 1910 में प्रतिबंधित कर दिया था,

बिक्री के लिए चुना गया। गाँधी जी 8 अप्रैल को मुम्बई से दिल्ली और पंजाब की यात्रा पर चल दिये। सरकार ने यह माना कि उनका पंजाब आगमन खतरनाक हो सकता है। अतः गाँधीजी को फिर वापस बंबई भेज दिया गया। शीघ्र ही गाँधीजी की गिरफ्तारी की खबर फैल गई। इससे बंबई में स्थिति तनावपूर्ण हो गई और अहमदाबाद व विदर्भ में हिंसा भी हुई। अहमदाबाद में सरकार को मार्शल लॉ लगाना पड़ा। अन्य प्रान्तों की अपेक्षा सबसे अधिक हिंसा पंजाब में प्रमुख रूप से अमृतसर में फैली हुई थी। अमृतसर में जिस समय गाँधीजी की गिरफ्तारी की खबर पहुंची तो उसी समय वहाँ के दो स्थानीय नेताओं, डॉ किचलू और डॉ. सत्यपाल को भी गिरफ्तार किया गया था (10 अप्रैल)। जनता ने उग्र होकर सरकारी दफ्तरों को आग के हवाले कर दिया। 5 अंग्रेजों की हत्या कर दी गई और एक अंग्रेज महिला से अभद्र व्यवहार भी किया गया। जिसके बाद शहर में अराजकता का माहौल व्याप्त हो गया।

जलियांवाला बाग में शांतिपूर्ण सभा हो रही थी। अधिकांश लोगों को इस बात की कोई खबर ही नहीं थी कि सरकार द्वारा सभा करने पर प्रतिबंध लगा दिया गया है। जनरल डायर ने बिना किसी चेतावनी के 13 अप्रैल को इन निहत्थे लोगों पर गोलियाँ चलवाईं। डायर ने आगे चलकर यह स्वीकार किया कि उसका उद्देश्य मात्र सभा को तितर-बितर करना नहीं था, वह तो जनता को मानसिक तौर से भयभीत करना चाहता था। सरकारी आंकड़ों के अनुसार इस गोली कांड में 379 व्यक्ति मारे गए थे परंतु गैर-सरकारी आंकड़े इससे तीन गुना अधिक थे। 13 अप्रैल की रात को ही पंजाब में मार्शल लॉ लगा दिया गया।

महत्ता

रौलट एक्ट के विरुद्ध आंदोलन योजना पर आधारित नहीं था। सत्याग्रह सभा केवल ऐक्ट के विरुद्ध प्रचार हेतु साहित्य प्रकाशित कर रही थी या उसके विरुद्ध दस्तखत इकट्ठे कर रही थी। एक संगठन के रूप में कांग्रेस कहीं पर भी नजर नहीं आ रही थी। अधिकांश क्षेत्रों में जनता ने अंग्रेजी शासन के विरुद्ध अपनी सामाजिक और आर्थिक शिकायतों के कारण स्वयं हिस्सा लिया था। लेकिन एक बात स्पष्ट है कि गाँधीजी द्वारा किए गए सत्याग्रहों ने विभिन्न वर्गों और समुदायों के लोगों को एकजुट कर दिया था। यह इस बात से भी स्पष्ट होता है कि यद्यपि गाँधीजी ने पंजाब की यात्रा नहीं की थी तथापि इस आंदोलन में पंजाब की जनता ने व्यापक रूप से हिस्सा लिया था। लेकिन यह आंदोलन शहरों की तरह गांवों में नहीं फैल पाया था।

गाँधीजी ने हिंसात्मक घटनाओं के कारण सत्याग्रह स्थगित कर दिया। गाँधीजी

ने यह स्वीकार किया कि उन्होंने यह आंदोलन शुरू करके एक महान भूल की थी क्योंकि जनता अभी सत्याग्रह के लिए आवश्यक अनुशासन को नहीं समझ पाई थी। लेकिन इस आंदोलन ने गाँधीजी को राष्ट्रीय नेता बना दिया। राष्ट्रीय आंदोलन के नेतृत्व में उनकी स्थिति सबसे ऊपर हो गई और वे कांग्रेस के कार्यों को भी निर्णयात्मक रूप दिया करते थे।

असहयोग आन्दोलन का स्वरूप

भारत में राष्ट्रीय आंदोलन से निपटने के लिए सर सिडने रौलट ने कुछ सुझाव पेश किये। यह सुझाव ही बाद में रौलट एक्ट के रूप में देखने को मिले। युद्ध के बाद सामान्य भारतीयों को यह आशा थी कि ब्रिटिश शासन उन्हें अधिकाधिक नागरिक सुविधाएँ प्रदान करेगा किन्तु रौलट एक्ट ने इस आशा पर पानी फेर दिया। इस एक्ट के कारण क्रान्तिकारियों को मुकदमे में अपील के अधिकार से वंचित रखा गया, किसी भी व्यक्ति को बिना कारण बंदी बनाने का अधिकार देकर शासकीय आतंक के द्वार खोल दिए गए तथा किसी राजद्रोही सामग्री का प्रकाशन और वितरण दण्डनीय अपराध घोषित करके सरकार ने अपने पास असीमित अधिकार प्राप्त कर लिए। ब्रिटिश सरकार की इस क्रूर नीति पर आधारित काले कानून का विरोध करने के लिए गाँधीजी तत्पर हो गये।

गाँधीजी ने पूरे देश को एक एक्ट के विरोध में खड़े होने के लिए कहा। गाँधी के इस आह्वान का अप्रत्याशित परिणाम दिखाई दिया। जिन्ना ने इसे काला कानून और इसके आधार पर सरकार को असभ्य और जंगली सरकार की संज्ञा दी। सभी नेताओं ने एक सुर में इस बिल पर आपत्ति जताई। भारतीय जनता के घोर विरोध के बाद भी कौंसिल में बिल को पारित कर दिया। गाँधीजी ने इस कानून के विरोध में सत्याग्रह करने का निश्चय किया। 30 मार्च 1919 को देश में आम हड़ताल की घोषणा की गई। बाद में यह तिथि 6 अप्रैल कर दी गई। इस परिवर्तन पर सतर्कतापूर्वक न चलने के कारण दिल्ली में हड़ताल 30 मार्च को ही हो गई, जिसमें ब्रिटिश अधिकारियों ने बहुत से लोगों की हत्या कर दी। पंजाब का अशान्त जीवन गाँधीजी को अपने बीच देखने के लिए उत्सुक था किन्तु गाँधीजी ने जब मुम्बई से दिल्ली के लिए प्रस्थान किया उन्हें मार्ग में ही बन्दी बनाकर वापस मुम्बई भेज दिया गया। इसी बीच बम्बई, अहमदाबाद, नदियाद और गुजरात में हिंसा फैल गयी जिसके बाद गाँधीजी ने सत्याग्रह स्थगित कर दिया।

जलियांवाला बाग काण्ड—पंजाब की निर्मम सरकार ने 10 अप्रैल को डॉ.

सत्यपाल और डॉ. कीचलू को गिरफ्तार कर गुप्त जगह पर रख लिया। इस समाचार ने सम्पूर्ण नगर को बेचैनी से भर दिया। 13 अप्रैल 1919 को बैसाखी के दिन जलियांवाला बाग में एक सभा आयोजित हुयी। ब्रिगंडियर जनरल डायर की सेनाओं ने शस्त्र बल के सहारे सभा को भंग करने का निश्चय कर लिया था। 10 मिनट में 1650 गोलियाँ चलाकर जनरल डायर ने इतिहास का सबसे नृशंस अध्याय लिखा। सरकारी सूत्रों के अनुसार इसमें 379 व्यक्ति मरे जबकि प्रत्यक्षदर्शी भारतीयों के अनुसार मृतकों की संख्या एक हजार से ऊपर थी। अमृतसर के हत्याकांड का भारतीयों और अंग्रेजों के सम्बन्धों को बिगाड़ने वाली घटना के रूप में 1857 के विद्रोह का जितना ही महत्व है। 1919 में, अमृतसर के बाद, सारे पंजाब में ब्रिटिश अधिकारियों ने दमन का नग्न रूप पेश किया जो इतिहास की काली घटना थी।

इस नृशंस कांड की जांच के लिए सरकार ने हंटर कमीशन बनाया। इस कमीशन ने डायर को केवल 'निर्णय करने की भूल का दोषी' घोषित किया और सेवानिवृत्त करने की सिफारिश की। कांग्रेस ने पं. मोतीलाल नेहरू की अध्यक्षता में एक जांच समिति का गठन किया। इस गैर सरकारी जांच समिति में सी. आर. दास, अब्बास तय्यब जी. एम. आर. जयकर, फजलुलहक, के. सन्तानम तथा गाँधीजी सदस्य थे। इस जांच समिति ने अंग्रेजों को इस नृशंस घटना का जिम्मेदार माना। 24 दिसम्बर, 1919 को बादशाह पंचम जार्ज ने 'इंडियन रिफार्म्स एक्ट' की स्वीकृत तथा राजनीतिक बंदियों को माफी देने की घोषणा की। इस घोषणा पर भारत स्थित ब्रिटिश नौकरशाही ने सहयोग करने की दिशा में कोई तत्परता नहीं दिखाई, फलतः गाँधीजी के सामने वृहद स्तर पर आन्दोलन प्रारम्भ करने के अतिरिक्त कोई विकल्प नहीं रह गया था।

विद्रोह नहीं सत्याग्रह विकल्प—गाँधीजी का विश्वास पंजाब की घटना से कमजोर हो गया था, टर्की के प्रश्न पर खिलाफत आन्दोलन ने उन्हें एक प्रचण्ड राजनीतिक आन्दोलन के बीच खड़ा कर दिया था। खिलाफत आन्दोलन के साथ उन्होंने असहयोग आन्दोलन (राष्ट्रीय आंदोलन) को चलाने का निर्णय किया। देश के प्रत्येक वर्ग का सहयोग प्राप्त करने के लिए उन्होंने खिलाफत आन्दोलन को इस आन्दोलन का अंग बनाने तथा उसे सक्रिय सहयोग देने का आश्वासन दिया। सितम्बर, 1920 के कांग्रेस अधिवेशन में गाँधीजी के असहयोग कार्यक्रम को पूरी तरह से स्वीकार कर लिया गया। इस कार्यक्रम को दो पक्षों में रखा गया था—

(1) निषेधात्मक पक्ष—सरकारी पदवी का त्याग, न्यायालय, स्कूल, कार्यालयों, सरकारी उत्सवों, एवं विदेशी वस्त्रों का त्याग आदि।

(2) रचनात्मक पक्ष—राष्ट्रीय न्यायालय, स्कूलों की स्थापना, खादी का प्रयोग, हिन्दू मुस्लिम एकता, हरिजनोद्वार आदि।

इस आन्दोलन को सक्रिय जनसहयोग के माध्यम से जन संघर्ष की तैयारी करनी थी। 15 दिसम्बर 1921 के 'यंग इंडिया' में गाँधीजी ने घोषित किया, "लार्ड रीडिंग को यह बात समझ लेनी चाहिए कि असहयोग करने वाले सरकार से जंगी लड़ाई लड़ रहे हैं; और उन्होंने सरकार के खिलाफ बगावत कर दी है।" अपने राष्ट्र की बदहाली ने, अंग्रेजों के शोषण से मुक्ति पाने की लालसा ने उन्हें न केवल अन्तरात्मा के विधान को मानने की प्रेरणा दी बल्कि अन्याय के खिलाफ लड़ने की शक्ति से भर दिया। सरकार से जब गाँधीजी नाउम्मीद हो गए तो उन्होंने जनता को एक साल में स्वराज्य देने का आश्वासन देकर आन्दोलन शुरू कर दिया।

चौरीचौरा कांड और असहयोग आन्दोलन की समाप्ति—असहयोग आंदोलन को गाँधीजी वैधानिक मानते थे क्योंकि उसमें नैतिकता का समावेश था। जिन्नाह और श्रीनिवास शास्त्री जैसे नेताओं ने अंग्रेजों के साथ-साथ इस आन्दोलन का पहले उपहास बनाया लेकिन जैसे-जैसे आन्दोलन की गति तीव्र होनी शुरू हुई, आलोचकों का उत्साह क्षीण होने लगा। विद्यार्थी, वकील, और शिक्षक सरकारी मोहपाशों से मुक्त होकर इस आंदोलन में शामिल हो गये। सितम्बर 1920 के कलकत्ता अधिवेशन में गाँधीजी ने एक वर्ष में स्वराज्य प्राप्त करने का आश्वासन दिया था। गाँधी इस आन्दोलन काल में महात्मा थे। महात्मा के आह्वान पर पं. मोतीलाल नेहरू, बाबू राजेन्द्र प्रसाद, सी. आर. दास, सरदार बल्लभ भाई पटेल, सी. राजगोपालाचार्य सरीखे अपने वैभवपूर्ण जीवन को छोड़कर असहयोग आन्दोलन में शामिल हो गये, फलस्वरूप उन्हें जेल भी जाना पड़ा। 1921 भारत की अभूतपूर्व जागृति का वर्ष था। सर्वत्र उत्साह था। महात्मा गाँधी की जय के नारों ने स्वराज्य में आस्था को अधिक गहरा बना दिया था।

इस आंदोलन को पूरी निर्ममता से खत्म करने के लिए अंग्रेज सरकार कृत संकल्प था। 17 नवम्बर, 1921 को जब प्रिंस ऑफ वेल्स मुम्बई पहुँचे तब असहयोग आन्दोलन के समर्थकों ने स्वागत समारोह का बहिष्कार करके सरकार को चिन्तातुर बना दिया। सरकार ने 16 दिसम्बर 1921 को पं. मदन मोहन मालवीय के माध्यम से समझौता करना चाहा, किन्तु सरकार की दोहरी मानसिकता के कारण समझौता नहीं हो पाया।

सन् 1921 से 1922 के बीच करीब तीस हजार लोगों को जेलों में बन्दी बनाया गया। सभी तरह के स्वयंसेवक संगठन गैर-कानूनी घोषित कर दिए गए,

सभाओं और जुलूसों को बल प्रयोग करके तोड़ा जाने लगा। 3 फरवरी, 1922 को गोरखपुर जिले के छोटे से गांव चौरीचौरा में पुलिस और कांग्रेस का जुलूस निकालने वालों के मध्य भयानक घटना घट गयी। बाईस (22) सिपाहियों के साथ थानेदार और उसके बेटे को जीवित जलाकर जुलूस के लोगों ने अपने प्रतिशोध का बदला लिया। इसके बाद 24 फरवरी 1922 को गाँधीजी की प्रेरणा से कांग्रेस महासमिति ने इस कांड पर खेद प्रकट करते हुए सत्याग्रह स्थगित कर दिया। गाँधीजी ने अनुरोध किया कि आन्दोलन के उग्ररूप के बदले अब रचनात्मक कार्यक्रम पर अधिक जोर दिया जाए। सत्याग्रह स्थगित करने पर मोती लाल नेहरू और लाला लाजपत राय ने जेल से गाँधी को लम्बा विरोध पत्र लिखा। सी. आर. दास को गाँधी के इस निश्चय से निराशा अनुभव हुई। चौरीचौरा कांड से पूर्व मुम्बई की हिंसा और मौपला काण्ड ने गाँधी के मन में यह विश्वास पैदा कर दिया था कि अभी देश 'अहिंसक सत्याग्रह' संभव नहीं है फलतः वह इसे कांड से पहले ही इसे खत्म करना चाहते थे, चौरीचौरा कांड के बाद गाँधी के लिए आन्दोलन चलाना असह्य हो गया था। इस सन्दर्भ में गाँधीजी ने नेहरू को लिखा था, "आप विश्वास मानिए कि यदि आन्दोलन को स्थगित न किया जाता तो हम अहिंसात्मक संघर्ष के स्थान पर हिंसात्मक संघर्ष ही कर रहे होते।" रोम्यां रोला ने भी जनभावना के संदर्भ में इस निश्चय का विरोध करते हुए लिखा है, "यह बड़ा ही खतरनाक है कि पहले तो राष्ट्र के सम्पूर्ण जन बल को संगठित और एकताबद्ध करके एक आन्दोलन के लिए तैयार किया जाए, और आदेश पाकर जैसे ही आन्दोलन शुरू हो उसे तुरन्त स्थगित भी कर दिया जाए, इससे राष्ट्र का उत्साह भंग हो जाता है, गति शक्ति टूट जाती है; तेजी से भागती हुई मोटर को एकदम रोक दिया जाए तो ब्रेक भी टूट जाएंगे और इंजन को भी क्षति पहुंचेगी।"

चौरीचौरा काण्ड के बाद गाँधीजी के निर्णय को कोई ठीक ढंग से नहीं समझ पाया। 10 मार्च 1922 को गाँधी को सरकार ने बन्दी बना लिया। सरकार ने गाँधी को हिंसात्मक कार्यों के लिए उत्तरदायी ठहराकर 6 वर्ष का कारावास का दण्ड दिया गया लेकिन अस्वस्थता के कारण 11 जनवरी 1924 को उन्हें रिहा कर दिया गया। गाँधी अब रचनात्मक कार्य में जुट गए। खिलाफत आन्दोलन की प्रतिक्रिया स्वरूप देश में साम्प्रदायिक दंगे भड़क उठे। गाँधी ने अपने उपवास से बढ़ते हुए साम्प्रदायिक दंगों को शान्त किया। देश में अब पुनः कौंसिल प्रवेश की मांग जोर पकड़ने लगी। स्वराज्य पार्टी ने इस दिशा में अत्यधिक कार्य किया। प्रारम्भिक सहमति के बाद गाँधीजी ने कांग्रेस के सभी लोगों को एकता बनाए रखने के उद्देश्य से कौंसिल

प्रवेश की अनुमति दे दी। देश के राजनीतिक मंच पर अब स्वराज्य पार्टी का अधिपत्य कायम हो गया।

रचनात्मक कार्य और सृजनात्मक दिशा—गाँधीजी अब मौन रहकर 'नीचे की ओर से' राष्ट्र का निर्माण करना चाहते थे। उन्होंने इस कार्य के लिए सम्पूर्ण देश का दौरा किया। उन्होंने गांवों के पुनर्निर्माण के लिए विशेष संदर्भों में विचार प्रकट करना शुरू किया। वह आर्थिक और राजनीतिक स्वतन्त्रता को एक दूसरे का पूरक मानकर आगे बढ़ रहे थे। गाँधीजी के विषय में प्रायः यही सुना जाता था कि वह राजनीति से संन्यास ले बैठे हैं या थक कर अलग हो गए हैं। गाँधीजी ने इन शंकाओं को परवर्ती वर्षों में अपने अपार उत्साह से जिस तरह भंग किया उससे उनके आलोचक और समर्थक दोनों ही आश्चर्यचकित रह गए।

गाँधीजी ने इन वर्षों में देश को जागरूक बनाने के लिए चरखे का प्रस्तुत किया। एक तरफ उनका मन हरिजनों के जीवन स्तर को उन्नत करने, उन्हें शेष हिन्दुओं के बीच उचित स्थान दिलाने में संलग्न था, वहां दूसरी ओर खादी के प्रतीक रूप में 'चरखा' एक शस्त्र के रूप में उन्हें मिला। हाथ से कते सूत को वह देश के 'भाग्य की डोर' की संज्ञा देने लगे। जिसका मजाक भी लोग उड़ाते थे, किन्तु चरखे की प्रतिभा के प्रभाव को देखकर सभी उस समय स्तब्ध रह गए जबकि लंकाशायर और मैनचेस्टर के मिल बन्द हो गए और इंग्लैंड के लाखों श्रमिक बेरोजगार हो गये।

गाँधी के लिए चरखा गांव के सबसे हीन और गरीब लोगों के साथ जोड़ने वाली कड़ी थी। वह शराब पर पूरी तरह से प्रतिबन्ध लगाना चाहते थे। इस प्रसंग पर अकसर वह कहा करते थे, "किसी शराबी की औरत से जाकर इंतजार करने के लिए कहो, फिर देखना कि वह तुम्हारी क्या गत बनाती है। मैं तो हजारों शराबियों की औरत बनकर देख चुका हूँ और इसलिए एक मिनट का भी इंतजार करने का धीरज अब मुझमें नहीं रहा।" भारतीय गांवों और गरीबी और बेचारगी का ज्ञान उनके मन तथा प्राण को तेज घाव की तरह सालता रहता था। वह रचनात्मक कार्यों के साथ-साथ देशवासियों के मन से जड़ता, भय, निष्क्रियता और अन्धविश्वास को पूरी तरह खत्म करना चाहते थे।

स्वराज्य दल के प्रतिष्ठित नेता सी.आर. दास के निधन के पश्चात् अब राजनीतिक जीवन में पुनः सूनापन आ गया था। गाँधी 1927 तक किसी भी तरह की राजनीति में सक्रिय नहीं हुए थे। किन्तु 1926 में पं. मोतीलाल नहेरू की इस घोषणा से उनके राजनीतिक विश्वास पुनर्जागृत हो गए, "ये दिखावटी संस्थाएँ अब हमारे किसी काम की नहीं रह गई हैं।" कारखाने के मजदूरों, किसानों और

मध्यमवर्गीय युवकों में बढ़ती हुई बेचैनी से पुनः गाँधी को नेतृत्व के लिए आगे बुला लिया। 2 नवम्बर 1927 को वायसराय ने गाँधी, मोतीलाल नेहरू, डॉ. अंसारी और जिन्ना को दिल्ली बुलाकर ब्रिटिश सरकार द्वारा नियुक्त शाही कमीशन की नियुक्ति की घोषणा का पत्र दिया। यह घोषणा फिर एक नवीन आन्दोलन का आधारस्तंभ बना जिसका नेतृत्व गाँधीजी के हाथों में था।

1930 के सविनय अवज्ञा आन्दोलन

कांग्रेस वर्किंग कमेटी ने पूर्ण स्वराज्य प्राप्त करने के लिए फरवरी, 1930 में इस आन्दोलन की शुरुआत करने का दायित्व महात्मा गाँधी के कमान में सौंप दिया वह ही उचित समय का चयन करें और अवज्ञा आरंभ करें। गाँधीजी ने 2 मार्च, 1930 ई. को गवर्नर जनरल इरविन को एक पत्र लिखा जिसमें मांगों का वर्णन किया गया जो जनवरी, 1930 ई. में भी सरकार के समक्ष प्रस्तुत की गई थीं। ये मांगें निम्नांकित थीं,

1. शराब व्यापार बंद करना,
2. रुपए का पुनर्मूल्यन,
3. सेना और नौकरशाही पर किए जाने वाले खर्च में कमी,
4. भूराजस्व में 50 प्रतिशत कमी,
5. विदेशी कपड़े के आयात पर प्रतिबंध,
6. नमक कर को समाप्त करना,
7. भारतीय जहाजों के लिए समुद्र व्यापार की सुविधा,
8. सी.आई.डी. को समाप्त करना,
9. राजनीतिक बंदियों को जेल से छोड़ना,
10. भारतीयों को हथियार रखने की सुविधा।

उन्होंने कहा कि यदि अंग्रेजी सरकार ने उपर्युक्त मांगों को पूरा करने का कोई प्रयत्न नहीं किया तो वह 12 मार्च, 1930 ई. को नमक कानून का उल्लंघन करेंगे। वह गुजरात के समुद्री तट पर दांडी नामक गांव में नमक निर्माण करना शुरू कर देंगे। उन्होंने अपना पक्ष स्पष्ट करने के लिए गवर्नर जनरल से भेंट करने का अवसर भी चाहा। इरविन ने इस भेंट से मना कर दिया।

12 मार्च 1930 ई. को गाँधीजी ने दांडी यात्रा शुरू कर दी। इस यात्रा में इनके कुल 78 सहयोगी सम्मिलित थे। यह स्थान साबरमती आश्रम से 385 किलोमीटर दूर था। 6 अप्रैल को प्रातः गाँधीजी ने समुद्र तट से नमक एकत्र किया और इस

नमक कानून का उल्लंघन आरंभ किया। जिसके कारण 5 मई, 1930 ई. को गाँधीजी को कैद कर लिया गया। अंग्रेज अधिकारियों ने आरंभ में इस आंदोलन को तुच्छ समझा था लेकिन हर महीने इसका प्रभाव बढ़ता गया। पुलिस के अत्याचारों तथा सेना की गोलियों से डरने के स्थान पर सत्याग्रहियों की संख्या बढ़ती गई। साठ हजार प्रतिमाह के स्थान पर एक लाख लोग प्रतिमाह जेल जाने लगे। तब जाकर इरविन को आंदोलन की गंभीरता का अहसास हुआ। विभिन्न प्रांतों में लोगों ने विभिन्न नियमों का उल्लंघन आरंभ कर दिया। सरकार के खिलाफ असंतोष बढ़ रहा था जिसके कारण इरविन की चिंता दिन-प्रतिदिन बढ़ती जा रही थी। साइमन कमीशन की रिपोर्ट भी जून, 1930 ई. में प्रकाशित हुई। इस रिपोर्ट से इरविन को काफी धक्का पहुँचा था क्योंकि उसमें डोमिनियन स्टेट प्रदान करने का कहीं वर्णन नहीं था।

इरविन के लिए सिर्फ एक रास्ता था संवैधानिक सुधारों की आवश्यकता पर तुरंत जोर देना तथा गोलमेज सम्मेलन बुलवाकर भारत के विभिन्न राजनीतिक दलों के प्रतिनिधियों से बातचीत करना। इरविन ने भारत सचिव पर काफी दबाव डालकर गोलमेज सम्मेलन की योजना को स्वीकार तो करवा लिया परन्तु इरविन किसी भी प्रकार की आशाजनक घोषणा इंग्लैंड सरकार से न करवा सका।

गाँधी-इरविन समझौता : इरविन को जब यह पूरी तरह आभास हो गया कि सविनय अवज्ञा आंदोलन किसी भी प्रकार से कुचला या दबाया नहीं बनाया जा सकता तो उसने गाँधी से समझौता करने के सिलेसिले में बातचीत प्रारंभ कर दी। इसी बीच गोलमेज सम्मेलन का प्रथम अधिवेशन लंदन में शुरू हुआ लेकिन कांग्रेस उसमें शामिल नहीं हुआ। प्रधानमंत्री रेम्जे मैकडोनल्ड ने यह आशा व्यक्त की कि कांग्रेस दूसरे अधिवेशन में भाग ले सकेगी। फलस्वरूप गाँधीजी को जेल से 26 जनवरी, 1931 ई. को छोड़ दिया गया। फिर गाँधीजी और लार्ड इरविन में 17 फरवरी से दिल्ली में वार्तालाप शुरू हुआ और 5 मार्च, 1931 ई. को एक समझौते की घोषणा की गई जिसके अनुसार दोनों पक्षों ने भारत के आगामी संविधान के विषय में संघीय प्रणाली को स्वीकार किया। प्रशासन में भारतीय उत्तरदायित्व की स्थापना स्वीकार की गई लेकिन अल्पसंख्यकों, प्रतिरक्षा, विदेशी मामलों तथा भारतीय वित्तीय कुशलता के लिए कुछ विशिष्ट अधिकारों का अंग्रेजों के हाथ में रखना भी स्वीकार कर लिया गया। दूसरे गोलमेज सम्मेलन में शामिल होने के लिए कांग्रेस को आमंत्रित किया गया। स्वदेशी के प्रचार की अनुमति थी लेकिन बायकाट के राजनीतिक प्रयोग को भी स्थगित कर दिया गया। पुलिस के अत्याचारों की जाँच नहीं की जाएगी। सरकारी निषेधात्मक अध्यादेश वापस ले लिए जाएंगे। भारतीय संस्थाओं और संगठनों को

जिन्हें अवैध घोषित किया गया था पुनः कार्य करने की सुविधा प्रदान की जाएगी। राजनीतिक बंदियों को छोड़ दिया जाएगा। उनकी जब्त की हुई संपत्ति उन्हें लौटा दी जाएगी। सरकार ने लोगों को नमक बनाने का अधिकार दे दिया।

गाँधीजी का इस समझौते के सन्दर्भ में कहना था कि पहली बार अंग्रेज सरकार ने भारतीय नेताओं के साथ समानता के स्तर पर बातचीत की थी। वह इस समझौते को दोनों पक्षों की विजय कहते थे। लेकिन अधिकांश नेता गाँधीजी से असहमत थे। एक ओर गाँधीजी पूर्ण स्वराज्य के समर्थक थे दूसरी ओर उन्होंने कुछ विषयों से संबंधित अंग्रेजों के विशेषाधिकारों को भी स्वीकार कर लिया। इस समझौते से सबसे ज्यादा दुखी पंडित जवाहर लाल नेहरू थे। गाँधीजी तीन क्रांतिकारियों–भगतसिंह, राजगुरु और सुखदेव–को दिए गए मृत्युदंड में कुछ कमी न करवा सके। जिससे युवाओं में अत्यधिक रोष था। दूसरी ओर इरविन की नीति से अंग्रेजी नौकरशाही अत्यधिक असंतुष्ट थी। वह इस समझौते को अंग्रेजी सरकार की हार मानती थी और इरविन के चले जाने के बाद इस समझौते को बेकार करने के लिए अथक प्रयास किया।

यह समझौता कांग्रेस की अनुमति से ही लागू हो सकता था। इसलिए कांग्रेस का वार्षिक अधिवेशन (जो दिसंबर, 1930 ई. में होने वाला था और अवज्ञा आंदोलन के फलस्वरूप नहीं हुआ था) मार्च, 1931 ई. में कराची में बुलाया गया। वहां इस समझौते को स्वीकृत कर लिया गया। कांग्रेस की नई वर्किंग कमेटी ने दूसरे गोलमेज सम्मेलन में अकेले गाँधीजी को कांग्रेसी प्रतिनिधि के रूप में भेजा। गाँधीजी के लंदन जाने के पूर्व ही नए गवर्नर जनरल विलिंगडन ने यह दिखा दिया कि वह गाँधी-इरविन समझौते के उल्लंघन में संकोच नहीं करता था। कई बार गाँधी जी ने चेतावनी दिया कि अगर उत्तरप्रदेश तथा अन्य जगहों पर सरकारी दमन जारी रहा तो वे लंदन नहीं जाएंगे। गाँधीजी और विलिंगडन में कुछ समझौता होने के बाद ही वह लंदन गोलमेज सम्मेलन में शामिल होने गये।

कम्यूनल एवार्ड और हरिजन कार्य–सरकार आंदोलनकारी पर जुल्म ढा रही थी। प्रचार के सभी साधनों पर सरकार का कड़ा नियंत्रण था। सरकार ने 61,551 व्यक्तियों को बन्दी बनाया। सरकार अब भारतीय जनता के बीच साम्प्रदायिकता के बीज अधिक गहरे बोने पर उतारू थी। 'साम्प्रदायिक परिनिर्णय (कम्यूनल एवार्ड) की परिचर्याओं ने देश के वातावरण को पुनः राजनीतिक परियोजनाओं से परिपूर्ण कर दिया। गाँधीजी ने इस परिनिर्णय के विरोध में 20 सितम्बर 1932 को आमरण अनशन प्रारम्भ कर दिया। 17 अगस्त 1932 को 'साम्प्रदायिक परिनिर्णय' के

प्रकाशित होने के साथ-साथ देश के राजनीतिक जीवन में उथल-पुथल आनी स्वाभाविक थी। इसमें दलितों के लिए अलग निर्वाचन की व्यवस्था थी। गाँधीजी का यह स्पष्ट मत था कि दलित जातियाँ हिन्दू धर्म की अभिन्न अंग हैं।, इस कारण उनमें पृथक्ता के बीज बोना हिन्दू धर्म के टुकड़े करना है। देश के प्रमुख सवर्ण और अछूत नेताओं ने समझौते के मार्ग खोज निकाला। पृथक् निर्वाचन से मिलने वाले स्थानों से अधिक स्थान देने की बात स्वीकार करके 'पूना एक्ट' सम्पन्न हुआ। इसमें मुख्य रूप से डॉक्टर अम्बेडकर को अधिक लाभ हुआ। सरकार द्वारा 'पूना पैक्ट' को मान्यता देने के बाद गाँधीजी ने अपना उपवास तोड़ दिया। इस पैक्ट के आधार पर प्रान्तीय और केन्द्रीय धारा सभाओं में दलित जातियों के लिए पहले की अपेक्षा दुगुने स्थान सुरक्षित रखे गए तथा पृथक् निर्वाचन प्रणाली के स्थान पर संयुक्त निर्वाचन प्रणाली को स्वीकार किया गया। गाँधीजी को जेल से रिहा कर दिया लेकिन पूना शहर में रहने के कारण उन्हें फिर गिरफ्तार कर लिया। लेकिन अस्वस्थता की वजह से सरकार ने उन्हें रिहा कर दिया। सितम्बर 1933 में वह वर्धा चले गए। अब उन्होंने स्वयं को हरिजनोद्धार को समर्पित कर दिया।

सविनय अवज्ञा आन्दोलन के स्थान पर मई, 1933 में व्यक्तिगत सविनय अवज्ञा आन्दोलन प्रारम्भ हुआ। गाँधी के अतिरिक्त अधिकांश कांग्रेस कार्यकर्त्ता अभी तक अहिंसा को नीति से अधिक स्वीकार नहीं करते थे। आन्दोलनों को गाँधी ने हमेशा दो हिस्सों में बांटा था—एक पक्ष आन्दोलन की जागृति से सम्बद्ध था। मूलरूप से यह पक्ष प्रदर्शनों और जेल आदि जाने की वकालत करता था। दूसरा पक्ष पूर्णरूपेण विधेयात्मक या रचनात्मक था। इस पक्ष को छोड़कर गाँधी किसी भी आन्दोलन की सफलता के प्रति आश्वस्त नहीं थे। गाँधीजी और कार्यकताओं में इस पक्ष को अपनाने पर जब मतभेद बढ़ने लगे तब उन्होंने अक्टूबर 1934 में कांग्रेस से अपना सम्बन्ध तोड़ लिया तथा अपना सम्पूर्ण समय, ग्रामीण अर्थव्यवस्था के सुधार के लिए ग्रामोद्योगों की रक्षा, उन्नति एवं गांवों के आर्थिक, नैतिक तथा सामाजिक उत्थान देने लगे। दांडी यात्रा पर जाते समय साबरमती आश्रम से मुक्त होने के बाद अब उन्होंने सेगांव में रहने का निश्चय किया। यह ग्राम वर्धा के पास था। यहां भौतिक संसाधन बिल्कुल नहीं थे। गाँधीजी यहां अकेले आये थे लेकिन धीरे-धीरे वहां भी कार्यकर्त्ता और शिष्य पहुंचने लगे। शीघ्र ही सेगांव का नाम बदलकर सेवाग्राम हो गया। यहां से गाँधीजी ने ग्राम-कल्याण की विभिन्न योजनाओं को संचालित किया। गांवों को गरीबी, बीमारी और अज्ञान के अभिशापों से मुक्त करने के लिए गाँधीजी पूरी लगन में काम कर रहे थे।

कांग्रेस द्वारा पद ग्रहण—सन् 1937 में देश में आम चुनाव हुआ। चुनावों ने कांग्रेस को संयुक्त प्रान्त, बिहार, उड़ीसा, मध्य प्रदेश और मद्रास में स्पष्ट बहुमत प्रदान किया। पश्चिमोत्तर सीमा प्रान्त और आसाम में वह सबसे बड़ी पार्टी बनकर आई तथा मुम्बई में आधे स्थानों पर अधिकार कर लिया। इस समय गाँधीजी को उम्मीद थी कि कौंसिल प्रवेश और पदग्रहण का उद्देश्य जनता को राहत पहुंचाना और रचनात्मक काम करना होना चाहिए। गाँधीजी ने कांग्रेस मन्त्रिमण्डलों से शराब बन्दी पर शीघ्रता से अमल करने तथा नई शिक्षा पद्धति को प्रारम्भ करने पर बल दिया। गाँधीजी के आग्रह पर अक्टूबर 1937 में वर्धा में सम्मेलन आयोजित हुआ जिससे बुनियादी शिक्षा प्रणाली का उदय हुआ।

हिन्दू-मुस्लिम एकता और द्वितीय विश्वयुद्ध के सन्दर्भ—देश के समक्ष अंग्रेजों की विदाई से ज्यादा हिन्दू-मुस्लिम एकता का प्रश्न विवादास्पद हो रहा था। मुस्लिम लीग के बढ़ते प्रभाव ने और उसकी पृथक् पाकिस्तान की मांग ने भारतीय जनमानस को उद्वेलित निर्वाचन की व्यवस्था की गई, जिसे कांग्रेस ने मंजूर कर लिया। इस परिनिर्णय से यह आशा बनी थी कि इससे हिन्दू-मुस्लिम विवाद समाप्त हो जाएंगे तथा जनशक्ति को रचनात्मक कार्य की ओर मोड़ने में सहायता मिलेगी। किन्तु आगामी दस वर्षों की घटनाओं ने कांग्रेस और गाँधीजी के सभी विश्वासों को तोड़ दिया। मुस्लिम सम्प्रदाय का नेतृत्व जिन्ना कर रहा था। गाँधीजी के असहयोग और सविनय अवज्ञा आन्दोलन की उन्होंने मात्र आलोचना ही नहीं बल्कि हरसम्भव विरोध भी किया।

सन् 1938 में यूरोप पर युद्ध के बादल मंडरा रहे थे। सितम्बर 1939 में यूरोप को युद्ध ने घेर लिया। भारत की कांग्रेस सरकार से बिना परामर्श किए वायसराय ने भारत के युद्ध में प्रवेश की घोषणा करके समस्त नैतिक दायित्वों की सीमा का उल्लंघन कर दिया। जवाहर लाल नेहरू के अनुसार, "एक आदमी ने और वह भी विदेशी, चालीस करोड़ लोगों को बिना उनकी राय के लड़ाई में झौंक दिया।" इस घटना से विरोध प्रकट करने के लिए कांग्रेस मंत्रिमंडलों ने त्यागपत्र दे दिए। दूसरे महायुद्ध ने दो राष्ट्रों के विचार को अधिक प्रसारित किया।

विश्वयुद्ध के कारण ब्रिटिश सरकार मुस्लिम लीग से संबंध खराब करना नहीं चाहती थी। अगस्त 1940 में ब्रिटिश सरकार ने पाकिस्तान को स्वीकार करने की घोषणा करके मुस्लिम सम्प्रदाय के सद्भाव को अपने से अलग नहीं होने दिया, "भारत की शान्ति और उसके कल्याण का विचार करके ही ब्रिटिश सरकार अपनी जिम्मेदारियों को किसी ऐसी भारतीय सरकार को नहीं सौंप सकती, जिसकी सत्ता

को देश के बड़े और शक्तिशाली तत्व मानने से इंकार करें।" इस घोषणा से मुस्लिम लीग के सभी सदस्य खुश हो गये।

व्यक्तिगत सत्याग्रह—'प्रजातंत्र और आत्मनिर्णय' के घोषित आदर्शों को भारत के लिए अनुपयुक्त घोषित करने के कारण कांग्रेस ने कड़े विरोध का निश्चय किया। इसके नेतृत्व का दायित्व पुनः गाँधीजी को संभालना पड़ा। कांग्रेस के कुछ नेता जन आन्दोलन शुरू करने के पक्ष में थे, किन्तु गाँधीजी ने जन इच्छा को संगठित करने के लिए व्यक्तिगत सविनय अवज्ञा आन्दोलन पर अधिक जोर दिया। इस आन्दोलन के अनुसार जनता को उतेजित करने तथा अधिकारियों को हैरान करने वाले किसी कोर्य को प्रोत्साहन नहीं दिया जाएगा। 17 अक्टूबर 1940 को प्रथम सत्याग्रही के रूप में आचार्य विनोबा भावे ने वर्धा के पास पवनार गांव में युद्ध विरोधी भाषण करके सत्याग्रह प्रारंभ किया। 15 मई 1941 तक इस सत्याग्रह में 25,069 सत्याग्रही बन्दी बना लिए गए।

विश्वयुद्ध में जापान जब शामिल हुआ तो लड़ाई भारत के द्वार तक पहुंच गई। मलाया और बर्मा को पद-दलित करके जापानी सेना पूर्वी और दक्षिणी भारत पर चढ़ने की तैयारी में संलग्न थी। इस संकट को निकट देखकर कांग्रेस आंदोलन खत्म कर दिया और मित्र राष्ट्रों को सहयोग देने लगा जिससे जनता को सुरक्षित किया जा सके।

6

स्वतंत्रता की प्राप्ति तथा गाँधीजी की हत्या

भारत में संकट गंभीर हो रहा था इस समय इंग्लैण्ड के प्रधानमंत्री चर्चिल थे। उसने भारतीय समस्या का समाधान करने के लिए 11 मार्च को ब्रिटेन की संसद में घोषणा की कि क्रिप्स ने सुझाव दिया कि विश्वयुद्ध खत्म होने के पश्चात् प्रान्तीय कौंसिल के चुनाव होंगे। इसके निम्न सदन एक विधान निर्मात्री परिषद का गठन करेंगे। उसमें रियासत भी अपने प्रतिनिधि भेजेगी। भारतीय संघ के लिए संविधान निर्माण यही परिषद करेगी। प्रान्त को अधिकार होगा कि वे इस संविधान को स्वीकार या अस्वीकार कर सकता है। क्रिप्स के प्रस्ताव से गाँधीजी और पंडित नेहरू बहुत दुखी हुए क्योंकि इन प्रस्तावों के द्वारा देश को स्वतंत्र राज्यों में बांटा जा रहा था और पाकिस्तान की मांग को बढ़ावा मिल रहा था।

'भारत छोड़ो आन्दोलन'

कांग्रेस वर्किंग कमेटी ने 14 जुलाई 1942 ई. को भारत से अंग्रेजी शासन की समाप्ति की शीघ्र जरूरत का एक प्रस्ताव पारित किया जिसे कांग्रेस महासमिति ने 7 अगस्त 1942 को मुंबई बैठक में अनुमोदित कर दिया। 9 अगस्त, 1942 को गाँधी, नेहरू तथा मौलाना आजाद सरीखे सभी राष्ट्रीय नेताओं को सरकार ने बन्दी बना लिया। सरकार के दमन से क्रुद्ध भारतीय जनता ने गाँधी की अहिंसा से हटकर हिंसा का सहारा ले लिया। 1942 के उपद्रवों की जिम्मेदारी सरकार गाँधीजी और

उनके सहयोगियों पर डाल रही थी जो कि बिल्कुल निराधार थी। वायसराय लार्ड लिनलिथगो ने गाँधीजी को राष्ट्र के नाम संदेश प्रसारित करने के अधिकार से भी वंचित कर दिया, फलतः उन्होंने आगा खाँ महल में 10 फरवरी 1943 को इक्कीस दिन का उपवास प्रारम्भ कर दिया। गाँधीजी की प्राण रक्षा के लिए भारतीय नेताओं ने कारावास से मुक्त करने की मांग की। किन्तु वायसराय का राजनैतिक विवेक क्षुद्र सीमाओं में बन्द था और सरकार का रवैया निरंकुश था। सरकार ने जिस कठोर दमनकारी नीति का पालन किया था, उसके आधार पर उसे तथा शासन का भी यह अधिकार स्वयंमेव समाप्त हो जाता है कि वह नीति और कार्यों के परिणामों का दोष गाँधी पर लगाए। सन् 1942 के आगा खाँ महल के बन्दी जीवन में गाँधीजी को अपने प्रियतम सहयोगी सचिव महादेव देसाई तथा पत्नी कस्तूरबा की मृत्यु के दुख को सहन करना पड़ा। उनका स्वास्थ्य गिरने लगा। बीमारी के कारण उन्हें 6 मई 1944 को जेल से रिहा कर दिया गया।

कांग्रेस वर्किंग कमेटी के सभी सदस्यों को वायसराय लार्ड बेवल ने रिहा करने का आदेश दिया और 25 जून 1945 को देश के सभी प्रमुख नेताओं को परामर्श के लिए शिमला में आमंत्रित किया। युद्ध का अन्त समीप आ गया था, शिमला सम्मेलन उसी का परिणाम था। इस सम्मेलन में सवर्ण हिन्दुओं और मुस्लिम सदस्यों की संख्या के प्रश्न पर जिन्ना के कठोर रुख के कारण कोई विचार-विमर्श सम्भव नहीं हुआ। युद्ध के पश्चात् ब्रिटेन में मजदूर दल की सरकार स्थापित हो गयी। 18 सितम्बर को लार्ड वेवल ने इंग्लैंड से लौटकर क्रिप्स प्रस्तावों के आधार पर एक विधान निर्मात्री परिषद के गठन की घोषणा की। इस घोषणा के साथ ही साथ भारत मंत्री लार्ड पैथिक लौरेंस की 'समान साझेदारी के आधार' ने देश में उत्साह का वातावरण पैदा कर दिया। इस घोषणा के अनुसार, मार्च 1946 में ब्रिटिश सरकार का केबिनेट मिशन भारत आया।

विभाजित स्वतंत्रता का आगमन

ब्रिटिश सरकार के कैबिनेट मिशन को दो महत्वपूर्ण विषयों पर ध्यान केन्द्रित करना था—भारत की एकता तथा विभाजन का प्रश्न। कांग्रेस विभाजन के विरोध में थी। 16 मई को मिशन ने समझौता योजना पेश किया। इस योजना के अनुसार भारत का स्वतंत्र राज्य-विधान संघ के अनुरूप होगा। इसमें रियासतें भी होंगी। संघ सरकार विदेशी मामलों को, सुरक्षा और यातायात को देखेगी, सारे अवशिष्ट अधिकार प्रान्तों और रियासतों के पास रहेंगे। इस योजना में रियासतों की सार्वभौमिकता को

स्वीकार किया गया था तथा नया विधान लागू होने पर प्रान्तों को समूह से पृथक् होने का अधिकार भी दिया गया था। इस प्रस्ताव के साथ-साथ अन्तरिम राष्ट्रीय सरकार की व्यवस्था की हल करनी थी। 27 जुलाई, 1946 को लीग ने मिशन की योजना को मानने से इंकार कर दिया।

लीग ने 16 अगस्त 1946 को पूरे देश में 'सीधी कार्रवाई दिवस' का आयोजन किया, परिणामस्वरूप कलकत्ता और नोआखाली में भीषण हत्याकांड हुआ। गाँधीजी ने इस भीषण हत्याकांड को रोकने के लिए नोआखाली की पैदल यात्रा की, जिसके बाद व्यथित और जलते हुए करुणाद्र जीवन में शान्ति आई। 12 मार्च 1947 को वह बिहार के लिए चल पड़े, जिससे बिहार में शांति कायम हो गयी। 'सीधी कार्यवाही' का प्रभाव देश के अन्य भागों पर भी पड़ा। नवम्बर 1946 के अन्तिम सप्ताह में ब्रिटिश सरकार ने वायसराय, नेहरू, जिन्ना, लियाकत अली और सरकार बलदेवसिंह को विचार-विमर्श के लिए लन्दन बुलाया। लेकिन इससे कुछ फायदा नहीं हुआ।

20 फरवरी 1947 में ब्रिटिश प्रधानमंत्री एटली ने संसद में घोषणा किया कि वह भारत को जून 1948 तक स्वतंत्र कर देंगे। इस नई घोषणा के साथ लार्ड वेवल के स्थान पर लार्ड माउंटबेटन भारत के नए वायसराय बने। नए वायसराय ने देश की सवैधानिक स्थिति पर सभी पक्षों से बातचीत की। गाँधीजी ने उस समय जिन्ना के हाथ में सत्ता सौंपने की वकालत करके विभाजन को रोकना चाहा लेकिन वायसराय को लगने लगा था कि कांग्रेस ने भी बंटवारे के प्रश्न पर अपनी नीति और दृष्टिकोण में परिवर्तन कर लिया है। ''कांग्रेस नेताओं ने देश के तीन-चौथाई भाग को अंधाधुंधी की गिरफ्त से बचाने के लिए विभाजन को आजादी से पहले ही मंजूर कर लेना ठीक समझा।''

3 जून 1947 की योजना इसी विभाजन की आधारशिला पर खड़ी है। 15 अगस्त 1947 को ब्रिटेन द्वारा दो उत्तराधिकारी राज्यों को सत्ता सौंपना निश्चय हो गया था। इस योजना पर दोनों पक्ष सहमत थे। विभाजन को गाँधीजी ने कभी स्वीकार नहीं किया लेकिन पटेल और नेहरू के प्रस्ताव पर कांग्रेस के कार्यसमिति के बहुमत ने विभाजन को स्वीकार किया। माउंटवेटेन योजना को कांग्रेस और लीग दोनों ही स्वीकार कर चुके थे। विभाजन के साथ-साथ पूरे देश में साम्प्रदायिक दंगों की आग भड़क उठी। गाँधी ने 1 सितम्बर को आमरण अनशन प्रारम्भ कर दिया, उपवास के जादू ने कलकत्ता को शान्त कर दिया। 13 जनवरी को उन्होंने दिल्ली और आसपास के दंगों से व्यथित होकर उपवास शुरू कर दिया। विभिन्न नेताओं के आग्रह पर उन्होंने 18 जनवरी 1948 को अपना उपवास तोड़ दिया।

महात्मा गाँधी का अन्तिम समय

भारत स्वाधीन तो हुआ लेकिन विभाजन के साथ। गाँधीजी ने इसे न प्राणों से स्वीकार किया और न मूर्त रूप में, किन्तु वास्तविकता ने उन्हें उद्वेलित कर दिया। हिंसा की आग को दबाने के लिए जब उन्होंने पाकिस्तान जाने का प्रयत्न किया तब उन्हें पहली बार अहसास हुआ कि वहां की सरकार की अनुमति के बिना प्रवेश सम्भव नहीं है। इस कृत्रिम दीवार ने उन्हें चिन्तातुर कर दिया। हिंसा का यह अमानवीय नाटक अपनी अन्तिम स्थिति में पहुंचने के लिए व्यग्र हो रहा था। 30 जनवरी, 1948 की शाम को बिड़ला भवन में आयोजित प्रार्थना सभा में एक बम उन पर फेंका गया, जिस पर उन्होंने कोई ध्यान नहीं दिया और शांतिपूर्वक भाषण करते रहे। मदनलाल नामक इस उन्मत्त पंजाबी शरणार्थी को उन्होंने बम फेंकने के अपराध में भी 'गुमराह जवान' की संज्ञा दी तथा पुलिस से यह अपेक्षा की थी कि वह उसे किसी तरह की शारीरिक यातनाएं नहीं देगी।

इस घटना ने अधिकारियों को चिन्तातुर कर दिया। अधिकारियों को उन्होंने स्पष्ट रूप से मना कर दिया कि उनकी प्रार्थना सभा में आने वाले किसी भी व्यक्ति की तलाशी न ली जाए। पहले षड्यंत्रकारी की असफलता के बाद उसी का दूसरा षड्यंत्रकारी साथी नाथूराम गोडसे बापू की हत्या के प्रयत्न में घूमने लगा। "अगर मरना ही बदा है तो मुझे प्रार्थना सभा में ही मरने दें और यह ख्याल बिल्कुल गलत है कि आप लोग मेरी रक्षा कर सकते हैं। मेरा रक्षक तो ईश्वर है।" बापू की वाणी के इन शब्दों ने अधिकारियों को हत्यारे से दूर कर दिया और इस नाटक की परिणति 30 जनवरी की शाम को हो गई। भाग्य की इस विडम्बना ने सभी को स्तब्ध कर दिया कि जो इन्सान पूरी जिन्दगी अहिंसा के पुजारी रहे, वही हिंसा के शिकार बन गए। गाँधीजी की दुखद हत्या से पूरे देश में शोक की लहर दौड़ गई।

गाँधीजी का मूल्यांकन

गाँधीजी का पूरा नाम मोहनदास करमचन्द गाँधी था। इन्होंने भारतीय इतिहास में एक महत्त्वपूर्ण जगह प्राप्त की। आधुनिक भारतीय इतिहास में 1919 ई. से 1947 ई. के काल को महात्मा गाँधी युग से संबोधित किया जाता है। क्योंकि इन्होंने देश के सामाजिक तथा सांस्कृतिक क्षेत्रों पर अपने सिद्धांतों तथा चिंतन की अमिट छाप भी छोड़ दी और देश की भावी प्रगति के लिए एक मार्ग निर्धारित किया। बाल गंगाधर तिलक का स्वर्गवास हो जाने के बाद महात्मा गाँधी का प्रभाव बढ़ा और वे भारतीय जनता के दिलों में बस गये। उन्होंने इस युग पर सत्याग्रह और अहिंसा की मोहर

लगाई। सत्याग्रह से अभिप्राय है सत्य के लिए आग्रह। इस सिद्धान्त को गाँधीजी ने राष्ट्र के राजनीतिक जीवन का आधार बना दिया। उनके अनुसार व्यक्तिगत और सार्वजनिक जीवन का भेद समाप्त होना चाहिए। सत्याग्रह में सत्य को सर्वोपरि माना गया है। सत्य पर आग्रह अहिंसात्मक साधनों के द्वारा होना चाहिए। सत्य और अहिंसा में वही संबंध है जो लक्ष्य और साधन में होता है। अहिंसा केवल दूसरों को हानि न पहुंचाने को ही नहीं कहते हैं बल्कि बुराई करने वाले के प्रति प्रेम भाव रखना और उसके लिए भलाई करना अहिंसा का रचनात्मक पक्ष है। सत्याग्रही का कोई दुश्मन नहीं होता केवल पथभ्रष्ट गलती करने वाला होता है जिसे गलती छोड़ने के लिए समझाया जाता है। इस प्रकार अहिंसा का सबसे अधिक शक्तिशाली शस्त्र विशाल प्रेम भावना है।

उच्च मनोबल व्यक्ति को ही अहिंसा के शस्त्र का प्रयोग कर सकता है। अहिंसा का अर्थ बुराई करने वाले के समक्ष झुकना नहीं है बल्कि अत्याचारी का अपने पूरे मनोबल से विरोध करना है। अहिंसा से कष्ट झेलने और दुःख सहन करने की अपार क्षमता का पता लगता है। गाँधीजी सत्याग्रह और व्यक्ति की स्वतंत्रता पर अधिक जोर देते थे जिसके कारण लोग उन्हें अराजकतावादी कहते हैं। लेकिन प्रत्येक विचारक का चिंतन किसी पृष्ठभूमि विशेष में होता है। गाँधीजी का राज्य के प्रति दृष्टिकोण अंग्रेजी साम्राज्यवादी राज्य को देखकर विकसित हुआ। समाज से हिंसा को दूर करने के लिए वह राज्य को कम से कम कार्य सौंपना चाहते थे जिससे राज्यसत्ता के प्रयोग में हिंसा तथा द्वेष का कम से कम योगदान हो। गाँधीजी नैतिकता के आधार पर राजनीति किया। अहिंसात्मक असहयोग तथा सविनय अवज्ञा आंदोलन की उनकी नीति भारतीय परिस्थितियों में बहुत सार्थक थी।

7

धार्मिक विचार

अधिकतर लोगों को राजनीति और धर्म का, सदाचार और नीति का मिलना बर्दाश्त नहीं हो पाता। सत्य, दया और प्रेम सिर्फ पारिवारिक और सामाजिक क्षेत्र में ही आचरण योग्य माना जाता है। राजनीति में सिर्फ उपयुक्तता और वांछनीयता को उपयुक्त समझा जाता है। गाँधीजी ने धर्म निरपेक्ष और धार्मिक को कभी एक दूसरे से अलग नहीं किया। राजनीति को वह सत्याग्रह के माध्यम से चाहते थे। इस सन्दर्भ में महाकवि रवीन्द्र नाथ ठाकुर ने एक अवसर पर गाँधीजी के बारे में सही ही कहा था कि "वह विचारों से नहीं मनुष्यों से प्रेम करते हैं।" गाँधीजी प्रत्येक समस्या को नैतिक संन्दर्भ में देखना पसन्द करते थे।

भगवान में आस्था

गाँधीजी धार्मिक विचार के थे। वह धर्म की अनुभूति भगवान में करते थे। गाँधीजी का भगवान के प्रति अधिक विश्वास था कि वह हर पल उसके अस्तित्व को महसूस करते थे। बाल्यकाल से ही गाँधीजी को राम का नाम लेने की दीक्षा दी गई किन्तु उनका राम दशरथ का ऐतिहासिक पुत्र नहीं था। गाँधीजी के अपने शब्दों में, "मेरा राम ऐतिहासिक राम नहीं है। वह अमर है, अजन्मा है और जिसका कोई दूसरा नहीं। मैं केवल उस राम की पूजा करता हूँ।" गाँधीजी का ईश्वर व्यापक रूप से प्रत्येक स्थान पर है। इतने पर भी ईश्वर का निश्चित स्वरूप निर्धारित करना गाँधीजी के लिए कठिन था, "ईश्वर एक ऐसी वस्तु है जिसकी परिभाषा करना कठिन है, जिसे हम अनुभव करते हैं लेकिन जिसे हम जानते नहीं।"

ईश्वरीय आस्था का फल—ईश्वर विश्वास की धरोहर है। यही कारण है कि "संकट के समय जो वस्तु मनुष्य को बचाती है, उसका उसे उस समय न भान होता है और न ज्ञान। जब नास्तिक बचता है तो वह कहता है कि संयोग से बच गया। ऐसे, उस समय आस्तिक कहेगा कि मुझे ईश्वर ने बचाया। परिणाम के बाद जब यह अनुमान कर लेता है कि धर्म के अभ्यास से, संयम से ईश्वर उसके हृदय में प्रकट होता है। उसे ऐसा अनुमान करने का अधिकार है किन्तु बचते समय वह नहीं जानता कि उसे उसका संयम बचाता है या कौन बचाता है।" ईश्वर मनुष्य नहीं है इसलिए वह किसी मनुष्य में उतरता है या अवतार लेता है, ऐसा कहें तो यह पूरा सत्य नहीं है। "एक तरह से मनुष्य किसी खास मनुष्य में उतरता है, ऐसा कहने का मतलब सिर्फ इतना ही हो सकता है कि वह मनुष्य ईश्वर के ज्यादा नजदीक है। उसमें हमें ज्यादा ईश्वरत्व दिखाई देता है। ईश्वर तो सब जगह उपस्थित है, इसलिए हम सभी ईश्वर के अवतार है।" ईश्वर की इस वास्तविकता को गाँधीजी ने एक शक्ति के रूप में आद्योपान्त अनुभव किया। "ईश्वर प्रकाश है, अन्धकार नहीं, प्रेम है, घृणा नहीं, ईश्वर सत्य है, असत्य नहीं। ईश्वर अकेला ही महान् है, हम सब उसकी रचना के धूल के समान हैं।"

ईश्वर के कई नाम—गाँधीजी को राम नाम से लगाव अत्यधिक था। गाँधीजी अपनी प्रार्थना ईश्वर और अल्लाह दोनों ही नामों से किया करते थे। इसलिए नाम भेद से उनके मन्तव्य भिन्न नहीं हो जाते। "मैंने अपने लिए सब संज्ञाएँ रखी हैं और उन सबमें निराकार सर्वस्व राम को ही देखता हूँ। मेरे लिए मेरा राम सीता पति दशरथ नन्दन कहलाते हुए भी वह सर्वशक्तिमान ईश्वर ही है, जिसका नाम हृदय में होने से सब दुःखों का नाश हो जात है।" जितना अधिक अन्याय और अनैतिकता से लड़ने की क्षमता जीवन में होगी वह जीवन उतना ही ईश्वर के अधिक निकट होगा।" मैं जितना अधिक पवित्र होने की चेष्टा करता हूँ उतना ही ईश्वर के निकट हो जाता हूँ।" वह सम्पूर्ण कर्म को ईश्वरमय मानते थे। "मनुष्य जाति ईश्वर को, जो वैसे नाम हीन है और मनुष्य की बुद्धि की पहुंच के परे है—जिन अनन्त नामों से पहचानती है, उनमें से एक नाम दरिद्रनारायण है। उसका अर्थ है गरीबों का या गरीबों के हृदय में प्रकट होने वाला ईश्वर है।" गाँधीजी का विश्वास था कि भगवान सबका रक्षक है। साम्प्रदायिक दंगों की स्थिति में उनकी यह अनुभूति पूर्वपिक्षा अधिक प्रबल हुई। "एक भगवान ही सबका रक्षक है, इन्सान नहीं। फिर वह कितने ही ऊंचे पद पर क्यों न हो। इन्सान ने जिसे बिगाड़ दिया है उसे भगवान ही सुधारेगा।"

ईश्वरीय नियमों का पालन—गाँधीजी के जीवन में ईश्वर के अनन्त रूप में समा जाने का आधार जानने के लिए तीन आधारों को समझना होगा—ज्ञान, भक्ति और कर्म। भक्ति के माध्यम से उन्होंने सम्पूर्ण जीवन को राममय बनाकर कर्म की दुनिया से संन्यास नहीं लिया। उनका मानना था कि प्रत्येक मनुष्य को कर्म करते रहना चाहिए और फल की इच्छा नहीं करना चाहिए। फल देना ईश्वर के हाथ में होता है। यह आधार भगवद्गीता ने उन्हें दिया था।

गाँधीजी का विश्वास था कि मनुष्य उस ईश्वर की स्वीकृति के अभाव में कोई भी काम नहीं कर सकता। जिन्हें ज्ञानानुभूति नहीं है वह उसके विषय में संघर्ष कर सकते हैं, किन्तु गाँधीजी ईश्वर की हर क्षण उपस्थिति अनुभव करते थे। अनगिनत नर-नारियों की सेवा में ही ईश्वर की अनुभूति किया करते थे। ईश्वर की दृष्टि में ऊंच-नीच, छोटे-बड़े का प्रश्न नहीं आता। ईश्वर के द्वार सभी के लिए समान रूप से खुले हैं। ईश्वर कातिल के चाकू में और सर्जन के चाकू में समान रूप से वास करता है। यह मनुष्य का अपना ज्ञान है कि वह ईश्वर की इस अथाह सम्पदा का प्रयोग किस तरह करता था। गाँधीजी के अनुसार ईश्वर और उसका फायदा दोनों एक ही हैं इसलिए ईश्वरीय नियमों का पालन ही भगवान की भक्ति है।

गाँधी का ईश्वरीय दृष्टिकोण

गाँधीजी का मत था कि सत्य ही ईश्वर है और इसको भिन्न नाम दिए जा सकते हैं। "अगर मानव वाणी के लिए ईश्वर का सम्पूर्ण वर्णन करना सम्भव हो, तो मैं इस निश्चय पर पहुंचा हूँ कि मेरे अपने लिए तो ईश्वर सत्य है सत्य शब्द ही उसका सर्वोत्तम वाचक है, परन्तु दो वर्ष पूर्व में एक कदम और आगे बढ़ गया। मैंने कहा कि न केवल ईश्वर सत्य रूप है, परन्तु दो वर्ष पूर्व में एक कदम और आगे बढ़ गया। मैंने कहा कि न केवल ईश्वर सत्य रूप है, बल्कि सत्य ही ईश्वर है।" सत्य की पूर्णता में ज्ञान (चित्त) का समावेश है जो कि आनन्द का स्रोत है। ईश्वर को गाँधीजी इसलिए सत-चित्त-आनन्द की संज्ञा देते थे क्योंकि उसमें स्वयं सत्य का निवास है, सत्य के साथ चित्त और आनन्द है।

गाँधीजी ने जीवन भर सत्य को सर्वोच्च माना। धर्म शास्त्रों और आचार की कसौटी भी धर्म ही है। उनकी अपनी यह निश्चित धारणा थी कि जो सत्य की कसौटी पर खरा न उतरे वह सब कुछ त्याज्य है। सत्य के अलावा कुछ भी स्थायी नहीं है। सत्य में सच्चे ज्ञान का भाव केन्द्रित है। "सत्य का सिद्धान्त केवल मात्र भाषण के सत्य तक ही सीमित नहीं, इसमें क्रिया का सत्य भी निहित है, विचार या चिंतन

का सत्य भी समान रूप से महत्वपूर्ण है।" सत्य की खोज में गाँधीजी ने किसी सत्य विशेष के प्रति संकेत नहीं किया क्योंकि वह इन परिस्थितियों के संदर्भ में बदलता हुआ ही मानते हैं।

गाँधीजी का सत्य के प्रति आग्रह इस तरह समझा जाता है, "संक्षेप में हमारी समस्त क्रियाएँ सत्य के चारों तरफ केन्द्रित रहनी चाहिएं। इस आधारभूत विश्वास के कारण गाँधीजी सत्य के अभ्यास में पूर्ण हुए। वास्तव में उन्होंने अपने राजनीतिक आन्दोलन को सत्याग्रह आन्दोलन की संज्ञा दी। यह आन्दोलन स्वयं सत्य के पथ को प्राप्त करने की आन्तरिक इच्छा की शक्ति का परिणाम है।"

सत्य की तपस्या—गाँधीजी के अनुसार सत्य अन्तरात्मा की वाणी है। मनुष्य एक-दूसरे से भिन्न सत्य की कल्पना कर सकते हैं जो सत्य एक मनुष्य के लिए है, वह दूसरे मनुष्य के लिए अवश्य ही भिन्न अर्थ वाला हो सकता है। सत्य की जानकारी का माध्यम भी तो कुछ शर्तों पर आश्रित है। यह शर्तें स्वयं में एक साधना हैं। सत्य के नजदीक पहुंचने के लिए जिन सिद्धान्तों, नियमों, तथा साधनों की आवश्यकता है, उनमें ब्रह्मचर्य का पालन भी है। अपरिग्रह, अहिंसा, दरिद्रता ये इसके संगी हैं। यदि इनके पालन करने वाला सत्य की खोज करता है तो निश्चित रूप से उसकी अन्तरात्मा में सत्य निवास करता है।

सत्य से निश्चित सफलता--सत्य के मार्ग पर चलने में सफलता और असफलता के भ्रम में नहीं पड़ना चाहिए। सत्य में सफलता निश्चित है। यदि हम कहीं असफल भी हुए तो वह असफलता हमारे अपने किसी कारण या भूल से हो सकती है। "सामान्य श्रेणी का सत्य धारण करके हम कोई परिणाम प्राप्त करने के लिए प्रयत्न करें और वह परिणाम प्राप्त न हों, तो दोष सत्य का नहीं, हमारा है।" सत्य के पालन में कभी दुराग्रह नहीं होता। सत्य में कहीं भी अन्धानुकरण नहीं है। सत्य का पालन करने वाला सदैव स्वयं कष्ट सह सकता है, दूसरों के द्वारा किए गए विश्वासघात को भी सहन कर सकता है किन्तु सत्य का पालक इन क्षणिक दुविधाओं से अपने मार्ग को बदल नहीं सकता। सत्य में पराश्रित रहने का भाव नहीं होता। गाँधीजी का सत्य स्वयं एक स्वावलम्बी सत्य था जिसमें बल स्वयं शक्ति का द्योतक था। उदारता नम्रता की प्रतीक थी। "नम्रता के बिना सत्य अहंकारपूर्ण दिखावा ही होगा। ....सत्य का प्रणेता मनुष्य परीक्षाओं से गुजरकर शुद्ध और नम्र बन जाता है।"

अप्रिय सत्य अग्रह्य—सत्य की अनुभूति प्राप्त लोग कभी-कभी अप्रिय सत्य बोल देते हैं। गाँधीजी इस अप्रिय शब्द को सत्य के साथ जोड़ना उपयुक्त अनुभव

नहीं करते। "सत्य स्वयं ही पूर्ण शक्तिमान है और जब कड़े शब्दों द्वारा उसकी पुष्टि का प्रयत्न किया जाता है, तब वह अपमानित होता है।" उनकी धारणा में सत्य के प्रवक्ता का मृदुभाषी होना 'परमावश्यक है। इस मृदुभाषी सत्य से संसार के अहित की कल्पना नहीं की जा सकती। गाँधीजी ने यह तो अनुभव किया कि वह सत्य के निकट पहुंचने के लिए प्रयत्नशील हैं किन्तु उन्होंने कभी यह अधिकार पूर्ण रूप से नहीं कहा कि वह पूर्ण सत्य को पा चुके हैं। इसलिए उन्होंने परिस्थिति जन्य अनुभूत सत्य को निहारा, प्रयोग किया और आवश्यकता और परिस्थिति के संदर्भ में उसे बदल दिया। "सत्य जहां सूर्य के समान ताप देता है वहीं प्राणों का सिंचन भी करता है। सूर्य यदि एक घड़ी भर के लिए भी तपना बन्द कर दे तो यह सृष्टि जड़वत् बन जाए। इसी प्रकार सत्य रूपी क्षण भर के लिए न तपे तो इस संसार का नाश हो जाए।"

सत्य में गोपनीयता नहीं—गाँधीजी ने सत्य की साधना में हृदय बदलाव को स्वीकार किया। वह यह स्वीकार करते थे कि यदि सत्य हृदय में धारण किया है, उसका आचरण किया है तो निश्चित ही दूसरे व्यक्ति का हृदय परिवर्तित होगा। अंग्रेजों के विशाल साम्राज्य के विषय में भी उनकी यही मान्यता थी। सत्य को गोपनीयता से घृणा है। इसका अभिप्राय यह है कि सत्य के उपासक अपनी योजना को गुप्त रखते हैं। लेकिन कभी-कभी सत्य के साधक को भी सत्य के छुपाने में अपने धर्म की प्राप्ति अनुभूत होती है। जीवन में हजारों ऐसे संदर्भ आ सकते हैं। मनोवैज्ञानिक दृष्टि से बीमार के सम्मुख उसकी अत्यधिक बीमारी को छुपाना इसी संदर्भ का एक उदाहरण हो सकता है। लेकिन इसका तात्पर्य यह नहीं है कि हम सत्य के ऊपर पर्दा डाल रहे हैं। सत्य के पास अमोघ शक्ति है। सत्य में धर्म की सच्ची निष्ठा निहित है। इस निष्ठा की परिपूर्ति के लिए ही सत्य के साधक को अपने दोषों पर पर्दा डालने की जरूरत नहीं होती।

सत्य आचरण की धरोहर—सत्य निश्चित रूप से सत्य तो मनन, चिंतन और आचरण की वस्तु है। "मनुष्य जब सत्य का आचरण करता है तब उसे बोलने की इच्छा ही नहीं होती। सत्याचरण ही मनुष्य कम से कम करता है।" आचरणगत सत्य को किसी दूसरी अभिव्यक्ति को खोजना नहीं होता क्योंकि सत्य में अपार शक्ति होती है। सत्य स्वयं में पूर्ण होता है लेकिन सापेक्ष सत्य में ऐसी क्षमता नहीं होती, पर सापेक्ष सत्य भी सत्य के निकट ही होता है। सत्य में मनुष्य को गोपनीयता की आवश्यकता नहीं होती है। गाँधीजी का सत्य, सत्य के शोधक को रजकण से भी अधिक नम्र कर देता है। सत्य की इस महान् साधना में जीवन-पर्यंत लगे गाँधीजी

यह स्वीकार कर चलते हैं कि सच्चा साधक होने के कारण अनुमान और निर्णय त्रुटिपूर्ण भी हो जाए तो उनमें सुधार कर लेना चाहिए। गाँधीजी ने सम्पूर्ण जीवन सत्य को अपने पास किया जिससे बो खुद को ईश्वर के उतने अधिक नजदीक पाया।

अहिंसा व्यवहार्य

महात्मा गाँधीजी ने अहिंसा का प्रयोग अपने जीवन में किया और सम्पूर्ण देश का इस सिद्धान्त के साथ तादात्म्य कराया। इस प्रकार गाँधीजी की अहिंसा परम्परागत अहिंसा से मित्र हो गई क्योंकि उसमें व्यावहारिकता समाहित है। गाँधीजी ने अहिंसा को व्यवहारोपयोगी बनाकर उन्होंने अहिंसा के पुरातन अर्थों की सीमाओं का विस्तार किया। गाँधीजी ने अहिंसा के वैयक्तिक तत्व में सामाजिकता का प्रवेश कराया तथा उसके निष्क्रिय एवं सैद्धान्तिक पक्ष को अत्यन्त सक्रिय बना दिया। अब तक अहिंसा एक व्यक्ति के सुधार मात्र का सहारा था, गाँधीजी ने उसका प्रयोग विशाल समूहों पर किया।

अहिंसा धनात्मक है—जीवन के सभी क्षणों में अहिंसा असम्भव लगती है। सांस लेने, खाने-पीने, रहन-सहन में कहीं-न-कहीं हिंसा की ही जाती है किन्तु गाँधीजी शरीर (जीव) के रहे ऐसी हिंसा हो जाने की स्थिति को स्वीकार करते हैं। उन्होंने अहिंसा के इतने सूक्ष्म भाष्य से अपना तादात्म्य नहीं किया था। गाँधीजी ने विश्व को अहिंसा की शक्ति से अवगत कराया। उन्होंने दिखलाया कि अहिंसा से समाज परिष्कृत होता है, युद्ध को रोका जा सकता है और मानव संस्कृति को सुरम्य बनाया जा सकता है। "अहिंसा का अर्थ है प्रेम का समुद्र वैरभाव का सर्वथा त्याग, अहिंसा में दीनता, भीरुता न होकर डरकर भागना कभी न हो। अहिंसा में दृढ़ता, वीरता, निश्चलता होनी चाहिए।" अंहिसा की इस परिभाषा में हिंसा के विपरीत होने की भावना के तत्व ही निहित नहीं हैं। यह तो धनात्मक पक्ष है जिसमें केवल वैरभाव को ही नहीं समाप्त किया जाता है अपितु हृदय में प्रेम को धारण किया जाता है। अंहिसा के इस विशाल रूप में मानव की सर्वोच्च स्थिति का पता चलता है।

अहिंसा मानवीय प्रकृति—अहिंसा मनुष्य की प्रकृति का अभिन्न अंग है। "जब मनुष्य शैतान की पूजा करता है तो वह स्वभाव के प्रतिकूल का कार्य करता है।" मनुष्य का यदि कोई कर्त्तव्य है तो वह अहिंसा में निहित है। अहिंसा में दया की भावना जागृत रहनी चाहिए। "जहां दया नहीं, वहां अहिंसा नहीं। अतः वह कह सकते हैं कि जिसमें जितनी दया है उतनी अहिंसा है। अपने पर आक्रमण करने

वाले को मैं न मारूं उसमें अहिंसा भी हो सकती है और नहीं भी। यदि उसे भयवश न मारूं तो वह अहिंसा नहीं हो सकती। क्रियाहीनता अहिंसा के लिए अभिशाप है। हमारी क्रिया में दया समाहित होना अत्यधिक आवश्यक है।

स्वार्थी वातावरण विद्यमान नहीं रह सकता है। अहिंसा की अग्नि परीक्षा तो तब होती है जब हिंसा के लिए भयंकर से भयंकर उत्तेजना होते हुए भी मनुष्य मन, वाणी, और कर्म से अहिंसक बना रहे। मन में भय अथवा कायरता निवास कर बैठे तो अहिंसा निरापद धोखा ही हो जाती है। गाँधीजी अहिंसा को शक्तिशाली का भूषण मानते हैं, कायर का नहीं। ईश्वर ने मनुष्य को जो शक्तियाँ प्रदान की हैं अहिंसा उनमें प्रबलतम है। "अहिंसा सर्वश्रेष्ठ शक्ति है। यह आत्मबल अथवा मनुष्य में निहित अन्तर्यामी ईश्वर की शक्ति है।" ऐसी स्थिति में अहिंसा आत्मा को शुद्ध व शक्तिमान बनाये रखती है। इसलिए वह कमजोर का शस्त्र नहीं हो सकती। गाँधीजी ने अहिंसा को जीवन में धारण करके उसके भारत पर व्यावहारिक दर्शन करने की अभिलाषा की। उनकी यह दृढ़ आस्था थी कि भारत का उद्धार अहिंसा से हो सकता है। "भारत यदि अहिंसा को गंवा देगा तो संसार की अन्तिम इच्छा पर पानी फिर जायेगा।" उनकी अहिंसा में इतनी गहन श्रद्धा थी कि वह उसके अभाव में आजादी को भी स्वीकार नहीं करना चाहते थे।

अहिंसा और कायरता—अहिंसा संघर्षों से विमुख होने का पाठ पढ़ाता है इसलिए कुछ लोगों ने इसे कायरता का सिद्धान्त कहा। किन्तु गाँधीजी अपनी अहिंसा की विवेचना में इस आक्षेप को स्वीकार नहीं करते । वह यह पहले ही मानकर चलते हैं कि अहिंसा कायरता के साथ समझौता नहीं कर सकती। जब मानव अहिंसा के मार्ग पर चलता है तो पूरी दुनिया उसके सामने नतमस्तक हो जाती है। जीवन में साहस की आवश्यकता होती है, अंहिसा उस साहस का ही प्रतिफल है। "मेरा अहिंसा धर्म एक महान् शक्ति है। उनमें कायरता और निर्बलता के लिए तनिक भी स्थान नहीं। एक हिंसा का उपासक अहिंसा का शत्रु बन जाता है किन्तु एक कायर से तो कभी अहिंसक बनने की आशा नहीं की जा सकती।" अहिंसा के विवेचित सन्दर्भों में गाँधीजी ने कभी कायरता को अंगीकार नहीं किया। "अहिंसा और कायरता परस्पर विरोधी शब्द हैं। अहिंसा सर्वश्रेष्ठ सद्गुण है, कायरता का घृणा। अहिंसक सदा कष्ट सहिष्णु होता है, कायरता सदा पतित बनाती है।"

गाँधीजी कायरता को हिंसा से भी अधिक घृणित समझते थे, "मैं एक पूर्णतया सशस्त्र और हृदय से भीरु व्यक्ति की कल्पना कर सकता हूँ। शस्त्र रखने में कायरता नहीं तो भय का भूत अवश्य छिपा है। किन्तु विशुद्ध निर्भीकता के बिना सच्ची

अहिंसा असंभव है।" विशुद्ध निर्भीकता का अर्थ है शूरवीर की तरह जीवन जीना। "अहिंसा में भय का स्थान ही नहीं है। भयमुक्त होने के लिए अहिंसा के उपासक को उच्च कोटि की त्यागवृत्ति विकसित करनी होती है। जमीन जाये, धन जाये, शरीर जाये, इसकी कुछ परवाह न करें।.... अहिंसा का पुजारी एक ईश्वर को ही रखे और दूसरे सब भयों को जीत ले।" अहिंसा भय निवृत्ति की स्थिति में ही सम्भव हो सकती है। अहिंसा हर परिस्थिति में खरी उतरे तब तो उसमें पूर्णता है अन्यथा वह अहिंसा नहीं है। "खूनी के सामने अहिंसा का प्रयोग करना अपनी जान देना है लेकिन इसी में अहिंसा की परीक्षा है। दूसरी विशेषता यह है कि जो लाचारी से मर जाता है वह अहिंसा की परीक्षा में पास नहीं होता। जो मरते हुए भी खूनी क्रोध नहीं करता और उसके लिए मन में ईश्वर से क्षमा मांगता है वही अहिंसक है।"

जिस मानव के मन में बदले की भावना नहीं रहेगी वही अहिंसा का सही आनन्द उठा सकता है। " इस सिद्धान्त का अन्तर्निहित भाव यह है कि बदले की भावना नहीं होती।" अहिंसा एक सीधी लकीर है जिस पर चलकर मानव जाति का कल्याण सम्भव है क्योंकि तलवार से या हिंसा से किसी जाति को स्थायी सुख या शान्ति उपलब्ध नहीं हो सकती। "तलवार के जोर से कोई भी आदमी कुछ ले लेता है तो उससे बड़ी दूसरी तलवार से वह छीन लिया जाता है।" समालोचकों के मत में अहिंसा राजनीति के क्षेत्र में दुर्लभ और कठिन है। यह अहिंसा के व्यवहार पक्ष की आलोचना है। लेकिन गाँधीजी सम्पूर्ण जिन्दगी अहिंसा के मार्ग पर चले। गाँधीजी के द्वारा पीड़ित बछड़े को मरवाने के कार्य को भी हिंसा की श्रेणी में रखकर अनेक व्यक्ति उन पर आक्षेप करते हैं। बछड़े को मार देने में उनकी दया का अंश ही समाहित हैं क्योंकि वह अनबोलते प्राणी को पीड़ामुक्त कर देना चाहते हैं। "गाँधीजी के अहिंसा का सिद्धान्त केवल मात्र ऋषियों और सन्तों के लिए नहीं था। साधारण लोगों के लिए भी था। उनके लिए हिंसा समाज का प्राकृतिक नियम नहीं है।... एक समाज की प्रगति का मापदण्ड अहिंसा के अभ्यास में निहित है।"

भारत में जब साम्प्रदायिकता दंगे भड़के तो गाँधीजी ने अहिंसा से उसे शांत किया। "खून का बदला खून से या हर्जाने से नहीं लिया जा सकता। खून का बदला लेने का केवल एक ही रास्ता है कि हम बदले की इच्छा न रखते हुए स्वयं का बलिदान कर दें।" गाँधीजी ने 'स्वराज्य' शब्द से लेकर युद्ध के सन्दर्भों तक अहिंसा का प्रतिपादन किया है। अहिंसा के बिना स्वराज्य आवश्यक है, अहिंसा इस प्रकार जीवन की एक विकसित कला है। 'अहिंसा जीवन का एक शक्तिशाली मार्ग है जिसे रचनात्मक कार्यों के माध्यम में से अभियुक्त होना चाहिए। अहिंसा के लिए कठोर

संयम और नियमों की आवश्यकता है। इसमें दूसरों के साथ सहयोग करने की भावना का विचार जागृत करना है, कठिन श्रम करना है, साहस और हिम्मत की भावना का विकास करना है। ऐसी अनुशासनबद्ध अहिंसा से हिंसा बल परास्त हो जाता है।'' हिंसा की वृत्ति का दमन करके कोई शक्ति अथवा राष्ट्र जिस शक्ति का उपार्जन करता है, वह बर्बर है।''

अहिंसा और युद्ध—इसमें उन्होंने हिंसा का साथ क्यों दिया इस प्रश्न का उत्तर स्वयं गाँधीजी ने इस प्रकार से दिया, ''मैं स्वयं युद्ध का विरोधी हूँ इसलिए मैंने अवसर मिलने पर भी मारकाट, अस्त्र-शस्त्रों का प्रयोग नहीं सीखा, किन्तु जब तक मैं पशु-बल पर स्थापित सरकार के आधीन रहता था और स्वेच्छा से उसकी बनाई सुविधाओं का उपयोग करता था तब तो यदि वह कोई लड़ाई लड़े तो उसमें उसकी मदद करना लाजिमी था।'' युद्धों के परिवेश में प्रवेश पाने के बाद भी युद्ध को वह घृणा की दृष्टि से देखते थे। गाँधीजी मूलतः अहिंसक ही रहे। वह स्थायी शान्ति के लिए युद्ध की समाप्ति के प्रतिपादक थे।

अहिंसा और प्रेम—गाँधीजी को अहिंसा, करुणा और दया दोनों ही रूप मिलते हैं, ''गाँधीजी की अहिंसा निषेधात्मक दृष्टिकोण नहीं है, यह एक सकारात्मक विचारधारा है, अपने इस सकारात्मक रूप में वह प्रेम से सम्बन्धित है।'' प्रेम अहिंसा को जीवन देता है, अहिंसा प्रेम में पनपती और बढ़ती है। यू. एन. ढेबर के अनुसार, ''अहिंसा मानव प्रकृति का एक नियम है तथा मानव के अस्तित्व की रक्षा के लिए आवश्यक परिस्थिति है।'' गाँधीजी के अहिंसा का एकमात्र अर्थ जीवहिंसा करना ही नहीं है, ''प्रत्युत कामनाओं और वासनाओं का परित्याग करते हुए जगत के हित के साथ यथासम्भव तादात्म्य करते जाना भी है।'' इस दृष्टिकोण से मनुष्य को अपने जीवन में अहम् की पूजा को छोड़कर दूसरों के अधिकारों की सुरक्षा के लिए प्रयत्न करना आवश्यक है। यह सोचना कि सिर्फ शस्त्र नहीं उठाना अहिंसा है बिल्कुल गलत है। यह तो कायरता, पलायनवाद, भय और भीरुता की विरोधी है।

गाँधीजी की हिन्दू में आस्था

गाँधीजी खुद को सनातनी कहते हुए गर्वानुभूति करते थे किन्तु उन्होंने इस्लाम अथवा ईसाई धर्म के गुणों को कभी तिरस्कृत नहीं किया। उनके धर्म ने उनमें सत्य, अहिंसा, ब्रह्मचर्य और अपरिग्रह के विचारों को दिया था। हिन्दू धर्म में उनकी आस्था का मुख्य कारण यह था कि यह धर्म शारीरिक वासनाओं के परित्याग का मार्ग दिखाता है। गाँधीजी सदाचारहीन मनुष्य को धार्मिक मानने के लिए तैयार नहीं थे।

धर्म अपने से अलग कोई बाहरी चीज नहीं, भीतर की वस्तु है, ऐसा कहकर वह स्वभावतः धर्म को आत्मतत्व का ही अंश बताते हैं। गाँधीजी हिन्दू धर्म को स्वीकार करने के साथ-साथ सभी धर्मों का सम्मान करो क्योंकि उनकी धारणा है, "सब धर्म एक ही स्थान पर पहुंचने के अलग-अलग रास्ते हैं, अगर हम एक ही लक्ष्य पर पहुँच जाते हैं तो अलग-अलग रास्ते अपनाने में क्या हर्ज है।'

सर्वधर्म समभाव वृत्ति

इसी वृत्ति के कारण गाँधीजी सभी धर्मों का आदर करते थे। वह सभी धर्मों में कुछ न कुछ कमी अनुभव करते थे इसलिए वह धर्म के सन्दर्भ में रूढ़िवादी नहीं थे, "मैं मानता हूँ कि कम या अधिक संसार के सभी बड़े-बड़े धर्म सच्चे हैं। 'कम या अधिक' मैं इसलिए कहता हूँ कि मेरा विश्वास है कि मानव प्राणी अपूर्ण होने से जहाँ उसका हाथ लगता है वहीं अपूर्णता आ जाती है। पूर्णता तो केवल ईश्वर का गुण है और वह अवर्णनीय है, भाषा में उसका वर्णन नहीं हो सकता।" गाँधीजी ने सभी धर्मों की अच्छाइयों को लिया और उन्हें जीवन में उतारा। "दूसरे धर्मों के शास्त्रों की आलोचना करना या उनके दोष बताना मेरा काम नहीं है अलबत्ता, यह मेरा विशेष अधिकार है और होना चाहिए कि उनमें जो सच्चाइयाँ हों उनकी मैं घोषणा करूं और उन पर अमल करूं।" गाँधीजी कभी भी किसी धर्म विशेष को ऊंच या नीच नहीं मानते इसलिए वह सभी धर्मों को समान रूप से आदर देते हैं। "इस्लाम का अल्लाह वही है जो ईसाइयों का गॉड और हिन्दुओं का ईश्वर है जैसे हिन्दू धर्म में ईश्वर के बहुत से नाम हैं, वैसे भी इस्लाम में भी ईश्वर के अनेक नाम हैं।"

गाँधीजी ने धर्म से सम्बन्धित रूढ़िवादिता का हमेशा विरोध किया। उन्होने धर्म के नाम पर मन्दिरों में की जाने वाली पशुबलि प्रथा को तिरस्कृत किया, क्योंकि उनकी मान्यता के अनुसार कोई भी धर्म हिंसा की स्वीकृति नहीं दे सकता। "यह प्रत्येक हिन्दू के लिए बड़ी लज्जा की बात है कि पशुबलि मन्दिर के बिल्कुल समक्ष हो, जो कि ईश्वर का घर है।" इस आस्था को स्वीकार कर उन्होंने परम्पराओं के नाम पर चल रहे धार्मिक अन्धविश्वासों, रूढ़ियों एवं आडम्बरों को तिरस्कृत ही नहीं किया अपितु समाज में उन्हें छोड़ने के लिए आग्रह भी किया। गाँधीजी का धर्म ऐसी मान्यताओं का आगार है जिसमें सम्पूर्ण तत्व सत्य का प्रतीक है। गाँधीजी के धर्म की सबसे मुख्य विशेषता यह है कि वह बाह्य प्रदर्शन की अपेक्षा आध्यात्मिक अधिक है और उसकी आध्यात्मिकता अहिंसा में समग्रित है, अहिंसा विचारों की चिंतन की और कर्म की।"

धर्म नैतिकता के रूप में—गाँधीजी के अनुसार सच्चा धर्म वही है जो पवित्रता प्रदान करता है। आई. सुन्दरम् के अनुसार, "ऐसा धर्म नैतिकता से आन्तरिक रूप से सम्बद्ध है जिस प्रकार बीज से पानी। धर्म के लिए नैतिकता अनिवार्य है।" प्रत्येक स्वार्थमय इच्छा अनैतिकता है। ऐसी कोई भी चीज धर्म नहीं हो सकती जो नैतिकता से विस्मृत हो। धर्म ने गाँधीजी को नैतिकता के अत्यधिक पास ला दिया था। इसलिए गाँधीजी के धर्म में मानव जाति की सेवा के विचार रूप से समाहित थे। गाँधीजी सत्य को ही ईश्वर मानते थे। "धर्म का अर्थ है जीवन के लिए ईश्वर की स्वीकारोक्ति। ईश्वर की स्वीकारोक्ति का अर्थ है प्रेम, सत्य और विवेक का हृदय पर शासन हो तथा स्वार्थपरता, बुरी इच्छा, अज्ञानता, अविवेक एवं ऐसे सभी अन्य संवेग जैसे क्रोध, लालच तथा लालसा आदि से मुक्त है।"

धर्म में सम्मिलित गुण

गाँधीजी ऐसे जीवन को धार्मिक नहीं मानते थे जिस मनुष्य के हृदय में क्रोध, लोभ, ईर्ष्या और द्वेष विद्यमान रहता था। धर्म अन्तर्तात्मा के साथ समझौता करने की स्थिति का नाम है। जिस तथ्य को अन्तर्तात्मा स्वीकार न करे या जो तथ्य अन्तर्तात्मा के विरुद्ध जाए वह किसी भी रूप में धर्ममय नहीं हो सकता क्योंकि धर्म में बुद्धि ग्राह्यता की अपेक्षा हृदयग्राह्यता अधिक होती है। "वह धर्म को अन्तः मुख विकास का रूप मानते हैं, उसे बुद्धि और तर्क का विषय नहीं।"

धर्म नीति के रूप में—धर्म मानव जीवन के सभी क्षेत्रों पर समान रूप से अपना प्रभाव स्थापित किए है क्योंकि वह नीति का एक अंग है। जीवन को अर्थ और धर्म के, समाज और राजनीति के छोटे-छोटे समूहों में विभाजित नहीं किया जा सकता। मानव अगर उच्च मानसिक स्थिति को प्राप्त कर लेगा तो वह आसानी से धर्म और अधर्म में अन्तर कर लेगा। साथ ही साथ वह समभाव की मनःस्थिति को भी प्राप्त कर लेता है, जिसमें सभी मानवीय धर्म मनुष्य को उच्चता प्रदान करने के लिए बने होते हैं। बहुत से धर्मों के होने का सरल-सा कारण यह है कि आत्मा एक है पर मनुष्य देह अगुणित हैं। देह की इस असंख्यता को भुलाया नहीं जा सकता। यद्यपि हम यह मान लेते हैं कि आत्मा की एकता के कारण धर्म का मूल एक है जैसे सम्पूर्ण वट वृक्ष का—लेकिन उसके पत्ते असंख्य हैं। इसी प्रकार मूल धर्म मानव धर्म है। विभिन्न नामों से वह विभिन्न सम्प्रदायों के अनुसार ढल गया है। हिन्दू स्वतः हिन्दू धर्म को अंगीकार करते हैं, मुसलमान इस्लाम को स्वीकार करता है, ईसाई ईसाई-धर्म को स्वीकार करता है आदि आदि।

धर्म परिवर्तन नहीं

गाँधीजी का मानना था कि सभी धर्म सत्य की प्रतीति कराते हैं। दो प्राणी जिस प्रकार सत्य की अनुभूति भिन्न प्रकार से कराते हैं, इसलिए कौन-सा धर्म श्रेष्ठ है यह व्यक्ति की स्वतः अनुभूति पर आश्रित होता है। "ऐसा कोई भी धर्म नहीं है जो पूरी तरह से पूर्ण कहा जा सके, सभी धर्म समान रूप में अपूर्ण हैं, कम या अधिक पूर्ण हैं। सभी धर्मों की आत्मा एक है। गाँधीजी ने इन्हीं गान्यताओं की पृष्ठभूमि में भिन्न-भिन्न धर्मों का अध्ययन किया और स्वयं दृष्टि में हिन्दुत्व को पूर्ण और श्रेष्ठ मानकर उसे अंगीकार किया। "मैं जितने धर्मों को जानता हूँ उन सब में हिन्दू धर्म सबसे अधिक सहिष्णु है। इसमें कट्टरता का अभाव है, यह मुझे बहुत पसन्द आता है, क्योंकि उसके अनुयायी को आत्माभिव्यक्ति के लिए अधिक से अधिक अवसर मिलता है।"

गाँधीजी ने अपने पूरे जीवनकाल में कभी किसी धर्म विशेष को घृणा अथवा द्वेष की दृष्टि से नहीं देखा। इस स्वीकारोक्ति पर भी गाँधीजी अन्य धर्मावलम्बियों को हिन्दू धर्म को अंगीकार करने के लिए बाध्य नहीं करते थे। इसलिए उन्हें यह भी अच्छा नहीं लगता था कि विवशता से, स्वार्थ से, अथवा अविवेकपूर्ण स्थिति के कारण धर्म परिवर्तन किया जाए। "मैं धर्म परिवर्तन की आधुनिक पद्धति के विरुद्ध हूँ।" गाँधीजी ने अपनी इसी मान्यता के कारण आश्रम में आई रैहाना तय्यब तथा मिस स्लेड (मीरा बहिन) को उनकी इच्छा होते हुए भी धर्म परिवर्तन की स्वीकृति नहीं दी। गाँधीजी धर्म परिवर्तन के उपायों को अनुचित मानते थे। लेकिन स्वेच्छा से धर्म परिवर्तन पर उनको आपत्ति नहीं थी। "आजकल और बातों की तरह धर्म परिवर्तन ने भी एक व्यापार का रूप ले लिया है। मुझे ईसाई धर्म प्रचारकों की एक रिपोर्ट पढ़ी हुई याद है जिसमें बताया गया है कि एक व्यक्ति के धर्म परिवर्तन में कितना खर्च हुआ।"

गाँधीजी के लिए धर्म वही है जो मनुष्य को आत्मशुद्धि और पवित्रता प्रदान करे। क्योंकि इसको अंगीकार कर मनुष्य अपने स्थूल शरीर पर नियन्त्रण कर सकता है। नम्रता अहंकार के साथ कभी समझौता नहीं करती। वह शुद्ध और अकुत्सित होकर जीवन में सर्वांग को परिष्कृत करती है–"नम्रता का निरन्तर अभ्यास कृत्रिम को वास्तविक में तथा तुच्छ को श्रेष्ठ में परिणत कर देती है। यह एक ऐसी नैतिक गतिशीलता विकसित करती है जिसे न विद्वता, न ऐश्वर्य न शान-शौकत और न अभिमान जन्म दे सकते हैं।" गाँधीजी के अनुसार धर्म सदाचार की शिक्षा देता है,

कष्टदायक परिग्रह वृत्ति से मुक्ति देता है। भय और इच्छा से मुक्त जीवन में धर्म उस आस्था का प्रतीक बन जाता है जिसमें सेवा के विभिन्न मौके मिलते हैं।

धर्म के अनुष्ठान

गाँधीजी का मानना था कि किसी भी धर्म का प्रार्थना घर पवित्र है। "मन्दिर, मस्जिद या गिरजाघर ईश्वर के इन भिन्न-भिन्न निवास स्थानों में मैं कोई अन्तर नहीं करता। मनुष्य की श्रद्धा ने उनका निर्माण किया है और उसने उन्हें जो माना है, वही वे हैं।" हम देवालय में जाकर मूर्ति की पूजा करें अथवा बिना मूर्ति के सजदा करें इसमें कुछ अन्तर नहीं होता क्योंकि सबका लक्ष्य एकाग्रचित होकर ईश्वर की अनुभूति करना है। गाँधीजी ने धर्म की आत्मा के रूप में, मन को एकाग्रचित्त और पवित्र रखने के लिए प्रार्थना को स्वीकार किया। "मैं मानता हूँ कि प्रार्थना, धर्म का प्राण और सार है और इसीलिए प्रार्थना मनुष्य के जीवन का धर्म होना चाहिए।.... प्रार्थना जैसे धर्म का सबसे धार्मिक अंग है वैसे ही मानव जीवन का भी है। प्रार्थना या तो याचना रूप होती है या व्यापक अर्थ में वह ईश्वर से भीतरी लौ लगाना है।"

प्रार्थना ईश्वर में आस्था के साथ हृदय की छानबीन का एक मार्ग है। "प्रार्थना हमें स्मरण कराती है कि हम प्रभु के सहारे के बिना लाचार हैं। प्रार्थना के बिना कोई प्रयत्न पूर्ण नहीं होता।....प्रार्थना नम्रता की पुकार है वह आत्म शुद्धि का, आत्म-निरीक्षण का आह्वान है।" जिनके हृदय में ईश्वर समाया हुआ है उनके लिए काम ही पूजा है। "किसी के लिए एक मिनट काफी हो सकता है, औरों के लिए 24 घण्टे भी थोड़े हो सकते हैं। जिनके हृदय में ईश्वर हर समय बसा हुआ है उनके लिए श्रम ही प्रार्थना है।"

मानव सेवा धर्म—गाँधीजी मानव सेवा को सर्वोच्च धर्म मानते थे। इसमें यह आस्था बहुत गहरी है कि पूरी मानवता एक कुटुम्ब है। "यहाँ केवल एक ईश्वर है तथा समस्त मानव जाति उसकी सन्तान है। उसका कोई प्रिय नहीं। वही वर्षा पाप और पुण्य दोनों पर होती है।" इस तत्व विधान के साथ ही उनके प्रगतिशील धर्म का मापदण्ड यह भी है कि अपने पड़ोसी से उतना ही प्रेम मनुष्य को करना चाहिए जितना वह स्वयं से करता है। गाँधीजी का धर्म इसलिए स्वधर्म की प्रेरणा देता है। "गाँधीजी के लिए धर्म के वास्तविक दृष्टिकोण का अर्थ है साहस एवं स्वेच्छापूर्वक उन कर्तव्यों को सम्पन्न करना जो स्वाभाविक रूप से मनुष्य के मार्ग में आएँ।" ऐसी सात्विक मनोवृत्ति को ग्रहण करके मनुष्य लिप्साओं में डूबने से बच जाता है, पदों

के लोभ का मोह उसे कोई आकर्षण नहीं देना, मनोवृत्ति से हम ईश्वर के अतिरिक्त किसी के दास नहीं होते यह परम आनन्द देता है।

धार्मिक सद्भाव

संसार विभिन्न धर्मों का एक अमिट भण्डार है। सामान्य रूप में जब प्रचलित धर्मों को समुदाय की संज्ञा देकर विचार होने लगता है तब अन्य धर्मों के प्रति अनेक प्रकार की शंकाएँ जन्म लेने लगती हैं। कभी-कभी यह शंकाएँ घृणा में परिणित होकर हमें विवेकहीन बना देती हैं। हम परस्पर एक दूसरे से बहुत दूर खड़े हो जाते हैं। गाँधीजी ने हिन्दू धर्म को अधिक उदार मानने के कारण अपनाया और जीवन पर्यन्त श्रेष्ठ हिन्दू बनकर उसका पालन किया लेकिन उनकी धार्मिक मनोभावनाएँ किसी धर्म विशेष के प्रति अनादरपूर्ण नहीं थीं। गाँधीजी ने किसी भी प्रचलित धर्म में सत्य का प्रतीक माना।

सभी धर्म श्रेष्ठ–गाँधीजी का धर्म अत्यन्त व्यावहारिक धर्म था। उनके लिए पवित्रता और मानव सेवा अभिन्न थे। डॉ. राधा कृष्णन के अनुसार, ''वह दुनिया के दुख के प्रति अति संवेदनशील थे और चाहते थे कि हर आंख का आंसू पोंछ सकें।'' गाँधीजी के अनुसार संसार में कोई भी धर्म ऐसा नहीं है जो मानव के मध्य किसी प्रकार का अन्तर उत्पन्न करता हो किन्तु फिर भी सभी धर्मों में एकता का विकास नहीं हो पाता। 'सभी धर्मों का मूलतत्व एक है केवल उसकी अनुभूति के तरीके भिन्न हैं।'' ''केवल इसी अनुभूति को भिन्नता के लिए संघर्ष किए जाएँ यह किसी भी तरह उचित दिखाई नहीं देता। हिन्दूधर्म, इस्लाम तथा ईसाई धर्म आदि सभी मनुष्य को जब सहनशीलता की शिक्षा देते हैं तब ऐसा कोई भी तत्व नहीं होना चाहिए जो मूलभूत धार्मिक एकता की भावना को ठेस पहुँचाए किन्तु फिर भी गम्भीर विवाद उठते हैं। इसका मुख्य कारण अपने धर्म को मात्र श्रेष्ठ समझते अन्धविश्वास की तंग गलियों में घूमने लगते हैं, तथा दूसरे धर्म के प्रति आदर करना तो दूर रहा उसे हेय समझकर उसका तिरस्कार करते हैं। ऐसा करने से प्रेम के स्थान पर घृणा, सत्य के स्थान पर असत्य, सहयोग के स्थान पर संघर्ष और निर्भयता के स्थान पर भय समाहित हो जाता है। इन दुर्विचारों के आ जाने का अर्थ है स्वयं धर्म से हट जाना, इससे न केवल दूसरे के धर्म को हानि पहुंचती है बल्कि अपने धर्म को गहरी ठेस पहुंचती है। धार्मिक एकता का स्वप्न ही भंग नहीं होता बल्कि धार्मिक विभेद और संघर्ष के अध्याय प्रारम्भ हो जाते हैं।

धार्मिक एकता का व्यावहारिक रूप

धार्मिक एकता का व्यवहार गाँधीजी के आश्रम में मुखर था। वहाँ सभी धर्मावलम्बी रहते थे। अपने इष्ट देव की पूजा, मानवता की सेवा तथा आश्रम धर्म की मर्यादाओं का निर्वाह सहज भाव से करते थे। उनमें परस्पर न अपने धर्म को परम श्रेष्ठ मानने की इच्छा थी और न दूसरे के धर्म को हेय समझने की प्रवृत्ति थी। इस कारण से आश्रम में धर्म के प्रति जागृत समभाव वृत्ति का प्रभाव सम्पूर्ण भारत पर पड़ा। यद्यपि यह प्रभाव इतना गहरा नहीं था कि उसका स्थायी प्रभाव बना रह सके। इसका कारण यही था कि परस्पर सद्भाव वृत्ति जागृत करने के स्थान पर राजनैतिक आकांक्षाओं के कारण लोग घृणा का प्रसार करते रहे।

समभाव वृत्ति के कारण ही हमें यह स्वीकार करना होगा कि सब धर्म मूल में समान हैं। गाँधीजी स्वीकार करते हैं कि धर्मों में मूलभूत मतभेद हैं, लेकिन उन्होंने यह स्पष्ट किया कि समीपता का एक सामान्य स्रोत उनमें है। अधिकांश सामान्यताएँ एक-सी हैं कि सभी मनुष्य भाई हैं, इसी अर्थ में उन्होंने धर्म की समानता को कहा। गाँधीजी जिस रूप में धर्म को समभाव दृष्टि से ग्रहण करते हैं उसी को ग्रहण करने की प्रेरणा सहयोगियों को भी देते हैं। उनकी प्रेरणा का स्रोत पाकर ही उनके सहकर्मियों का जीवन शुद्ध और पवित्र बना। धार्मिक एकता बिना कोई अनेकानेक धर्मों वाला समाज प्रगति नहीं कर सकता। गाँधीजी के आदर्श व्यवहार की तलहटी पर ऐसे खरे उतरते हैं कि हम धार्मिक एकता की इच्छा को व्यवहार में विकसित होता देखते हैं। वर्तमान भारत की धर्म-निरपेक्ष पृष्ठ भूमि धार्मिक एकता की जननी है। गाँधीजी के आदर्श समभाव की पूर्ति सहज भाव से हो रही है क्योंकि आज हम सभी यह अनुभव करते हैं कि इस वृत्ति के विकसित हुए बिना कल्याण और प्रगति सम्भव है।

साम्प्रदायिकता के विरुद्ध संघर्ष

गाँधीजी के अनुसार धार्मिक मान्यताओं की पूर्णता इस तथ्य में निहित है कि सम्पूर्ण समाज की अनुभूति करे। एकता का व्यावहारिक आदर्श लेकर गाँधीजी ने जिस प्रकार अस्पृश्यता के कलंक को मिटाने के लिए धर्म को शुद्धता प्रदान की, उसी प्रकार गाँधीजी सम्प्रदायों के बीच एकता चाहते थे। भारत में प्रधानतम दो धर्मानुयायी रहते हैं—(1) हिन्दू धर्म के अनुयायी (2) तथा इस्लाम धर्म के अनुयायी। इन दोनों धर्मों की अपनी-अपनी मान्यताओं के कारण ही दोनों धर्म रूढ़ियों को ग्रहण करते चले आ रहे हैं। यद्यपि साम्प्रदायिक एकता की इच्छा रखने वाले इस महान्

सन्त के सामने ही देश विभाजित हुआ, किन्तु विभाजन के बाद भी भारत में रहे मुसलमान सद्भावना के प्रसार को पाकर हिन्दुओं के सामीप्य का सुख भोग सके, गाँधीजी की यह जीवन पर्यन्त इच्छा रही।

साम्प्रदायिकता के विष का प्रसार—भारत में मुसलमान सर्वप्रथम 8वीं सदी में आए, उसके पश्चात् यह क्रम बन्द रहा किन्तु पुनः यह क्रम उत्तर पश्चिम में 11वीं सदी से 18वीं सदी तक आक्रान्ताओं और लुटेरों के रूप में चलता रहा। भारत में इस्लाम विकसित अवस्था में आया था। भारत के हिन्दुओं, जो सहिष्णु थे, के लिए यह कठिन पड़ गया कि उनके साथ संघर्ष में विजयी हो सकें। सौहार्द के वातावरण में रहने की अपेक्षा शासक और शोषित के रूप में इन दोनों वर्गों में सामंजस्य स्थापित हुआ। पर यह सामंजस्य विवशताजन्य था क्योंकि हिन्दुओं ने जो बहुसंख्यक वर्ग के थे इसे सहज में स्वीकार नहीं किया। सामान्य रूप से इन कटुताओं का आदि कारण यह रहा है कि हिन्दू मूर्ति-पूजक हैं तो मुसलमान मूर्ति-पूजन को पाप समझते हैं। "यह मूर्ति-पूजन के प्रत्येक रूप को तिरस्कृत करते हैं।....इस्लाम कुछ धार्मिक उत्सव, पशुबलि को धार्मिक अनुग्रह के रूप में ग्रहण करता है। यह पशु बार-बार गाय थी।....रूढ़िवादी हिन्दू मुसलमान के हाथ से भोजन लेना पाप अनुभव करते हैं।" भारत में इस्लाम धर्म के विस्तार का इतिहास मिशनरी रूप में व्यक्तियों के निजी प्रयासों से सम्बन्ध है जिसके कारण पैगम्बर के धर्म को बहुत सफलता मिली।

दोनों सम्प्रदायों का खिंचाव एक और कटुता उत्पन्न करने वाला था किन्तु दूसरी ओर दोनों सम्प्रदाय किसी-न-किसी रूप में एक दूसरे को प्रभावित करने लगे। पारस्परिक प्रभाव पड़ने के कारण एक नई सभ्यता का उदय होना प्रारम्भ हुआ। "हिन्दू परम्पराएँ तथा रीतियाँ पूर्णरूपेण वातावरण से साम्य रखती थीं। मुस्लिम विजय के बाद हिन्दू समाज व्यवस्था ने अपने आपको रक्षात्मक स्थिति में रखा तथा इस सामाजिक व्यवस्था को पूर्वापेक्षा अधिक खड़ा बना दिया।" राजा अकबर ने इस कटुता को बहुत सीमा तक कम किया।

अंग्रेजों के आगमन के साथ-साथ साम्प्रदायिकता के विष का प्रसार बहुविध हुआ। 'विभाजित कर शासन करो' की नीति के मूल रूप से इसी साम्प्रदायिकता के विस्तार का आधार है। अपनी कुटिल नीति के कारण अंग्रेजों ने दो बड़े सम्प्रदायों के मध्य आ रही एकता को छिन्न-भिन्न कर दिया। यहीं से साम्प्रदायिक वैमनस्य के प्रसार का एक अविस्मरणीय अध्याय प्रारम्भ होता है। "अंग्रेजों को यह निश्चय हो गया था कि नई सत्ता के विस्तार तथा अस्तित्व के लिए मुसलमानों को कुचलना अनिवार्य है अतः उन्होंने जान-बूझकर ऐसी नीति अपनाई जिससे कि मुसलमानों

की आर्थिक अवस्था छिन्न-भिन्न हो जाएँ, उनकी प्रतिभा को आघात पहुंचे और उनका पूर्णतः पतन सम्भव हो।" सर सय्यद अहमद खाँ ने इस अलगाव के अध्याय को प्रिसंपल बैंक की सहायता से समाप्त कर दिया। इसी सन्दर्भ में गवर्नर सर ब्रेम फील्ड फुलर के 'प्रिय मुस्लिम पत्नी' सिद्धान्त ने सम्बन्धों की दिशा ही बदल दी। 1906 में विधिवत् मुस्लिम लीग की स्थापना हो गई। इसके माध्यम से साम्प्रदायिक प्रतिनिधित्व की मांग को प्रस्तुत किया।

प्रारम्भिक विरोध के बाद लार्ड मिंटों को अपने षड्यन्त्र में सफलता मिल गई। 1916 में कांग्रेस को मध्य प्रसिद्ध 'लखनऊ पैक्ट' सम्पन्न हुआ लेकिन उनका जीवन क्षणिक रहा। जिन्ना के सतत् संघर्ष ने साम्प्रदायिक एकता की धूमिल आशा को निष्प्राण कर दिया। सम्प्रदायिकता के प्रसंग में अंग्रेज को अब जिन्ना एक ऐसे नेता के रूप में मिल गए थे जो मुसलमानों को कभी भी हिन्दुओं से मिलने नहीं देते थे। गाँधीजी ने देश की अखण्डता, एकता और स्वतन्त्रता के लिए जिन्ना की उग्रभावनाओं की किंचित मात्र चिन्ता नहीं की। उन्होंने साम्प्रदायिक एकता के अपने प्रयत्नों में कोई ढील नहीं आने दी, किन्तु विभाजन की विडम्बना को कैसे बदला जा सकता था। देश में फैलते हुए वैमनस्य और हिंसा के प्रसार को रोकने के लिए जितने अधिक प्रयास किए जा रहे थे, हिंसा का प्रसार उतना ही बढ़ रहा था। गृह युद्ध की आशंका से बचने के लिए राष्ट्रीय नेताओं ने विभाजन को स्वीकार किया। गाँधी मौन रहे, विवशता ने उन्हें मौन रखा। पाकिस्तान का निर्माण हुआ।

सम्पूर्ण जीवन को उन्होंने साम्प्रदायिक एकता के लिए अर्पित किया था। उनकी मृत्यु एक स्वधर्मी के हाथों से हुई। उनकी मृत्यु एकता के लिए एक वरदान है। विभिन्न सम्प्रदायों के कारुणिक रुदन उनके द्वारा साम्प्रदायिक एकता के लिए किए गए प्रयत्नों को स्पष्ट कर देते हैं—"मैं उन आठ मजदूरों को याद रखूंगा जिन्होंने यमुना के निकट सामान्य हरे मैदान में चिता तैयार करने में सहायता की थी। इन मजदूरों ने चिता पर चंदन की लकड़ियाँ रखते हुए मुझे बताया कि महात्मा जी से प्रेम करते थे क्योंकि वह मुसलमानों के सच्चे दोस्त थे।"

दो सम्प्रदायों के मध्य एकता की आकांक्षा को उन्होंने केवल हृदय में ही धारण नहीं किया अपितु उसकी सफलता के लिए अनथक प्रयास किए। "अपने जीवन के अन्तिम महीनों में साम्प्रदायिक कटुता मिटाने के लिए तथा सामान्य हित के लिए उन्होंने अपने शान्तिपूर्ण प्रभाव का प्रयोग किया और उसमें वह सफल हुए।" उन्होंने भारत में साम्प्रदायिक एकता स्थापित करने के लिए बड़ा प्रयत्न किया, "आशा है उनका देहावसान भारत और पाकिस्तान की जनता को उस आदर्श की पूर्ति के लिए

अपने को उत्सर्ग करने की प्रेरणा देगा जिसके लिए वे जीवित रहे और जिसके लिए प्रकट रूप से वह मरे।"

गाँधीजी ने एकता की जो कल्पना की थी उसको साकार रूप देने से पहले ही देश का विभाजन हो गया। उनके साम्प्रदायिक एकता के आदर्शों को पूर्ण करने के लिए धर्म के उच्च आदर्शों को अंगीकार करना और धर्म के प्रति स्वभाव वृत्ति को जन्म देना अब भी आवश्यक है। ऐसे कार्यों से पृथक् रहना आवश्यक है जो दूसरे सम्प्रदाय के लोगों को ठेस पहुँचाते हों। भय के स्थान पर निर्भय होने की दीक्षा लेकर अविश्वास और सन्देह को विश्वास और सहयोग की भाषा सीखना आवश्यक है। उनके व्यक्तिगत जीवन के मुखरित साम्प्रदायिक एकता की भावना सम्पूर्ण विश्व के कल्याण की प्रेरक शक्ति है। भारत ने धर्म निरपेक्षता का व्रत लिया है। शासन के सर्वोच्च पदों पर विभिन्न सम्प्रदाय के लोगों को बैठने का अवसर सहज रूप में उपलब्ध है किन्तु समाज में अभी भी तनिक-तनिक से विवादों में संघर्ष की स्थिति आ जाती है, हमें आज इसी स्थिति से बचना है।

लक्ष्य साधनों का औचित्य सिद्ध नहीं करता

गाँधीजी ने अहिंसक जीवन पद्धति को अपनाया। इसके अन्तर्गत गाँधीजी ने यह सदैव अनुभव किया कि जिस तरह का हमारा पवित्र लक्ष्य हो, साधन भी उसी के अनुरूप पवित्र होने चाहिएँ। गाँधीजी ने पाश्चात्य जीवन दर्शन की उस उक्ति को अस्वीकृत कर दिया कि साध्य की प्राप्ति में साधनों की चिन्ता नहीं करनी चाहिए। उनके लिए पवित्र साधनों के प्रयोग की बात सदैव प्रमुख रही। "कम्युनिस्ट, फासिस्ट तथा अन्य व्यावहारिक राजनीतिज्ञ उस सिद्धान्त में जीवन आस्था रखते हैं कि साध्य साधनों की पुष्टि करता है।....गाँधीजी के जीवन दर्शन में यह दोनों एक दूसरे के पूरक हैं। यह दोनों अपृथक्य हैं तथा दोनों समान रूप से पवित्र होने चाहिए। लक्ष्य का श्रेष्ठ होना ही पर्याप्त नहीं है। गाँधीजी साधनों में भी नैतिकता देखना चाहते हैं। वास्तव में साधनों की पवित्रता ही उनके लिए सब कुछ है।"

गाँधीजी की दृष्टि में साधनों की पवित्रता पर बल देने का मुख्य कारण यह है कि मनुष्य केवल कार्य कर सकता है, व्यक्ति साधनों को नियन्त्रित कर सकता है। लेकिन साध्य को नियन्त्रित नहीं कर सकता। गीता का निष्काम कर्म भी मनुष्य को इसी तथ्य की दीक्षा देता है। मनुष्य धोखा देकर अपना काम निकाल सकता है लेकिन यह काम निकाल लेना ही तो सब कुछ नहीं है, इससे उसका पतन होने लगता है। "पवित्र साधनों से भले ही प्राप्ति कर एक बार न हो, इसका कोई महत्व

नहीं है। हमें अपने साधनों से भले ही लक्ष्य की प्राप्ति एक बार न हो, इसका कोई महत्व नहीं है। हमें अपने साधनों की पवित्रता में सदैव आस्था रखनी चाहिए।''

स्वराज्य भी पवित्र साधनों से

गाँधीजी के लिए स्वराज्य की प्राप्ति का प्रश्न एक लक्ष्य के समान था। इस पवित्र लक्ष्य की प्राप्ति वह अहिंसक साधनों से ही करना चाहते थे। ''सत्य और अहिंसा की नीति के अतिरिक्त मुझमें कोई नीति चातुर्य नहीं है। स्वदेश और धर्म के उद्धार हेतु भी मैं सत्य और अहिंसा को नहीं त्याग सकता।'' इन साधनों की पवित्रता में आस्था रखने के कारण ही गाँधीजी लक्ष्य प्राप्ति के लिए कभी व्यग्र नहीं हुए। उनके अनुसार, ''मैं शुद्ध, पवित्र अहिंसा में श्रद्धा रखता हूँ। लाखों की जान मारकर हिंसात्मक साधनों द्वारा भारत के लिए स्वराज्य पाने की सम्भावना में मैं विश्वास नहीं रखता।'' उनका सम्पूर्ण सत्याग्रही जीवन सत्य के आग्रह और साधनों की पवित्रता के संकल्प से सम्बद्ध रहा है 'चौरीचौरा' काण्ड के घटित हो जाने के बाद उन्होंने सत्याग्रह में हिंसा आ जाने के कारण उसे बन्द कर दिया क्योंकि वह एक अच्छे साध्य के लिए जीवन पर्यन्त साधनों की पवित्रता के महत्व को स्वीकार करते रहे। राजनीतिक, सामाजिक और आर्थिक चिंतन पर उसके पवित्र साधनों के प्रभाव को स्पष्ट रूप से देखा जा सकता है।

राजनीति का आध्यात्मिकरण

भारत में आकर गाँधीजी ने जितने भी कार्य किए उन सभी का प्रत्यक्ष अथवा अप्रत्यक्ष प्रभाव देश की राजनीति पर पड़ा। देश नवजागरण की नई मशाल और नई रोशनी को लेकर अप्रत्याशित रूप से खड़ा हुआ। जनता नई स्फूर्ति पाकर जिस प्रकार परिवर्तन को उत्सुक हुई, उन सभी के पीछे सजग राजनीतिज्ञ के रूप में गाँधीजी का वरदहस्त था। गाँधीजी ने तिलक और गोखले के बाद इस देश की राजनीति को सर्वाधिक प्रभावित किया। गाँधीजी ने प्रचलित राजनीति की दिशा को मोड़कर उसे सच्चे और सात्विक रूप में विश्व के सामने प्रस्तुत किया जिससे कि वह जीवन के लिए ग्राह्य हो सके।

गाँधीजी का धर्म केवलमात्र रूढ़िवादी मान्यताओं और पौराणिक गाथाओं वाला धर्म ही नहीं है, उनके धर्म में वह सभी आदर्श समाहित हैं जो मानव जाति के लिए सदैव अपेक्षित हो सकते हैं। गाँधीजी का धर्म केवल मन्दिर, मस्जिद, गिरजे या गुरुद्वारे तक ही सीमित नहीं है, उसमें समस्त मानव जाति की सेवा परिलक्षित होती

है। गाँधीजी की धार्मिक दृष्टि सर्वधर्म समभाव की धरोहर है। इस दृष्टि को लेकर गाँधीजी अपने धर्मगत विचार दर्शन को जीवन के प्रत्येक क्षेत्र पर स्थापित करते हैं। अर्थ का क्षेत्र हो या राजनीति का, सामाजिक हो या आध्यात्मिक, सभी उनके इस धर्म तत्व से तथा पवित्र साधनों के आदर्श से प्रभावित हैं। उन्होंने स्वयं भी कहा है कि, मैं जो एक राजनीतिज्ञ परिधान पहने हूँ, हृदय से एक धार्मिक व्यक्ति हूँ।"

प्रचलित राजनीति अमान्य

गाँधीजी की राजनीति का स्वरूप प्रचलित राजनीति से सर्वथा भिन्न है। राजनीति में छल, कपट, दम्भ और विनाश के तत्व परिचालत हैं। इसका अर्थ यही है कि उनकी आध्यात्मिक मान्यताएँ ही उनकी राजनीति का पथप्रदर्शित करती हैं। जहां तक राजनीति का प्रश्न है, वर्तमान समय में कोई भी व्यक्ति उसके चंगुल से नहीं बच सकता, भले ही वह एक धार्मिक अथवा सामाजिक नेता क्यों न हो। राजनीति का प्रभुत्व मनुष्य जीवन के चारों ओर सांप की कुण्डलियों के समान घूम रहा है। इसे हम छूना चाहें या छूने का प्रयास भी करें तो नहीं छू सकते। गाँधीजी मानव समाज को इन्हीं सर्प कुण्डलियों से मुक्त करना चाहते थे। परम्परा और वातावरण से निर्मित राजनीति में वह धर्मतत्व को सर्वाधिक महत्व का स्थान प्रदान करते हैं। धर्म और राजनीति के निकटतम सहयोग के बिना गाँधीजी न तो धर्म की व्यावहारिक उपयोगिता स्वीकार करते हैं और न ऐसी राजनीति को ही, जिसके प्राणों में धर्म-तत्व ही न हो। "मैं धर्म से भिन्न राजनीति की कल्पना नहीं कर सकता। वास्तव में धर्म तो हमारे हर एक कार्य में व्याप्त रहना चाहिए। यहां धर्म का अर्थ कट्टरपंथ से नहीं है। उसका अर्थ है—विश्व की एक नैतिक सुव्यवस्था में श्रद्धा।"

धर्मविहीन राजनीति त्याज्य—गाँधीजी ने धर्म की कट्टरपंथी कठोरता को न अपने लिए और न समाज के लिए ही आवश्यक माना है। यदि कोई व्यक्ति जीवन में सात्विक मूल्यों से अपना सम्बन्ध हुआ भी ले तो उसके कार्य अहित ही करेंगे। उस समय उनसे हित किए जाने की कल्पना करना निरर्थक है। यही दृष्टिकोण उनका राजनीति के लिए है। "मैं देश की आंखों में धूल नहीं झोंकूंगा। मेरे नजदीक धर्मविहीन राजनीति कोई चीज नहीं है। धर्म के मानी बहमों और गतानुगतिकत्व का धर्म नहीं, द्वेष करने वाला और लड़ने वाला धर्म नहीं, बल्कि विश्वव्यापी सहिष्णुता का धर्म। नीति शून्य राजनीति सर्वथा त्याज्य है।" सत्य शोधक के नाते गाँधीजी का मानस ऐसी राजनीति की दलदल में न खुद फंसना चाहता और न समाज को ही फंसाना चाहता है जो मनुष्य के नैतिक विकास की गति को अवरुद्ध करती हो।

गाँधीजी का धर्म अत्यन्त व्यावहारिक है। ऐसे भी धार्मिक व्यक्ति होते हैं जो दुनिया की मुसीबतों और परेशानियों से बुरी तरह घिर जाने पर अपना मुंह छिपाकर मठों या पहाड़ों की गुफाओं में चले जाते हैं और वही अपने हृदय में जलने वाली पवित्र आग की रक्षा करते हैं। यदि सत्य, प्रेम और न्याय दुनिया में नहीं मिलते तो हम इन गुणों को अपनी आत्मा के पवित्र मन्दिर में प्राप्त कर सकते हैं। गाँधीजी के लिए पवित्रता और मानव सेवा अभिन्न थे।

गाँधीजी मूलतः एक धर्म पुरुष थे। नैतिकता के आवरण में उनको मानव सेवा की इच्छा उन्हें राजनीति में ले आई। जो व्यक्ति मशीन की तरह धर्म तत्वों की पूजा करते हैं, वह धर्म के खोल में बैठे हुए दम्भी हो जाते हैं। वह एकांतिक साधना के व्रत में पड़ोसी को होने वाले दुख-दर्द के प्रति कोई ध्यान नहीं देते। धार्मिक प्रवृत्तियों वाला राजनीतिज्ञ तटस्थ भाव से मानव जाति की सेवा करेगा। वह कुछ देने का प्रयास करेगा, छीनने का नहीं। गाँधीजी ने धर्ममय राजनीति को अंगीकार कर संसार को एक नई दिशा की ओर ले जाने का प्रयास किया है। धोखे के आधार पर प्राप्त सत्ता से राजनीतिज्ञ सामान्य राजनीतिज्ञ से भिन्न मद-मोह में ग्रस्त हो जाते हैं और नीति के स्थान पर कूटनीति को पदासीन कर देते हैं। डी. मित्रा ने गाँधीजी को इस परिवेश से सर्वथा दूर रखकर देने का प्रयास किया है, "गाँधीजी का रास्ता कूटनीतिज्ञता अथवा छिपाव एवं प्राप्त करने की चतुरता को अंगीकार नहीं करता तथा उनकी राजनीति राष्ट्रीय अथवा अन्तर्राष्ट्रीय कूटनीतिज्ञता को छोड़कर निश्चित रूप से स्पष्ट, स्वतन्त्र एवं निष्काम भावना से प्रेरित विषयों के चिन्तन के लिए मार्ग प्रशस्त करती है।"

नीति का समावेश—नीति विषयक ज्ञान के आधार पर मनुष्य उचित और अनुचित के मध्य अन्तर की स्पष्ट रेखा खींच सकता हैं। उचित को पूर्ण मर्यादा के साथ पालन करने का नाम ही वास्तव में धर्म है। मनुष्य जीवन की विभिन्न क्रियाओं को पृथक् नहीं रखा जा सकता। "मनुष्य की समस्त क्रियाओं का क्षेत्र विस्तार एक अविभाज्य पूर्णता का द्योतक है। तुम मनुष्य की सामाजिक, आर्थिक, राजनैतिक तथा पूर्ण क्रियाओं को पृथक् जलरुद्ध विभागों के रूप में विभाजित नहीं कर सकते। मैं ऐसे किसी धर्म को नहीं जानता जो पूर्णरूपेण मानव क्रियाओं से पृथक् हो। यह अन्य समस्त क्रियाओं को नैतिक आधार प्रस्तुत करता है जिसे वह अन्यथा ग्रहण नहीं कर पाएगी।" धार्मिक प्रभाव का अर्थ है कि मनुष्य की जितनी भी क्रियाएँ हैं उन सबमें धर्म तत्व ही प्रवाहित हो। धर्म तत्व के प्रवाहित होने का अर्थ गाँधीजी के लिए सत्य और अहिंसा को केवल व्यक्तिगत उपयोग के लिए नहीं सार्वजनिक उपयोग के लिए निश्चित करना है।

राजनीति में मानव सेवा—राजनीति, गाँधीजी को धर्म और आचार शास्त्र के एक अंग के रूप में मान्य है। गाँधीजी राजनीति में भी ऐसा ही आदर्श मानते हैं जिसके अनुसार मानव सेवा सम्भव हो सकें जैसे उनके लिए धर्म भी मानव सेवा का अविभाज्य अंग है। वी. पी. वर्मा के अनुसार, "उनके लिए (गाँधी जी) राजनीति ईश्वर की सेवा करने का एक मार्ग था।" यह तभी हो सकता है जब कि प्रत्येक मनुष्य स्वयं अपने कार्यों को शुद्ध बनाए। धर्म मनुष्य का इस शुद्धता के लिए आग्रह ही तो है, और यदि प्रत्येक राजनीतिज्ञ इस आग्रह को स्वीकार कर ले तो मानव जाति सुखमय स्थिति में पहुंच सकती है।

गाँधीजी ने धर्म को राजनीति के पृथक् करने के सिद्धान्त को भी स्वीकार नहीं किया। "समाज से धर्म को निकाल कर फेंक देने का प्रयत्न बांझ के घर पुत्र पैदा जितना ही निष्फल है और अगर सफल हो जाए तो उसमें समाज का नाश है।" गाँधीजी अपनी समस्त राजनीतिक क्रियाओं में इसी आदर्श की अनुमति को सहेजते हैं। और शरीर बल के स्थान पग आत्मबल को सरहाते हैं। गाँधीजी के लिए सत्य धर्म है, अहिंसा कर्म है और सत्याग्रह साधन है। व्यावहारिक राजनीतिज्ञ के नाते उनके जीवन में इन्हीं तत्वों का समावेश मिलता है। यही कारण है कि गाँधीजी की चिंतन अनैतिक साधनों के लिए कोई स्थान नहीं है, "एक आध्यात्मिक दृष्टि से सावयव विश्व में अच्छे लक्ष्य कभी भी बुरे साधनों से प्राप्त नहीं किए जा सकते। एक नैतिक उपदेशक के रूप में गाँधीजी ने सदैव निश्चित उद्देश्यों की प्राप्ति के लिए पद्धतियों की परिशुद्धता पर जोर दिया।" राजनीति का आध्यात्मिकरण उसी आस्था का सफल संकल्प है।

मौन एवं प्रार्थना

गाँधीजी के दैनिक जीवन में 'प्रार्थना' का विशेष महत्व रहा है। प्रत्येक दिन का अभिनन्दन वह प्रार्थना से करते थे। सायंकालीन प्रार्थना भी उनके कार्यक्रमों का अपरिहार्य अंग बन गई। गाँधीजी के लिए 'प्रार्थना' ईश्वरीय उपासना की महत्वपूर्ण पद्धति थी। इस पद्धति के द्वारा गाँधीजी अपने ईष्ट को अपने समीप पाने का सुख भोगते थे। प्रार्थना उनके मन को सदैव आत्म सन्तोष की भावना से परिपूर्ण करने के साथ-साथ वातावरण की परिशुद्धता के निमित्त एक महत्वपूर्ण अवलम्ब बनी।

हृदय की पवित्रता के लिए गाँधीजी ने प्रार्थना को शुद्धि का एक मार्ग बनाया है। उनके अनुसार, "प्रार्थना या उपवास शुद्धि की एक अत्यन्त शक्तिशाली प्रक्रिया है और जो चीज शुद्ध करती है वह अवश्य ही हमें हमारा कर्त्तव्य अधिक अच्छी तरह

करने और अपना लक्ष्य सिद्ध करने के लिए समर्थ बनाती है।" प्रार्थना की उपादेयता तभी है जबकि उनमें बुद्धि-संगतता तथा निश्चितता दोनों हो। प्रार्थना हमें एकाग्र बनाए रखती है तथा ईश्वर के साथ हमारा एकाकार कराती है। मन्दिर में घन्टा बजाने या गंगा जल चढ़ाने का नाम प्रार्थना नहीं है। प्रार्थना उस शान्त मनःस्थिति का एक आभूषण है जिसमें मनुष्य दूषित इच्छाओं से मुक्ति प्राप्त करने की इच्छा करता है।

गाँधीजी को प्रार्थना-पद्धति में किसी विशेष धर्म को विशेष स्थान सुरक्षित नहीं था। वह स्वयं अपने को कट्टर सनातन धर्मी हिंदू स्वीकार करते थे, किन्तु उनका हिंदुत्व किसी प्रकार भी उन्हें केवल हिंदू धर्म की प्रार्थना पद्धति तक ही सीमित नहीं रखता। इस्लाम, ईसाई, बौद्ध, जैन, सिख, पारसी और हिन्दू धर्म की प्रार्थनायें उनकी सभाओं में समान रूप से महत्व रखतीं थीं। यही कारण है कि गाँधीजी के व्यक्तिगत एवं सार्वजनिक जीवन में तथा आश्रम के सहजीवन को प्रार्थना पद्धति ने निर्मल, स्वच्छ और सत्यप्रिय बना रखा था। उनकी प्रार्थना में लोकाचार की अपेक्षा सदाचार की भावना मुखरित थी। यही कारण है कि उनकी प्रार्थना सभाओं में सभी धर्मावलम्बी भाग लेते थे।

गाँधीजी जीवनी शक्ति को सदैव रचनात्मक कार्यों में लगाने के पक्ष में थे। वह वाणी के सत्य को सदैव अधिक महत्व देते थे। जीवनी शक्ति को संचित करने और अच्छे-अच्छे कार्यों में प्रवाहित करने के लिए गाँधीजी ने मौन की आवश्यकता पर विशेष बल दिया है। वह स्वयं सप्ताह मैं एक दिन मौन रखते थे। मौन के माध्यम से वह अपना ध्यान ईश्वर में लगाने में सफल होते थे। मौन, व्यक्ति को चेतन जगत की क्रियाओं से अलग करके अचेतन जगत की ओर ईश्वर के निकट ले जाता है, जहाँ हम भौतिक उपलब्धियों के स्थान पर नैतिक और आध्यात्मिक उपलब्धियों की आवश्यकता पर विशेष बल देते हैं। मौन मनुष्य को असत्य बोलने से मुक्ति प्रदान करता है, कटुता से मुक्त करता है तथा प्रेम के क्षेत्र का विस्तार करता है। इस प्रेम के क्षेत्र के विस्तार में ही सत्य और अहिंसा को जीवित रखा जा सकता है। आज हम इस पद्धति से अपने को दूर रखते जा रहे हैं, फलस्वरूप प्रेम के क्षेत्र के स्थान पर कटुता के क्षेत्र का अधिक विस्तार हो रहा है।

कटुता के इस क्षेत्र में विस्तार को रोकने के लिए कठिन साधना की जरूरत है। हृदय की शुद्धि तथा अपवित्र कामना के स्पर्श मात्र से बचने के लिए व्यक्ति को स्वतः अपने अन्दर झांकना पड़ता है, उसे मृदुभाषी बनना पड़ता है। मौनधारण करने के कारण मानव हृदय अशुद्ध विचारों के प्रहारों से बच सकता है। "अनुभव ने मुझे सिखाया है कि सत्य के पुजारी के लिए मौन उसके आध्यात्मिक अनुशासन

का एक अंग है। जाने-अनजाने बढ़ा-चढ़ाकर कहने की, सत्य को दबा देने की या कम ज्यादा कर देने की वृत्ति मनुष्य की स्वाभाविक कमजोरी है और मौन उस पर विजय प्राप्त करने के लिए जरूरी है।" मौन की स्थिति में ईश्वर से साक्षात्कार करने की इच्छा को अधिक बल मिलता है। जहाँ तक सत्य के पुजारी और साधक का प्रश्न है, मौन उसके लिए आवश्यक वरदान है। "मौन वृत्ति में आत्मा को उसका मार्ग अधिक स्पष्ट दिखाई देता है और जो कुछ पकड़ में नहीं आता या जिसे समझने में भ्रम की सम्भावना होती है, वह स्फटिक की तरह स्पष्ट दिखाई देने लगता है।

रचनात्मक कार्यक्रम

असहयोग एवं सविनय अवज्ञा आन्दोलन की क्रियायें एक तरफ सम्पन्न हो रही थीं, लेकिन वह कोई पूरक व्यवस्था जुटाने में अपने को असमर्थ सी अनुभव कर रही थीं। गाँधीजी ने असहयोग आन्दोलन से जागृत हिंसा के प्रतिकारस्वरूप हृदय में एक सजीव विकल्प की व्यवस्था की थी। यह विकल्प रचनात्मक कार्यक्रम था। रचनात्मक कार्यक्रम का अर्थ है, व्यावहारिक कार्यक्रम, जिसके अनुसार बातें और विवाद कम हों और कार्य अधिक हो। गाँधीजी ने 8 दिसम्बर 1951 (कृपया वर्ष चैक करें) को अपने रचनात्मक कार्य की सम्पूर्ण दिशा को एक पुस्तक के माध्यम से देश के समक्ष प्रस्तुत किया। उनका विश्वास था कि यदि देशवासी उनके इस कार्यक्रम को पूरा करने के लिए सच्चे हृदय से प्रयत्न करें तो देश का सारा दुख-दरिद्र मिट जाये।

गाँधीजी रचनात्मक कार्यक्रम में नये भारत की सही तस्वीर प्रतिबिम्बित देखते थे। "जब क्रियात्मक संघर्ष न हो, जब राजनैतिक दबाव अथवा थकावट के कारण राष्ट्र कुछ समय के लिए विश्रांति चाहता है, ऐसे समय के लिए रचनात्मक प्रकृति के लाभदायक कार्यक्रम को प्रस्तुत करने की आवश्यकता अनुभव होती है। अन्यथा संघर्ष करने वाली पंक्ति छिन्न-भिन्न हो जायेगी, असंगठित हो जायेगी और नैतिकता की दृष्टि से उसका ह्रास हो जायेगा।"

इस विचार की सार्थकता को अनुभव करते हुए गाँधीजी ने रचनात्मक कार्य का कार्यक्रम देश को दिया। गाँधीजी अपने सत्याग्रह की सफलता रचनात्मक कार्यक्रम में ही देखते थे। "रचनात्मक कार्यक्रम के सम्बन्ध में यह निश्चयात्मक रूप में अनुभव करना चाहिए कि यह पूर्ण स्वराज्य को जीतने के लिए सत्य और अहिंसा का मार्ग है।" इस तथ्य की पूर्ति के लिए गाँधीजी ने 13 सूची रचनात्मक कार्यक्रम प्रस्तुत किया, जिसे बाद में 18 सूत्री कार्यक्रम के रूप में स्वीकार किया गया।

गाँधीजी इस विश्वास के साथ अपनी मान्यतायें प्रस्तुत कर रहे थे कि यदि देश पूरी लगन, सामर्थ्य और पूर्ण विश्वास के साथ रचनात्कम कार्यक्रम में जुट जाये तो कोई ऐसी ताकत नहीं जो कि इच्छित स्वतन्त्रता की प्राप्ति को रोक दे। गाँधीजी के रचनात्मक कार्यक्रम में किसी प्रकार की हिंसा की व्यवस्था नहीं थी।

"रचनात्मक कार्यक्रम की सफलता के लिए उन्होंने हमेशा ही यह कहा कि अनुशासनात्मक जीवन पद्धति से तथा स्वार्थ रहित कार्यों को सम्पन्न करने से ही हमें ध्येय की उपलब्धि हो सकती है।" यह स्वाभाविक भी है और अपेक्षित भी। इन तथ्यों के संदर्भ में हमें गाँधीजी के रचनात्मक कार्यक्रम के विभिन्न पहलुओं का अध्ययन करना आवश्यक है।

राजनैतिक दृष्टि से गाँधीजी का लक्ष्य भारत को स्वतन्त्रता प्राप्त कराना था। वह सत्य, अहिंसा और प्रेम से परिपूर्ण समाज की स्थापनार्थ ही यह चाहते थे। अंग्रेजी राज्य की क्रूरता तथा दमनकारी नीति उन्हें सह्य नहीं थी। अपने लक्ष्य की प्राप्ति हेतु गाँधीजी ने उसके अनुकूल पवित्र साधनों को अपनाया। गाँधीजी का सम्पूर्ण रचनात्मक कार्यक्रम इसी लक्ष्य की पूर्ति करता है। इसके द्वारा उन्होंने व्यक्ति और समष्टि सभी का उत्थान दृष्टि में रखा था। रचनात्मक कार्यक्रम की मुख्य प्रवृत्तियों के रूप में उन्होंने साम्प्रदायिक एकता, अस्पृश्यता निवारण, शराबबन्दी, खादी ग्रामोद्योग विकास, बेसिक शिक्षा, नारी, जागृति तथा राष्ट्रभाषा की उन्नति के कार्यक्रम को स्वीकार किया। यही कार्यक्रम गाँधीजी के सार्वजनिक जीवन की आधारशिला है। गाँधीजी ने अपना सारा जीवन इन्हीं के विकास में समर्पित कर दिया।

8

सामाजिक विचार

महात्मा गाँधी एक ऐसे राष्ट्र के रूप में अपने राष्ट्र को देखना चाहते थे, जहां किसी प्रकार का भेदभाव नहीं हो, सभी लोग भाई-चारे की भावना से अपने जीवन में नैतिकता एवं आध्यात्मिकता का संग्रह करें। इसके लिए उन्होंने नवीन समाजार्थिक विचारों का प्रवर्तन किया। उस समय देश की तत्कालीन परिस्थिति कुछ प्रकार थी कि किसी भी दशा में समाज को व्यवस्थित करना स्वयं में एक चुनौती थी क्योंकि इस समय पूरा समाज छुआछूत, सांप्रदायिकता, नशाखोरी, पाश्चात्य संस्कृति तथा शोषण आदि समस्याएँ विद्यमान थीं। इन सभी से निपटने के लिये गाँधीजी ने कुछ नवीन विचार प्रस्तुत किये।

गाँधी जी के सामाजिक विचार

भारतीय समाज में फैली कुरीतियों और उनमें पायी जाने वाली रूढ़िवादिता को गाँधीजी ने समझा और एक समाज सुधारक के रूप में समस्याओं को सुलझाने के उपाय प्रस्तुत किये।

(1) छुआछूत--गाँधीजी ने अछूतोद्धार के उद्देश्य से 1928-1929 में देशव्यापी दौरा किया। उन्होंने एक बार कहा, "मेरा तो दावा है कि भारत के बहुसंख्यक अछूतों का भी मैं प्रतिनिधि हूँ। हम चाहते हैं कि अछूतों का एक पृथक् जाति के रूप में वर्गीकरण किया जाए। सिक्ख हमेशा के लिए सिक्ख, मुसलमान हमेशा के लिए मुसलमान और ईसाई हमेशा के लिए ईसाई रह सकते हैं, लेकिन क्या अछूत भी सदा के लिए अछूत रहेंगे।" गाँधी जी द्वारा मान्य वर्णाश्रम व्यवस्था की अर्थ यह नहीं था

कि वे इसे भेदभाव के रूप में ग्रहण करें। उनका मानना था कि अस्पृश्यता एक पाप है। यह प्रजातंत्र की भावना के विरुद्ध है। यह मानव श्रम की महत्ता का उल्लंघन है। यह कुछ आर्थिक समस्याओं को भी जन्म देता है। अछूत समाज के कमज़ोर और गरीब अंग हैं, इसीलिए उनका सामाजिक स्तर नीचा है।

सवर्ण हिंदुओं को सचेत करते हुए अस्पृश्यता का अर्थ स्पष्ट करते हुए कहा, "अस्पृश्यता का निवारण सवर्ण हिन्दुओं के लिए एक पश्चाताप है। अछूतों के शुद्धिकरण की नहीं, बल्कि ऊंची कहलाने वाली जातियों के शुद्धिकरण की आवश्यकता है। ऐसी कोई बुराई नहीं है जो केवल अछूतों के लिए विशेष तौर से हो। हमारे अहंकार ने हमको अपनी बुराइयों के प्रति अंधा बना दिया है और हम दलित भाइयों, जिनको हमने कुचला और दासता में रखा है, की बुराइयों को बढ़ा-चढ़ाकर कहते हैं। ईश्वर की कृपा और उसके दर्शन पर किसी जाति या राष्ट्र का एकाधिकार नहीं है। वे सबको, जो ईश्वर की भक्ति करते हैं, समान रूप से प्राप्त हैं। जो धर्म और राष्ट्र अन्याय, असत्य और हिंसा में विश्वास रखता है, वह इस धरती से मिट जाएगा।" फिर कहा कि यह समाज के लिये घातक शस्त्र के समान है "अस्पृश्यता के गम्भीर रूप ने सदा मुझको बड़ा कष्ट पहुंचाया है, क्योंकि मैं स्वयं को पक्का हिन्दू धर्म का अनुयामी होने में विश्वास करता हूँ तो मुझे स्वयं हिन्दू धर्म को छोड़ देने में कोई झिझक नहीं होगी।" मैं कभी भी अपने मन को अस्पृश्यता का भाव बिठा नहीं सका हूँ। मैंने इसे सदा ही हिन्दुत्व की रसौली समझा है। यह ठीक है कि यह सदियों से चली आ रही है, परंतु ऐसी बुराइयाँ तो अनेक हैं।"

हिंदू धर्म की पावनता पर प्रश्नचिह्न लगाते हुये अछूतों को 'हरिजन' नाम देते हुये उनमें सामाजिक उत्थान के लिये सुधार कार्यक्रम की घोषणा की।

(2) सांप्रदायिकता—गाँधीजी ने धर्म को प्राणिमात्र के कल्याण का साध्सान बताया। वे चाहते थे कि सभी धर्मों के लोग भारत में भाई-भाई बनकर रहें। गाँधी जी किसी एक जाति के नहीं, वरन् 'सर्व-धर्म-समन्वय' के उपासक थे। उन्होंने अपने आपको एक हिन्दू और साथ ही साथ एक मुसलमान और एक ईसाई भी बतलाया। उनकी प्रार्थना में कुरान और बाइबिल के अंश भी शामिल होते थे। उन्होंने लिखा, "विभिन्न धर्मों में समन्वय तभी स्थापित हो सकता है, जबकि विभिन्न धर्मों के अनुयायी एक-दूसरे के धर्म के प्रति क्रियात्मक रूप से सम्मान का भाव प्रकट करें।" उन्होंने 'खिलाफत' को असहयोग के आन्दोलन के कार्यक्रम में शामिल किया। इसको शामिल करने की मुख्य वजह थी कि वे भारत का विभाजन नहीं चाहते थे। विभाजन के बाद की उत्पन्न स्थिति से गाँधीजी का हृदय विदीर्ण हो गया। उन्होंने

कहा, "हमारी स्वतन्त्रता तभी पूर्ण होगी जब इसमें जाति, पद या धर्म के भेदभाव के बिना राजकुमार को भी उतनी ही स्वतन्त्रता मिलेगी-जितनी किसान को, भू-स्वामी को उतनी-जितनी भूमिहीन कृषक को, हिन्दुओं को उतनी-जितनी मुसलमानों को, ईसाईयों को उतनी-जितनी जैनियों को, यहूदियों को उतनी-जितनी सिक्खों को।" समाज में उनका प्रसुख उद्देश्य अल्पसंख्यकों की सामाजिक स्थिति सुधारना।

(3) नशाबन्दी—गाँधीजी मादक द्रव्यों के प्रबल विरोधी थे। उन्होंने एक बार कहा, "यदि मुझे एक घण्टे के लिए भी भारत का तानाशाह बना दिया जाए तो सबसे पहला काम जो मैं करूंगा वह होगा— शराब की सभी दुकानों को बिना मुआवजे के बन्द करना।" गाँधी जी शराब को नैतिक, आर्थिक एवं बौद्धिक पतन का कारण बताते थे तथा कहते थे कि जो पैसा बच्चों की शिक्षा और उनके स्वास्थ्य पर खर्च होना चाहिए वह शराब में नष्ट किया जाता है। शराबी का परिवार सदा गरीबी में पलता है। शराब अनेक मामलों में लोगों की बुद्धि को भी कुंठित कर देती है और उनके बौद्धिक विकास को रोकती है। जब उन पर रहा नहीं गया तो उन्होंने कहा कि, "किसी शराबी की औरत से जाकर इन्तजार करने के लिए कहो, फिर देखना वह तुम्हारी क्या गत बनाती है। मैं तो हजारों शराबियों की औरतों को देख रहा हूँ और इसलिए एक मिनट का भी इन्तजार करने का धीरज मुझमें नहीं रहा।" उस समय शराब की ब्रिकी से सरकार को आय प्राप्त होती थी। उस विषय में उन्होंने कहा कि, "स्मरण रहे कि शराब से प्राप्त आय निकृष्ट प्रकार का टैक्स है। टैक्स तभी ठीक हो सकता है जब उसके बदले में करदाता को दस गुना अधिक सेवा प्राप्त हो। एक्साइज लोगों की नैतिक और मानसिक गिरावट लोगों को कर अदा करने पर मजबूर करती है और वह भी उन पर, जो इसे सबसे कम सहन करने योग्य हैं और जिन पर यह भारी बोझ के समान है।" 1938 में उन्होंने कहा, "कांग्रेस सरकारें जो राजस्व के लिए नशाबन्दी करने में देरी करती हैं, अपनी शपथ को यदि शब्दों में नहीं तो भावना में भंग करने की दोषी हैं।"

(4) नारी कल्याण—गाँधीजी देश के उत्थान में नारी के कल्याण के प्रबल पक्षधर थे। उनके अनुसार असमानता शोषण को जन्म देती है जो हिंसा का ही नाम है। इसके अतिरिक्त, प्रत्येक कार्य सामाजिक दृष्टि से महत्त्वपूर्ण है, चाहे वह घरेलू कार्य है या दफ़्तरी। गाँधी जी इस बात को महसूस करते थे कि भारतीय समाज में एक समय ऐसा आया जब स्त्रियों के अधिकार सीमित कर दिये गये लेकिन वे यह भी कहते थे कि स्त्रियों को पुरुषों को समक्ष प्रतिस्पर्धा न करके अपने निर्धारित कार्यों में निष्णात होना चाहिए।

भारतीय स्त्री समाज में फैली विधवा प्रथा, पर्दाप्रथा दोनों के ही प्रबल आलोचक थे। वे स्त्रियों को नम्र, सुशील और सच्चरित्र देखना चाहते थे। वे महंगे कपड़ों और गहनों को भी पसन्द नहीं करते थे। नारी के संबंध में उनका विचार था कि वह श्रद्धा की प्रतिमूर्ति है; धैर्य की संवाहिक है, इससे भी आगे उन्होंने लिखा कि, "स्त्री अहिंसा की मूर्ति है। अहिंसा का अर्थ है असीम प्यार, जिसका अर्थ है कष्ट सहने की असीम क्षमता। वह पुरुषों की माता है, उसके अलावा कोई इतना कष्ट सहन करने की क्षमता नहीं रखता है। वह बच्चे को नौ महीने तक पेट में पालती है और इस कष्ट में निहित सुख की अनुभूति करती है। बच्चे के जन्म के समय उसे जो कष्ट होता है, उसका मुकाबला कौन कर सकता है? लेकिन वह जन्म की खुशी में उस कष्ट का भी भूल जाती है। कौन रोजमर्रा कष्ट उठाता है, ताकि उसका बच्चा दिन-पर-दिन बड़ा होता रहे। स्त्री अपनी इस प्यार को सारी मानवता पर बिखेरती है। वह भूल जाती है कि वह पुरुष की वासना का खिलौना है या कभी थी और वह मनुष्य के साथ अपना गौरवपूर्ण पद उसकी माँ, निर्माता और मौन नेता के रूप में ग्रहण करती है। युद्ध से त्रस्त संसार को शान्ति को पाठ पढ़ाना उसका ही काम है।"

(5) शिक्षा—शिक्षा के क्षेत्र में आध्यात्मिक व नैतिक मूल्यों की अनदेखी आधुनिकीकरण के कारण हो रही थी जिससे वो खासे परेशान थे। उनका मानना था कि अंग्रेजी सरकार की नीतियों के कारण शिक्षा का पश्चिमीकरण हुआ है। इस शिक्षण का परिणाम यह है कि भारतीयों में शारीरिक श्रम की अपेक्षा 'बाबू' बनने का सपना देखने लगे। अंग्रेज़ी पढ़े-लिखे लोग अपने-आप को जनता से एक अलग वर्ग समझते हैं। 'बेसिक शिक्षा' की योजना गाँधीजी ने ही लागू की थी। इस योजना में छात्रों को किसी हुनर के द्वारा शिक्षा दी जाती थी। गाँधी जी ने 'बेसिक शिक्षा' को श्रममूलक शिक्षा कहा, जिसका उद्देश्य छात्रों को हस्तकौशल और उनके उपकरणों के द्वारा शिक्षा देना था। वह मौजूदा पुस्तकीय शिक्षा से सर्वथा भिन्न थी। गाँधी जी ने इस बात को स्पष्ट कर दिया था कि बेसिक शिक्षा का उद्देश्य छात्रों को कारीगर बनाना नहीं है, बल्कि उनकी शारीरिक और मानसिक प्रतिभाओं का वैज्ञानिक तरीके से विकास करना है।

व्यक्तिगत उत्थान

मनुष्य समाज की ऐसी इकाई है जो समाज व राष्ट्र दोनों के लिये वरदान के समान है। व्यक्तिगत उत्थान को मनुष्य तभी प्राप्त कर सकता है जबकि वह मन, वचन और कर्म तीनों से ही किसी कार्य का संचालन करे। समाज मनुष्यों के दैहिक

संगठन का ही नाम नहीं है बल्कि इस संगठन में वह एक क्रियाशील, अनुभूतिशील और स्पंदनशील प्राणी के रूप में कार्य करता है। मनुष्य का व्यक्तिगत उत्थान समाज, जाति और देश के हित में होते हुए भी स्वतः विकसित नहीं हो सकता है। उसके उत्थान की अपनी अवस्थायें हैं, जिनकी प्राप्ति के लिए मनुष्य को संयम नियम के साथ कार्य करना पड़ता है। मनुष्य का व्यक्तिगत उत्थान सत्य की आराधना से प्रारम्भ होता है। सत्य की आराधना के लिये मनुष्य की ईश्वर में तथा उसकी सत्ता में दृढ़ आस्था हो।

उद्धान्त गुणों का विकास—गाँधीजी मनुष्य के विकास में भौतिक उपलब्धियों का स्थान गौण मानते हैं। मनुष्य दैहिक शृंगार में आत्मा के सत्य की अनुभूति करना भूल जाता है और वह सही रास्ते से भटक जाता है। व्यक्तिगत उत्थान की पूर्णता का आधार गाँधीजी के अनुसार जीवन का अहिंसामय हो जाना है। जिससे मनुष्य अपनी इच्छाओं को पूर्ण करने में सफल हो जाता है। "अहिंसा वास्तव में हमारी आन्तरिक अनुभूतियों की अभिव्यक्ति है। जो हृदय से शक्तिशाली है। वह प्रेम की सहायता से भय को समाप्त कर देता है तथा दूसरों को हानि पहुँचाने की अपेक्षा अपने जीवन तक का उत्सर्ग करने के लिए तैयार रहता है।"

हृदय की पवित्रता—गाँधीजी ने व्यक्तिगत उत्थान के लिये हृदय की पवित्रता पर विशेष बल दिया। हृदय की पवित्रता में मनुष्य अपने विवेक से साम्य-स्थापित कर लेता है। विवेकपूर्ण व्यक्ति से किंचित मात्र भी किसी के अहित की कल्पना नहीं की जा सकती। हृदय की पवित्रता के कारण मनुष्य अहिंसा धर्म का सहज पालन भी कर सकता है।"जो हृदय से शुद्ध नहीं हैं उन्हें ईश्वर दर्शन कभी नहीं हो सकता। इसलिए आत्मशुद्धि का अर्थ जीवन के सभी पहलुओं में शुद्ध होना चाहिए।" मानव हृदय की अशद्धि का उसके सामाजिक वातावरण पर बुरा प्रभाव पड़ेगा। हृदय की अपवित्रता के कारण जीवन अपने सद्भाव, स्नेह, सहानुभूति, सत्य और अहिंसा के शाश्वत विचारों से अलग होकर वह अपने जीवन में रोगग्रस्त हो जाता है। "आत्मशुद्धि के बिना जीवमात्र के साथ एक्य की साधना हो ही नहीं सकती। आत्मशुद्धि के बिना अहिंसा धर्म का पालन सर्वथा असम्भव है। अशुद्धत्मा परमात्मा का दर्शन करने में असमर्थ है।"

रागद्वेष से मुक्ति—मानव हृदय को पवित्र करने के लिये उसे स्वार्थ और तृष्णा को त्याग कर देना चाहिये। इसके परिणामतः व क्षुद्र स्वार्थों की पूर्ति में ही एकाग्र रहेगा। यही जीवन की हार का वास्तविक स्वरूप है। परिग्रह, स्वाद और

इन्द्रिय लिप्सा के ही कारण मनुष्य गिरता है और विश्व की अन्य मान्य मान्यताओं के साथ उसका संघर्ष हो जाता है।

पवित्र साधनों में आस्था— हृदय की पवित्रता का पूर्ण आधार मनुष्य अपने साधनों की पवित्रता को महत्व प्रदान करें। 'गाँधीजी ने अनुचित व्यवहार को हमेशा गलत बताया, क्योंकि उससे एक तो कभी सच्ची कार्यसिद्धि हो ही नहीं सकती और यदि दूसरे कार्यसिद्धि जैसी कोई चीज दिखे भी तो वह उस ध्येय की सिद्धि नहीं हो सकती, क्योंकि साधन के कारण व ध्येय ही बदल जाता है।'' जिस समय हृदय में सात्विक वृत्तियाँ भरी हुयी हों तभी पवित्रता का आभास होता है, ''आत्मशुद्धि का अर्थ है सत्य की अनुभूति होना तथा बुराइयों से अपने को पृथक् रखना। यदि वह स्थिति प्राप्त हो जाये तो स्वाभाविक रूप से सामाजिक-आर्थिक सम्बन्धों में परिवर्तन हो जायेगा।''

अहंकार से निवृत्ति—मानव के आध्यात्मिक प्रेम से अहंकार का नाश होता है। प्रेम से उसके हृदय में अन्य सभी के प्रति विश्वास की भावना जन्म लेती है और वह उदारता के आधार पर प्रसन्नता और एक्य की अनुभूति करता है।'' आत्मिक शक्ति प्रेम, विश्वास और उदारता पर आधारित है जो कि एक्य भावना तथा प्रसन्नता को जन्म देती है। हृदय की पवित्रता की एक अपूर्व उपलब्धि यह भी है कि इसका प्रभाव द्विपक्षीय है। जिस मनुष्य का हृदय स्वयं शुद्ध है वह विकारों से ग्रसित नहीं होगा और दूसरे सामाजिक लोगों को भी प्रभावित करेगा। ''इसमें संदेह नहीं कि जब एक व्यक्ति स्वेच्छापूर्वक किसी एक विश्वास या आदर्श के लिए कष्ट सहन कर रहा हो तो उस दृश्य से आक्रमणकारी और दर्शक का हृदय शुद्ध हो जाता है। उनके हृदय का परिवर्तन होने लगता है।

नैतिक उत्थान

मानव समाज के लिये गाँधीजी ने आत्मिक उत्थान पर विशेष बल दिया। वे एक ऐसे समाज की संरचना करना चाहते थे जिसमें नैतिक मापदण्डों का पूर्णतः समावेश है। व्यक्ति और समाज दोनों एक-दूसरे के पूरक हैं, इसलिए दोनों के उत्थान को गाँधीजी अपरिहार्य मानते थे। गाँधीजी के समक्ष तत्कालीन समाज की नैतिक मान्यतायें थीं। जड़वत् रूप में वह उन्हें स्वीकार नहीं कर सकते थे। अतः उन्होंने ऐसी रूढ़ियों को, संस्कारों को तथा दूषित प्रवृत्तियों को समाज से निकालकर सामाजिक नैतिकता को बढ़ावा मिल सकता है।

नीतिधर्म का आर्विभाव—मनुष्यों के पारस्परिक सम्बन्धों की अभिव्यक्ति ही

समाज कहलाती है। अतः समाज का नैतिक उत्थान का संबंध भी मूलतः मनुष्य पर ही अवलम्बित है। मनुष्य यदि नैतिक व्यवहार की ओर आकृष्ट होंगे तो स्वतः ही सम्पूर्ण समाज का नैतिक उत्थान सम्भव है। अतः समाज के नैतिक उत्थान की आवश्यकता को दृष्टि में रखते हुए सामाजिक मापदण्ड की ऐसी सीमाओं का निर्धारण करता है जिसके कारण मनुष्य में उचित कार्य करने की प्रेरणा तथा अनुचित कार्य से बचने की प्रवृत्ति जागृत होती है। यही नीति धर्म है। नीति धर्म का पालन प्रत्येक मनुष्य तथा समाज के लिए एक ऐसा पथ है जिस पर चलकर वह सम्पूर्ण विकास की आकांक्षाओं को पूर्ण करता है। नीति धर्म का पालन करने वाला व्यक्ति तथा समाज स्वयमेव धर्ममय होने के कारण नैतिक उत्थान के पथ पर चलने लगता है। नीति ही मनुष्य का भाग्य निर्माता है। नीति में धर्म का समावेश स्वयं हो जाता है। यदि वह समावेश नहीं है तो धर्म निष्प्राण हो जायेगा। "बिना नीति के धर्म लंगड़ा है। यदि धर्म बना रहना चाहे, यदि उसे शुद्ध तत्वज्ञान का, आत्मा के दिव्य मन्दिर का रक्षक मानें तो वह नीति के बिना अशक्त है।"

अपरिग्रह, अस्तेय एवं शरीरश्रम आवश्यक—मनुष्य को नैतिकता का वरण करने में बड़े त्याग की आवश्यकता होती है। यही कारण है कि गाँधीजी ने अपनी ग्रह की बात स्वीकार की। परिग्रह करने में मनोवृत्ति दूषित होती है और मनुष्य का नैतिक ह्रास होता है। "परमेश्वर में विश्वास रखने वाला यह मानता है कि जिस वस्तु की जब सच्ची आवश्यकता होती है तब वह अवश्य प्राप्त हो जायेगी। इसलिए वह किसी चीज का संग्रह करने के फेर में नहीं पड़ता है।" नैतिक उत्थान में हम अस्तेय के विचार को महत्वपूर्ण स्थान देते हैं। साधारणतः इसका अर्थ दूसरे के स्वामित्व वाली वस्तु की इच्छा करना पतन का कारण है। "हम जगत की समस्त वस्तुओं पर परमेश्वर का स्वामित्व समझें और प्राणी मात्र को उनके कर्त्ताहर्त्तापन में रहने वाले एक विशाल कुटुम्ब रूप समझें।" नैतिक विकास में शारीरिक श्रम की भी महत्वपूर्ण भूमिका है। "परिश्रम के बिना जो पदार्थ नहीं उपजते और जिनके बिना जीवन टिक नहीं सकता उनके लिये शारीरिक श्रम किये बिना उनका उपयोग करें तो जगत के प्रति हम चोर ठहरते हैं।" वर्तमान समाज में नैनिकता के दर्शन दुर्लभ हो गये हैं। गाँधीजी ने जहाँ एक ओर व्यक्ति के उत्थान को आवश्यक माना वहां समाज के नैतिक उत्थान की आवश्यकता को भी स्वीकार किया।

आश्रमवासी अभी गाँधीजी के चारित्रिक, आध्यात्मिक और नैतिक मूल्यों को अपनाये हुये हैं। आश्रमवासियों का व्यक्तिगत और सामाजिक जीवन नैतिक मूल्यों से महत्वपूर्ण अंग बने हुए थे। अपरिग्रह, अस्तेय, शरीरश्रम जैसे उदात्त मान्यतायें

प्रत्येक आश्रमवासी के जीवन की महत्वपूर्ण अभिव्यक्ति थी। आज हम सामाजिक जीवन में जिन नैतिक मूल्यों के पराभव को पाते हैं, गाँधीजी के आश्रम में वही सामाजिक जीवन की प्रेरणा थे। आज के समाज को पुनः उन सिद्धांतों को स्वीकार करना चाहिए।

हरिजन आन्दोलन

गाँधीजी ने हरिजनों के विकास के लिये अपना सारा जीवन समर्पित कर दिया और उनके लिये एक हरिजन कोष की स्थापना की। "हरिजन आन्दोलन में रस लेने के गाँधीजी के आह्वान का धन और जन दोनों रूप में ऐसा पर्याप्त अन्तर मिला कि हालत में हर घंटे और हर मिनट अन्तर दिखाई दिया। भोपाल के नवाब ने इस हिन्दू धार्मिक आन्दोलन के लिए 5000 रुपये दिये। उन्होंने हरिजन आन्दोलन के लिये सन् 1933 के नवम्बर मास से देश का दौरा शुरू किया। गाँधीजी ने अपने दौरे में अस्पृश्यता निवारण के लिये लगभग 8 लाख रुपया एकत्र किया।" गाँधीजी ने उस कोष का उपयोग उनके आर्थिक जीवन में सुधार तकनीकी शिक्षा के माध्यम से तथा उनके जीवन स्तर को ऊंचा उठाने का कार्य किया।

सन् 1915 में स्वदेश लौटने पर उन्होंने सत्याग्रह आश्रम की स्थापना अहमदाबाद में की। एक हरिजन परिवार के उसमें प्रवेश करने पर जितनी कठिनाइयाँ गाँधीजी ने अनुभूत कीं, वह कम नहीं आंकी जा सकती, किन्तु उन्होंने हरिजन परिवार को आश्रम से फिर भी अलग नहीं रखा। दिल्ली आवास काल में उन्होंने हरिजन बस्ती में ही अपने को बसाकर आदर्श का निर्वाह किया। अस्पृश्यता के निवारण का भी भरसक प्रयास किया। डॉ अम्बेडकर ने गाँधीजी के प्रति इस महत्वपूर्ण कार्य के लिये कभी कृतज्ञता प्रदर्शित नहीं की, बल्कि वह यह विश्वासपूर्वक कहते थे कि गाँधीजी हरिजन के लिये प्रयत्नशील नहीं हैं, वह तो अपने स्वार्थ के वशीभूत हरिजन उद्धार का बहाना बनाते हैं। इस विचार वैषम्य का कारण डॉ. अम्बेडकर की राजनैतिक प्रभुत्व की इच्छा अंग्रेजों से प्रेरित होकर कर रहे थे। गाँधीजी ऐसे किसी भी आधार पर हिन्दू समाज को कमजोर नहीं करना चाहते थे फलतः उन्होंने हरिजनों को अधिक प्रतिनिधित्व देकर डॉ. अम्बेडकर को संतुष्ट कर दिया और अंग्रेजों के मंसूबों पर पानी फेर दिया।

वर्ग-सहयोग के समर्थन

समाजवाद के जनक कार्ल मार्क्स ने समाज का अध्ययन दो रूपों में किया।

मार्क्स के अनुसार समाज में दो निश्चित वर्ग होते हैं—साधन सम्पन्न वर्ग तथा साधनहीन वर्ग। प्रथम वर्ग को वह शोषक की संज्ञा देता है और दूसरे वर्ग को शोषित की संज्ञा। मार्क्स ने इतिहास और समाज की मूल प्रेरक शक्ति के रूप के अर्थ को प्रधानता दी है। इन दो वर्गों के अस्तित्व को स्वीकार करते हुए मार्क्स की मान्यता है कि इन दोनों वर्गों के अलग-अलग हित के लिये दोनों में ही संघर्ष हो सकता है, क्योंकि बिना हिंसा के पूंजीपति वर्ग अपने हितों को छोड़ सकता। इस हिंसक संघर्ष से प्राप्त लाभों को स्थायी बनाने के लिए नयी समाज व्यवस्था के रूप में मजदूरों की तानाशाही स्थापित होगी। धीरे-धीरे राज्य में समाज की यह व्यवस्था क्षीण हो जायेगी और एक नवीन समाज व्यवस्था का उदय होगा।

गाँधीजी ने मार्क्स के विचारों का स्वागत करते हुये दो वर्गों में अस्तित्व को स्वीकार किया किन्तु उनका विषमता को हल करने का मार्ग वर्ग-सहयोग का है। मार्क्स का आदर्श गाँधीजी की आदर्श स्थिति से भिन्न नहीं है। दोनों का एक ही लक्ष्य है, लेकिन मार्क्स के साधन जहाँ हिंसा की पाशविकता से पूर्ण हैं, वहां गाँधीजी मानवीय आदर्श की स्थापना के लिए मानवीय साधनों को स्वीकार करते हैं। वर्ग संघर्ष का अन्त स्वभावतः दोनों चाहते हैं किन्तु दृष्टिकोण और पद्धतियों में भिन्नता है। ''वर्ग संघर्ष का मार्क्सवादी विचार निकम्मा हो जायेगा। वैसे तो वह अब तक पश्चिम में भी निकम्मा हो गया है क्योंकि जब मार्क्स ने अपने सिद्धान्तों का प्रतिपादन किया था तब से अब तक वहां ट्रेड यूनियन आन्दोलन, लोकतन्त्र और सहकारिता में बड़े-बड़े कदम उठाये जा चुके हैं। निश्चय ही भारत में ट्रेड यूनियनवाद, लोकतन्त्रवाद और सहकारिता को व्यापक करना होगा और शक्तिशाली बनाना होगा।

गाँधीजी ने समस्त समाज को एक ही संदेश दिया—'सादा जीवन और उच्च विचार'। गाँधीजी अपने आदर्श राज्य (रामराज्य) में किसी को न तो परावलम्बी देखना चाहते थे और न ही दुखी अथवा परेशान। ''मैं ऐसे भारत के लिए कोशिश करूंगा जिसमें गरीब से गरीब लोग भी यह महसूस करेंगे कि यह उनका देश है, जिसके निर्माण में उनकी आवाज का महत्व है। मैं ऐसे भारत के लिए कोशिश करूंगा जिसमें ऊंच और नीच का भेदभाव नहीं होगा और जिसमें विविध सम्प्रदायों में पूरा मेलजोल होगा। ऐसे भारत की कल्पना में गाँधीजी ने पूंजीपति वर्ग के हिंसात्मक विनाश की कभी कल्पना नहीं की थी। उनके विचार से सभी कुछ प्रेम तथा अहिंसा के माध्यम से हृदय परिवर्तन के द्वारा ही होना सम्भव है।"

अहिंसक मार्ग—मार्क्सवादी विचारों को गाँधीजी ने इसलिये नहीं अपनाया कि उससे अहिंसा की नीति को धक्का पहुंचता था। गाँधीजी ने जीवन में जो कुछ

अभिव्यक्त किया उसका मन्तव्य अहिंसा के आदर्श पर पूंजी के स्थान पर श्रम को अधिक महत्व दिया। "सच तो यह है कि मेहनत करने वाला जो कुछ पैदा करता है उसका मालिक वही है। अगर मेहतन करने वाले बुद्धिपूर्वक एक हो जायें तो वे एक ऐसी ताकत बन जायेंगे कि मुकाबला कोई नहीं कर सकता इसलिए मैं वर्गयुद्ध की कोई जरूरत नहीं देखता। वे दोनों वर्गों में उचित को समझाने के लिये प्रयासरत थे। इस विश्लेषण में भी गाँधीजी साध्य और साधन की आदर्श समन्वय स्थिति से अपने को अलग नहीं करते। गाँधीजी वास्तव में उस मोह को भंग करना चाहते हैं तो वर्ग भेद को प्रोत्साहन दे रहा है। "वर्गभेद हिंसात्मक संघर्ष द्वारा नष्ट नहीं किये जा सकते और उनकी भौतिक सत्ता छीन लेने से भी नष्ट नहीं हो सकते। किन्तु इसके लिए तो उनका विचार, दर्शन, उनकी धारणायें, उनकी मान्यतायें ही बदलनी पड़ेंगी जिन पर हक उनके वर्ग का लोभ और अभिमान आधारित है।"

गाँधीजी ने आत्मशुद्धि के बल पर वर्ग संघर्ष को त्यागने के लिये कहा जिससे सामाजिक विषमता खत्म हो सके। पूँजीपति वर्ग सम्पत्ति को अपनी धरोहर न समझें बल्कि समाज की ऐसी धरोहर समझें जिसकी रक्षा मात्र का दायित्व समाज ने उसे दिया है। गाँधीजी का यह विचार ट्रस्टीशिप सिद्धान्त है। "गाँधीजी का दृढ़ विचार था कि सामाजिक समानता आर्थिक सुविधाओं पर आश्रित नहीं होना चाहिए। जब तक एक वर्ग दूसरे के श्रम पर जीवित है यह निश्चित है कि जो लोग दूसरों के लिए गुलामों की तरह रहते और कार्य करते हैं वह पूर्ण मानव के रूप में कभी भी विकसित नहीं हो सकते।" इससे छुटकारा तभी मिल सकता है जब शारीरिक श्रम को बढ़ावा दिया जाये।

श्रम निष्ठा—गाँधीजी यह स्वीकार करते थे कि व्यक्ति को भोजन अपने शारीरिक श्रम के आधार पर करना चाहिये। सामाजिक सामंजस्य ऐसे ही समाज में दिखाई दे सकता है जिसमें संकीर्णताओं से ऊपर उठकर मनुष्य कार्य करता दिखाई दे। गाँधीजी यदि एक ओर निर्धन और धनिक के मध्य संघर्ष की अपेक्षा सहयोग को अपेक्षित अनुभव करते थे तब वह दूसरी ओर जाति के आधार पर सामाजिक छुआछूत की भावना के प्रबल विरोधी थे। यही कारण है कि गाँधीजी ने अन्त्यजों का हृदय से लगाया। समाज ने भी उनकी इच्छाओं का स्वागत किया। परिणामस्वरूप हिंदू समाज में पूर्वापेक्षा अधिक सामंजस्य आज उद्भूत होता है। 'रोटी-बेटी' का व्यावहारिक आदर्श गाँधीजी इसलिए सबके लिए प्रस्तुत करते थे। 'रोटी' का संदर्भ अस्पृश्यता को अस्वीकार करने से तथा बेटी का संदर्भ अन्तर्जातीय तथा अन्तर्वर्णीय विवाहों से है।

सामाजिक सौहार्द—साम्प्रदायिकता की भावना से सामाजिक सौहार्द सम्भव नहीं है। सभी सम्प्रदायों के मध्य सहयोग की आकांक्षा ही सामंजस्य ला सकते हैं। गाँधीजी जीवनपर्यन्त इस महान उद्देश्य की प्राप्ति के लिए कृत-संकल्प रहे और अन्ततः इसी में अपने को विलीन कर लिया। भारतीय समाज में स्त्री जाति को पुरुष वर्ग से अधिक सम्मान प्राप्त नहीं था। गाँधीजी की सामाजिक सामंजस्य की कामना भला ऐसे समाज में कैसे हो सकती है जिसमें स्त्री को उसका उचित स्थान प्राप्त न हो। स्त्री-पुरुष और स्त्री में भेद समझा जाये तो ऐसे समाज का कल्याण नहीं हो सकता है। गाँधीजी ने स्त्री जाति को उसको उचित सम्मान देकर उनको भी आगे बढ़ने का मौका दिया जाये। राष्ट्रीय जीवन में स्त्रियों को स्वतन्त्रतापूर्वक भाग लेने की सुविधा को सर्वाधिक रूप में गाँधीजी ने स्वीकारा और गाँधीजी को वह सहयोग मिला।

ग्राम-नगर सहजीवन—भारत गांवों का देश कहा जाता है। इसमें नगर और गांव में सामाजिक जीवन में सामंजस्य होना चाहिये गांवों की उपेक्षा नहीं की जानी चाहिए। ऐसी गाँधीजी की धारणा थी। अतः उन्होंने राष्ट्रीय जीवन में सामंजस्य लाने के लिए 'ग्राम स्वावलम्बन' के आदर्श को मुखर किया। सम्पूर्ण सामाजिक जीवन यदि विरोधाभासों को समाप्त कर दे तो सामंजस्य स्वतः मुखरित हो सकता है। पर इसके लिए हृदय में पवित्रता को धारण करना आवश्यक है। आत्मशुद्धि से ही सामाजिक जीवन में किसी प्रकार के परिवर्तन अपेक्षित हो सकते हैं। समाज में उचित सामंजस्य बना रह सके, इसके लिए ही उन्होंने जहां एक तरफ साम्प्रदायिकता की भावना, वर्ग भावना, ऊंच-नीच की भावना को छोड़ने के लिए आग्रह किया वहां दूसरी ओर स्त्री जाति के विकास के लिये हमेशा प्रयासरत रहे। आज भी हम उन्हीं उपलब्धियों को सहेज कर रखने के लिए प्रयत्नशील हैं।

9

आर्थिक विचार

महात्मा गाँधी ने रस्किन बांड की पुस्तक 'अनटू द लास्ट' तथा बाइबिल में नवीन सामाजिक एवं आर्थिक विचारों का सृजन किया। 'भारत छोड़ो आन्दोलन' के दौरान जब वे जेल में थे तो उन्होंने 'मार्क्स' की पुस्तक पढ़ी। गाँधी जी ने अर्थशास्त्र के किसी अमुक विषय पर न लिखकर भारत की समस्याओं पर अपने विचार प्रकट किए हैं, आर्थिक विषय में वे व्यावहारिक सिद्धान्त के प्रबल समर्थक थे। इसका उल्लेख नीचे किया गया है–

(1) सादा जीवन व उच्च विचार–महात्मा गाँधी का ऐसा विश्वास था कि जीवन में आवश्यकता से अधिक वस्तुओं का संग्रहण किया जाये, केवल अपने जीवन की मौलिक वस्तुओं को संगृहीत किया जाये। प्रत्येक मनुष्य को रहने के उचित साधन मिलने चाहिएँ, भोजन, कपड़ा और मकान की जरूरत पूरी होनी चाहिए। यह तीनों चीजें सबको एक समान प्राप्त होनी चाहिए। आवश्यकताओं में वृद्धि ही दुःख का कारण है। उन्होंने लिखा है, "आवश्यकताओं की वृद्धि का मेरे लिए कोई अर्थ नहीं है। वे हमारे आन्तरिक जीवन को मृत कर देती हैं। शारीरिक सुख और आराम कुछ सीमा तक जरूरी है, लेकिन उस सीमा से ऊपर यह मानव-प्रगति में सहायक न होकर बाधक बन जाता है। ये मानव जीवन में एक धोखा के समान हैं, परंतु यहां यह भी उल्लेखनीय है कि गाँधी जी गरीबी को नैतिक पतन का कारण मानते थे। उन्होंने लिखा है, "किसी ने यह नहीं कहा कि घोर गरीबी नैतिक पतन के अतिरिक्त

अन्य किसी दशा में ले जा सकती है। प्रत्येक मानव को जीवित रहने का अधिकार है और इसलिए उसे यथेष्ट मात्रा में भोजन, वस्त्र तथा मकान मिलने चाहिएँ। इस सीधी-सी-बात को समझने के लिए किसी अर्थशास्त्री या अर्थशास्त्र के नियमों की आवश्यकता नहीं है।" आधुनिकीकरण के दौर में देश की सभ्यता-संस्कृति को बनाये रखना चाहिए तथा प्राथमिक आवश्यकताओं की पूर्ति अवश्य करनी चाहिए। उन्होंने लिखा है, "मैं इस बात में विश्वास नहीं करता कि आवश्यकताओं की बहुलता तथा इनको पूरा करने के लिए बनाई गई मशीनें संसार को उन्नति के पथ पर आगे ले जा रही हैं। मैं फासले और समय की दूरी को समाप्त करने की होड़ का, पशुवत् इच्छाओं को बढ़ाने का और इसको पूरा करने के लिए धरती-आसमान एक कर देने का पूरी तरह से विरोध करता हूँ।" मनुष्य की इच्छाओं के बारे में बताते हुये कहा, "मस्तिष्क एक बेचैन चिड़िया की तरह है, जितना इसको मिलता है, उतना ही अधिक यह असन्तुष्ट रहता है जितना अधिक हम इच्छाओं की पूर्ति में व्यस्त रहते हैं, उतना ही अधिक ये बे-लगाम हो जाती हैं। इसलिए हमारे पूर्वजों ने इच्छापूर्ति पर एक सीमा लगा दी। सुख को मन का भाव समझा ज़ाता है। यह बात नहीं थी कि उन्हें मशीनों को बनाना नहीं आता था। अपितु हमारे पूर्वज मानते थे कि यदि हम इच्छाओं को बढ़ाने के पीछे पड़ गए तो हम गुलाम हो जाएंगे और अपना नैतिक स्तर खो देंगे।"

(2) काम का अधिकार—गाँधीजी देश में ऐसी शिक्षा पद्धति लागू करना चाहते थे जिसमें शारीरिक श्रम को बढ़ावा मिलना चाहिये। बेकारी की समस्या और विशेषकर भारत के गांवों में बढ़ती बेकारी गाँधी जी को सोचने के लिये विवश कर देती थी। उन्होंने इस समस्या को मिटाने के लिए ग्रामीण कुटीर उद्योगों के प्रसार का सुझाव दिया। उन्होंने मशीनों को बेरोजगारी का कारण बताया। ग्रामीण अर्थव्यवस्था को सुधारना उसके सामने मुख्य प्रश्न था। मशीनों की उपयोगिता-अनुपयोगिता पर उन्होंने काफी मनन किया और अन्त में इस नतीजे पर पहुंचे कि मशीनीकरण से धन और सम्पत्ति थोड़े-से लोगों के हाथों में केन्द्रित हो जाती है। ऐसे हमारे देश में काम करने वालों की संख्या अधिक है। लेकिन इसका अर्थ यह नहीं है कि गाँधी जी मशीनीकरण के विरोधी थे क्योंकि एक स्थान पर उन्होंने लिखा है, "मेरी इच्छा है, वह यह है कि भारत के प्रत्येक नागरिक को, जो काम करने के लिए तैयार हैं, अपनी रोजी कमाने के लिए काम मिलना चाहिए। यदि बिजली अथवा अणुशक्ति का प्रयोग बेकारी को बढ़ाए बिना किया

जा सकता है तो मैं इससे सहमत हूँ परंतु मुझे इस बात पर विश्वास कराना होगा कि भारत जैसे देश में, जहां आबादी अधिक और पूंजी कम है, ऐसा संभव है।'' गाँधीजी छोटी मशीनों का समर्थन करते थे जिसमें चरखा, सिलाई की मशीन, तेल निकालने का कोल्हू, करघा आदि सब यन्त्र ही तो हैं, परंतु ये यन्त्र हानि पहुँचाने वाले नहीं हैं। वे गांवों में बिजली पहुंचाने के भी विरोधी नहीं थे। भारत में बेकारी की समस्या से निपटने के लिये ग्रामीण कुटीर उद्योगों का विकास करना चाहिये। विशालकाय कारखानों की जगह वे कुटीर उद्योगों के विकास के समर्थक थे। उनका कहना था कि यदि ग्रामोद्योगों के द्वारा स्विट्ज़रलैण्ड और जापान के हजारों-लाखों ग्रामीण को उनके घरों में काम दिया जा सकता है तो भारत में क्यों नहीं दिया जा सकता।

(3) **स्वदेशी**—हम सबको स्वदेश में निर्मित वस्तुओं को ही प्राथमिकता देनी चाहिये। हमें अपने पैरों पर खड़ा होना सीखना होगा। गाँधीवादी अर्थशास्त्र में चरखे का महत्त्वपूर्ण स्थान है। चरखा उनके लिए केवल गांवों की बेकारी मिटाने का यन्त्र ही नहीं था, अपितु वह राष्ट्रीय एकता का प्रतीक भी था। इससे भी अधिक वह ईश्वर का साक्षात्कार करने का साधन भी था। गाँधी जी ने एक स्थान पर लिखा है, ''चरखे के द्वारा मैं दरिद्रनारायण का अनुसंधान करता हूँ और ईश्वर का साक्षात्कार करता हूँ। मेरी बुद्धि का विकास उनके द्वारा होता है और आजन्म होता रहेगा।'' एक सच्चे राष्ट्रवादी के रूप में गाँधी जी ने कहा था, ''भारत में बनी हुई वस्तुओं की उपेक्षा करके विदेशों में बनी वस्तुओं का प्रयोग करना भारत को धोखा देना है। यह हमारे लिये अच्छा नहीं है क्योंकि ज्यादा विदेशी वस्तुओं के इस्तेमाल से हमारे अन्दर विदेशी की भावना उत्पन्न होती है। यह बात स्पष्ट है कि हम स्वदेशी वस्तुओं की उपेक्षा नहीं कर सकते। जिस प्रकार हम स्वदेशी हवा तथा स्वदेशी मिट्टी की उपेक्षा नहीं कर सकते, केवल इस धारणा से कि यह विदेशी हवा तथा विदेशी मिट्टी निम्न स्तर की है।''

(4) **श्रम-पूंजी सम्बन्ध**—मार्क्स की तरह नहीं बल्कि पोषक वर्ग के समर्थक थे। उनका मानना था कि श्रमिक और पूंजीपति एक दूसरे से संबद्ध हैं। दोनों ही एक दूसरे के हितपूर्ति के साधन हैं। दोनों के ही आपसी सामंजस्य से ही विकास सुनिश्चित हो सकता है। इसी में उन दोनों का भी हित है। सन् 1928 में **'यंग इण्डिया'** में उन्होंने लिखा था, ''मैंने सदा यह कहा है कि मेरा आदर्श यह है कि पूंजीपति तथा मज़दूर एक-दूसरे की सहायता करके एक-दूसरे के पूरक बनें। उन्हें

एक विशाल परिदार के रूप में एकता और सद्भावना के साथ रहना होगा जिसमें पूंजीपति न केवल मज़दूरों के भौतिक सुख की चिन्ता करें, बल्कि यह भी देखें कि उनका नैतिक विकास भी हो सके। पूंजीपतियों को यह भी ध्यान रखना कि उनके अधीन काम करने वाले मज़दूरों के वे ट्रस्टी हैं।"

(5) राष्ट्रीयकरण—गाँधीजी बड़े उद्योगों के विरोधी होने के कारण निजी क्षेत्र में शासन के हस्तक्षेप को स्वीकार नहीं करते थे। तत्कालीन स्थिति के परिशीलन के बाद वे इस परिणाम पर भी पहुंचे थे कि कुटीर उद्योगों के साथ-साथ देश में कुछ बड़े उद्योगों का होना भी आवश्यक है। ऐसे उद्योगों का राष्ट्रीयकरण आवश्यक है, ताकि सम्पत्ति कुछ ही व्यक्तियों के हाथों में इकट्ठी न हो जाए और मज़दूरों का शोषण न हो पाए।

(6) औद्योगीकरण—औद्योगीकरण के विकास से देश में बेरोजगारी की दर में वृद्धि होगी काफी संख्या में लोग बेराजगार हो जायेंगे ऐसा गाँधीजी का विश्वास था।

(7) ट्रस्टीशिप—गाँधीजी 'ट्रस्टीशिप' की प्रणाली अपना जमींदारों और पूंजीपतियों द्वारा किसान और मजदूरों का शोषण रोकने का सुझाव दिया। ट्रस्टीशिप का नियम सभी क्षेत्रों में लागू होता है। माता-पिता बच्चों के ट्रस्टी हैं। सरकार जनता की ट्रस्टी है। प्रतिनिधि अपने मतदाताओं के ट्रस्टी हैं। मालिक ट्रस्टी नहीं होता। मालिक वह होता है, जिसके हितों की ट्रस्टी रक्षा करता है। यदि ट्रस्टी मालिक के हितों की परवाह नहीं करता तो उसके विरुद्ध सत्याग्रह किया जा सकता है। कारखानों के मालिक मज़दूर हैं और जमीन के मालिक किसान हैं। उनका श्रम पूंजीपतियों और जमींदारों की पूंजी से अधिक मूल्यवान है। पूंजीपतियों और जमींदारों में हृदय परिवर्तन द्वारा उनमें ट्रस्टी की भावना का विकास करना होगा। गाँधी जी 'निजी स्वामित्व' के सिद्धान्त में तब तक विश्वास नहीं करते थे जब तक समाज में इस तरह की भावना का विकास न हो जाये।

उपरोक्त कार्यों के अतिरिक्त भी गाँधी जी जनता की आत्मनिर्भरता तथा विकास के बहुआयामी पक्षों के समर्थक थे। खाद्य संकट के समय वे फूलों की जगह अन्न उपजाने के पक्ष में थे। वे नियन्त्रणों के अधिक पक्ष में नहीं थे उनका मानना था कि केवल वही नियन्त्रण रखे जाएँ जो साधारण व्यक्ति के आर्थिक हितों की सुरक्षा के लिए जरूरी हों। गाँधी जी ने श्रमिकों के कर्त्तव्यों एवं अधिकारों दोनों पर बल दिया। मजदूरों को उत्पादन के हिसाब से वेतन दिया जाये। अधिक उत्पादन

की दशा में उन्हें अधिक वेतन मिलना चाहिए, परंतु यदि मज़दूर उत्पादन को बढ़ाए बिना वेतन की मांग करेंगे तो इससे कीमतें बढ़ेंगी। पशुपालन, गो-सेवा तथा जैविक खादों को उन्होनें किसानों के विकास में सहायक माना।

मानवीय अर्थशास्त्र

'अर्थशास्त्र' को पाश्चात्य अर्थशास्त्रियों ने केवल धन का विज्ञान कहा है। धन के अर्जन की समस्त क्रियाएँ अर्थशास्त्र के अध्ययन क्षेत्र में आने लगीं। परिणामतः भौतिक उपलब्धियाँ में अर्थशास्त्र के मानवीय तत्वों की उपेक्षा का कोई महत्व नहीं था। अत्यधिक भौतिक वस्तुओं की मांग होने से मानवीय तत्वों की उपेक्षा स्वतः ही होगी। पाश्चात्य विचारक मानवीय तत्वों के मूल्य को स्वीकार नहीं करते थे। भौतिक उपलब्धियों के प्रति इतने अधिक उत्साही देखने के कारण पाश्चात्य अर्थशास्त्री को एक ऐसा विज्ञान भी मानने लगे जिसमें असीमित आवश्यकताएँ हैं किन्तु उनको सन्तुष्ट करने की आकांक्षा के लिए साधन सीमित हैं। इन असीमित आवश्यकताओं की परिधि स्वयं इतनी असीमित हो जाती है कि इनकी सन्तुष्टि के लिए मनुष्य व्यग्र हो जाता है। यही पाश्चात्य आर्थिक कला का उदाहरण है जो भौतिक सुखों के लिये प्रेरित करता है।

एक नैतिक विज्ञान—धन की आकांक्षा से लोगों ने गाँधीवादी आदर्शों से अपना मुंह मोड़ लिया। गाँधीजी ऐसे आदर्शों को नहीं मानते जिनमें अनैतिकता का भाव छिपा हो। ''इन्सान की कमाई का मकसद केवल माद्दी या भौतिक सुख पाना नहीं है, बल्कि अपना नैतिक या रुहानी विकास करना है।'' गाँधीजी ने अर्थशास्त्र के क्षेत्र में भी मानवीय आदर्शों और मानवीय कल्याण हेतु सत्य और अहिंसा का प्रतिपादन किया, ''अर्थशास्त्र पर लिखी जाने वाली किताबों में जो आम कायदे कानून बनाये जाते हैं, वे इन्हीं उद्देश्यों की पूर्ति के लिये हैं। लेकिन गाँधीजी के अर्थविचार में ऐसा भी नहीं होता। सिर्फ दो जीवन उसूल हैं जिनके मातहत गाँधीजी के आर्थिक, सामाजिक, राजनीतिक और दूसरे सभी ख्यालात रहा करते हैं। वे हैं सत्य और अहिंसा। इन दो कसौटियों पर मानों जो चीज खरी नहीं उतरी उसे गाँधीवादी नहीं कहा जा सकता।''

गाँधीजी इन आदर्शों के परिवेश में अर्थशास्त्र भी नीति धर्म का रूप ही बन गया। ''अर्थशास्त्र सामाजिक न्याय तथा नैतिक आदर्शों की पूर्ति के लिए खड़ा है।'' अर्थशास्त्र के नियम जीवन के उच्चनियमों के अनुकूल होना आवश्यक हैं। जब कभी

उच्च नियमों और निम्न नियमों में विशृंखलता आ जाये तभी विप्लव या अरजकता पैदा हो जाती है। गाँधीजी का अर्थ (धन) क्षेत्र समानता का लक्ष्य एवं श्रम में विश्वास की प्रधानता पर बल देता है।

मशीनों के प्रति दृष्टिकोण

वर्तमान समय में मशीनों का प्रयोग इतना तीव्र हो गया कि इसे **'मशीन युग'** की संज्ञा दी जाने लगी। मशीनों ने जहां वर्तमान विश्व को उद्योगवाद दिया है वहां वह समाज में फैली हुई विषमताओं को अधिकाधिक बढ़ाने का दायित्व भी बखूबी निभाया। मशीनों का आविष्कार इस ध्येय से हुआ था कि मनुष्य के कार्य सरल होंगे, सहज होंगे परन्तु यह सरलता सहज ही न होकर विकृति में बदल गयी। एक वर्ग यन्त्र-स्वामियों का हो गया और दूसरा वर्ग असहाय होकर जीने वाले लोगों का। गाँधीजी के शब्दों में, "आज जो जनता में उन यन्त्रों का एक पागलपन सा सवार हो रहा है, उनसे श्रम की बचत तो होती है पर उनके कारण लाखों व्यक्तियों की रोटी छिन रही है और वे राह के भिखारी बनकर भूखे घूम रहे हैं।" धन की आकांक्षा से लोगों ने गाँधीवादी आदर्शों से अपना मुंह मोड़ लिया। "कारखाने की खूबी यह है कि उसे इस बात से कोई सरोकार नहीं रहता कि लोग हिंदुस्तान में या दुनिया में कहीं भी भूखे मर रहे हैं। उसका तो बस एक ही मकसद होता है। वह यह कि दाम ऊँचे बन रहें। इन्सानियत का कोई ख्याल जरा भी नहीं किया जाता।"

मानवीय मूल्यों की उपेक्षा—मशीनों के आकर्षण के कारण ही मानव सभ्यता अपने विकास से पिछड़ गई है और यह पिछड़ापन हम आर्थिक क्षेत्र में ही नहीं देखते बल्कि नैतिक क्षेत्र में भी देखते हैं। गाँधीजी के अनुसार, "कल-कारखानों ने यूरोप को उजाड़ना शुरू कर दिया है। और अब उनकी हवा हिंदुस्तान में पहुँच गई है। मुम्बई की मिलों में काम करने वाले मजदूर पूरे गुलाम बन गये हैं। वहाँ काम करने वाली स्त्रियों की दशा देखकर तो हर आदमी का कलेजा कांप उठेगा। जब मिलों की बाढ़ नहीं आई थी तब यह स्त्रियाँ कुछ भूखों नहीं मरती थीं।" गाँधीजी ने मानवीय मूल्यों की उपेक्षा को देखते हुये मशीनीकरण का विरोध किया। यह ध्यान रखने के लिए आवश्यक है कि गाँधीजी का मशीनों के प्रति विरोध दो भिन्न कारणों पर आधारित था। प्रथम, मशीन द्वारा प्रस्तुत पूंजीवादी शोषण का पापमय विकास तथा दूसरी तरफ औद्योगिक सभ्यता की स्वयं अपनी बुराइयाँ। "यह दूसरी इन दो में से

मुख्य बुराई है। प्रथम बुराई तो केवल कार्यात्मक व्यतिक्रम का परिणाम है जबकि बाद की बुराई सावयव है।"

केन्द्रीयकरण की प्रवृत्ति—मानव समाज के लिये अत्यधिक यंत्रों का प्रयोग उनमें संकुचित की भावना का विकास करेगी जो समाज के लिये घातक होगी। केन्द्रीयकरण की प्रवृत्ति चाहे राजकीय हो अथवा व्यक्तिगत, दोनों ही पद्धतियाँ विकारग्रस्त हैं। गाँधीजी इस शोषणयुक्त केन्द्रित आर्थिक व्यवस्था के स्थान पर जिस अर्थव्यवस्था को देना चाहते हैं उसका स्वरूप शोषण मुक्त विकेन्द्रित अर्थव्यवस्था है। इससे पूँजीवाद के साथ ही साथ समाजवाद के दूष्प्रभावों से सहज ही में बच सकते हैं।

मशीनों का नियमन हो

गाँधीजी मशीनों के अत्यधिक प्रयोग के विरोधी तो थे इसका तात्पर्य यह नहीं कि वे अपने राष्ट्र को प्रगति के मार्ग से पीछे ढकेलना चाहते थे। वह वास्तव में मशीनों के उत्सुक नहीं थे अपितु उनका नियमन करना चाहते थे। गाँधीजी ने अपने विचारों को स्पष्ट करते हुए कहा था, मेरा विरोध मशीनरी के विरुद्ध नहीं है लेकिन उस उन्माद के लिए है जिसमें मशीन केन्द्रित है। उन्माद यह है कि यह उसे श्रम बचाव मशीनरी कहते हैं। मैं समय और श्रम को बचाना चाहता हूँ लेकिन ऐसा मैं मानव जाति के एक समूह के लिए नहीं चाहता बल्कि सभी के लिए चाहता हूँ। मैं धन के केन्द्रीयकरण को चाहता हूँ लेकिन यह केन्द्रीयकरण कुछ हाथों में नहीं बल्कि सभी के हाथों में चाहता हूँ।

उपयोगी मशीनों के समर्थक—गाँधीजी मशीनों का प्रयोग जन समुदाय के लिये करना चाहते थे ना कि कुछ व्यक्तियों की सुरक्षा के लिये करना चाहते थे। "मेरा विरोध मशीनों को समाप्त करने के लिए नहीं है। मैं तो उन पर सीमायें थोंपना चाहता हूँ।" गाँधीजी मशीनों को समाप्त करने के लिए न व्यग्र थे न उत्सुक। वास्तव में वह मशीनों को मनुष्य के और समाज के उपयुक्त बनाना चाहते थे। गाँधीजी ऐसी हर मशीन का स्वागत करने को उत्सुक थे जिसके माध्यम से झोंपड़ियों में आवास करने वाले करोड़ों लोगों के श्रम में बचत हो तथा उनके हित की पूर्ति हो। "वह उन मशीनों के विरोधी नहीं जो कि मजदूरी कमाने वाले के समक्ष बेरोजगारी खड़ी न करती हो और जिसे शक्ति (पावर) द्वारा न चलाया जाकर हाथ तथा पैर से चलाया जाये।" मशीनीकरण किसी भी रूप में बुरा नहीं है। जब मशीनें श्रम और समय की

बचत करती हैं तो अच्छी लगती हैं। लेकिन यदि आवश्यकता के अनुपात से व्यक्तियों की संख्या अधिक हो तो, बेरोजगारी को बढ़ावा मिलेगा। ऐसी स्थिति में गाँधीजी मशीनीकरण का विरोध करते थे।

प्रत्येक वस्तु को समाज कल्याण की भावना से देखते थे। वह सिंगर मशीन के आविष्कार को ऐसे ही अच्छे आविष्कारों की श्रेणी में रखते थे क्योंकि वह मूलतः मानव समाज के हित में हैं। साईकिल का निर्माण तथा चीड़फाड़ यंत्रों के निर्माण की कठिनाई को देखते हुए गाँधीजी अपनी समाजवादी प्रवृत्ति के अनुकूल उनका राजकीय नियंत्रण चाहते थे। "दिशा निर्देशक सिद्धान्त सदैव यही रहेगा कि अधिक कीमती तथा जटिल मशीनें अथवा प्रक्रिया, समुदाय की आत्मनिर्भरता को समाप्त न करें तथा मनुष्यों की मानसिक पहुँच एवं क्षेत्र में ही हों। उसके साथ-साथ मशीनें उनकी व्यक्तिगत तथा सामूहिक दृष्टि से क्रय करने की सामर्थ्य की सीमा में ही होनी चाहिए।" क्रय व्यय वाली मशीनों को व्यक्तिगत आधार पर क्रय किया और चलाया जा सकता है, इसलिए वह छोटी भी होनी चाहिए। "बहुसंख्यक मशीनें छोटी होनी चाहिएँ, कम व्यय प्रधान हो, ऐसी हों जो व्यक्तिगत अथवा पारिवारिक प्रयोग के लिए हों तथा जिसको आसानी से सभी प्राप्त कर सकें।" इस विश्लेषण के पश्चात् मशीनों के सम्बन्ध में अनुभव होने वाली रुकावटों का अन्त हो जाता है।

स्वदेशी का आग्रह

गाँधीजी के विचारों से प्रेरित होकर उनके चिंतन के विषय में श्री मन्नारायण का कथन है, "अक्सर यह समझा जाता है कि गाँधीजी मशीनों के बिल्कुल विरुद्ध थे। यह एक बड़ी गलतफहमी है, जिसे दूर करना चाहिए। बापू ने बहुत बार समझाया था कि वे यन्त्रों के विरुद्ध नहीं हैं, किन्तु 'यन्त्रों के दीवानेपन' के खिलाफ हैं। इस पूरे संदर्भ में गाँधीजी ने यन्त्रों का विरोध और स्वदेशी का आग्रह जिस रूप में किया उसमें भारत की विपन्नता को दूर करने का स्पष्ट संकल्प दिखाई देता है। गाँधीजी ने अपने विचार को सजीव करने के लिए 'स्वदेशी मन्त्र' समाज को दिया। कोई भी देश अपने अस्तित्व को तभी बचा सकता है जबकि वह मूल रूप से इस स्वदेशी भावना को अंगीकार कर ले। "भारत अथवा अन्य कोई भी देश दूसरों के लिए तब तक नहीं जी सकता जब तक कि स्वयं के लिए जीने योग्य न हो जाए तथा अपनी आवश्यकता की हर वस्तु का उत्पादन अपनी ही सीमाओं में न करे और वह

आत्मनिर्भर हो जाये। तब उसे पागलपन की तथा विकृत प्रतियोगिता की भंवर में घुसने की आवश्यकता नहीं। यह घृणा तथा बन्धु हत्या जैसे जघन्य अपराधों को जन्म देती है।

स्वदेश की भावना से प्रेरित होकर प्रो. विशन स्वरूप शर्मा का कथन है, "गाँधीजी के लिए स्वदेशी का नियम जीवन के सभी क्षेत्रों के लिए—धार्मिक, राजनैतिक, सामाजिक तथा आर्थिक व्यवहार के प्रयुक्त होने हेतु है। साहित्यिक दृष्टि से स्वदेशी का अर्थ आर्थिक क्षेत्र में उन्हीं वस्तुओं का प्रयोग करना जिनका निर्माण तुम्हारा पड़ोसी करता है और ऐसे ही उद्योगों को प्रोत्साहन देना जो कि देश की सीमा में हो। "स्वदेशी एक चेतना है जो कि मनुष्य को अपने निकटतम पड़ोसी की सेवा सहायता करता है।"

गाँधीजी अपने राष्ट्र को आत्मनिर्भर देखना चाहते थे इसलिए हर चीज को स्वदेशी की मान्यता प्रदान करते थे। "गाँधीजी ने ग्रामों की तथा सम्पूर्ण देश की आत्म-निर्भरता में आस्था रखी। गाँधीजी अन्तर्राष्ट्रीय व्यापार के खिलाफ नहीं थे। ऐसी भी वस्तुएँ थीं जिनका भारत में उत्पादन नहीं हो सकता। ऐसी वस्तुओं के लिए अन्तराष्ट्रीय व्यापार आवश्यक हो जाता है। फिर भी 'स्वदेशी' के तत्व विचार यह है कि एक देश को स्वतन्त्र बनाना तथा विदेशी बाजारों की खोज को रोकना।" स्वदेशी धर्म को स्वीकार करने में जहां एक ओर दूसरों के प्रति (दूसरे देश के प्रति) घृणा को समाप्त करना वांछनीय है वहीं दूसरी ओर अपने निकटतम पड़ोसी की अधिक सेवा, सहायता करता भी है।

गाँधीजी ने स्वदेश में निर्मित खादी और चरखा पर विशेष बल दिया। वर्तमान उद्योग प्रधान सभ्यता का यदि मूल्यांकन किया जाए तो। हमें चरखा आर्थिक दृष्टि से अधिक लाभदायक शायद न दिखाई दे, क्योंकि जितना श्रम इसमें लगता है, उसके उनुपात में प्राप्त उत्पादन का अंश कम होता है, किन्तु चरखा इस दृष्टि से ही नहीं लिया जाता। प्रतीक रूप में यह एक व्यक्ति की निजी वस्त्र सम्बन्धी आवश्यकताएँ पूर्ण करने के लिए पर्याप्त है और इससे अधिक दूसरा महत्व यह भी है कि असंख्यक भूखे पेटों को जीविका भी यह देता है। स्वदेशी भावना के यही दो आधार गाँधीजी को इस विचार के प्रचार-प्रसार के लिए प्रेरित करते रहे।

गाँधीजी खादी और चरखे के अतिरिक्त दूसरे उद्योगों को भी महत्व देते थे। स्थानीय परिस्थितियों के अनुकूल जो भी सहायक या स्वतन्त्र उद्योग चलाया जा सके उसे चलाना वह उपयुक्त अनुभव करते थे। गन्ने का गुड़ या शक्कर बनाना, तिलहन

का तेल उद्योग, चमड़ा उद्योग, मधुमक्खी उद्योग, कागज उद्योग, चटाई उद्योग, धान से चावल निकालने का उद्योग तथा रस्सी बनाने का उद्योग आदि ऐसे बहुत से लघु उद्योग हैं जिनके माध्यम से भारतीय अर्थव्यवस्था को मजबूती प्रदान करने के साथ स्वदेशी मान्यताओं की भी पूर्ति हो सकती है।

आत्मनिर्भरता का लक्ष्य

गाँधीजी भारत को आत्मनिर्भर राष्ट्र के रूप में देखना चाहते थे। इस आत्मनिर्भरता के साथ ही वह अपने धर्ममय नैतिक आदर्श को भी किसी हालत में भूलना नहीं चाहते थे। वह वास्तव में ऐसी अर्थव्यवस्था के निर्माण में लगे हुए थे जिसमें समाज के किसी भी वर्ग को अभावों का सामना न करना पड़े। उनके अपने शब्दों में, ''अर्थ रचना ऐसी होनी चाहिए कि किसी को भी अन्न और वस्त्र के अभाव की तकलीफ न सहनी पड़े। दूसरे शब्दों में प्रत्येक को इतना काम अवश्य मिल जाना चाहिए कि वह अपने खाने-पहनने की जरूरत पूरी कर सके।'' मनुष्य की मूलभूत आवश्यकतायें तभी संतुष्ट हो सकती हैं जबकि उपभोक्ता में अर्थ के साथ-साथ नैतिकता का भी बाहुल्य हो। ''सच्चा अर्थशास्त्र तो सामाजिक न्याय की हिमायत करता है। वह समान भाव से सबको भाई का, जिनमें कमजोर भी शामिल हैं, प्रयत्न करता है।''

विशाल उद्योग नहीं

गाँधीजी अर्थशास्त्र की विवेचना में ऐसे उद्योगों को स्वीकार नहीं करते थे जिनका मूलाधार यंत्रवाद हो। यद्यपि उन्होंने अपनी स्थिति को स्पष्ट करते हुए स्वतः ही कहा था, ''सामान्य बुद्धि रखने वाले व्यक्ति की हैसियत से मैं जानता हूँ कि मनुष्य उद्योग के बिना जिंदा नहीं रह सकता। इसलिए मैं औद्योगीकरण के खिलाफ नहीं हो सकता। लेकिन यंत्रोद्योग के बारे में एक बड़ी चिन्ता है। यंत्र से उत्पादन बहुत तेजी से होता है और उसके साथ इस प्रकार की अर्थव्यवस्था आ जाती जिसको मैं समझ नहीं सकता। मैं उनके अच्छे-बुरे परिणाम के बारे में नहीं समझ सकता उनको कभी स्वीकार नहीं करूंगा। मैं चाहता हूँ कि हमारे देश के करोड़ों बेजुबान लोग स्वस्थ एवं सुखी हों और आध्यात्मिक दृष्टि से उनका विकास हो। इस उद्देश्य की पूर्ति के लिए हमें अभी तक विशाल यंत्रों (उद्योगों) की आवश्यकता नहीं है। हमारे यहां भी अभी बहुत हाथ, बहुत ज्यादा हाथ बेकार हैं। पहले हम स्वावलम्बी

बनें तो हमें दूसरों के नेतृत्व की उतनी आवश्यकता नहीं रहेगी। जब हमको जरूरत होगी तब उनको हम अपना लेंगे।

भारत में लघु उद्योगों का आदर्श सर्वोत्तम

गाँधीजी का ऐसा विश्वास था कि अधिक उत्पादन के चक्कर में लोग अपना वर्तमान ही भूल जायेंगे। उसकी धारणा थी कि यदि विशाल उद्योग मानव समाज की पूरी आवश्यकता पूरी कर सकते हैं तो भी उसका यह परिणाम तो होगा ही कि उत्पादन कुछ विशिष्ट क्षेत्रों में केन्द्रित हो जायेगा और इसलिए वितरण की योजना के लिए में द्राविड़ी प्राणायाम करना पड़ेगा। "बड़े पैमाने के उत्पादन में उपभोक्ता की सच्ची जरूरतों का ध्यान नहीं रखा जाता। अगर बड़े पैमाने का उत्पादन अपने आप में एक हितकारी वस्तु हो, तो उसे अनन्त गुना बढ़ जाना चाहिए। लेकिन यह बताया जा सकता है कि बड़े पैमाने का उत्पादन अपने साथ अपनी मर्यादायें लेकर चलता है। अगर दुनिया के समस्त देश बड़े पैमाने की उत्पादन पद्धति को अपना लें तो उनके माल के लिए बड़े बाजार नहीं मिलेंगे। उस स्थिति में बड़े पैमाने के उत्पादन को रुकना ही होगा।"

गाँधीजी यांत्रिक उद्योगों पर अत्यधिक निर्भरता के कारण लघु उद्योगों के पक्षध ार थे क्योंकि विशाल उद्योग जिस प्रतिस्पर्धा की भावना पर खड़े होते हैं, लघु उद्योग उनसे बचे होते हैं।" बड़े पैमाने पर औद्योगीकरण का अनिवार्य परिणाम यह होगा कि ज्यों-ज्यों प्रतिस्पर्धा और बाजार की समस्याएं खड़ी होंगी, ग्रामीण क्षेत्र का प्रत्यक्ष या अप्रत्यक्ष शोषण होगा। इसलिए हमें अपनी शक्ति इसी प्रयत्न पर केन्द्रित करनी चाहिए कि गांव स्वयं पूर्ण बने और वस्तुओं का निर्माण और उत्पादन अपने उपयोग के लिए करें। यदि उत्पादन की यह पद्धति स्वीकार कर ली जाए तो फिर गांव वाले ऐसे आधुनिक यंत्रों और औजारों का जिन्हें वे बना सकते हों और जिनका उपयोग उन्हें आर्थिक दृष्टि से पुसा सकता हो, उपयोग दूसरों का शोषण करने के लिए नहीं होना चाहिए।"

गाँधीजी का ऐसा मानना था कि लघु उद्योगों एवं ग्रामीण विकास से हमारा देश अपनी प्राचीन स्वावलम्बी गरिमा को प्राप्त होगा। हिंदुस्तान के सात लाख गांवों में फैले हुए ग्रामवासी रूपी करोड़ों जीवित यंत्रों के विरुद्ध जड़ यंत्रों को प्रतिद्वंद्विता में नहीं लाना चाहिए। यंत्रों का सदुपयोग तो यह कहा जायेगा कि उससे मनुष्य के प्रयत्न को सहारा मिले और उसे वह आसान बना दे। यंत्रों का वर्तमान दृष्टिकोण

धन को गिने चुने व्यक्तियों तक ही सीमित रखना चाहता है और जिन करोड़ों स्त्री-पुरुषों के मुंह से रोटी छीन ली जाती है, उन बेचारों की जरा भी परवाह न की जाये।" किन्तु हम भारत में उन करोड़ों लोगों के जीवन की उपेक्षा नहीं कर सकते जो मूलरूप से गांवों में रहते हैं।

बेकारी एवं समय के सदुपयोग का प्रश्न—गाँधीजी ने बेकारी की समस्या को लघु उद्योगों के विकास से दूर किया जा सकता है। यदि देश के करोड़ों लोगों को व्यवसाय सुलभ नहीं कराये जाते तो देश से गरीबी, अज्ञानता, भूख और विषमता की आग बुझ नहीं सकेगी। विशाल उद्योगों की अपेक्षा इन्हें प्रोत्साहन देने का दूसरा बड़ा कारण यह है कि अधिकांश नागरिकों के अतिरिक्त समय का सही सदुपयोग हो सकता है। ग्रामों के संदर्भ में यह प्रश्न और भी अधिक महत्वपूर्ण बन जाता है, यही कारण है कि गाँधीजी ग्रामोद्योगों को विकसित देखना चाहते हैं, "हमारे यहाँ सवाल यह नहीं है कि हमारे गांवों में जो लाखों-करोड़ों आदमी पड़े हैं उन्हें परिश्रम की चक्की से निकालकर किस प्रकार छुट्टी दिलाई जाये, बल्कि यह है कि उन्हें साल में जो कुछ महीनों का समय यों ही बैठे-बैठे आलस्य में बिताना पड़ता है उसका उपयोग कैसे किया जाए।"

स्वावलम्बन का महत्वपूर्ण प्रश्न—ग्राम स्वावलम्बन की प्रक्रिया तब तक पूर्ण नहीं हो सकती जब तक पूर्ण स्वराज्य की पूर्णता पूर्णरूपेण दक्ष नहीं हो जाती है। इन उद्योगों से स्वावलम्बन की प्रक्रिया में तेजी आती है। गाँधीजी देश की निर्धनता, बेकारी, अपंगता तथा परमुखपेक्षी प्रकृति को सम्पन्नता तथा सुख की अनुभूति में बदलना चाहते हैं। इन उद्योगों से न केवल नगरों का बल्कि ग्रामों का भी सहज रूप में विकास होगा। विचित्र नारायण शर्मा के अनुसार, "बढ़ती हुई बेकारी, बेचैनी और परेशानी पहले सिर्फ बुद्धि का विषय थी, आज वह प्रत्यक्ष अनुभव का विषय बन गई है। इसलिए आज यह स्वीकार करना पड़ेगा कि लोगों के पास दूसरे उद्योग और धन्धे भी होने चाहिएँ। जहां हम नैराश्य से निकालकर स्वावलम्बन की दीक्षा देते हैं वहां से हमारे देश के जीवन से अनुराग अभिव्यक्त हो जाता है"

प्राचीन गौरव के प्रतीक—लघु उद्योगों एवं ग्रामोद्योगों के माध्यम से हम आर्थिक स्थिति में भी सुधार ला सकते हैं और अपने खोये हुये प्राचीन गौरव को भी प्राप्त कर सकते हैं। जिस प्रकार प्राचीन समय में इन उद्योगों से बनी हुई वस्तुओं का प्रयोग कर भारतवासी गौरवान्वित अनुभव करते थे, उसी प्रकार आज भी यदि इन ग्रामोद्योगों के प्रति अपनी उदासीनता के भावों को बदल दिया जाए तो ऐसा कोई

कारण नहीं है कि उन्हें पहले की तरह गौरव प्राप्त न हो। सभी जनता इनके द्वारा उत्पादित किये गये माल का प्रयोग करे तो स्वतः ही इन उद्योगों को बढ़ावा मिलेगा। अगर हम अपने फर्ज की उपेक्षा करेंगे तो अपने ही सर्वनाश को न्यौता देंगे। यह फर्ज कोई बड़ा कठिन नहीं है। यह बिल्कुल ही सीधा-सादा है। आज हमें राष्ट्र के पुनर्निर्माण की दिशा में इसी संदर्भ में सोचना आवश्यक है।

विकेन्द्रीयकरण में शोषण मुक्ति अनिवार्य

गाँधीजी प्रत्येक व्यक्ति को आत्मिक, आध्यात्मिक एवं भौतिक दृष्टि से सुखी देखना चाहते थे, इसलिए वे विकेन्द्रीकरण का समर्थन करते हैं। "हमारा ध्येय लोगों को सुखी बनाना और साथ-साथ उनकी सम्पूर्ण बौद्धिक एवं नैतिक यानी आध्यात्मिक उन्नति सिद्ध करना है। वह विकेन्द्रीयकरण से ही सध सकता है। केन्द्रीयकरण की पद्धति का अहिंसक समाज रचना के साथ मेल नहीं बैठता है।" यदि भारत के ही विषय में इस संदर्भ में विचार किया जाए तब केन्द्रीयकरण में जहाँ एक तरफ शोषण की भावना अनुभव हुई वहाँ उसके साथ-साथ केन्द्रीयकरण में उन्हें अनिवार्य हिंसा का भी आभास मिला। उनके अपने शब्दों में, "यदि भारत को अपना विकास अहिंसा की दिशा में करना है, तो उसे बहुत सी चीजों का विकेन्द्रीयकरण करना पड़ेगा। केन्द्रीयकरण किया जाए तो फिर उसे कायम रखने के लिये और उसकी रक्षा करने के लिये हिंसाबल अनिवार्य है। जिनमें चोरी करने या लूटने के लिए कुछ है ही नहीं, ऐसे सादे घरों की रक्षा के लिए पुलिस की जरूरत नहीं होती। लेकिन धनवानों के महलों के लिए अवश्य बलवान पहरेदार चाहिएँ, जो डाकुओं से उनकी रक्षा करें। यही बात बड़े-बड़े कारखानों की हैं। गांवों को मुख्य मानकर जिस भारत का निर्माण होगा, उसे शहर प्रधान भारत की अपेक्षा-शहर प्रधान जल, स्थल और वायुसेना से सुसज्जित होगा तो भी विदेशी आक्रमण का कम खतरा होगा।"

राज्य का नियंत्रण अपेक्षित—गाँधीजी केन्द्रीयकरण की उपज समाज में व्याप्त असमानता को ही मानते हैं। यही कारण है कि जिस रूप में भी उन्हें उद्योगों की वास्तविकता को स्वीकार करना पड़ा, वह उसका स्वामित्व भी व्यक्तिगत हाथों से लेकर राज्य के हाथों को सौंपना श्री श्रेयस्कर समझते हैं। "मैं यह भी मानता हूँ कि कुछ प्रमुख उद्योग आवश्यक हैं। इन प्रमुख उद्योगों को गिनाये बिना ही मैं कह देता हूँ कि जहां कहीं भी लोगों को काफी बड़ी संख्या में मिलकर काम करना पड़ता है, वहां मैं राज्य की मालिकी की हिमायत करूंगा। उनकी कुशल

और अकुशल मेहनत से जो कुछ उत्पन्न होगा उसकी मालिकी राज्य के द्वारा उनकी ही होगी। लेकिन मैं तो इस राज्य के अहिंसा पर आधारित होने की कल्पना कर सकता हूँ इसलिए मैं अमीरों से उनकी सम्पत्ति बलपूर्वक नहीं छीनूंगा बल्कि उक्त उद्योगों पर राज्य की मालिकी कायम करने की प्रक्रिया में उनकी सहयोग मांगूगा।'' गाँधीजी का अहिंसा पर आधारित समाज में विकेन्द्रीकरण के अभाव में पूरा नहीं हो सका।

संरक्षकता (ट्रस्टीशिप) का समाजवादी आधार

गाँधीजी के लिए आर्थिक विषमताओं का कारण सामाजिक भेदभाव रहा है। इस सामाजिक संगठन में धन एक तरफ तो कुछ लोगों के पास केन्द्रित हो गया है, जबकि दूसरी तरफ ऐसे ही दुखी और विपन्न लोग हैं जिन्हें एक समय भी भोजन नहीं मिल पाता। पूंजीवर्ग विलासतापूर्ण जीवन व्यतीत करता है दूसरी ओर गरीब वर्ग को पेट भरने के लिये भोजन नहीं मिलता है। इसको दूर करने के लिये गाँधीजी ने ट्रस्टीशिप (संरक्षकता) के सिद्धान्त का प्रतिपादन किया।

ट्रस्टीशिप की आध्यात्मिक पृष्ठभूमि– संरक्षकता 'स्व' का सिद्धान्त है। इसका अर्थ यह है कि पूंजी का उपयोग अकेले ही नहीं करना है। वह पूंजी उसकी पूंजी नहीं है, वह तो समाज की धरोहर है। वह उस धरोहर का केवल पहरेदार अथवा संरक्षक है। वह धन पूरे समाज के कल्याण के लिये होना चाहिये ना कि उसे व्यक्तिगत पूंजी समझना चाहिए। इस संरक्षकता के सिद्धान्त के मूल में गाँधीजी का अहिंसा या आध्यात्मिक समाजवाद ही मुखरित होता है। ''फर्ज कीजिए कि विरासत या उद्योग व्यवसाय के द्वारा मुझे प्रचुर सम्पत्ति मिल गई। तब मुझे यह जानना चाहिए कि यह सब सम्पत्ति मेरी नहीं है, मेरा तो उस पर इतना ही अधिकार है कि जिस तरह दूसरे लाखों आदमी अपनी गुजर करते हैं, उसी तरह मैं भी इज्जत के साथ अपना गुजारा कर सकूं। मेरी शेष सम्पत्ति पर राष्ट्र का अधिकार है और उसी के हितार्थ उसका उपयोग होना चाहिए।''

आधार-अपरिग्रह वृत्ति- संरक्षकता का सिद्धान्त गाँधीजी के अनुसार अपरिग्रह सिद्धान्त की देन है। परिग्रह वृत्ति में हम भविष्य के लिये अपनी सुरक्षा की दृष्टि से कुछ न कुछ जोड़कर रखते हैं भले ही उसकी तात्कालिक आवश्यकता हो या न हो। जिस वस्तु की वर्तमान में जरूरत न हो उसके संग्रह से भी कोई लाभ नहीं होगा। जोड़ने का अर्थ दूसरों को उसके उपयोग से वंचित करता है। इस प्रकार हम दूसरों

को अभाव में जीने के लिये मजबूर करते हैं। इस प्रकार परिग्रहवृत्ति से किया गया कार्य चोरी ही है। गाँधीजी ने तो त्याग में भोग का सुख लिया और उस सहानुभूति का अमृत दूसरों को दिया।"अपनी सम्पत्ति का त्याग करके तू उसे भोग। इसको ज़रा विस्तार से समझाकर कहूं तो यह कहूंगा कि तू करोड़ों खुशी से कमा लेकिन समझ ले कि तेरा धन सिर्फ तेरा नहीं सारी दुनिया का है, इसलिए जितनी तेरी सच्ची जरूरतें हों, उतनी पूंजी करने के बाद जो बचे उसका उपयोग तू समाज के लिए कर।" परिग्रहवृत्ति का मूलनाश एक अप्राकृतिक नियम है, इसलिए वह इसी प्राकृतिक सदाचार के सम्बन्ध में परिग्रहवृत्ति के अनुसार संरक्षकता सिद्धान्त पर जोर देते हैं। उन्हें इस प्रकार के चिन्तन में अहिंसा के सही विचार की अभिव्यक्ति का आधार मिलता है।

संचय की मनोवृत्ति को बदलने के लिये संरक्षकता के सिद्धान्त का प्रतिपादन किया। मार्क्स जब शक्ति से इनके सम्पूर्ण विनाश की बात कहता है तो गाँधीजी अहिंसक हृदय उसे स्वीकार करने के लिए तैयार नहीं है। वह तो प्रत्येक उस साधन को त्याज्य मानते हैं जिसमें अहिंसा का बलिदान किया गया हो, इसके लिए वह हृदय परिवर्तन में अधिक आस्था रखते हैं। "मैं जमींदारों और पूंजीपतियों को बदलने की आशा रखता हूँ। इसलिए मेरे लिये वर्ग संघर्ष जैसी कोई चीज आवश्यक नहीं लगती। यह अहिंसा का एक अनिवार्य अंग है कि इसमें प्रतिरोध की कम से कम व्यवस्था है।" इस संरक्षकता सिद्धान्त में पूंजीपति अपने को मानसिक रूप से सन्तुष्टि प्राप्त होती है क्योंकि वह पूंजी का भावात्मक स्वामी है। इससे उस व्यक्ति में स्वाभाविक ही समाज कल्याण की भावना का विकास होगा।

संरक्षकता की वैधानिकता—गांधीजी का संरक्षकता सिद्धान्त का मूलआधार स्वेच्छा नहीं है। वह अन्य राजनैतिक क्रियाओं के लिये जिस प्रकार नियमों की आवश्यकता अनुभव करते हैं उसी प्रकार संरक्षकता को भी वैधानिकता का आवरण देना चाहते हैं, "मैंने ऐसा नहीं कहा कि आगे जाकर वैधानिक अंकुश नहीं होगा। आरीकट कानून से उनका भी कमीशन, वेतन बंधेगा। फर्क सिर्फ इतना ही है कि मैं उनका हनन नहीं करना चाहता। उनकी शक्ति का उपयोग कर लेना चाहता हूँ।" धनवान के स्वामित्व को स्वीकार न करना ही क्या पर्याप्त वैधानिकता है? क्या इसके लिये विस्तृत कानूनों की आवश्यकता नहीं होगी? गाँधीजी ईश्वर में आस्था रखने के कारण यह अनुभव करते हैं, "अगर आमतौर पर लोग इस सत्य को अपने जीवन में उतार दें तो वह कानून-सम्मत बन जायेगा और संरक्षकता एक कानून-सम्मत

संस्था हो जायेगी।'' वैधानिक दृष्टि से भी सम्पत्तिकर्ताओं के लिए यदि कानून भी बनेंगे तो उन्हें जबरदस्ती उन पर थोपा नहीं जायेगा। इस प्रकार गाँधीजी का संरक्षकता सिद्धान्त स्वतन्त्र इच्छाओं से संगठित लोगों के पारस्परिक समझौते से उदय हुआ है। वह प्रत्येक व्यक्ति से यह कहना चाहते हैं कि सम्पत्ति का वास्तविक प्रभु पूंजीपति नहीं, ईश्वर है। गाँधीजी इस कारण मूल रूप से लाभ कमाने वाली वृत्ति के समूल नाश के पक्ष में हैं।

उत्तराधिकारी का प्रश्न—गाँधीजी सम्पत्ति की हस्तांतरण प्रणाली से बिल्कुल सहमत नहीं थे। ''धनवानों के लड़कों के बारे में भी मुझे यही कहना है कि मेरा आदर्श तो यह है कि धनवान लोग अपनी सन्तान के लिये धन के रूप में कुछ न छोड़ें। हां, उनको अच्छी शिक्षा दें, रोजगार-धन्धे के लिये तैयार करें और स्वावलम्बी बना दें।'' फिर भी गाँधीजी ने अपनी सात्विक मनोवृत्ति के अनुसार उत्तराधिकार के अधिकार को विभाजित किया है, संरक्षक को अपना उत्तराधिकार चुनने का अधिकार दिया है किन्तु उस पर राज्य की मान्यता का अंकुश लगा दिया है, जिससे कहीं भी कमी न रह जाए। सम्पत्ति के अधिकारी को गाँधीजी इस सिद्धान्त के अन्तर्गत लघु अंश देने की बात स्वीकार करते हैं, यह अंश 85% नहीं बल्कि 25% ही हो सकता है। गाँधीजी इस सिद्धान्त पर अधिक बल देने के लिए लोकमत की शक्ति को जागरूक रहने की प्रेरणा देते हैं। जनता इतनी जागरूक हो जाए कि वह अहिंसात्मक निवेदन पूंजीपति से करे कि वह सम्पत्ति का संरक्षक ही बने स्वामी नहीं, तब यह संभव नहीं है कि पूंजीपति जनता के आग्रह को अस्वीकार कर दे।

ट्रस्टीशिप फार्मूला

(1) इस प्रकार राज्य नियंत्रित संरक्षकता में कोई व्यक्ति अपनी स्वार्थसिद्धि के लिये या समाज के हित के विरुद्ध सम्पत्ति पर अधिकार रखने या उसका उपयोग करने के लिये स्वतन्त्र नहीं होगा।

(2) जिस प्रकार उचित न्यूनतम जीवन, वेतन स्थिर करने की बात कही गई है ठीक उसी प्रकार यह भी तय कर दिया जाना चाहिये कि वास्तव में किसी व्यक्ति की ज्यादा से ज्यादा कितनी आमदनी हो? न्यूनतम तथा अधिकतम आमदनियों के बीच का अन्तर उचित, न्यायपूर्ण तथा समय-समय पर इस प्रकार बदलता रहना चाहिए कि उसकी प्रवृत्ति इस प्रकार अन्तर को मिटाने की तरफ हो।

(3) गाँधीवादी अर्थव्यवस्था के उत्पादन का स्वरूप समाज की आवश्यकता से ही निश्चित होगा ना कि वैयक्तिक सनक या लालच से।

(4) ट्रस्टीशिप ऐसा साधन प्रदान करती है, जिससे समाज की पूंजीवादी व्यवस्था समतावादी व्यवस्था में बदल जाती है। इसमें पूंजीपति की तो गुंजाइश नहीं है, मगर वह वर्तमान पूंजीपति वर्ग को अपना सुधार करने का मौका देती है। इसका सुधार का आधार यह विश्वास है कि मानव स्वभाव ऐसा नहीं है जिसमें कभी उद्धार ही न हो सके।

(5) यह सम्पत्ति के व्यक्तिगत स्वामित्व का कोई अधिकार स्वीकार नहीं करती। केवल समाज स्वयं अपनी भलाई के किसी हद तक इसकी स्वीकृति दे सकता है।

(6) इसमें धन के स्वामित्व तथा उपयोग के कानूनी नियम की रोक नहीं है।

समाजवादी सिद्धान्त : आलोचनाओं का स्वरूप

गाँधीजी इस सिद्धान्त के आधार पर अपने समाजवादी स्वरूप के लिये मान्यता प्राप्त करते हैं। उनका ट्रस्टीशिप पर आधारित समाजवाद वैज्ञानिक मान्यताओं की अपेक्षा आध्यात्मिक भावनाओं से परिचालित है, इस कारण इसे आज भी समाजवाद की श्रेणी में नहीं रखा गया है। उनके समाजवाद में न्याय, दया, क्षमा, सहयोग, सहानुभूति तथा एकता के नैतिक गुणों का बाहुल्य मिलता है। समाजवादी चिन्तन गाँधी के इस सिद्धान्त को काल्पनिक आधार पर स्वीकार करते हैं, किन्तु यहां यह समझ लेना आवश्यक है कि गाँधी के लिए मार्क्स ही हिंसा कभी भी स्वीकार्य नहीं हो सकती। वैसे भी समाजवाद एक ऐसी प्रणाली बन गया है जो प्रत्येक देश के अनुसार बदली है। कुछ इसमें मानवता के लक्षण पाते हैं तो कुछ इसमें उपयोगितावाद के दर्शन करते हैं। अधिकांश में समाजवाद समता का दर्शन है। गाँधीजी ने भी समाजवाद को और अपने सिद्धान्त को इसी आधार पर प्रस्तुत किया है।

इस सिद्धान्त के आलोचक इसे समाजवादी श्रेणी में रखने को तैयार नहीं हैं। एम.एन. राय जैसे विचारक की दृष्टि में, "आर्थिक सुधार की कल्पना ऐसे विरोधाभासी समाज में नहीं हो सकती जिसमें सत्ता पूंजीपतियों के हाथ में रहे।" राय की दृष्टि में गाँधी के सिद्धान्त में समाजवाद के निश्चित सिद्धान्तों का अनुकरण नहीं किया गया है। जयप्रकाश नारायण ने सन् 1938 में एम.एन. राय की तरह अनुभव करते हुए गाँधीजी को समाजवादी नहीं, सुधारक की संज्ञा दी थी, "सुधारवाद

का प्रमुख काम यह है कि वह समाज की प्रचलित व्यवस्था को कायम रखना चाहता है। उस व्यवस्था को खत्म करने वाली शक्तियों को देखकर वह चौकन्ना हो जाता है और उन्हें नपुंसक बना देना या सदा के लिये चुप कर देना चाहता है। गाँधीजी जमींदारों, पूंजीपतियों से यही कहा करते थे कि आप अपने किसानों और अपने मजदूरों की हालत सुधारिये, उनसे अच्छा सम्बन्ध स्थापित कीजिए। बस, फिर न ही वह कमबख्त वर्ग युद्ध रहेगा, न असन्तोष रहेगा, न विद्रोह रहेगा, न जनता उखाड़ फेंक सकेगी। सुधारवाद का काम समाज में न्याय की स्थापना नहीं है। उसका काम है समाज में जो दरारें पड़ गई हैं, उन्हें किसी तरह मूंद देना।"

यह सही है कि गाँधीजी ने वर्ग-संघर्ष के आदर्श को छोड़ा, आर्थिक समानता की साम्यवादी प्रणाली को स्वीकार नहीं किया। किन्तु यदि गाँधीजी ने समाजवाद की समता पर आधारित भूल भावना को स्वीकार कर लिया तब उन्होंने समाजवाद के किस सिद्धान्त की अवहेलना की; यह समझ में नहीं आता। यह सही है कि हिंसा गाँधीजी के दर्शन के समीप तक नहीं पहुंच पाई है, लेकिन यह इस सिद्धान्त का दोष नहीं गुण है। जब किसी वस्तु की प्राप्ति हिंसा के मार्ग पर चलकर या अपनी शक्ति के बल पर होती है तो उस वस्तु को उसी प्रकार छीन भी लिया जाता है। यही कारण है कि उसकी नींव मजबूत और स्थिर नहीं है। गाँधीजी ने ट्रस्टीशिप के माध्यम से स्थायी समाजवाद की आधारशिला रखी है। जयप्रकाश नारायण ने भी जिस समय इस शक्ति की वास्तविकता को अनुभव किया उन्होंने अपने सम्पूर्ण जीवन को इसी तरह विचार के प्रसार में समर्पित कर दिया। वास्तव में इस सिद्धान्त का आधार आध्यात्मिक है।

10

राजनीतिक विचार

महात्मा गाँधी का संबंध विभिन्न क्षेत्रों में दर्शनीय है। उन्होंने सामाजिक ही नहीं बल्कि राजनीतिक क्षेत्र में भी अथक प्रयास किये हैं। उनका योगदान सार्वजनिक है। उन्होंने मानव विशेष के लिये भी विभिन्न पक्षों पर अपने विचार का प्रस्तुतीकरण किया। उदाहरणतः सामाजिक, धार्मिक, राजनीतिक, राष्ट्रीय, अन्तर्राष्ट्रीय आदि उन्हें विचाराधीन थे। उन्होंने अपने राजनीतिक विचारों को क्रमबद्ध रूप से नहीं रखा है। गाँधी जी ने सन् 1936 में गाँधी संघ के सदस्यों से यह बात स्पष्ट की कि, "गाँधीवाद नाम की कोई वस्तु नहीं है। मैं अपने बाद कोई मत या सिद्धान्त नहीं छोड़ना चाहता। मैं कभी यह दावा नहीं करता कि मैंने कोई नया सिद्धान्त चलाया है। मैंने तो सिर्फ अपने ढंग से सार्वभौमिक सत्य को दैनिक जीवन की समस्याओं के सम्बन्ध में समझने का प्रयत्न किया और जो मत मैंने बनाए हैं जो परिणाम मैंने प्राप्त किए हैं ये अन्तिम नहीं हैं, चाहूँ तो मैं उन्हें कल ही बदल दूं। सत्य तथा अहिंसा इतने पुराने सिद्धांत हैं जितना की संसार। मैंने तो इन दोनों का इतना प्रयोग किया है जितना कि संभव था। ऐसा करनें में मैंने कई बार गलतियाँ भी की हैं और अपनी भूलों से मैंने सीखा भी है। मेरा सारा दर्शन-शास्त्र इसी में है। आप इसे गाँधीवाद नहीं कह सकते क्योंकि इसमें कोई वाद नहीं है।"

राजनीति एवं धर्म

गाँधी जी के अनुसार राजनीति व धर्म का विशेष संबंध है। यही वजह थी कि वह राजनीति का आधार धर्म को बनाना चाहते थे। उनका मानना था कि, "धर्म

के बिना राजनीति केवल मौत का एक फंदा है क्योंकि इससे आत्मा का हनन होता है।" गाँधी जी की मान्यता थी कि धर्म समाज का अभिन्न अंग है और राजनीति को धर्म से पृथक् करना असंभव है। इस सम्बन्ध में रोम्यां रोला ने लिखा है, "गाँधी जी के क्रियाकलापों को समझने के लिए इस बात की अनुभूति होनी चाहिए कि उनका सिद्धान्त उस विशाल इमारत के समान है जो कि दो मंजिली है। नीचे धर्म की नींव है और इस विस्तृत एवं दृढ़ नींव पर उनका राजनीतिक और सामाजिक कार्यक्रम टिका हुआ है।" गाँधी जी का कहना था कि, "बहुत से धार्मिक व्यक्ति, जिनसे मैं मिला हूँ, छुपे हुए राजनीतिज्ञ हैं, परंतु मैं जो राजनीतिज्ञ दिखाई देता हूँ, वास्तव में धार्मिक हूँ।"

गाँधीजी की राजनीति आज की राजनीति से बिल्कुल अलग है। उनकी राजनीति षड्यंत्रों एवं हथकंडों से मुक्त थी। वह तो पूर्णरूपेण सात्विक और शुद्ध मनोवृत्तियों से परिचालित है। उनकी राजनीति धर्म प्रधान थी। पूर्णतः धर्म शिक्षा ही उनकी राजनीति का राह दिखाती थी। जहाँ तक राजनीति का प्रश्न है, वर्तमान समय में कोई भी व्यक्ति उसके चंगुल से बच नहीं सकता, भले ही वह एक धार्मिक अथवा सामाजिक नेता क्यों न हों। राजनीति के काले बादल हमेशा समाज पर छाये रहते हैं। यह बादल कभी भी समाज में तबाही मचा देते हैं गाँधी जी समाज को इन्हीं बादलों की छाया से बचाने का प्रयास करते रहे। परम्परा और वातावरण से निर्मित राजनीति में उन्होंने धर्म का विलय किया।

गाँधीजी राजनीति को भी धर्म और आचार शास्त्र के की एक शाखा मानते थे। वह उसे मानव सेवा का एक साधन मानते हैं। जैसे उनके लिये धर्म भी मानव सेवा से भिन्न कुछ नहीं है, उसी प्रकार उनके लिये राजनीति भी मानव सेवा का अविभाज्य अंग है। "उनके लिये राजनीति ईश्वर की सेवा करने का एक मार्ग था।" परन्तु यह तभी सम्भव है जब मनुष्य अपने कार्य को निष्ठापूर्वक सत्यता से एवं शुद्धता से करे। यदि प्रत्येक राजनीतिज्ञ इस आग्रह को स्वीकार कर ले तो मानव सुखमय स्थिति में पहुंच सकता है।

गाँधीजी ने अपने राजनैतिक आदर्शों को हमेशा व्यावहारिकता दी। गाँधीजी ने भारत की स्वतन्त्रता की समस्या के लिये जो प्रयत्न किया उसका आधार भी उनका धर्म ही था। गाँधीजी यह स्वीकार करते थे कि यदि समाज में धर्म को पृथक् करने का प्रयास किया गया तो उससे समाज विनाश की ओर अग्रसरित होगा। गाँधी जी अपनी समस्त राजनीतिक क्रियाओं में इसी आदर्श का उपयोग अपने आत्मबल से करते हैं। उन्होंने अहिंसा और प्रेम के आधार पर देश को रक्तिम क्रान्ति से बचाया,

विपल्व और विद्रोह की आग में झुलसने से रोका। इस प्रकार उन्होंने राजनैतिक जीवन पद्धति का रूप बदलकर उसे नये रूप में प्रस्तुत किया। यह उनके सत्य अहिंसा और प्रेम का एक राजनीतिक पहलू ही है कि वह भारत में अंग्रेजों के आधिपत्य को किसी रूप में भी स्वीकार नहीं करते लेकिन अहिंसा एवं प्रेम का पुजारी होने के कारण वह ब्रिटिशों का विनाश नहीं चाहते थे उनका उद्देश्य केवल स्वराज्य की प्राप्ति था।

गाँधीजी ने अपने नैतिक आदर्शों और मान्यताओं के कारण साधनों की पवित्रता को आवश्यक बताया। "एक आध्यात्मिक दृष्टि से सावयव विश्व में अच्छे लक्ष्य कभी भी बुरे साधनों से प्राप्त नहीं किये जा सकते। एक नैतिक उपदेशक के रूप में गाँधीजी ने सदैव निश्चित उद्देश्यों की प्राप्ति के लिये पद्धतियों की परिशुद्धता पर बल दिया।" इसी कारण गाँधीजी साध्य को पहले साधनों को निश्चित करते हैं। गाँधीजी साधनों की पवित्रता का सम्बन्ध हृदय की पवित्रता से जोड़ते हैं। देखने वाले साधन तभी तक पवित्र बने रह सकते हैं जबकि हम हृदय से पवित्र हो।

गाँधीजी ने दक्षिणी अफ्रीका में अपने प्रवास काल में यह अनुभव किया कि वहाँ भारतीय नाममात्र को स्वतन्त्र थे। उन्हें अनेक बाधाओं का सामना करना पड़ता था। स्वयं गाँधीजी को प्रथम श्रेणी के टिकट पर प्रथम श्रेणी के डिब्बे में यात्रा करने की सुविधा नहीं दी गई थी। गैर यूरोपियन जातियों को समानाधिकार प्राप्त नहीं थे। उनके लिये सड़कों पर चलने के लिए प्रतिबंध थे। गाँधीजी इस राजनीतिक व्यवस्था से व्याकुल तो हो उठे इसी कारण उन्होंने भारतीय समाज को संगठित किया और निष्क्रिय अहिंसक प्रतिरोध प्रारम्भ किया। अत्याचार और यातना भोगने के बाद भी गाँधीजी के हृदय में विरोध की भावना नहीं पनपी उन्होंने इसका विरोध भी अहिंसा से किया जिसका परिणाम भारतीयों की स्थिति में सुधार था।

भारत आगमन पर उन्होंने यहां भी राजनीति में जो परविर्तन किया उसका प्रभाव भिन्न ही दिखायी पड़ा। उनकी राजनीति में न गुप्त मंत्रणायें, न गुप्त संगठन, न हिंसा और न हृदय में घृणा मिलती है। अत्याचार करने वाले शासन तन्त्र को वह अपने आर्थिक बल से जीतना चाहते हैं, शस्त्र बल से नहीं। असहयोग आन्दोलन काल में 'चौरा-चौरा' काण्ड की हिंसात्मक घटना से उनका हृदय विचलित हो उठा फलस्वरूप उन्होंने आंदोलन का अंत कर दिया और पुनः अहिंसक आंदोलन को अपनाया। उनका लक्ष्य देश की राजनीतिक स्थिति में परिवर्तन लाना था।

व्यक्तिगत सत्याग्रह के अवसर पर तो प्रत्येक सत्याग्रही अपने विषय में स्वयं शासन को सूचित करता था जिससे शासन को किसी प्रकार की असुविधा न हो।

गाँधीजी की राजनीति का आधार केवल अहिंसा प्रेम एवं सद्भावना थी, कूटनीतिज्ञता उनके विचारों एवं कार्यों से दूर थी। गाँधीजी इस प्रकार देश की स्वतन्त्रता को प्राप्त करने में सफल हुए। अमृतसर का भयानक हत्याकांड और साइमन कमीशन जैसी घटनायें भी इनकी धार्मिक प्रवृत्ति को परिवर्तित नहीं कर सकीं। यद्यपि उन्होंने प्रथम घटना के अवसर पर ही प्राप्त 'हिन्दकेसरी' की उपाधि को त्याग दिया, पर अपने प्रेम और भिन्नता के साधनों में उदासीनता को दिखने नहीं दिया।

आदर्श राज्य का विचार

गाँधी जी ने राज्य से संबंधित अनेक विशेष विचार प्रकट किये। वे राज्य को हिंसा और बल का रूप समझते थे। इसलिए उन्होंने कहा है कि, "मैं राज्य को बड़े भय के साथ देखता हूँ, क्योंकि बाहर से तो वह शोषण को कम करके अच्छा काम करता दिखाई देता है, परंतु अन्दर से यह व्यक्ति का विनाश कर देता है जो सब प्रकार की उन्नति का आधार है।" गाँधी जी के का यह विचार इस बात का स्पष्टीकरण करता है कि वह राज्य के प्रति कोई धार्मिक भावना नहीं रखते थे अपितु उनके विचार में राज्य हिंसा की छवि है, क्योंकि वे अहिंसा के पुजारी थे। अतः वे इसे 'स्वतन्त्रता की पूर्णता' नहीं समझते थे। इस विषय पद उन्होंने जिन विचारों को व्यक्त किया है वे आदर्शवादी लेखकों के विचारों से अलग हैं।

गाँधी जी को दक्षिणी अफ्रीका की सरकार तथा भारत में अंग्रेज़ी सरकार के विरुद्ध आन्दोलन करने पड़े, जिनसे उन्हें यह विश्वास हो गया कि राज्य हिंसा और शक्ति की प्रतिमा। वे राज्य की प्रभुसत्ता के विरोधी थे। हॉब्स, हीगल और ऑस्टिन की भांति वे राज्य को प्रभु नहीं मानते थे। वे जनता को नैतिक शक्ति को प्राथमिकता देते थे। उनके अनुसार समाज में जनसमुदाय की नैतिक इच्छा ही प्रभु है, राज्य नहीं। लोगों की नैतिक इच्छा को प्रभु बनाने के तीन कारण थे–प्रथम– गाँधी जी आध्यात्मिक शक्ति को सांसारिक शक्ति से उच्च मानते थे, द्वितीय– गाँधी जी सत्याग्रही होने के नाते राज्य के अन्यायपूर्ण कानून का विरोध करना आत्मा का अधिकार मानते थे और तृतीय यह कि वे लोगों की नैतिक शक्ति के पैगम्बर थे।

गाँधीजी राज्य की प्राथमिकता को समाप्त कर एक आदर्श समाज की स्थापना करना चाहते थे परन्तु व्यावहारिक चिंतक होने के कारण उन्हें ज्ञान था कि राज्य की तुरन्त समाप्ति नहीं हो सकती। इसलिए वे एक अहिंसात्मक राज्य की स्थापना करना चाहते थे। वे यह मानते थे कि यदि जनता का बहुभाग अहिंसा को अंगीकार कर ले तो राज्य को भी अहिंसात्मक आधार पर चलाया जा सकता है लेकिन वे इस

बारे में अधिक आशावादी नहीं थे। वे सच्चे अहिंसावादी थे। हिंसा को नहीं बल्कि वे नैतिकता और अनुशासन पर ही हमेशा बल देते रहे। बेकुनिन के विचारों में नैतिक मूल्यों का कोई स्थान नहीं है। गाँधी जी सोचते थे कि मनुष्य नियमों का नैतिकता से पालन करता रहेगा तो राज्य स्वयं समाप्त हो जाऐगा अर्थात् वह अहिंसा के द्वारा राज्य समाप्ति चाहते थे।

गाँधी जी ने जिस आदर्श राज्य की कल्पना की थी उसमें यह व्यवस्था थी कि नागरिक ही सभी प्रकार की व्यवस्था करेंगे। वहां सुरक्षाकर्मियों की ज़रूरत नहीं होगी और राज्य में जनता सुख तथा शान्ति से अपना जीवन व्यतीत करेगी। राज्य में रेलगाड़ी होगी परंतु उसमें उच्च श्रेणी के लोगों के लिए अलग सुविधाएँ नहीं होंगी। गाड़ियों में केवल एक ही श्रेणी होगी। कानून तथा न्यायालय जनता की भलाई के लिए होंगे। इस प्रकार राज्य वर्गविहीन पूर्ण प्रजातंत्र तथा पूर्ण रूप से अहिंसात्मक होगा। गाँधी जी के आदर्श राज्य में हिंसा के लिए कोई स्थान नहीं था।

आदर्श समाज की संरचना

गाँधी जी के आदर्श समाज की रूपरेखा निम्न है—

(1) नैतिक सत्ता—गाँधी जी राज्य के पक्ष में इसलिए नहीं थे क्योंकि वे राज्य को हिंसा का प्रतीक मानते थे और इसकी बढ़ती हुई शक्ति को भय की दृष्टि से देखते थे। उनका कहना था कि, "राज्य संगठित और केन्द्रित रूप में हिंसा का प्रतीक है। व्यक्ति में आत्मा रहती है जबकि राज्य आत्मा से रहित एक मशीन के समान है, जो अपने आपको हिंसा से अलग नहीं रख सकता है, क्योंकि इसी से ही उसकी उत्पत्ति हुई है। मुझे राज्य की शक्ति के विस्तार से बहुत भय लगता है, क्योंकि यद्यपि बाहरी रूप से तो राज्य शोषण को घटाकर हमारी भलाई करता है। वास्तव में यह व्यक्तित्व का नाश करके मानवता को सबसे अधिक हानि पहुँचाता है। यह व्यक्तित्व ही समस्त उन्नति का आधार है। राज्य कहीं पर भी गरीब जनता की भलाई के लिए स्थित नहीं रहा है।" राज्य संरचना में नैतिक सत्ता को महत्व दिया।

(2) पंचायती राज—गाँधीजी ने अपनी नवीन राज्य संरचना में पंचायती राज को महत्व दिया जिसका निर्माण विभिन्न ग्रामों को मिलाने से होगा। प्रत्येक गांव स्वयं एक गणराज्य अथवा पंचायत होगा, जिसमें अपना प्रबन्ध स्वयं करने की शक्ति होगी। प्रत्येक समाज की रक्षा तथा कल्याण करने के लिए तैयार रहेगा। राज्य की शक्ति केन्द्रित न होकर इन पंचायतों के हाथों में होगी और यह समाज लोकतांत्रिक

होगा। गाँधीजी के अनुसार राज्य का स्वरूप इस बात पर निर्भर होगा कि राज्य-शक्ति किस प्रकार से प्राप्त की गई है। यदि नवीन राज्य का आधार अहिंसा है तो यह प्रजातंत्र होगा, जहाँ शोषण तथा दबाव बहुत कम होगा। गाँधी जी के अनुसार, "यदि अहिंसक उपायों के द्वारा स्वाधीनता प्राप्त की जा सकती है तो शासन का प्रत्येक अंग एक-दूसरे के साथ सहयोग करेगा। ऐसे राज्य प्रतिनिधि केन्द्रीय सत्ता के अधीन सभी अंग स्वचालित यन्त्रों के समान सहयोग के अनुसार कार्य करेंगे, केन्द्रीय सत्ता में देश के सभी अंगों, सभी इकाइयों का पूर्ण विश्वास होगा।"

(3) **पुलिस**—गाँधीजी ने अपनी सत्ता व्यवस्था में पुलिस को जगह दी है। उनका मानना है कि अहिंसात्मक राज्य में भी कुछ समाज विरोधी तत्त्व पाए जा सकते हैं जो हिंसा का प्रयोग करते हैं। ऐसे तत्त्वों को दबाने तथा समाप्त करने के लिए पुलिस की आवश्यकता होगी, परंतु गाँधी जी के मतानुसार "पुलिस पद्धति वर्तमान पुलिस-पद्धति से बिल्कुल भिन्न होगी। पुलिस दल में अहिंसावादी लोग शामिल किया जायेंगे। वे जनता के स्वामी न होकर उसके सेवक होंगे। जनता उन्हें हर प्रकार का सहयोग प्रदान करेगी तथा इस प्रकार पारस्परिक सहयोग से वे कभी-कभी होने वाले उपद्रवों का आसानी से मुकाबला कर सकेंगे। पुलिस के पास कुछ-न-कुछ हथियार भी होंगे, किंतु उनका प्रयोग बहुत कम किया जाएगा। वास्तव में पुलिस के सिपाही सुधारक होंगे। तब पुलिस का कार्य डाकुओं तथा लुटेरों तक ही सीमित होगा।" इस प्रकार गाँधी जी चाहते थे कि पुलिस अपने हथियारों का प्रयोग आवश्यकता पड़ने पर ही करे। लेकिन यदि कोई व्यक्ति दूसरे की हत्या करने के लिए पागल जो जाए तो उसको ऐसा करने से रोकने के लिए पुलिस को उसके विरुद्ध बल-प्रयोग करने की अनुमति भी दी जा सकती है। अपराधों को रोकने के लिए अश्रु गैस का प्रयोग कर सकती है।

(4) **जेलखाने**—गाँधी जी के आदर्श समाज में जेलों की व्यवस्था पर भी ध्यान दिया गया है, यहां यह सुधार-गृह तथा अस्पतालों के रूप में कार्य करेंगी। जेलखाने इसलिए बनाए जाएंगे कि अपराधियों के जीवन को अहिंसक मार्ग में ढाला जाए व अपराध भावना को समाप्त किया जा सके। गाँधी जी ने जेलों को सुधारने के सम्बन्ध में एक योजना बनाई, जिसके अनुसार जेलों को ऐसी संस्थाओं का रूप दिया जाना था जहाँ हाथों से कातने तथा बुनने आदि के कार्य करवाए जाएंगे। जेल अधिकारी अपराधियों के साथ मित्रवत् व्यवहार करेंगे। सन् 1947 में एक बार 'दिल्ली सैण्ट्रल जेल' में भाषण देते हुए गाँधी जी ने कहा था, ".....समस्त अपराधियों को रोगी समझकर उनका इलाज करना चाहिए और जेलखानों को इस वर्ग के रोगियों के

इलाज और निरोगता का अस्पताल समझना चाहिए। कोई भी अपराधी केवलमात्र मनोरंजन के लिए अपराध नहीं करता, अपराध तो एक रोगी मन का चिह्न है। इस बात का पता लगाना चाहिए कि किसी विशेष रोग के कारण क्या हैं फिर उन्हें दूर किए जाने चाहिएँ। जेलों को अस्पताल बनाने के लिए उन्हें विशाल भवनों में बदलने की कोई आवश्यकता नहीं है। इतना व्यय तो किसी भी देश के लिए संभव नहीं है, विशेषकर भारतवर्ष जैसे निर्धन देश में यह बिलकुल संभव नहीं है। जेल कर्मचारियों का दृष्टिकोण डॉक्टरों तथा नर्सों जैसा होना चाहिए। कैदियों को यह विश्वास दिलाना चाहिए कि कर्मचारी उनके मित्र हैं। उनका काम कैदियों का मानसिक स्वास्थ्य सुधारना है, न कि उन्हें किसी प्रकार से परेशान करना।''

(5) न्याय—गाँधी जी के अनुसार लोगों को लोग दीवानी मुकदमों में पंचनिर्णय को ही मान लें, जिनके निर्णय अन्तिम होने चाहिएँ। केवल भ्रष्टाचार अथवा कानून के दुरुपयोग से सम्बन्धित मुकदमे ही इसके अपवाद हो सकते हैं। वे न्यायालय व मुकदमेबाजी को समाप्त करना चाहते थे। वह सामान्य कार्य पद्धति को महत्व देते थे। गाँधी जी ने वकीलों के रहने की बात तो स्वीकार की मगर वे चाहते थे कि उनकी फीस निश्चित कर देनी चाहिए जिससे निम्नवर्गीय लोग भी लाभ उठा सकें।

(6) विकेन्द्रीयकरण—गाँधी जी आर्थिक तथा राजनीतिक क्षेत्र में विकेन्द्रीयकरण की नीति के पक्ष में थे। वह नवीन राज्य में एक केन्द्रीयकृत राज्य की नीति नहीं रखना चाहते थे। उनके अनुसार समाज में प्रत्येक ग्राम स्वशासित होगा और सरकार का उन पर केवल ढीला-सा नाममात्र का ही नियन्त्रण होगा, इस प्रकार वे एच्छिक सहयोग को ही सामाजिक संगठन का आधार मानते थे।

गाँधी जी लघु उद्योगों का विकास करना चाहते थे उनका मानना था कि उद्योगों का केन्द्रीयकरण हिंसा का आधार था, भौतिक पाश्चात्य सभ्यता की बुराइयाँ भी इसी व्यवस्था में फैली हुई हैं और श्रमिकों का शोषण भी हो रहा है। विकेन्द्रीयकरण में इन सभी बुराइयों का अन्त हो जाएगा, क्योंकि अधिकतर कुटीर उद्योग-धन्धों में उत्पादित वस्तुओं का स्वामी स्वयं श्रमिक ही होगा। इस संबंध में वे कहते हैं कि, ''आर्थिक क्षेत्र में सत्य व अहिंसा के सिद्धान्तों को प्रतिष्ठित करने तथा मनुष्य द्वारा शोषण समाप्त करने का सर्वोत्तम उपाय कुटीर उद्योग ही है।'' इस प्रकार गाँधी जी चाहते थे कि ऐसी अवस्था में देश के सभी नागरिक इस अहिंसात्मक समाज में बनी हुई वस्तुओं का ही प्रयोग करेंगे और विदेशी व्यापार होगा ही नहीं। फलस्वरूप अन्तर्राष्ट्रीय संघर्ष भी समाप्त हो जाएगा।

(7) प्रतिनिधित्व–गाँधी जी प्रतिनिधित्व तथा चुनावों का विरोध नहीं करते थे। उन्होंने 'यंग इण्डिया' में लिखा था, "स्वराज्य से मेरा अभिप्राय उस भारत सरकार से है, जिसमें शासन जनता की स्वीकृति से हो, जिसका निश्चय वयस्क जनसंख्या के सर्वाधिक बहुमत के द्वारा हो, चाहे वे स्त्रियाँ हों या पुरुष, वहीं जन्म लेने वाले हों अथवा वहाँ आकर बसने लगे हों, जिन्होंने शारीरिक श्रम के द्वारा राज्य की सेवा में योगदान दिया हो तथा जिन्होंने मतदाता सूची में अपना नाम शामिल करवा लिया हो।" उनका मानना है कि "यदि स्वतन्त्रता का जन्म अहिंसापूर्वक होता है तो सबके साथ अंगीभूत भाग स्वयं की एक-दूसरे पर आधारित होंगे तथा वे प्रतिनिधि उस केन्द्रीय सत्ता के अधीन पूर्ण एकता अथवा मेल-जोल से कार्य करेंगे, जो अपनी स्वीकृति उस विश्वास से प्राप्त करेंगे, जो उनके अंगों द्वारा उसी केन्द्रीय सत्ता के प्रति प्रकट किया गया है।"

गाँधी जी ग्रामीण व्यवस्था का कार्य पंचायत को सौंपना चाहते थे पंचायती राज्य हेतु उन्होंने चुनावी प्रणाली को महत्व दिया, जिसमें प्रत्येक व्यक्ति को मत देने का अधिकार प्राप्त हो। उसके पश्चात् जिला प्रशासन के अधिकारी ग्राम-पंचायतों के द्वारा चुने जाएँ, जिसमें प्रत्येक गाँव का एक मत प्राप्त हो। जिलों के प्रशासन अधिकारी के मतों द्वारा प्रान्तीय प्रशासन के अधिकारियों का चुनाव हो और प्रान्तीय प्रशासन के अधिकारी देश के राष्ट्रपति का चुनाव करें। अर्थात् गाँधीजी ने अप्रत्यक्ष चुनाव प्रक्रिया को महत्व दिया।

गाँधीजी के अनुसार उपयुक्त निर्वाचित व्यक्ति वह है जो योग्य, ईमानदार, अहिंसक एवं निःस्वार्थी हो। उनका विचार था कि उम्मीदवार केवल मतदाताओं की सेवा करने के लिए मत प्राप्त करें। गाँधी जी सभी स्त्री-पुरुषों को मताधिकार देने के पक्ष में थे। वे मतदाताओं के लिए सम्पत्ति आदि की योग्यताएँ नहीं रखना चाहते थे, वे केवल शारीरिक कार्य अथवा श्रम को ही इसके लिए एकमात्र योग्यता बनाना चाहते थे। उनका कहना था, "जो व्यक्ति श्रम करते हैं, वही राज्य की सेवा करते हैं। श्रम ही जीवन को नैतिक मूल्य प्राप्त करवाता है।" वे 18 से 50 वर्ष तक की आयु के लोगों को मताधिकार देना चाहते थे, जो श्रम के द्वारा राज्य की सेवा करते हों।

(8) वर्ण-व्यवस्था–गाँधी जी ने जिस वर्ण व्यवस्था की कल्पना की थी वह हिन्दुओं की वर्तमान वर्ण-व्यवस्था अथवा जाति-व्यवस्था से बिल्कुल भिन्न होगी। उनके अनुसार प्रत्येक व्यक्ति अपने वर्ण के अनुसार अथवा परम्परागत व्यवसाय को ही अपनाएगा और इसे केवल उसी समय बदला जाए, जबकि ऐसा करना अत्यन्त आवश्यक हो जाए। ऐसी अवस्था में प्रत्येक नवयुवक को अपने व्यवसाय के विषय

में चिन्ता करने की आवश्यकता नहीं होगी और समाज में संघर्ष काफी हद तक समाप्त हो जाएगा। अपने पिता के द्वारा निष्पादित कार्यों में वह अपने आधुनिक प्रशिक्षित युवकों से अधिक योग्य तथा कुशल होगा। इस संदर्भ में गाँधी जी ने कहा है–"मेरा विश्वास है कि संसार में प्रत्येक व्यक्ति कुछ स्वाभाविक प्रवृत्तियाँ लेकर जन्म लेता है। प्रत्येक व्यक्ति की कुछ जन्मजात सीमाएँ होती हैं, जिन्हें वह लांघ नहीं सकता। उन्हीं सीमाओं को ध्यानपूर्वक देखने से 'वर्ण-धर्म' का विकास हुआ। उससे कुछ प्रवृत्तियाँ स्थापित हो जाती हैं। इससे सारी अशोभनीय प्रतिस्पर्धा दूर हो जाती है। सीमाओं को मानते हुए भी वर्ण-धर्म में ऊँच-नीच का भेद नहीं था, यह एक ओर तो इस बात की गारण्टी थी कि प्रत्येक व्यक्ति को उसके श्रम का उचित फल मिलेगा और दूसरी ओर वह आगे अपने पड़ोसी के कार्य-क्षेत्र में हस्तक्षेप नहीं करेगा। यह महान् धर्म अब पतित तथा तिरस्कृत हो चुका था। यह मेरा दृढ़ विश्वास है कि आदर्श सामाजिक व्यवस्था की स्थापना केवल तभी हो सकती है जबकि वर्ण-धर्म को भली-भांति समझा जाए और उसे क्रियात्मक रूप दिया जाए।" उनका समाज ऊँच-नीच की भावना से मुक्त होगा समाज के लोग श्रम करके अपने जीवन का निर्वाह करेंगे तथा श्रम के बदले उचित धन प्राप्त कर सकेंगे। उनके पास न तो धन का अभाव होगा न अधिकता गाँधीजी श्रमिकों को परम्परागत कार्य करने हेतु उन्हें शिक्षित करना चाहते थे। गाँधी जी के अनुसार, "किसी व्यक्ति को अपने पास अपनी आवश्यकता से अधिक वस्तुओं को नहीं रखना चाहिए।" वे उस व्यक्ति को ईश्वर का भक्त नहीं मानते थे जो अपनी जरूरत से ज्यादा वस्तुओं का संग्रह करें। उन्होंने कहा था, "यदि ईश्वर में श्रद्धा है, तो हमें पूर्ण विश्वास रखना चाहिए कि वह हमें दैनिक रोटी और जो भी हमारे लिए आवश्यक है, वह वस्तु हमें अवश्य देगा।"

(9) बहुमत के द्वारा शासन–गाँधी जी के आदर्श समाज में बहुमत की प्रमुखता थी किसी भी बात का निर्णय बहुमत के द्वारा किया जायेगा, लेकिन वे अल्पमत को भी अपना विचार रखने की पूर्ण स्वतंत्रता देने के पक्ष में थे। वे बहुमत द्वारा अल्पमत को दबाना नहीं चाहते थे। परन्तु उन्होंने यह भी कहा कि अन्तःकरण के विषयों में बहुमत के कानून का कोई स्थान नहीं है। उन्होंने लिखा है, "बहुमत के शासन में एक संकुचित व्यवहार सामने आता है, अर्थात् एक व्यक्ति को विस्तार के मामलों में बहुमत के निर्णय के सामने झुकना चाहिए परंतु इस बात की परवाह न करते हुए कि बहुमत के निर्णय कैसे हैं, सदा ही उनके सामने झुकना गुलामी है। प्रजातंत्र एक ऐसा राज्य नहीं है जिसमें लोग भेड़ों के समान कार्य करें।" यद्यपि

गाँधी जी बहुमत को शासन करने की शक्ति देने के पक्ष में थे, तथापि वे मानते थे कि बहुमत अल्पमत के प्रति सकारात्मक रवैया अपनायें।

(10) अधिकार और कर्त्तव्य—गाँधीजी के राज्य में सभी नागरिकों को समान अधिकार प्राप्त था। यहां वह अपने अधिकारों का स्वतंत्र रूप से प्रयोग कर सकता है, क्योंकि वे राज्य को विकास का एक 'साधन' मानते थे। इसी कारण गाँधी जी ने कांग्रेस के कराची अधिवेशन के प्रस्ताव में दिए गए अधिकारों का समर्थन किया था लेकिन गाँधी जी अधिकार से ज्यादा कर्तव्य को महत्व देते थे। उनके अनुसार 'मनुष्य का सबसे बड़ा अधिकार अपने कर्त्तव्यों का पालन करना' ही है। उचित रूप से अपने कर्त्तव्यों का पालन करने वाल व्यक्तियों के अधिकार अपने आप ही सुरक्षित हो जाते हैं। यदि कर्त्तव्यों का पालन किए बिना ही अधिकारों की मांग नहीं की जा सकती बल्कि उनका प्रयोग संभव ही नहीं। उसी व्यक्ति को ही अधिकार प्राप्त हो सकते हैं जो उस राज्य की सेवा करे जिसमें की वह रहता है। कर्त्तव्यों के महत्त्व का गाँधी जी ने इस प्रकार उल्लेख किया है, "अधिकार का सच्चा स्रोत कर्त्तव्य है .... यदि हम अपने कर्त्तव्यों का पालन करते हैं, तब अधिकारों को ढूंढ़ना कठिन नहीं होगा। अगर हम अपने कर्त्तव्यों का पालन किए बिना अधिकारों के पीछे भागते हैं, तो वे हमसे उसी प्रकार दूर भाग जाएंगे, जैसी की दलदल में उत्पन्न होने वाला जगमगाता हुआ प्रकाश, जितना ही अधिक हम उसक पीछा करते हैं, उतना ही वह आगे भाग खड़ा होता है।"

(11) ट्रस्टीशिप—आज के युग में आर्थिक क्षेत्र में धनी व्यक्तियों के पास जरूरत से ज्यादा धन तथा वस्तुओं का संग्रह है, जबकि गरीब लोगों के पास आवश्यकता की वस्तुएँ भी नहीं है। इस स्थिति से एक ओर तो धन का दुरुपयोग है और दूसरी ओर लोगों में आपस में कटुता तथा घृणा के भाव फैलते हैं। इस दोष को दूर करने के लिए गाँधी जी का कहना था कि धनी लोगों का धन बिना किसी हिंसा या जबरदस्ती के सामाजिक कार्यों में व्यय किया जाये जो समाज में समानता का प्रसार होगा तथा धन का भी सही व्यय होगा। गाँधी जी के शब्दों में, "मेरा आदर्श समाज बंटवारा नहीं है, परंतु जब तक मैं यह अनुभव करता हूँ कि इसे प्राप्त नहीं किया जा सकता, तब तक मैं उसके न्यायपूर्वक बंटवारे के लिए परिवर्तनशील हूँ।" इस प्रकार गाँधी जी इस बात को स्वीकार करते थे कि समाज में पूर्ण समानता असंभव है। उसके लिए आर्थिक समानता का अर्थ सबके पास समान वस्तुओं का होना नहीं था। उनका कहना था कि समाज के लोगों के पास अपनी मूल जरूरतों को पूरा करने के लिये पर्याप्त धन होना चाहिए।

मूल्यांकन—गाँधी जी ने जिस आदर्श राज्य की कल्पना की थी यदि उसके मूल्यांकन से निम्न निष्कर्ष निकलते हैं—

1. गाँधी जी ने आधुनिक लोकतन्त्रीय राज्य की आलोचना तो की है, परंतु उन्होंने कोई समाधान नहीं निकला जिसके द्वारा दोषों को दूर किया जा सके और शुद्ध लोकतन्त्र की स्थापना की जा सके। इस सम्बन्ध में उनका सुझाव केवल यही है कि लोकतन्त्र अहिंसात्मक होना चाहिए, लोगों में त्याग की भावना तथा कर्त्तव्य-बुद्धि होनी चाहिए, परंतु उन्होंने यह नहीं बताया कि यह कैसे संभव हो।
2. वर्तमान समय में गाँधी जी का कुटीर-उद्योग-धन्धों का सिद्धान्त भी सही नहीं है। यह देश के विकास एवं अर्थ व्यवस्था में बाधक है।
3. गाँधी जी का ट्रस्टीशिप का सिद्धान्त भी अव्यावहारिक तथा असंगत है। उनके अनुसार समाज के धनी लोग अपना धन समाज कल्याण में लगायें यह बात असंभव है कि किसी व्यक्ति को किसी भी कार्य के लिए जबर्दस्ती प्रेरित नहीं किया जा सकता है।
4. गाँधी जी की 'वर्ण-व्यवस्था' के सिद्धान्त का भी आधुनिक युग में कोई मूल्य नहीं है। यदि प्रत्येक व्यक्ति अपने पैतृक पेशे को ही अपनाना आरंभ कर दे तो समाज का विकास संभव नहीं नये उद्योगों के लिये श्रमिकों का अभाव होगा यह जरूरी है कि प्रत्येक मनुष्य को उसकी रुचि, शारीरिक व मानसिक स्थिति तथा कार्यक्षमता के अनुसार काम दिया जाए।
5. गाँधी जी ने जिस आदर्श समाज का आदर्श प्रस्तुत किया है, उसका कोई स्पष्टीकरण नहीं किया।
6. हालांकि विकेंद्रीयकरण लोकतन्त्र का आधार है परंतु जिस सीमा तथा जिस मात्रा में गाँधी जी ने विकेंद्रीयकरण की बात की है, वह असंभव है। भारत की असाक्षर जनता को आत्म-निर्भर बनाना एक चुनौतीपूर्ण कार्य है। गाँधी जी के विचारों से प्रभावित होकर संविधान के अनुसार जिस पंचायती राज की व्यवस्था की गई, वह इस समय पूरी तरह भ्रष्टाचार में लिप्त है।

व्यावहारिक राज्य का सिद्धान्त

गाँधी के विचार चाहे वे राजनीतिक हो या सामाजिक यथार्थवादी होते थे। हालांकि उन्होंने एक आदर्श राज्य की कल्पना की थी, परंतु उनका यह भी मानना था कि व्यवहार में इस प्रकार के आदर्श राज्य की स्थापना नहीं हो सकती। अतः

उन्होंने मानव की दुर्बलताओं और प्रकृति को देखते हुए द्वितीय सर्वोच्च राज्य की रूपरेखा प्रस्तुत की और इस बात को स्वीकार किया कि अपूर्ण मनुष्यों के संसार में एक अहिंसात्मक राज्य तो संभव हो सकता है, परंतु पूर्णतः राज्यविहीन समाज की स्थापना नहीं की जा सकती। उनके शब्दों में "एक सरकार कभी भी पूर्ण रूप से अहिंसात्मक नहीं बन सकती, क्योंकि इसमें सभी प्रकार के व्यक्ति रहते हैं। मैं ऐसे स्वर्ण युग की कल्पना नहीं करता, जब ऐसा समाज स्थापित होगा परंतु मैं ऐसे समाज की स्थापना में विश्वास करता हूँ, जो प्रधान रूप से अहिंसक हो और मैं उसके लिए प्रयत्न कर रहा हूँ।" गाँधी जी इस बात से सहमत थे कि कुछ व्यक्तियों में समाज विरोधी-प्रवृत्ति होने के कारण राज्य की सत्ता बची रहनी चाहिए, परंतु हमें राज्य-विहीन समाज की स्थापना के लिए प्रयत्नशील रहना चाहिए। गाँधी जी के व्यावहारिक आदर्श राज्य में अग्रलिखित विशेषताएँ हैं–

(1) अहिंसात्मक राज्य को दूसरे राज्यों के साथ समान दर्जा प्राप्त होगा–अहिंसक राज्य की स्थिति अन्य राज्यों के साथ समानता की होगी और उसको अपनी जीवन व्यवस्था में पूर्ण स्वतन्त्रता होगी। गाँधी जी ने कहा कि "प्रत्येक देश की स्वतन्त्रता उसकी प्रगति के लिए ही नहीं बल्कि संसार की प्रगति के लिए भी जरूरी है। एक-दूसरे देश पर आधिपत्य साम्राज्यवादी देश में लोकतन्त्र का विनाशक है और अन्तर्राष्ट्रीय झगड़ों और युद्धों की जड़ है, इसलिए गाँधी जी की राय है कि सत्याग्रही देश को ही नहीं बल्कि अन्य देशों को भी अपने शासन प्रबन्ध में स्वतन्त्रता होनी चाहिए। गाँधी जी एक ऐसी स्वतंत्रता नहीं चाहते थे, जो दूसरे राज्य पर नियंत्रण करे या जिसका उद्देश्य किसी व्यक्ति या राष्ट्र को हानि पहुंचाना हो।"

(2) राज्य एक साधन के रूप में–गाँधी जी का विचार था कि व्यक्ति राज्य के लिए नहीं, राज्य व्यक्ति के लिए है, राज्य को व्यक्तियों के हित को ध्यान में रखकर कार्य करना चाहिये। इनका उद्देश्य सभी व्यक्तियों का कल्याण करना है। जिस राज्य में ये बातें न हों उसे आदर्श राज्य नहीं कहा जा सकता।

(3) आदर्श राज्य की संरचना–गाँधी जी ने जिस आदर्श राज्य की कल्पना की थी उसकी संरचना निम्न है–

(क) ग्राम पंचायत–ग्राम पंचायत राज्य की मूल इकाई होगी पंचों के द्वारा इसका कार्यभार संभाला जायेगा। पंचों का चुनाव प्रणाली के आधार पर किया जायेगा। यह संस्था सर्वशक्तिशाली है और यह अपनी सम्पूर्ण शक्तियाँ जनता से ही प्राप्त करती है। इन पंचायतों के निर्णय सभी की सहमति के आधार पर लिये

जायेंगे। इस राज्य में सत्ता केन्द्र के पास न होकर पंचायतों के पास होगी। इससे केन्द्रीयकरण के स्थान पर विकेंद्रीकरण होगा। केन्द्र के पास कुछ निश्चित अधिकार होंगे, जबकि बाकी सब शक्तियाँ पंचायत के पास होंगी। अर्थात् सत्ता की दिशा नीचे से ऊपर की ओर होगी।

(ख) जिला पंचायत—जिला पंचायत का स्तर ग्राम पंचायत से ऊपर होगा। इनका चुनाव ग्राम पंचायतों के द्वारा होगा। ये पंचायतें ज़िले में सभी ग्राम पंचायतों के कार्यों में समन्वय स्थापित करने का काम करेंगी।

(ग) प्रान्तीय सरकार—इसका स्थान ज़िला पंचायत के ऊपर होगा। इस सरकार का चुनाव भी ज़िला पंचायतों के द्वारा अप्रत्यक्ष ढंग से किया जाएगा। प्रान्तीय सरकार जिला पंचायतों के कार्यों में समन्वय स्थापित करने का कार्य करेगी।

(घ) केन्द्रीय सरकार—केन्द्रीय सरकार का स्थान सबसे ऊपर होगा। इसका चुनाव प्रान्तीय सभाओं के सदस्य अप्रत्यक्ष ढंग से चुनेंगे। इस ढंग की प्रणाली में केन्द्रीय सरकार का कार्य सुरक्षा का प्रबन्ध, मुद्रा, विदेशी व्यापार, यातायात का प्रबन्ध, विदेशी नीति तथा आर्थिक विकास की योजनाएँ बनाने आदि तक ही सीमित होगा।

(4) विश्व की संसदीय शासन प्रणाली की आलोचना—गाँधीजी के अनुसार ब्रिटेन की संसदीय शासन प्रणाली बांझ एवं वेश्या के समान है। उनका कहना था कि मैं इसे बांझ इसलिए कहता हूँ अब तक इसने एक भी अच्छा काम अपने आप नहीं किया और यदि उसके ऊपर दबाव डालने वाला कोई भी न हो तो यह कुछ भी न करे। वह वेश्या इसलिए है कि जो भी मन्त्रिमण्डल बनता है, यह (संसद) उसके वश में रहती है। इसके स्वामी बदलते रहते हैं। जो जिस दल का सदस्य होता है, वह आंख मूंदकर उसी के आदेशानुसार अपने मत का प्रयोग करता है। प्रधानमंत्री सिर्फ अपने पद को बचाये रखने के प्रयास में ही लगा रहता है। वह संसदीय कार्य प्रणाली के प्रति विशेष ध्यान नहीं देता। अंग्रेज़ मतदाता समाचार-पत्रों के सहारे अपनी राय बनाते हैं। समाचार-पत्र ईमानदार नहीं हैं। जितना समय तथा पैसा संसद बरबाद करती है, यदि वह थोड़े से व्यक्तियों को सौंप दिया जाए तो देश का उद्धार हो जाएगा।

(5) मतदान का अधिकार तथा उम्मीदवार—निर्वाचन के दौरान वही व्यक्ति मतदान कर सकेगा जो स्वयं हाथ से काम करते हों और जिनका समाज निर्माण व कल्याण में योगदान हो। ऐसी सरकार वयस्क मताधिकार पर आधारित होगी। गाँधी जी के अनुसार मतदान की आयु सीमा 18 से 50 वर्ष है। उम्मीदवार

निःस्वार्थ भाव से जनकल्याण के कार्य करते हों वह देश एवं समाज सेवा हेतु त्याग तथा बलिदान की भावना रखते हों।

(6) अपराध तथा जेलें—गाँधी जी का मानना था कि, "जेलें सुधार-गृह के रूप में कार्य करेंगी, अपराध एक प्रकार का रोग है जिसके कारण अधिकतर सामाजिक दोष हैं। इसलिए अहिंसक राज्य में अपराध भले ही हों परंतु किसी के साथ भी अपराधी जैसा बर्ताव न होगा।" अर्थात् उन्होंने जेल की आवश्यकता बताई परन्तु सजा को एक बुराई कहा। अपराध करने वालों को सज़ा देने की बात गाँधी जी ने आवश्यकतानुसार बताई थी। जैसे चोरों और डकैतों को पकड़कर बन्द रखने में गाँधी जी को कोई आपत्ति नहीं है। वैसे गाँधी जी उन लोगों को भी सज़ा के तौर पर जेल में डालने के समर्थक नहीं थे जिन्होंने हिंसा की हो। अगर उनका वश चलता हो वे सभी जेलों के दरवाज़े खोल देते और हत्या करने वाले अपराधियों को भी छोड़ देते। लेकिन समाज की मौजूदा हालत में वैसा करना संभव नहीं था। सन् 1937 में उन्होंने लिखा था, "संगीत मामलों में बदले की भावना से दी गई सज़ा और दण्ड पर कोई दूसरा रास्ता मैं नहीं खोज पाया हूँ।"

गाँधी जी के आदर्श राज्य में शक्ति का प्रयोग बहुत आवश्यकता पड़ने पर किया जाना चाहिए। अपराध को समाज से बाहर निकालने के लिए अपराधी के साथ शक्ति तथा हिंसा का प्रयोग अवैध है इससे उसकी अपराध भावना खत्म होने के बजाय बढ़ती है यह समाज के हित में भी नहीं है। सत्याग्रही राज्य में तो अपराध करने वाले को सुधारने की कोशिश की जाएगी। अपराधी के साथ अपनाया गया अहिंसात्मक रवैया उसे भय, अपमान और अत्याचार से मुक्त कर देगा जिसका शिकार वह आज तब बना हुआ है। इस राज्य में मौत की सजा का तो नाम भी नहीं होगा क्योंकि वह अहिंसा के सिद्धान्त के विपरीत है। गाँधी जी का कहना था कि सज़ा और दूसरी सज़ाओं में मात्रा का ही नहीं किस्मत का भी फ़र्क है। दूसरी सज़ाओं को रद्द करना या बदलना तो संभव है लेकिन मौत की सजा के बाद व्यक्ति को जीवित करना संभव नहीं है।

एक बार सन् 1947 में दिल्ली सेंट्रल जेल में गाँधी जी ने अपने भाषण में कहा था कि "सभी अपराधियों को रोगी तथा जेल को हस्पताल मानकर उन्हें वहां पर चिकित्सा और स्वास्थ्य के लिए भर्ती करना चाहिए। कोई भी व्यक्ति शौकिया तौर पर अपराध नहीं करता कई रोगी तो दिमाग के कारण हैं। इसलिए रोग की जांच कर उसका इलाज करने की आवश्यकता है। जेल के कर्मचारियों का रवैया भी डॉक्टरों तथा नर्सों जैसा ही होना चाहिए। कैदियों को यह अहसास होना चाहिए कि

जेल-अधिकारी उनके मित्र हैं और वे उन्हें दिमागी रूप से स्वस्थ बनाने में उनकी सहायता करने वाले हैं न कि उन्हें किसी प्रकार से पीड़ित करना चाहते हैं।" अर्थात् जेलों में न केवल सुधरते हैं बल्कि कुटीर उद्योगों के कारण वह आत्मनिर्भर भी हो जाते हैं।

(7) पुलिस तथा सेना—गाँधीजी ने पुलिस को अपने राज्य में स्थान दिया परन्तु वह सुधारकार्य हेतु इस अहिंसात्मक राज्य में पुलिस का स्वरूप भिन्न होगा। **गाँधी जी** के शब्दों में "मेरी कल्पना....कल्पना शक्ति की पुलिस, आज की पुलिस से पूरी तरह अलग होगी। उसमें काम करने वाले लोगों में अहिंसा की पक्की भावना होगी। अतः जनता उस पुलिस के साथ स्वेच्छा से सहयोग करेगी और दोनों एक-दूसरे को आपसी सहायता से दंगा-फसाद पर आसानी से काबिज़ हो जाएंगे। पुलिस वालों के पास कुछ हथियार ज़रूर होंगे लेकिन उनका प्रयोग बहुत कम किया जाएगा या नहीं किया जाएगा। सच्चाई तो यह है कि पुलिस वाले सुधारक के रूप में कार्य करेंगे।"

सन् 1940 में कुछ प्रान्तों में कांग्रेस शांति एवं अहिंसा से दंगों पर काबू न कर पाये अन्त में उन्हें सेना की सहायता मांगी, जिसकी गाँधी जी ने कड़ी आलोचना करते हुए कहा, "जिस सीमा तक काँग्रेसी मन्त्रिमण्डलों को पुलिस और सेना का सहारा लेना पड़ता है, उसी सीमा तक मेरी समझ में हमें अपनी असफलता अवश्य मंजूर करनी होगी।"

गाँधी जी के आदर्श राज्य में सेना नहीं होगी परंतु वह इस बात के तैयार थे कि उस समय तक सेना रखी जा सकती है जब तक पूरा समाज सेना के प्रयोग की आलोचना न करने लगे, इसलिए उन्होंने कहा था कि "मुझे दुख है कि मेरे आज के स्वराज्य में सैनिकों के लिए स्थान है।" गाँधी जी अपने आदर्श राज्य में एक अहिंसात्मक सेना का गठन करना चाहते थे, हथियारबद्ध सेना का नहीं।

(8) न्याय-व्यवस्था—गाँधी जी के अनुसार उनके राज्य में न्यायालय व कानून की कार्य सुरक्षा तथा स्वाधीनता की रक्षा करना होगा। गाँधी जी वर्तमान न्यायालय प्रणाली के कड़े आलोचक थे। वे वर्तमान न्यायालय को जनता का हितैषी नहीं मानते थे। वह वकीलों तथा न्यायाधीशों की कड़ी आलोचना करते थे और कहते थे कि वे झगड़ों को समाप्त करने के स्थान पर उनको बढ़ावा देने का कार्य करते हैं। गाँधी जी का यह भी कहना था कि यह बहुत महंगी है और इसमें बहुत समय लगता है। अतः वह अधिकतर न्याय संबंधी कार्य ग्राम पंचायत को सौंपने के पक्ष में थे। उनका

कहना था कि उनके नवीन राज्य में लोग न्यायालयों में जाने की बजाय आपसी झगड़ों का निपटारा समझने के आधार पर पंचों द्वारा कराएँगे। जो बड़े मुकद्दमे न्यायालयों में जाएंगे उन पर सही व सस्ता न्याय होगा।

(9) बहुसंख्यक तथा अल्पसंख्यक संबंधी विचार—गाँधी जी का आदर्श राज्य लोकतंत्र पर आधारित होगा। उसमें चुनाव भी होंगे। लेकिन उन्होंने अप्रत्यक्ष निर्वाचन प्रणाली को महत्व दिया। यद्यपि लोकतन्त्र में कोई भी निर्णय बहुमत के आधार पर ही लिया जाता है तथापि अगर लोकतन्त्र में बहुमत की अल्पमत विचारधारा पर भी विचार-विमर्श करना चाहिए यदि अल्पमत के विचारों को अनसुना कर दिया जाये तो व्यक्ति की आजादी चोटिल होती है। गाँधी जी के अनुसार, "अहिंसक क्रान्ति द्वारा स्थापित राज्य आध्यात्मिक जनतन्त्र होगा। इस जनतन्त्र में साधारण रीति से निर्णय बहुमत द्वारा होंगे किंतु अब परिस्थितियों में ऐसा नहीं होगा। राज्य में किसी धार्मिक या सांस्कृतिक समुदाय से सम्बन्धित मामलों में निर्णय का अधिकार उसी समुदाय को होगा। महत्त्वपूर्ण मामलों में बहुमत अल्पमत की उपेक्षा नहीं करेगा बल्कि उसका ध्यान रखेगा।" गाँधी जी के अनुसार, "अन्तरात्मा संबंधी मामलों में बहुमत के नियम के लिए स्थान नहीं है।" यह कहना सही नहीं है कि बहुमत विचारधारा सही निर्णय का आधार हो सकती है, कोई भी व्यक्ति या विचार सही निर्णय लेने की गारंटी नहीं दे सकता। हममें से हर एक से गलती हो सकती है। बहुत बार निर्णय परिवर्तन भी करना पड़ता है। इसलिए कम-से-कम सभी लोगों का अपने प्रति यह कर्त्तव्य हो जाता है कि वे अपने मतभेद रखने वाले या विरोधी के दृष्टिकोण को समझने की कोशिश करें और यदि वे उसे मंजूर न कर सकें तब भी उसका उसी तरह पूरा आदर करें जैसे वह चाहते हैं कि दूसरे उनका करें।" मोहम्मद अली जिन्ना के साथ अल्पसंख्यकों के सम्बन्ध में अपनी वार्ता भंग हो जाने पर गाँधी जी ने कहा था, "बहुमत के नियम का अर्थ है यह नहीं है कि वह एक व्यक्ति के सही निर्णय को दबा दे। एक व्यक्ति की राय को, यदि वह सही है, अनेकों व्यक्तियों की तुलना में भी ज्यादा महत्त्व दिया जाना चाहिए। सच्चे लोकतन्त्र का मेरी समझ से यही अर्थ है।" फिर भी दुनिया में लोकतन्त्र कहलाने वाले सभी राज्य इस आदर्श तक पहुंच पाए हैं और इसलिए बहुमत की तानाशाही कायम होने का खतरा बना रहता है।

गाँधी जी की मान्यता थी कि बहुमत को समझा-बुझाकर या स्वयं कष्ट सहकर मामले को निपटा देना चाहिए और अपनी बात अल्पमत पर थोपनी नहीं चाहिए, ऐसा करने से लोकतन्त्र के विकास में सहायता मिलेगी।

प्रतिनिधित्व और बहुमत शासन

महात्मा गाँधी लोकतांत्रिक विचारों के रंग में रंगे थे। उनका मानना था कि लोकतंत्र में प्रतिनिधित्व एवं निर्वाचन को महत्व देना अनिवार्य है। चुनाव में खड़े होने वाले उम्मीदवारों के सम्बन्ध में गाँधी जी कहते हैं कि "उन्हें निःस्वार्थी योग्य और संयमी होना चाहिए। मताधिकार की योग्यता का आधार सम्पति या सामाजिक स्थान नहीं, वरन् शरीरिक परिश्रम होना चाहिए। लोकतन्त्रात्मक शासन के उचित संचालन के लिए यह अनिवार्य है कि इसमें अल्पसंख्यकों का भी सहयोग प्राप्त किया जाए। बहुमत का सदैव ही सही होना आवश्यक नही है और एक प्रतिभाशाली व्यक्ति एक हजार मूर्खों से अच्छा होता है। बहुमत में आलोचना सहन करने की क्षमता होनी चाहिए और अल्पमत के द्वारा भी बहुमत की उचित बातें स्वीकार कर ली जानी चाहिएँ। बहुमत के निर्णय अनुचित होने पर भी अल्पमतों द्वारा इन निर्णयों में परिवर्तन के लिए शान्तिपूर्ण और संवैधानिक साधनों का ही प्रयोग किया जाना चाहिए। किसी भी दशा में न्यायप्रिय बहुमत एवं अल्पमत को सहनशीलता से स्वीकार करना ,चाहिए।" एक स्थान पर वे लिखते हैं कि, "बहुमत के शासन का यह अर्थ नहीं है कि एक भी व्यक्ति की राय, यदि वह सही हो, कुचली जाय, बल्कि उसे बहुमत की राय से अधिक महत्वपूर्ण समझा जाना चाहिए। यही मेरी प्रजातंत्र की वास्तविक कल्पना है।"

गाँधी जी की मान्यता थी कि सामान्य तौर पर अल्पमत के द्वारा बहुमत के निर्णय को स्वीकार कर लिया जाना चाहिए क्योंकि इसके बिना न तो व्यावहारिक रूप से शासन का संचालन हो सकता है और न ही अल्पमत को पर्याप्त स्थान दिया जा सकता है।

राज्य विहीन व्यवस्था

राज्य के संबंध में विभिन्न लोगों की पृथक्-पृथक् विचारधारा है, जैसे—

आदर्शवादी विचारक हीगल राज्य को अपरिधर्म मानता है। ग्रीन उसे नैतिकता का प्रतिनिधि मानता है। अरस्तु उसे सभ्य जीवन की प्रथम आवश्यकता के रूप में स्वीकार करता है। समाजवादियों के अगुआ मार्क्स ने राज्य को पूंजीपति अथवा बुर्जुआ वर्ग का शुभचिंतक बताया है वह राज्य के विनाश की आवश्यकता पर बल देता है। प्रिंस क्रोपटीन भी राज्य की उपादेयता में संदेह प्रकट करता है, इसलिए उनका अराजकतावादी दर्शन राज्यविहीन व्यवस्था के पक्ष में ही है। गाँधीजी की दृष्टि में राज्य व्यक्ति की अपूर्णता का द्योतक है तथा हिंसा और शक्ति पर आधारित है,

इसी कारण उन्होंने राज्यविहीन व्यवस्था का महत्व दिया है तथा कहा कि हिंसा और शक्ति पर आधारित राज्य का स्वयं ही हनन हो जाता है। यह तब तक संभव नहीं होगा जब तक मनुष्य अपनी आत्मा को पूर्णरूपेण विकसित न कर ले और आत्मानुशासन में दीक्षित न हो जाए।

हिंसा पर आधारित राज्य को गाँधीजी हिंसा से समाप्त नहीं करना चाहते इसलिए वह अराजकतावादियों की श्रेणी में पहुंचते-पहुंचते रह जाते हैं। गाँधीजी की राज्य सम्बन्धी धारणाओं का अध्ययन करने वाले बहुत से विचारक उन्हें अराजकतावादी कहते हैं। मूलतः वह यह भूल जाते हैं कि अराजकतावाद के अधिकांश विचारक गाँधीजी के आत्मानुशासन के चिंतन से भिन्न दृष्टि रखते हैं और कुछ तो हिंसा से राज्य को समाप्त को समाप्त करने के पक्ष में भी हैं।

राम राज्य का आदर्श— गाँधीजी मनुष्य की आत्मा में अनुशासन भरना चाहते हैं कि उसे राज्य की आवश्यकता ही अनुभव न हो। राज्य अपनी उपादेयता समाप्त हो जाने पर स्वयं भी समाप्त हो जायेगा। इसलिए गाँधीजी परम्परागत अराजकतावादियों से भिन्न रह जाते हैं। गाँधीजी ने ऐसे राज्य की व्यवस्था का विचार किया है जो शक्ति, सत्ता और हिंसा से मुक्त हो। परिणामस्वरूप वह 'राम राज्य' को राज्य का आदर्श मानते हैं। गाँधीजी परमुखापेक्षी नागरिकों के लिये स्वराज्य को अर्थहीन मानते हैं इसलिए उनके आदर्श राम राज्य में किंचितमात्र भी आश्रित रहने की प्रवृत्ति विकसित होनी संभव नहीं। ऐसे आदर्श राम राज्य में तो वह नियन्त्रण से मुक्त होने की अधिक से अधिक चेष्टा करता है। नियन्त्रण स्वतंत्र होने की उम्मीद पूरी हो सकेगी जब समाज का प्रत्येक व्यक्ति राज्य को अपना समझेगा। यह इच्छा तभी जागृत हो सकती है जबकि समानता के उच्च आदर्शों की स्थापना हो जाए। ''राम राज्य में एक ओर अथाह सम्पत्ति और दूसरी ओर करुणाजनक फाकेकशी नहीं हो सकती, उसमें कोई भूखा मरने वाला नहीं हो सकता।''

अहिंसा मूलाधार— अहिंसा के बिना गाँधीजी का रामराज्य न तो कल्पनीय है और न व्यवहारिक। ''मेरी कल्पना का स्वराज्य तभी आयेगा जब हमारे मन में यह बात अच्छी तरह जम जाए कि हमें अपना स्वराज्य सत्य और अहिंसा के शुद्ध साधनों द्वारा ही हासिल करना है।'' ऐसे अहिंसक समाज में किसी प्रकार के विद्वेष की कल्पना भी सहज नहीं हो सकती। बोधराज शर्मा के अनुसार, ''यदि मनुष्य अहिंसक है तब किसी भी रूप में पोषण नहीं हो सकेगा तथा सभी सामाजिक कार्य सहयोग के सिद्धान्त पर आश्रित रहेंगे। यदि मनुष्य स्वेच्छा से सहयोग करना सीख ले तब राज्य का बाध्यकारी तत्व स्वयं विरोहित हो जायेगा।''

गाँधीजी का यह राज्य कुछ लोगों के हित साधन की अपेक्षा करोड़ों लोगों के हित साधन में व्यग्र रहेगा। इसका अर्थ है कि बहुसंख्यक वर्ग की इच्छाओं के अनुकूल व्यवस्था होगी। किन्तु बहुसंख्यक वर्ग वर्तमान युग के बहुमन से भिन्न रहेगा। ''बहुसंख्यक दल का शासक अमुक हद तक जरूर माना जाना चाहिए यानि, ब्यौरे की बातों में हमें बहुसंख्यक दल का निर्माण स्वीकार कर लेना गुलामी का चिन्ह है।'' यदि बहुसंख्यक के नाम पर 51 प्रतिशत लोग 49 प्रतिशत लोगों के विरुद्ध कार्य करने के लिये तैयार हों तो गाँधीजी इसे स्वीकार नहीं करते, वह तो इसे अत्याचार ही अनुभव करते हैं। वर्तमान शासन व्यवस्थाओं में अधिकांशः ऐसा ही होता है। धीरेन्द्र मजूमदार के अनुसार, ''अधिक से अधिक लोगों का अधिक से अधिक भला, एक असद् विचार है।''

गाँधीजी के अनुसार ऐसे समाज का अर्थ है कम से कम हिंसा का या न्यूनतम राज्य। एस. हुसैन आबिदअली के अनुसार, ''गाँधीजी के आदर्श में, जिसमें कि प्रत्येक व्यक्ति समान प्रेरक या चेतनामय मान्यतायें रखता है, राजनैतिक समानता में स्वभावतः सामाजिक समानता जुड़ जायेगी। वहां जाति अथवा वर्ग में इस दृष्टि में कोई अन्तर नहीं होगा।'' ऐसे राज्य में धर्म को निरपेक्ष दृष्टि से देखा जायेगा। राज्य का कोई विशेष धर्म नहीं होगा। इसका अभिप्राय यह है कि सभी धर्मों को समान महत्व प्राप्त होगा। ऐसे राज्य में प्रत्येक मनुष्य अपना स्वयं शासक होगा। इस प्रकार गाँधीजी के अनुसार आत्मानुशासन इस प्रकार से करेगा कि अपने पड़ोसी के लिये वह किसी प्रकार भी बाधक नहीं होगा।''

लोक सत्ता में आस्था

शक्ति और हिंसा को समाप्त करने हेतु केन्द्रीयकरण उचित प्रणाली नहीं है। उनका मानना है कि, ''वह केन्द्रीयकरण की तरफ पर्याप्त भयावह दृष्टि से देखते हैं क्योंकि इसका परिणाम शक्ति का कुछ हाथों में केन्द्रित हो जाना है जिसके बुरे होने की अधिक संभावना है। लेकिन इससे भी अधिक उनके भय का कारण यह था कि केन्द्रीयकरण व्यक्तित्व को तथा व्यक्ति की प्रेरणा को कुचल देगा, जो गाँधीजी के अनुसार प्रगति का आधार है।'' 'गाँधीवाद योजना और गाँधीवादी संविधान' के लेखक श्री मन्नारायण अग्रवाल ने गाँधीजी की विकेन्द्रीयकरण की मान्यता को विशेष महत्व देते हुए कहा है कि, ''शासन की दृष्टि से भी विकेन्द्रीयकरण और सत्ता को बांट देना उचित है। प्राध्यापक फार्डनेन्डज्विग अनुभव करते हैं कि अब तो हर आदमी मानने लग गया है कि जहां तक सम्भव हो, संयोजन विकेन्द्रीयकरण और

कामों के बंटवारे की दिशा में ही होना चाहिए।" विकेन्द्रीयकरण व्यवस्था का स्वरूप विनोबा भावे के अनुसार ग्राम स्वराज्य ही है। यही सच्चे अर्थों में गाँधीजी के राम राज्य की अभिव्यक्ति है। गाँधीजी के शब्दों में, "सच्ची लोकशाही केन्द्र में बैठे बीस आदमी नहीं चला सकते। वह तो नीचे से हर एक गांव के लोगों के द्वारा चलायी जानी चाहिए।

पश्चिमी प्रजातन्त्र व्यवस्था की आलोचना

सरकार के स्वरूप को बचाने के लिए गाँधीजी ने शासन व्यवस्था को महत्व दिया परन्तु इसका स्वरूप प्रजातन्त्र ही निर्धारित किया। गाँधीजी को प्रजातन्त्रीय मान्यताओं से समझौता करने में किसी प्रकार का भी संशय नहीं था, परन्तु उन्होंने पश्चिमी प्रजातन्त्र की नहीं स्वीकारा उन्होंने इसकी तुलना बांझ तथा वेश्या से की जो स्वेच्छा से नहीं बल्कि दूसरे के अधीन होकर कार्य करती है। जिसका स्वामी प्रत्येक बार कोई और होता है। गाँधीजी के अनुसार, "पश्चिम के आज का प्रजातन्त्र जरा हल्के रंग का नाजी और फासिस्ट तन्त्र ही है। ज्यादा से ज्यादा प्रजातन्त्र साम्राज्यवाद की नाजी और फासिस्ट चाल को ढकने के लिए एक आडम्बर है।"

गाँधीजी ने जिस प्रजातन्त्र को स्वीकार किया है उसका स्वरूप आधुनिक प्रजातनत्र के समान ही है किन्तु आत्मा अहिंसा पर आधारित नहीं है। गाँधीजी के अनुसार, "हिंदुस्तान सच्चा प्रजातन्त्र रहने का प्रयत्न कर रहा है अर्थात् ऐसा प्रजातन्त्र जिसमें हिंसा के लिये कोई स्थान नहीं होगा। हमारा हथियार सत्याग्रह है। उसका व्यक्त स्वरूप है चर्खा, ग्रामोद्योग, उद्योग के जरिये प्राथमिक शिक्षा प्रणाली, अस्पृश्यता निवारण, मद्यनिषेध, अहिंसक तरीके से मजदूरों का संगठन।"

प्रजातन्त्र के आधार : सत्य और अहिंसा

इस बात को हम सब जानते हैं कि गाँधी जी प्रजातंत्र के पक्के समर्थक थे परंतु वे ब्रिटिश शासन प्रणाली के प्रजातंत्र के कठोर आलोचक थे। वे ब्रिटिश संसद को शक्तिहीन और बंजर कहते थे; इसके सदस्यों की विमुखता तथा स्वार्थपरता की निन्दा करते थे। वे इसे 'बातचीत करने वाली सभा' के अतिरिक्त और कुछ नहीं समझते थे। वे इस बात को जानते थे कि ब्रिटिश संसद प्रधानमंत्री के हाथों की कठपुतली है जो एक चालाक पार्टीबाज, बेईमान और चरित्रहीन व्यक्ति होता है और संसद को अपने इशारों पर नचाता है। शासक वर्ग जनता के हितों का बलिदान करके अपने स्वार्थ की पूर्ति करता है। साम्राज्यवादी और पूंजीवादी पश्चिमी प्रजातंत्र

के आधार हैं। वे प्रजातंत्र के सच्चे रूप नहीं हैं। पश्चिमी प्रजातंत्र की आलोचना करते हुए गाँधी जी ने लिखा है, "पश्चिमी प्रजातंत्र, जैसे वह आजकल है, शुद्ध नाजीवाद या फासिस्टवाद का रूप है। साम्राज्यवाद की नाजी और फासिस्टवादी प्रवृत्तियों को ढंकने वाला ढोंग है।" उनको पश्चिमी प्रजातंत्रीय प्रणाली में कुछ भी अच्छा दिखाई नहीं देता था। उन्होंने तो यहां तक कहा, "मेरे विचार से यूरोप में प्रजातंत्र, प्रजातंत्र का उपहास है।

गाँधी जी प्रजातंत्र में विभिन्न प्रकार की बुराइयों को देखकर उसका कारण दल-प्रणाली और चुनाव प्रणाली को मानते थे। उनका मानना था कि पार्टीबन्दी लोगों को स्वार्थी और अन्धा बना देती है। उनकी विचार शक्ति का दमन करती है। राष्ट्र-भक्ति के स्थान पर दलीय-भक्ति को प्रोत्साहन देती है। पार्टी की सहायता बिना इसके लिए चुनाव लड़ना और जीतना दुष्कर है। अतः आज के प्रजातंत्र का प्रतिनिधि स्वयं को पार्टी के हाथों बेच देता है। पार्टी का संचालन सिर्फ सत्ता प्राप्त करने के उद्देश्य से किया जाता है। सत्ता के लालच में राजनेता इतने अंधे हो जाते हैं कि वे जनता को धोखा देते हैं और सत्ता प्राप्त करने के लिए अनैतिक साधनों का प्रयोग करते हैं। चुनाव के समय जनता से ढेर सारे वायदे कंरते है और सत्ता प्राप्त करने के बाद सब भूल जाते हैं।

आज का प्रजातंत्र 'बहुमत के सिद्धान्त' पर कार्य करता है, परंतु गाँधी जी 'बहुमत के सिद्धान्त में कोई विश्वास नहीं करते थे क्योंकि वे यह मानते थे कि इसमें बहुमत के आगे अल्पमत दब जायेगा और बहुत मनमानी करेगा। गाँधी जी प्रजातंत्र के बाह्य रूप से सन्तुष्ट नहीं थे। गाँधी जी के शब्दों में, "बहुमत के द्वारा एक जीवित श्रद्धा का निर्माण नहीं हो सकता। बहुमत द्वारा निर्मित सरकारों का एक दुष्प्रभाव भ्रष्टाचार है।" परंतु जैसा कि ऊपर कहा गया है, प्रजातंत्र की बुराइयों के बावजूद भी गाँधी जी प्रजातंत्र को ही सबसे अच्छी सरकार मानते थे। उनका विश्वास था कि प्रजातंत्र की बुराइयों को दूर किया जा सकता है। वे प्रजातंत्र को नैतिक आधार पर संगठित करना चाहते थे। प्रजातंत्र के प्रति उनका दृष्टिकोण नैतिक था। वे प्रजातंत्र को स्वायत्तता तथा प्रगति का गढ़ बनाना चाहते थे। सैनिक बल पर आधारित प्रजातंत्र एक कमज़ोर प्रजातंत्र है। प्रजातंत्र राज्य में हिंसा का कोई स्थान नहीं होता; यह राज्य हिंसा से नहीं बल्कि नैतिकता से चलता है। जिस प्रजातंत्र में अहिंसा का प्रमुख स्थान होता है वह एक आदर्श प्रजातंत्र कहलाता है।

प्रजातंत्र केवल बहुमत पर आधारित नहीं होता, यह अल्पमत के विचारों को भी सुनता है, उनके विचारों को नजरअंदाज नहीं करता। अल्पमत को बहुमत के

विचार के अनुरूप अहिंसात्मक ढंग से बदलने का प्रयत्न किया जाना चाहिए। उनके विचारों को कुचला नहीं जाना चाहिए। प्रजातंत्र में अल्पमत को भी अपने विचार प्रकट करने की स्वतन्त्रता बहुमत के बराबर ही होती है।

गाँधी जी ने उस प्रजातंत्र की कल्पना की थी जिसका निर्माण विकेन्द्रीयकरण के सिद्धान्त के आधार पर किया जा सके। जिसकी मूल इकाई ग्राम पंचायत थी। गाँधी जी शासन की छोटी-छोटी इकाइयों का संगठन करना चाहते थे। उनका विचार था कि प्रजातंत्र छोटी इकाइयों से अधिक प्रभावी हो सकता है, क्योंकि उनका मानना था कि छोटी इकाइयों में सदस्यों के बीच प्रत्यक्ष सम्पर्क बनता है। वे सत्ता के केन्द्रीयकरण के पक्ष में नहीं थे। उनका विचार था कि जो सरकार सबसे कम-से-कम शासन करती है, वही सबसे अच्छी है। लोगों को अपना शासन स्वयं करना चाहिए।

सत्य और अहिंसा पर आधारित गाँधीजी के प्रजातन्त्र में अपराधों का कोई स्थान नहीं है। इस कारण पुलिस को भय की शक्ति के रूप में नहीं बल्कि सुधारात्मक इकाई के रूप में निरूपित किया। डॉ. ओ.पी. गोयल के अनुसार, "आदर्श विचार के रूप में एक अहिंसात्मक राज्य में पुलिस और सेना की कोई आवश्यकता नहीं होगी। गाँधीजी के अनुसार इनकी आवश्यकता केवल अपूर्णता की स्थिति में ही होगी। पूर्ण अहिंसा इस संसार में प्राप्त होनी असम्भव है इसलिए गाँधीजी के राज्य में भी पुलिस और सेना बनी रहेगी।"

गाँधीजी ने सेना और पुलिस के वर्तमान स्वरूप को बदलने का प्रयत्न किया है। न्यायपालिका की आवश्यकता को ध्यान में रखकर उन्होंने यह कार्य ग्राम पंचायत को सौंपा है। आई. सुन्दरम् के अनुसार, "गाँधीजी का यह दृष्टिकोण था कि हमारी वर्तमान कानूनी व्यवस्था हमें अनैतिकता की शिक्षा देती है। वकील झगड़ों को समाप्त करने की अपेक्षा बढ़ाते हैं। यह उनकी स्वार्थता का परिणाम है कि वह झगड़ों को दुगुना कर देते हैं। गाँधीजी को यह भी विश्वास था कि न्यायालय का न्याय सर्वदा उपयुक्त ही नहीं हो सकता क्योंकि यह सम्बन्धित पार्टी ही जान सकती है कि ठीक क्या है, तीसरी पार्टी उसे नहीं जान सकती।"

गाँधीजी के राम राज्य के आदर्श और संसदात्मक व्यवस्था के विषय में विचारकों को संदेह है। सामान्यतः स्पष्ट है कि पूर्ण अहिंसा व्यावहारिक नहीं है। इसलिए जिस राम राज्य के समग्र आदर्श को वह देना चाहते है, वह प्राप्त होना कठिन है। किन्तु कम से कम या शून्यवत् हिंसा ही यदि रहे तो भी वर्तमान प्रजातन्त्र की विशृंखलित स्थिति आवश्यक, उपयोगी और उपयुक्त मानते हैं। समान अवसरों

की स्वतन्त्रता, वयस्क मताधिकार तथा ग्राम-पंचायतों का अधिकाधिक महत्व देना गाँधीजी के राज्य की प्रमुख शाखा है। इसको वर्तमान भारतीय प्रजातन्त्र ने अंगीकृत किया है, किन्तु अभी भारतवर्ष गाँधीजी के वास्तविक प्रजातन्त्र से बहुत दूर है।

गाँधीजी के अनुसार अधिकार और कर्त्तव्य

गाँधी जी ने सदैव जनकल्याण हेतु विचारधारा दी है। साम्राज्यवाद का उन्होंने हमेशा विरोध किया। उन्होंने स्वतन्त्रता के अधिकार का सदा पक्ष लिया। वे मानव समानता में विश्वास करते थे। उनका सत्याग्रह का सिद्धान्त इस बात पर आधारित है कि व्यक्ति को अन्याय और शोषण का विरोध करने का अधिकार है। गाँधी जी ने स्वयं भारत की स्वतन्त्रता के लिए संग्राम और ब्रिटिश शासन के कानूनों का विरोध किया।

उन्होंने समानता और स्वतन्त्रता के अधिकारों पर विशेष बल दिया उन्होंने उदारवादी प्रकृति के कारण जनकल्याण को राज्य का उद्देश्य माना जो भौतिक के साथ-साथ आध्यात्मिक भी था। गाँधी जी जातीय भेदभाव को समाज का कलंक मानते थे। उन्होंने इसको दूर करने के लिए काफी प्रयास किया। उनके अनुसार, मनुष्य कुछ आवश्यक अधिकारों के बिना ईश्वर को प्राप्त नहीं कर सकता। इसी प्रकार, वे व्यक्तियों के स्वतन्त्रता के अधिकार के समर्थक थे। उनका कहना था कि अल्पसंख्यकों को भी विकास हेतु समान अवसर मिलने चाहिएँ। प्रत्येक व्यक्ति को अपने विचार प्रकट करने का अधिकार है। परन्तु उन्होंने बहुमत के द्वारा अल्पमत पर अपने विचार थोपने की बात को अस्वीकार किया 'रौलट ऐक्ट' का खुलकर विरोध किया, जिससे नागरिकों में उनके विश्वास की पुष्टि होती है परंतु वे कर्त्तव्यों के बारे में पूर्णतः सजग थे। व्यक्तित्व का विकास करने के लिए अधिकार जरूरी है, परंतु इन अधिकारों का उपभोग करने के लिए नैतिक प्रशिक्षण आवश्यक है। यदि मनुष्य अपने अधिकारों प्राप्ति हेतु कर्तव्यों का पालन आवश्यक है।

अधिकार सिर्फ किसी व्यक्ति विशेष के लिए नहीं होता है, इसका सामाजिक महत्व भी है। सर्वोदय अर्थात् सबका कल्याण अधिकारों का आधार है। एक बार उन्होंने एच. जी. वैल्स (*H.G. Wells*) को लिखा, "मनुष्य के कर्त्तव्यों से शुरू करो तो अधिकार ठीक उसी प्रकार चले जाएंगे जैसे शरद ऋतु के बाद बसन्त आता है। जब मैं नवयुवक था तो मैंने अपना जीवन अधिकारों की माँग से शुरू किया और मुझे पता लगा कि मेरे कोई अधिकार नहीं हैं, अपनी पत्नी पर भी मेरा कोई अधिकार नहीं

है। अतः मैंने अपनी पत्नी, अपने बच्चों, मित्रों, साथियों और समाज के प्रति कर्त्तव्यों का पालन शुरू कर दिया और आज मेरे पास किसी भी अन्य व्यक्ति से अधिक अधिकार हैं।" इस प्रकार गाँधी जी के अनुसार, "सेवा से प्राप्त किए गए अधिकार ही सच्चे अधिकार हैं। अपने कर्तव्यों को भूलकर सिर्फ अधिकारों को ही प्राथमिकता देंगे तो समाज की एकता को घात पहुंचेगा।"

अधिकारों के लिये संघर्ष—वास्तव में वैयक्तिक स्वतन्त्रता के लिये स्वराज्य की आवश्यकता गाँधीजी का विशेष मत था। जन्मजात संस्कारों में उन्हें मानवीय समानता के आदर्श मिले हैं। उनका मानना था कि समानता की पूर्ति निश्चय ही प्रजातन्त्र में सम्भव हो सकती है। गाँधीजी प्रजातन्त्र को ऐसी व्यवस्था का प्रतीक मानते हैं जिसमें समाज के प्रत्येक वर्ग के विकास के लिये समान अवसर प्राप्त होते हैं। "प्रजातन्त्र का अर्थ मैं यह समझता हूँ कि इस तन्त्र में नीचे से नीचे और ऊंचे से ऊंचे आदमी को आगे बढ़ने का अवसर मिलना चाहिए।"

समान अवसरों की उपलब्धि का अर्थ यह है कि गाँधीजी मूलतः प्रत्येक नागरिक के लिये अधिकारों की बात करते हैं जो जनकल्याण में सहायक है। "अपने राजनैतिक जीवन में उन्होंने सदैव मनुष्य के अधिकरों पर बल दिया। अधिकारों की आकांक्षा वह किसी वर्ग विशेष के लिये नहीं करते। वह तो निम्न से निम्न व्यक्ति के लिये अधिकारों की आवश्यकता अनुभव करते हैं।" गाँधीजी के द्वारा दक्षिणी अफ्रीका में सत्याग्रह का नेतृत्व नागरिक अधिकरों की अभय स्थिति की उद्घोषणा है। भारतीय मंच ने उनकी क्रियाओं का अवलोकन किया है। भारतीय राष्ट्रीय आन्दोलन का नेतृत्व उन्होंने राजनैतिक अधिकारों की प्राप्ति के लिये कि.या। राजनैतिक अधिकारों की उपलब्धि में ही सच्चे स्वराज की स्थापना संभव है। सविनय अवज्ञा आन्दोलन की शृंखला में व्यक्तिगत सविनय अवज्ञा आन्दोलन का उद्देश्य भाषण के अधिकार को प्राप्त करना ही था जिसका विदेशी सत्ता ने अपहरण कर लिया था।

कर्तव्यों के अभाव में अधिकार नहीं—गाँधीजी के लिये अधिकार कर्तव्य की योगशाला के प्रतिनिधि हैं। "अधिकारों के सत्य-स्रोत कर्तव्य हैं। यही सिखावन कृष्ण ने अपने इन शब्दों में अभिव्यक्त की है--कम कर, परिणाम की अभिलाषा को पूर्णतः छोड़ दें।" यदि प्रत्येक मनुष्य अपनी शक्ति की उन्नति हेतु पहले कर्तव्य करेगा तब उसमें जनकल्याण की भावना जागृत होगी और वह श्रेष्ठ नागरिक की भांति समाज की सच्चे अर्थों में सेवा कर सकेगा। गाँधीजी के शब्दों में, "नागरिता के अधिकार केवल उन्हीं को मिल सकते हैं, जो इस राज्य में उसकी सेवा करते हों

और फिर वे ही इन अधिकारों के साथ पूरा न्याय कर सकते हैं।" राजनैतिक चिंतक अधिकारों को महत्व देते हैं जिसका निष्कर्ष सामाजिक असंतुल्य है। गाँधीजी इस असन्तुलन की स्थिति को अनुभव करते हुए ही कर्तव्य पालन की प्रेरणा देते हैं, "जो कोई अपने कर्तव्य का उचित पालन करता है, उसे अधिकार अपने आप मिल जाते हैं।"

मनुष्य का कोई भी अधिकार बाधारहित नहीं है। प्यारेलाल के शब्दों में, "हमारे जीवित रहने का अधिकार भी तभी प्राप्त है जबकि हम विश्व नागरिकता के अपने कर्तव्य पूर्ण करते हैं।" यदि मूल रूप से बिना कर्तव्य की पूर्ति के अधिकार के लिये प्रयास किया जाए तो उसका यह स्वाभाविक परिणाम होगा कि न तो अधिकार मिलेगा न उनका उचित प्रयोग हो सकेगा। डॉ. गोपीनाथ धवन के शब्दों में, "यदि कोई अधिकार मांगा जाता है अथवा कर्तव्य करने की क्षमता के अभाव में उसे स्वीकृति प्राप्त होती है, तब अधिकार का उद्देश्य प्राप्त नहीं होता है तथा अधिकार को भी संचित नहीं रखा जा सकता।"

एक दूसरे के पूरक—यदि अधिकारों की प्राप्ति बाधारहित हो जाये तो नागरिक अपने कर्त्तव्यों का पालन नहीं करेगा। तब ऐसी स्थिति में समाज विशृंखलित, असंयमित और दुराग्रही हो सकता है। इसका ध्येय भी सेवा न होकर कुशासन की स्थापना करना होगा। गाँधीजी के अनुसार अधिकार मानव-निर्मित होते हैं। "अधिकार, राज्य अथवा किसी समूह द्वारा निर्मित नहीं हैं बल्कि स्वयं मनुष्य द्वारा निर्मित हैं क्योंकि वह सत्य और अहिंसा के द्वारा उन्हें प्राप्त करने के लिये अपनी क्षमता को सिद्ध करता है। राज्य अथवा समूह तो केवल अधिकारों को स्वीकृत करते हैं।"

गाँधीजी का समाज व्यक्तिगत, सुखी और सन्तुष्ट तभी बना रह सकता है जबकि अधिकारों और कर्तव्यों के मध्य सम्बन्धों में उचित समन्वय हो। यदि ऐसा नहीं है तो वह संग्रह योग्य नहीं है। गाँधीजी के शब्दों में, "मैं यह कहने की हिम्मत करूंगा कि जो एक पूरी तरह अदा किए गये फर्ज से नहीं मिलते, वे प्राप्त करने और रखने लायक नहीं हैं।" गाँधीजी ने छोटे-बड़े सभी स्तर के व्यक्तियों को अपने कर्तव्य पूरा करने के लिये कहा। अधिकारों का उनके दर्शन में बिना कर्तव्य किए कोई स्थान नहीं है। मजदूर और पूंजीपति, किसान और जमींदार, उपभोक्ता और व्यापारी, शिक्षक और शिक्षार्थी, पति और पत्नी, मां-बाप और बच्चे सभी के लिये गाँधीजी के अनुसार पहले कर्तव्य पालन आवश्यक है। अधिकारों के चिंतन पर गाँधीजी बल नहीं देते हैं।

राष्ट्रीयता एवं अन्तर्राष्ट्रीयता के संबंध में गाँधी की विचारधारा

गाँधी जी मानवतावादी विचारधारा को मानते थे लेकिन वह राष्ट्रवाद के असमर्थक नहीं थे। मनुष्य जाति के विकास में सामाजिक जीवन के अनेक स्तर सामने आते हैं जैसे—परिवार, जाति तथा प्रदेश। देश और मनुष्य केवल उन्हें पार करने के पश्चात् ही अन्तर्राष्ट्रवाद के आदर्श पर पहुंच सकता है ऐसा उनका विचार था। वे कहते थे कि पहले की सामाजिक इकाइयों के प्रति अपने कर्त्तव्य का पालन न करके मात्र मानव सेवा की बात करना अपने उत्तरदायित्व से मुंह मोड़ना है। उन्होंने लिखा है, "जब मैं अपने परिवार की सेवा करने के योग्य नहीं हूँ, तो ऐसी स्थिति में समस्त भारत की सेवा करने की बात करना कोरा अहंकार है।" इस प्रकार स्पष्ट है कि वे मानवता को राष्ट्र के बाद स्थान देते थे। वे मानव जाति की सेवा हेतु अपने राष्ट्र की उपेक्षा नहीं करना चाहते थे। यही कारण है कि उनको सभ्यता तथा संस्कृति के प्रति लगाव था और वे भारत को स्वतन्त्र तथा समृद्ध देश के रूप में देखना चाहते थे। इस सम्बन्ध में गाँधी जी के विचार 'स्वदेशी' के सिद्धान्त पर आधारित हैं। 'स्वदेशी' शब्द से अभिप्राय 'अपने देश से सम्बन्धित'। स्वदेशी शब्द का प्रयोग गाँधी जी ने राजनीतिक, धार्मिक तथा आर्थिक तीनों क्षेत्रों में किया।

गाँधी जी राष्ट्रवाद में पूर्ण विश्वास रखते थे। इस संबंध में उन्होंने एक बार कहा था, "भारत में बनी हुई वस्तुओं की उपेक्षा करके विदेशों में बनी वस्तुओं का प्रयोग करना भारत को धोखा देना है। यह एक अवांछनीय विलासिता है। विदेशी वस्तुओं का प्रयोग करके चूंकि हम स्वदेशी वस्तुओं को पसन्द नहीं करते, एक प्रकार से हम विदेशी बन जाते हैं। यह स्पष्ट है कि हम स्वदेशी वस्तुओं की उपेक्षा नहीं कर सकते, जिस प्रकार हम स्वदेशी हवा तथा स्वदेशी मिट्टी की उपेक्षा नहीं कर सकंते केवल इस कारण कि वह विदेशी हवा तथा विदेशी मिट्टी से निम्न स्तर की है।" गाँधी जी ने अपने देश में बने प्रत्येक स्वदेशी माल के प्रयोग को महत्व दिया। उनका कहना था कि प्रत्येक भारतीय को अपने विचारों, भाषणों तथा कार्यों में पूर्ण रूप से स्वदेशी होना चाहिए। इसी वजह से गाँधी जी सभी स्वदेशी वस्तुओं के प्रति सहानुभूति रखते थे। वे हिन्दू-धर्म तथा इसकी धार्मिक पुस्तकों के प्रति भी उनकी विशेष आस्था थी। गीता के बारे में उन्होंने लिखा है, "आज गीता, बाईबल और कुरान ही नहीं, इससे भी ऊपर वह मेरी माँ है। मेरी सांसारिक जननी, जिसने मुझे जन्म दिया, मैंने उसे बहुत पहले खो दी, पर इस शाश्वत जननी ने तभी से मेरी माँ

के रिक्त स्थान की पूर्ति की है। वह कभी बदली नहीं, उसने कभी धोखा नहीं दिया। जब भी मैं संकट में होता हूँ तब उसकी शरण लेता हूँ।" गाँधी जी ने हिन्दू-समाज में के दोषों को उजागर किया और उसे दूर करने लिए प्रयास किया। सन् 1925 में 'यंग इण्डिया' में उन्होंने लिखा, "मेरे विचार से एक व्यक्ति के लिए राष्ट्रवादी हुए बिना अन्तर्राष्ट्रीय बनना असंभव है। अन्तर्राष्ट्रीय तभी संभव है जब राष्ट्रवाद पहले एक तथ्य बन जाए अर्थात् जब विभिन्न देशों के लोग अपने को संगठित कर लें और एक व्यक्ति के रूप में कार्य करने लगें।"

गाँधीजी को कठोर राष्ट्रवादी थे परन्तु अन्तर्राष्ट्र के विरोधी नहीं। उन्होंने कहा है, "बुराई वास्तव में राष्ट्रवाद में नहीं बल्कि आधुनिक राष्ट्रों की संकीर्णता (तंगदिली) तथा स्वार्थपरता में है, जो कि आधुनिक राष्ट्रों के लिए अभिशाप है।" उनका विचार था कि "हम अपने देश के लिए स्वतन्त्रता चाहते हैं, परंतु यह दूसरों के शोषण के आधार पर नहीं। मैं अपने देश के लिए स्वतन्त्रता चाहता हूँ, ताकि अन्य देश मेरे स्वतन्त्र देश से कुछ ले सकें।" "राष्ट्रीयता के सम्बन्ध में मेरा विचार यह है कि मानव जाति के जीवित रहने के लिए आवश्यकता पड़ने पर मेरा भी बलिदान किया जा सकता है। इस सम्बन्ध में जातिगत घृणा के लिए कोई स्थान नहीं है।" उन्होंने जिस स्वदेशी के सिद्धांत को उजागर किया उसका आधार अन्तर्राष्ट्रवाद था। स्वदेशी माल के प्रयोग के बारे में उनके विचार न केवल भारत के लिए ही थे, बल्कि अन्य देशों के लिए भी थे। उन्होंने समस्त विश्व की महिलाओं को जीवन के सभी क्षेत्रों में भाग लेने को कहा। यद्यपि वे भारतवर्ष के लोगों की निर्धनता को दूर करने में सबसे अधिक चिन्तित थे, फिर भी उनके आर्थिक विचार सर्वव्यापी थे। यहां स्पष्ट होता है कि गाँधी जी राष्ट्रवादी होने के साथ अन्तर्राष्ट्रवादी भी थे।

गाँधीजी एकता पर बल देते थे उनका मानना था कि कोई एक देश संसार के अन्य देशों से बिल्कुल अलग रहकर अपनी उन्नति कर सकता है। उनके विचारानुसार पृथक् स्वतन्त्रता नाम की कोई वस्तु नहीं है। उनके शब्दों में, "संसार आज इस बात की माँग नहीं करता कि ऐसे राज्य हों, जो पूर्ण रूप से एक-दूसरे से स्वतन्त्र हों तथा आपस में लड़ते-झगड़ते रहें। आज तो इस बात की माँग है कि मित्रतापूर्वक स्वतन्त्र राज्यों का संघ हो।" एकता जनहित का आवश्यक अंग है। गाँधीजी के अनुसार राष्ट्रवाद तथा अन्तर्राष्ट्रवाद परस्पर विरोधी न होकर एक-दूसरे के सहायक व पूरक थे।

संकीर्ण राष्ट्रीयता नहीं

गाँधीजी ने अपने चिन्तन में राष्ट्रवाद को जन्म दिया। भारत उनके सदनों एवं कल्पनाओं में ही नहीं अपितु व्यवहार में भी बसता था। "भारत मेरे लिए दुनियाँ का सबसे प्यारा देश है, इसलिए नहीं कि वह मेरा देश है, लेकिन इसलिए कि मैंने इसमें उत्कृष्ट अच्छाई के दर्शन किये हैं। भारत की हर चीज मुझे आकर्षित करती है। सर्वोच्च आकांक्षाएँ रखने वाले किसी व्यक्ति को अपने विकास के लिए जो कुछ चाहिए, वह सब भारत में मिल सकता है। भारत अपने मूल स्वरूप में कर्मभूमि है, भोग भूमि नहीं है।"

भारत के गौरवपूर्ण ऐतिहासिक संदर्भों, आध्यात्मिक एवं सांस्कृतिक उपलब्धियों से गाँधीजी का जीवन सदैव अनुप्रेरित रहा। इस प्रेरणा से उन्हें आत्मशक्ति एवं उत्साह दोनों मिले। गाँधीजी इसी आधार पर यह कहते थे कि भारत ने आत्मशक्ति के लिए सहज भाव से जितने प्रयत्न किये हैं उसका दुनियाँ में कोई दूसरा उदाहरण कठिनाई से ही मिल सकता है स्वदेश के लिए उनमें विशेष प्रेम था। उन्होंने इस महान अभ्युत्थान के लिए एक जागरूक नागरिक के समान महत्वपूर्ण भूमिका सम्पन्न की।

भारत से प्रेम की अनन्य अनुभूति—भारत के लिए उनके हृदय में अपार प्रेम भाव एवं श्रद्धा थी। उस श्रद्धा के आधार पर गाँधीजी ने अभिव्यक्त किया है। "मैं भारत में उसी तरह बंधा हुआ हूँ, जिस तरह कोई बालक अपनी मां की छाती से चिपटा रहता है, क्योंकि मैं महसूस करता हूँ कि वह मुझसे मेरा आवश्यक पोषण देता है।" उन्होंने एक नागरिक, एक देशभक्त, एक नेता और पथ प्रदर्शक बनकर नहीं अपितु मानवीय आत्मा से भारत की आजादी के लिये प्रयास किये।

उन्होंने भारत की आजादी हेतु प्रयास इसलिए किया क्योंकि वह अपनी प्रत्येक वस्तु की उपलब्धि को भारत की देन के रूप में स्वीकार किए थे तथा अनुभव करते थे कि भारत के पास दुनियां को देने के लिए एक संदेश है, जिसमें विश्व का कल्याण निश्चित है। "मैं भारत की भक्ति करता हूं कि क्योंकि मेरे पास जो भी है, वह सब उसी का दिया हैं मेरा पूरा विश्वास है कि उसके पास सारी दुनियाँ के लिए एक सन्देश है। उसे यूरोप का अंधानुकरण नहीं करना है। मेरा विश्वास है कि भारत का ध्येय दूसरे देशों के ध्येय से कुछ अलग है। भारत में ऐसी योग्यता है कि वह धर्म के क्षेत्र में दुनियाँ का सबसे बड़ा राष्ट्र हो सकता है। भारत ने आत्मशुद्धि के लिए स्वेच्छापूर्वक जैसा प्रयत्न किया है, उसका दुनिया में कोई दूसरा उदाहरण नहीं

मिलता। भारत को फौलाद के हथियारों से लड़ना है और आज भी उन्हीं हथियारों से लड़ रहा है।

राष्ट्रीयताः मानव प्रेम के रूप—इस राष्ट्र की स्वतंत्रता के लिए उनके प्रयासों की आकांक्षा का आधार हेतु उन्होंने अपने शब्दों में यह कहा था कि, "यदि अपने देश की आजादी इसलिए नहीं चाहता था कि मेरा बड़ा देश जिसकी आबादी समूची मानव जाति का पांचवाँ हिस्सा है, दुनियाँ की किसी जाति या किसी भी व्यक्ति का शोषण करें। मैं शक्ति पर अपने देश को ऐसा नहीं करने दूंगा।" भारत की आजादी की मांग करने का अभिप्राय संकीर्ण राष्ट्रवाद को जन्म नहीं देना है। भारत स्वतंत्र होकर निश्चित रूप से अपने पड़ोसी राष्ट्रों को उनकी कठिनाइयों से निकलने में सहायक होगा। "पूर्णरूपेण स्वतंत्र भारत अपने पड़ोसी की कठिनाइयों में सहायता के लिए जागरूक रहेगा।"

गाँधीजी की स्वतंत्रता कल्पना में शोषण और प्रतिकार की भावना को स्थान नहीं है। उनका कहना है कि मेरे लिए देश प्रेम मानव प्रेम में कोई भेद नहीं है, दोनों एक ही हैं। मैं देश प्रेमी हूं क्योंकि मैं मानव प्रेमी वर्जनशील नहीं हूँ। मैं भारत के हित की सेवा के लिए इंग्लैड या जर्मनी का नुकसान नहीं करूंगा। जीवन की मेरी योजना में साम्राज्यवाद के लिए कोई स्थान नहीं है।

अन्तर्राष्ट्रीयता का आधार—गाँधीजी राष्ट्रप्रेम एवं मानवजाति की सेवा को स्वतंत्रता से अधिक महत्व देते हैं। "मेरी राष्ट्रीयता में किसी जाति की घृणा के लिए कोई स्थान ही नहीं है।" उनका राष्ट्रवाद उनकी नैतिक इच्छाओं का प्रतिफल है। इसे अहिंसा का अमृत मिला है। अहिंसात्मक राष्ट्रवाद इस प्रकार से आवश्यक रूप से नैतिक है। केवल अकस्मात् उसका स्वरूप राजनैतिक हो गया है। यह केवल एक छोटा सा साधन है, साध्य नहीं, ऐसा साधन मात्र नहीं जिसका लक्ष्य केवल कुछ मनुष्यों की भलाई हो लेकिन मानवता की सेवा हो।" गाँधीजी का राष्ट्रवाद अन्तर्राष्ट्रीयता का विरोध से स्वतंत्र एवं सत्य और अहिंसा से अनुप्रेरित है तथा इसका आधार विश्व का कल्याण है। उन्होंने अपने देश के लिए स्वराज्य पर बल दिया, लेकिन यह भी अन्तर्राष्ट्रीयता के हित में ही था। अन्यथा उन्होंने कभी भी उन भौगोलिक सीमाओं को महत्व नहीं दिया जो कि राज्य द्वारा निर्मित थीं।

गाँधीजी की स्वतंत्रता की इच्छा का आधार भी यही था, "मैं भारत का उत्थान इसलिए चाहता हूं कि सारी दुनिया उससे लाभ उठा सके। मैं यह नहीं चाहता कि भारत का उत्थान दूसरे देशों की नींव पर हो।" गाँधीजी के दर्शन का आधार

भी निश्चित है क्योंकि उसमें कहीं भी जटिलता का अनुभव नहीं होता। विश्वनाथ वर्मा के शब्दों में, "गाँधीजी विश्व बन्धुत्व तथा अन्तर्राष्ट्रीयता के पैगम्बर (मसीहा) थे। वह स्थानीय, वर्गीय जातीय, प्रान्तीय तथा देशभक्ति से ऊपर थे। उनकी सत्य और अहिंसा की शिक्षा किसी एक समूह अथवा वर्ग के लिए नहीं थी। उनके राष्ट्रीयता सम्बन्धी विचारों में विश्व प्रेम, विश्व बन्धुत्व और अन्तर्राष्ट्रीयता की झलक दिखायी पड़ती है।" आबिद हसन के शब्दों में, "गाँधीजी का अन्तर्राष्ट्रीयता सम्बन्धी दृष्टिकोण उनके अन्य राजनैतिक विचारों के समान आधारभूत, धार्मिक सिद्धान्तों की देन हैं। इसलिए उनका अन्तर्राष्ट्रीयवाद राजनीतिज्ञों और राजनैतिक विचारकों से आगे बढ़ गया है। वह विश्व बन्धुत्व एवं प्रेम की सीमाओं को स्पर्श करता है।"

जिन लोगों को भारत की आजादी को लेकर विश्वास नहीं था उनके विषय में गाँधीजी कहते हैं कि, "एक राष्ट्र जिसकी आधारशिला ही शान्ति बनाने की क्षमता उसमें अन्तर्निहित है, इसलिए उन्होंने भारत की स्वतंत्रता का वकालत की जो कि अन्य देशों के अनुपात में शान्ति बनाये रखने के लिए सर्वाधिक सहयोग देगा।" सर्वाधिक सहयोग साथ-साथ भारत की आजादी की आशा का आधार धार्मिक मान्यता भी है। "हमारी राष्ट्रीयता दूसरे राष्ट्रों के लिए खतरा नहीं बन सकती। क्योंकि जिस तरह हम किसी राष्ट्र को अपना शोषण करने नहीं देंगे। स्वराज्य के द्वारा हम सारे विश्व की सेवा करेंगे।"

भारत की वस्तुस्थिति, उसके आदर्शों और उसकी आकांक्षाओं को व्यक्त करते हुए गाँधीजी कहते हैं, मैं सोचना पसन्द करूंगा कि भारत अपने अहिंसा के जरिये सारे विश्व के लिए शान्ति के दूत का काम करे। भारत का भविष्य पश्चिम के उस रक्तरंजित मार्ग पर नहीं है, जिस पर चलते-चलते पश्चिम अब थक चुका है, उसका भविष्य तो सरल धार्मिक जीवन द्वारा प्राप्त शान्ति के अहिंसक रास्ते पर चलने में ही है...भारत अपने आत्मबल से सबको जीत सकता है। इतिहास इस सच्चाई के चाहे जितने प्रमाण दे सकता है कि पशुबल आत्मबल की तुलना में कुछ नहीं है।"

अन्तर्राष्ट्रीयता मौखिक भावना नहीं—आधुनिक युग में अधिकतर व्यक्ति राष्ट्र प्रेम से अधिक अन्तर्राष्ट्रीयता को महत्व देते हैं। किन्तु वास्तविकता यह है कि अन्तर्राष्ट्रीयता के विचार का पोषण तब तक निरर्थक और अपूर्ण है जब तक हमारे हृदय में राष्ट्रप्रेम की भावना नहीं है। एक मानव प्रेमी सच्चे राष्ट्रप्रेम से सौहार्द प्रदान

करता है। इससे अनुप्रेरित होकर वह सबकी सेवा का संकल्प लेता है। गाँधीजी जैसे व्यक्ति से हम देश सेवा की आशा इसलिए रखते हैं क्योंकि इस देश की दुखी जनता के साथ उनका सर्वप्रथम समीप्य हुआ यह न्यायसंगत भी नहीं होगा कि वह अन्यत्र मानवता की सेवा करें और दुखी भारत को उसके भाग्य पर ही बिलखता छोड़ दें। "भगवान ने मुझे भारत में जन्म दिया है। और मेरा भाग्य इस देश की प्रजा के साथ बांध दिया है। इसलिए यदि मैं उसकी सेवा न करूं तो मैं अपने विधाता के सामने अपराधी ठहरूंगा।"

अन्तर्राष्ट्रीयता को गाँधी ने एक महत्वपूर्ण उपलब्धि के रूप में स्वीकार किया परन्तु इस पर जोर दिया कि सच्चा अन्तर्राष्ट्रवादी होने के लिये राष्ट्रप्रेमी होना आवश्यक है। अन्तर्राष्ट्रीयता को वह आकाश बल नहीं मानते थे, जिसका कोई आधार नहीं होता। गाँधीजी की अन्तर्राष्ट्रीयता एक निश्चित आधार वाली थी, "मेरे लिए देश प्रेम और मानव प्रेम में कोई भेद नहीं है; दोनों एक ही हैं, मैं देश प्रेमी हूं क्योंकि में मानव प्रेमी हूं। मेरा देश प्रेम वर्जनशील नहीं है, बल्कि अतिशय व्यापक वस्तु है। और मैं उस देश प्रेम को वर्ज्य मानता हूं जो दूसरे राष्ट्र को तकलीफ देकर या उनका शोषण करके अपने देश को उठाना चाहता है। देश प्रेम की मेरी कल्पना यह है कि वह हमेशा बिना किसी अपवाद के हर एक स्थिति में, मानव जाति के विशालतम हित के साथ सुसंगत होना चाहिए। यदि ऐसा न हो तो देश प्रेम की कोई कीमत नहीं है। यही राष्ट्रीयता की भावना सच्चे अन्तर्राष्ट्रीय मनोवृत्ति का विकास कर सकती है।

स्वतन्त्रता संबंधी विचार

गाँधी जी के विचारानुसार स्वतन्त्रता व नैतिकता एक दूसरे से पृथक् हैं लेकिन इसका परस्पर संबंध काफी घनिष्ठ है। वे स्वतन्त्रता को मानव व्यक्तित्व का आवश्यक अंग मानते थे। उनके अनुसार स्वतन्त्रता का त्याग मानव की आत्मा का हनन होगा। स्वतन्त्रता सत्य को पाने का मार्ग है। यह सत्य का ही एक भाग है। स्वतन्त्रता का अर्थ है—'नैतिक रूप को प्राप्त करने के लिए इन्द्रियों की मांगों पर विजय, शारीरिक इच्छाओं पर काबू पा लेने से ही मनुष्य ईश्वर की प्राप्ति कर सकता है। गाँधी जी 'महाव्रत' (जीवन के ग्यारह नियमों) पर बल देते थे। इस महाव्रत के नियम थे—अहिंसा, सत्य, चोरी न करना, ब्रह्मचर्य, असंग्रह, शारीरिक श्रम, अस्वाद, सर्वत्र-भय-वर्जन, सर्वधर्मसम्मान, स्वदेशी और अस्पृश्यता। इन नियमों का रोज प्रातः स्मरण करने से मनुष्य को नैतिक बल प्राप्त होगा। गाँधी जी के

लिए स्वतन्त्रता एक सम्पूर्ण इकाई थी। इसे विभिन्न भागों; जैसे–राजनीतिक, आर्थिक, नागरिक, राष्ट्रीय आदि में विभाजित नहीं किया जा सकता। नैतिक स्वतन्त्रता का अर्थ है–इच्छाओं की दासता से मुक्ति; राष्ट्रीय आजादी का अर्थ है–विदेशी, शासकों और शोषणकर्त्ताओं की अधीनता से मुक्ति और आध्यात्मिक स्वतन्त्रता का अर्थ है–सत्य की प्राप्ति। नैतिक स्वतन्त्रता राजनीतिक स्वतन्त्रता का ही आधार है। गाँधी जी बाह्य स्वतन्त्रता और आन्तरिक स्वतन्त्रता, वैयक्तिक स्वतन्त्रता और सामाजिक सत्ता को एक ही दृष्टि से देखते थे। स्वतन्त्रता नैतिक उद्देश्यों और कार्यों की पूर्ति के हेतु सफलता का पथ है। जो व्यक्ति अपनी इच्छाओं पर विजय पा लेता है, वह अपने पड़ोसियों के सामाजिक एकता, आर्थिक शोषण को सहन नहीं करेगा, क्योंकि वे स्वयं उसके सहयोगी हैं। गाँधी जी मानवतावादी थे। वह मानवों के प्रति भेदभाव की भावना नहीं रखते थे, सभी इन्सानों से प्रेम करते थे सभी उनके लिए समान थे। वे किसी विशेष वर्ग या देश के नेता नहीं थे। सारा विश्व उनका अपना था। वह वयं की भावना रखते थे। इस संदर्भ में उन्होंने कहा है, "सभी इन्सान, चाहे वह किसी भी कौम, रंग या मुल्क का क्यों न हो, मेरे अपने सगे हैं, रिश्तेदार हैं। अगर हम भगवान के सेवक हैं, तो हमें चाहिए कि उसकी सारी सृष्टि या खिलकत के भी सेवक बनें।"

गाँधी जी हमेशा देश की आजादी चाहते थे। उन्होंने लिखा है कि "हम इस सरकार की सत्ता को चैलेंज कर रहे हैं, क्योंकि हम इसे पूर्णतया एक इकाई समझते हैं। हम यह दिखाना चाहते हैं कि सरकार लोगों की सेवा करने के लिए होती है, लोग सरकार के लिए नहीं होते। इस सरकार के अधीन स्वतन्त्र जीवन असहनीय बन गया है।" भारत में राजनीतिक व आर्थिक दुर्दशा ब्रिटिश साम्राज्य के कारण फैली इसलिए गाँधी जी हमेशा इसकी आलोचना करते थे। राजनीतिक स्वतन्त्रता के बिना कोई भी राज्य आर्थिक रूप से उन्नति नहीं कर सकता। राष्ट्रीय स्वतन्त्रता के लिए गाँधी ने 'स्वराज्य' शब्द का प्रयोग किया। उनके स्वराज्य में किसी प्रकार का भेदभाव नहीं था। उन्होंने लिखा है, "मेरे स्वराज्य में जाति या धर्म के भेदभाव नहीं होंगे। इसमें केवल कुछ पढ़े-लिखे लोगों या धनवानों का अधिकार नहीं होगा, यह सबके लिए है, कृषकों के लिए और विशेषतया भूखे-नंगे मेहनत करने वाले लाखों लोगों के लिए है।" वे लोकमान्य तिलक के इस विचार से कि, "स्वराज्य मेरा जन्म-सिद्ध अधिकार है।"

व्यक्ति राजनीतिक व सामाजिक रूप से पूर्ण आजाद होते हुए भी धन के अभाव में महत्वहीन है। इसलिए गाँधी जी आर्थिक स्वतन्त्रता में भी विश्वास करते

थे। उन्होंने लिखा है, "राजनीतिक स्वतन्त्रता उन लाखों व्यक्तियों के लिए कोई अर्थ नहीं रखती जो बेकार रहते हैं।" आर्थिक उन्नति के बिना राजनीतिक स्वतन्त्रता मात्र एक भावना है। गाँधी जी समान वितरण के नियम में भी विश्वास रखते थे। वे डॉक्टर, इंजीनियर, अध्यापक एवं भंगी के लिए समान वेतन के पक्ष में थे। उनका मानना था कि इससे आदर्श समाज के निर्माण हेतु समान वितरण का आदर्श साकर नहीं होता, तब तक प्रत्येक मज़दूर को भरण-पोषण के लिए उचित वेतन मिलना चाहिए।

पुलिस तथा फौज संबंधी विचार

गाँधी जी ने जिस राज्य की कल्पना की थी उसमें पुलिस, फौज एवं कारागार के लिए कोई जगह नहीं थी परन्तु समाज सुधार हेतु उन्होंने इसे स्थान दिया। गाँधी जी के अनुसार पुलिस तथा फौज़ के अधिकारी अहिंसावादी होंगे, उनके हथियार भी होंगे, परंतु उनका प्रयोग बहुत कम किया जाएगा। फौज का प्रयोग केवल बाहरी आक्रमण से देश की रक्षा करने के लिए किया जाएगा। पुलिस का प्रयोग देश के अन्दर समाज विरोधी तत्वों को दबाने के लिए किया जाएगा। पुलिस तथा फौज में बदले की भावना नहीं होगी। वे सिर्फ जनकल्याण की भावना से कार्य करेंगे।

न्याय और जेल

गाँधी जी न्यायप्रिय थे वह न्याय में विलम्ब उचित नहीं मानते थे। उनके अनुसार न्याय शीघ्र और सस्ता होना चाहिए। उनका मानना था कि राजसत्ता की भांति न्याय का भी विकेन्द्रीकरण होना चाहिए। पंचायत को न्याय का अधिकार होना चाहिए। गाँधी जी न्यायाधीश और वकीलों को तिरस्कार की दृष्टि से देखते थे। उनका कहना था कि वकील झगड़े को समाप्त करने की बजाय बढ़ाते हैं। गाँधी जी के शब्दों में, "वकील तथा जज चचेरे भाई होते हैं। वकीलों का धन्धा ही ऐसा है जो उन्हें अनीति सिखाता है। वकील तो आमतौर पर झगड़ों को दबाने की बजाय बढ़ाने की सलाह देते हैं। वकीलों का स्वार्थ झगड़ों की वृद्धि में ही है।" परन्तु गाँधीजी दण्ड के पक्ष में नहीं थे। अपराध के विषय में उनका मानना था कि "अपराध व्याधि की भांति ही एक रोग है और वह वर्तमान सामाजिक व्यवस्था का परिणाम है।" गाँधी जी के अनुसार मनुष्य को अपराधियों को घृणा की नज़र से नहीं देखना चाहिए बल्कि

उनके प्रति सहानुभूति और प्रेम प्रकट करना चाहिए। जेलों को अस्पताल और जेल के कर्मचारियों को अपराधियों के साथ डॉक्टर तथा नर्सों जैसा बर्ताव करना चाहिए। अपराधियों को अच्छे जीवन की शिक्षा देनी चाहिए ताकि अपराधी सजा समाप्त होने के पश्चात् अच्छा नागरिक बन सके। उनके अनुसार जेल अपराधियों के स्वभाव परिवर्तन की जगह है। वह कहते थे कि यहां अपराधियों के साथ दमनात्मक नहीं बल्कि सुधारात्मक व्यवहार होना चाहिए। गाँधी जी जेल को दण्ड गृह नहीं सुधार गृह बनाना चाहते थे, जहाँ से अपराधी एक अच्छा नागरिक बनकर निकले।

समाजवाद

गाँधीजी अहिंसा के पुजारी थे। चूंकि अहिंसा में पूँजीवाद के लिए कोई स्थान नहीं है इसलिए वे इसका विरोध करते थे। उनके अनुसार पूंजीबाद गरीबों के शोषण का कारण होता है और समाज में धन की भूख बढ़ाता है। कुछ व्यक्तियों के हाथों में पूंजी का संचय हो जाता है जो इसे अधिकाधिक बढ़ाने के लिए अनैतिक साधनों का प्रयोग करते हैं। पूंजीवाद समाज में अनैतिकता का विस्तार करता है और अवैध मान्यताओं को स्थान देता है। गाँधी जी पूंजीवाद को समाप्त करना चाहते थे, वे पूंजीपतियों का हृदय परिवर्तन करना चाहते थे, ताकि वे स्वयं को सम्पत्ति का मालिक न समझकर 'रखवाला' समझें। उनका दावा था कि अहिंसात्मक कार्यवाइयों से जिस प्रकार विदेशी शासन का अन्त किया जा सकता है, उसी प्रकार पूंजीवाद को भी समाप्त किया जा सकता है। जिस प्रकार सरकार जनता के सहयोग के बिना नहीं चल सकती, उसी प्रकार शोषितों के सक्रिय अथवा निष्क्रिय सहयोग बिना आर्थिक शोषण भी संभव नहीं होता। पूंजीपतियों के विरुद्ध भी सत्याग्रह का उसी प्रकार प्रयोग करना होगा; जैसे आततायी शासन के विरुद्ध।

गाँधी जी की इच्छा थी कि आर्थिक समानता की भावना प्रबल हो। उनके अनुसार, सारा धन समाज द्वारा उत्पादित किया जाता है। अकेले कोई भी धन का उत्पादन नहीं कर सकता, क्योंकि धन समाज द्वारा उत्पादित वस्तु है, अतः इसका विभाजन उन सभी व्यक्तियों में समान रूप से होना चाहिए, जिन्होंने इसके उत्पादन में भाग लिया है। इस विषय में उनका विचार यह है कि, "किसी भी व्यक्ति को भोजन और कपड़े का अभाव नहीं होना चाहिए। प्रत्येक व्यक्ति को अपना गुजारा करने के लिए यथेष्ट काम मिलना चाहिए। यह आदर्श तभी साकार हो सकता है जब उत्पादन के साधन नियन्त्रण में हों। जिस प्रकार पानी और हवा सबको खुले

तौर पर प्राप्त हैं, उसी तरह उत्पादन के साधन भी सबको स्वतन्त्र रूप से प्राप्त होने चाहिएँ। किसी देश, राष्ट्र या समूह के द्वारा एकाधिकार अन्यायपूर्ण है।''

गाँधी जी समाजवाद का समर्थन करते थे। उनका दावा था कि जहां तक समाजवाद का प्रश्न है, उसे वे दूसरे कई भारतीय समाजवादियों से बहुत पहले ही अपना चुके थे। इस विषय में उन्होंने लिखा है, ''मेरा समाजवाद किताबों का नकली समाजवाद नहीं अपितु, सहज और स्वाभाविक समाजवाद है। अहिंसा में मेरी दृढ़ आस्था है। अहिंसा का आचरण करने वाला ऐसा कोई आदमी हो ही नहीं सकता, जो सामाजिक अन्याय का विरोधी न हो।'' गाँधी जी सत्यप्रेमी थे। उन्होंने कहा, ''समाजवाद स्फटिक की भांति निर्मल है, अतः इसे प्राप्त करने के साधन भी उसी तरह निर्मल होने चाहिएँ।'' पश्चिमी समाजवाद का आधार हिंसा है। यह मशीनीकरण पर जोर देता है जबकि गाँधीजी का समाजवाद की नींव अहिंसा है जो आध्यात्मिक एवं कुटीर उद्योगों पर जोर देता है।

11

महात्मा गाँधी और सर्वोदय

सर्वोदय का अर्थ सभी लोगों का कल्याण है चाहे वह किसी भी जाति, धर्म का क्यों न हो वह धनी हो या निर्धन। 'सर्वोदय' शब्द का जन्म प्राचीनकाल में हुआ था। सर्वोदय की विचारधारा को सही ढंग से समझने के लिए अन्य विचारधाराओं संघवाद, साम्यवाद, उपयोगितावाद में अंतर मालूम कर लेना चाहिए। इसी प्रकार लगभग 2,000 वर्ष पूर्व जैनाचार्य संमतभद्र करते हैं--सर्वापदामंतकर निरंत सर्वोदय तीर्थमिदं तदैव अर्थात् सर्वोदय अन्तर्हित और सब आपत्तियों का विनाशक है, यह तेरा तीर्थ निस्तारक ही है। गीता के सर्वभूते हिते रताः का तात्पर्य भी सर्वोदय ही है, आज से नहीं वैदिक काल से ही भारतीय संस्कृति में सर्वोदय शब्द जुड़ा हुआ है। लेकिन विधिवत् रूप से इसे एक आधुनिक विचारधारा का रूप प्रदान करने का कार्य बीसवीं सदी के प्रमुख मनीषी महात्मा गाँधी के द्वारा किया गया जिन्होंने लोगों के मन में सर्वोदय की भावना को जाग्रत किया। सर्वोदय पूंजीवाद से मुक्त है।

गाँधी जी आदर्शवादी तथा धार्मिक प्रवृत्ति के थे उन्होंने तत्कालीन परिस्थितियों की विवशता के कारण मानव मात्र की सेवा के लक्ष्य को सामने रखकर सार्वजनिक जीवन में पर्दापण किया। महात्मा गाँधी ने जिस समय सार्वजनिक जीवन में प्रवेश किया, उस समय सामाजिक विचारधारा में सत्य एवं अहिंसा केवल व्यक्ति विशेष के लिए ही सार्वजनिक रूप से सार्थक नहीं थे। लेकिन महात्मा गाँधी इस धारणा के नितान्त विरुद्ध थे। इस सम्बन्ध में उनका विचार था कि व्यक्ति की दो अन्तरात्माएँ नहीं हो सकती। एक व्यक्तिगत एवं सामाजिक और दूसरी राजनीतिक मानवीय कार्यों के, सभी क्षेत्रों में एक ही नैतिक संहिता का पालन किया जाना चाहिए। इन्होंने

सत्य व अहिंसा को सर्वोपरि माना। हमें सत्य और अहिंसा को केवल व्यक्तिगत व्यवहार ही नहीं वरन् संघों, समुदायों और राष्ट्रों के व्यवहार सिद्धान्त बनाता है।

गाँधी जी के अनुसार नैतिक समस्या ही मनुष्य जाति की सम्पूर्ण समस्या है। ऐसी स्थिति में मनुष्य यदि सभी अर्थों में मनुष्य बन जाए और अपने सारे सामाजिक, आर्थिक तथा राजनीतिक कार्यों को अन्तरात्मा की पुकार के अनुसार करे, तो समाज अथवा विश्व में दुख संकट तथा समस्या जैसी कोई चीज रह ही नहीं सकती है। एक स्वस्थ राजनीतिक समाज तथा विवेकशील व्यक्ति के प्रत्येक कार्य के पीछे एक नैतिक बल अथवा प्रेरणा होनी चाहिए क्योंकि जिस समय व्यक्ति कोई कार्य स्वार्थ के दृष्टिकोण से करता है तो उसमें उस समय पशु प्रवृत्ति का विकास होने लगता है। इसी नैतिक दृष्टिकोण के आधार पर गाँधी जी ने सार्वजनिक और राजनैतिक जीवन में सत्य और अहिंसा के सिद्धान्त का प्रतिपादन किया और इनका सार्थक रूप से प्रयोग किया।

गाँधी के विचारों का अनुसरण केवल नैतिक चरित्र वाले लोग ही कर सकते हैं। चरित्र से ही व्यक्ति का आकलन किया जाता है। यह कहा जाने लगा कि गाँधीवादी विचारधारा एक ऐसे आदर्श का प्रतिपादन करती है, जिसे व्यावहारिकता में लाना असंभव है। ऐसी स्थिति में भारतवासियों के द्वारा एक ओर तो गाँधी जी का गुणगान किया गया, लेकिन दूसरी ओर महात्मा गाँधी तथा उनके विचारों को केवल पूज्यनीय स्थान दिया गया। उनके अनुसरण को असंभव की संज्ञा दी गई। ऊंचें से ऊंचे स्वर में महात्मा गाँधी की जय बोलने वाले भारतवासी व्यवहार में महात्मा गाँधी के जीवन दर्शन को बिल्कुल ही भूल गए। इस विचारधारा को बहुत से लोगों ने अपने जीवन में अपनाया है जैसे, विनाबा भावे। गाँधी जी की मृत्यु के बाद सन्त विनोबा जैसे कुछ व्यक्तियों ने सर्वोदयी विचारधारा का प्रसार किया तथा इसे मानव के अपनाने हेतु प्रत्येक संभव प्रयास किया।

सर्वोदय विचारधारा का प्रादुर्भाव भारत में ही हुआ था। विभिन्न लोगों ने इस विचारधारा को अपनाया। सर्वोदयी विचारकों में विनोबा भावे, जयप्रकाश नारायण, काका कालेलकर, शंकरराव देव, दादा धर्माधिकारी सिद्धराज और ठाकुरदास बंग आदि के नाम प्रमुख हैं।

सर्वोदय का तात्पर्य तथा उन्नति

सर्वेदय का अर्थ समाज के सभी वर्गों के कल्याण से है, चाहे वह किसी भी धर्म या जाति के हों। गाँधी जी रस्किन पुस्तक से बहुत प्रभावित हुए। गाँधी जी के

शब्दों में यह पुस्तक मेरे जीवन का मोड़ बिन्दु लक्षित करती है। गाँधी जी ने रस्किन की पुस्तक का गुजराती भाषा अनुवाद किया जिसका शीर्षक सर्वोदय था। इस पुस्तक में निम्न तीन विचारों पर बल दिया गया था–

1. सबके हित में ही व्यक्ति का हित निहित है,
2. एक नाई का कार्य भी वकील के कार्य के समान ही महत्वपूर्ण है, क्योंकि सभी व्यक्तियों को अपने कार्य से स्वयं की आजीविका प्राप्त करने का अधिकार होता है,
3. श्रमिक का जीवन ही एकमात्र जीन योग्य जीवन है।

इसके अतिरिक्त गाँधी जी रस्किन के एक विचार से बहुत प्रभावित हुए जिसमें कहा गया था कि, सम्पत्ति जल की भांति निर्धनों की ओर बहनी चाहिए। गाँधी जी ने इस विचार को अपने जीवन का मूलमंत्र बना लिया। तीनों विचारों ने गाँधीजी को बहुत प्रभावित किया। सर्वोदय के नाम से गाँधी जी ने एक मासिक पत्रिका निकाली जिसमें उन्होंने अपने विचार प्रस्तुत किये थे।

सर्वोदय का लक्ष्य धनी वर्ग में आध्यात्मिक कल्याण की भावना को जागृत कराना है। आध्यात्मिक कल्याण अर्थात् धनी वर्ग में अपरिग्रह और त्याग की भावना उत्पन्न कर उन्हें आत्मिक कल्याण की ओर आगे बढ़ाना। नागरिकों को सुख प्रदान करने की दृष्टि से सर्वोदय उपयोगिकता से भी आगे जाता है। जहां उपयोगितावाद अधिकतम व्यक्तियों को अधिकतम सुख प्रदान करना चाहता है, लेकिन सर्वोदय इसके विपरीत है। यह सभी के सुख की तरफ समर्थन करता है। विनोबा जी लिखते हैं कि अच्छी राज-व्यवस्था उसे ही कहा जा सकता है, जहां समस्त जनता सुखी हो। सर्वोदय उपयोगितावाद से एक और दृष्टि से भी आगे है। उपयोगितावाद का लक्ष्य व्यक्तियों का भौतिक कल्याण है, लेकिन सर्वोदय का लक्ष्य व्यक्तियों का भौतिक, मानसिक और आध्यात्मिक सभी प्रकार का कल्याण है। यह व्यक्ति के चतुर्मुखी विकास पर बल देता है।

विनोबा के शब्दों में, सर्वोदय कुछ का या बहुत का या अधिकतम का उत्थान नहीं चाहता। हम अधिकतम के अधिकतम सुख से सन्तुष्ट नहीं हैं। हम तो केवल एक की और सबको, ऊंचे और नीचे की, सबल और निर्बल की, बुद्धिमानी तथा बुद्धिहीन की भलाई से ही सन्तुष्ट हो सकते हैं। 'सर्वोदय' शब्द इस उत्कृष्ट और सर्वव्यापक भावना को अभिव्यक्त करता है।

वे आगे लिखते हैं कि जो दूसरे के दुःखों के समझता है तथा उसकी भलाई चाहता है, जिसमें केवल स्वयं का सुख न हो।

सर्वोदय से आशय है कि स्वयं परिश्रम करके भोजन करना चाहिए। हमें दूसरों की कमाई नहीं खानी चाहिए, अपना भार दूसरे पर नहीं डालना चाहिए। यहां पर कमाई का अर्थ है, प्रत्यक्ष उत्पादन से लगाया गया है।

25 दिसम्बर, 1975 को पवनार आश्रम में आयोजित सर्वोदय सम्मेलन में विनोबा भावे ने पुनः सर्वोदय का आशय बताते हुए कहा कि सर्वोदय सार्वजनिक क्षेत्र में स्वच्छ और कुशल प्रशासन, सर्वोदय सामाजिक व्यवस्था का आधार विकेन्द्रीकरण, सर्वोदय समस्त शक्ति जनता को प्राप्त होना, सर्वोदय अधिकारी वर्ग द्वारा अपने आपको जनता का स्वामी नहीं, वरन् सेवक समझना।

विनोबा के अनुसार व्यक्ति को सार्वजनिक क्षेत्र में सहनशील होना चाहिए। कितने भी गहरे मतभेद हों, लेकिन उनका व्यक्तिगत सम्बन्धों पर विपरीत प्रभाव नहीं पड़ना चाहिए। हम किसी व्यक्ति द्वारा कही गयी बात से असहमत हो सकते हैं, लेकिन प्रत्येक व्यक्ति किस बात को उचित समझता है, उसे वह करने का अधिकार है। इसी प्रकार हम अन्याय से लड़ेंगे लेकिन अन्यायी के प्रति हमारे मन में कोई दुर्भावना नहीं होनी चाहिए। विरोधी को भी प्रेम व सद्भाव के साथ देखेंगे, यह एक साहसपूर्ण कार्य है।

शंकराव देव ने सर्वोदय के आदर्श का उल्लेख इस प्रकार किया है, अहिंसा और सत्य के आधार पर स्थापित वर्गविहीन और जातिविहिन तथा जिसमें किसी का कोई भी शोषण नहीं कर सकता और जिसमें प्रत्येक व्यक्ति तथा समूह को अपना सर्वांगीण विकास करने के लिए समुचित साधन और पर्याप्त अवसर उपलब्ध हों। इस प्रकार के समाज की स्थापना पर सर्वोदयी समाज बल देता है।

सर्वोदय की परिभाषा

सर्वोदय को विभिन्न समाजसेवियों ने पृथक्-पृथक् रूप से परिभाषित किया है–

दादा धर्माधिकारी के अनुसार, सर्वोदय का आदर्श है, अद्वैत और उसकी नीति है। समन्वय...सर्वोदय ऐसे वर्गविहीन, जातिविहीन और शोषण विहीन समाज की स्थापना करना चाहता है, जिसमें प्रत्येक व्यक्ति और समूह को अपने सर्वांगीण विकास के साधन और अवसर मिलेंगे। यह क्रान्ति अहिंसा और सत्य द्वारा ही संभव है। सर्वोदय इसी का प्रतिपादन करता है।

श्री कुमारप्पा के अनुसार, सभी के कल्याण के रूप में सर्वोदय गाँधी जी के अनुसार आदर्श सामाजिक व्यवस्था का प्रतिनिधित्व करता है। इसका आधार सभी

के लिए प्रेम है। इसमें बिना किसी अपवाद के सभी के लिए स्थान है, चाहे कोई युवराज हो या साधारण कृषक, हिन्दू हो या मुसलमान, सवर्ण हिन्दू हो या हरिजन, गोरा या काला, सन्त हो या पापी। किसी व्यक्ति या समुदाय को दबाने, शोषित करने या भंग करने का इसमें भाव ही नहीं है। सभी इस सामाजिक व्यवस्था में समान रूप में भागीदार होंगे, सभी अपने श्रम का प्रयोग करेंगे, सबल निर्बलों की रक्षा और उनके संरक्षक के रूप में कार्य करेंगे और सभी सबके कल्याण का कार्य करेंगे।

सर्वोदयी समाज—30 जनवरी 1948 में गाँधी जी की मृत्यु हुई। उसके पश्चात् सर्वोदयी समाज को आगे बढ़ाने में आचार्य विनोबा भावे का नाम प्रमुख है। आचार्य विनोबा भावे के सुझाव पर सर्वोदय समाज की स्थापना हुई और 22 तथा 23 दिसम्बर, 1949 को काका कालेलकर की अध्यक्षता में एक सर्वोदय आर्थिक सम्मेलन आयोजित किया गया। लगभग इसी समय वर्धा से एक हिन्दी पत्रिका 'सर्वोदय' का प्रकाशित हुई जो बाद में मातृ भाषाओं में प्रकाशित होने लगी। शनैः-शनैः सर्वोदयी समाज की उन्नति में लोगों ने सक्रिय रूप से भाग लेना आरंभ किया।

सर्वोदय और सर्वोदयी समाज के आदर्श

सर्वोदय आन्दोलन और सर्वोदय समाज के आधारभूत आदर्श प्रमुख हैं—

(1) एक राज्यविहीन समाज—गाँधीजी एक राज्यविहीन समाज के पक्षधर तथा राज्य संस्था के कटु आलोचक थे। गाँधीजी के अनुसार राज्य का सबसे बड़ा दोष यह था कि वह अहिंसा पर आधारित है, इसलिए वे राज्यविहीन समाज को ही सर्वोत्तम मानते थे। गाँधीवादी दर्शन से प्रेरणा ग्रहण करते हुए सर्वोदय के मुख्य प्रतिपादक आचार्य विनोबा भावे का लक्ष्य एक ऐसे समाज की स्थापना करना था जिसमें व्यक्ति को स्वतंत्र रहकर जीने का मौका मिले, इसके साथ शोषण न किया जाए। एक न्यायोचित व्यवस्था में शासक और शासित दोनों के मध्य कोई भेद नहीं होगा।

जयप्रकाश नारायण और सर्वोदय के कुछ अन्य प्रतिपादकों ने जनकल्याणकारी राज्य की वर्तमान दृष्टिकोण की भी निन्दा की गयी थी। इसका प्रमुख कारण यह था कि इससे शासन की शक्तियों और कार्यों में वृद्धि हो जाती है। व्यवहार में, विश्व के विभिन्न राज्यों में शासन की शक्तियाँ जिस प्रकार से निरन्तर बढ़ती जा रही हैं, उससे यह आलोचना उचित जान पड़ती है। सर्वोदय का अन्तिम आदर्श एक ऐसे राज्यविहीन समाज की स्थापना है, जो प्रत्येक प्रकार की सत्ता से पूर्णतया मुक्त होगा। सर्वोदय धर्मनिरपेक्ष राज्य की स्थापना पर बल देता है। आज ऐसा समाज होना चाहिए

जिसके अन्तर्गत भेदभाव नाम की कोई वस्तु न हो। दादा धर्माधिकारी के अनुसार, दण्ड निरपेक्ष राज्य का अर्थ है कि दण्ड नहीं रहेगा। दण्डाश्रित समाज नहीं रहेगा, सत्ता का या सुव्यवस्था का अधिष्ठान दण्ड नहीं होगा, लेकिन लोकसम्पत्ति होगी। क्योंकि इस अन्तिम आदर्श की स्थापना में समय लगेगा, इसलिए अन्तरिम काल में किसी न किसी रूप में शासन सत्ता कायम रहेगी।

(2) अन्तर्राष्ट्रीयता और विश्व बन्धुत्व में आस्था–सर्वोदयी अवधारणा का कार्यक्षेत्र भारत ही नहीं बल्कि विश्वव्यापी कल्याण के लिए विकसित की गयी एक अवधारणा है तथा अन्तर्राष्ट्रीयता तथा विश्व बन्धुत्व इसका मूलाधार है। सर्वोदय तो वस्तुतः वसुवैध कुटुम्कम् के उदात्त में आस्था रखता है। सर्वोदय की अन्तर्राष्ट्रीय अवधारणा को स्पष्ट करते हुए श्री जयप्रकाश नारायण ने लिखा है कि सर्वोदयी विश्व समाज में वर्तमान राष्ट्रों को क्रम से बने हुए राज्यों के लिए कोई स्थान नहीं होगा। सर्वोदय दृष्टि विश्व दृष्टि है और गाँधी जी के समुद्रीय वर्तुल में खड़ा हुआ व्यक्ति विश्व नागरिक है। इसी प्रकार विनोबा भावे ने भी लिखा है कि दुनिया में वेग से विचार आगे बढ़ रहे हैं। धीरे-धीरे सभी देशों की सरहदें टूटने वाली हैं। अब लोगों में विश्व बंधुत्व की भावना विकसित हो रही है। इसके अलावा सर्वोदयी समाज वर्णाश्रम व्यवस्था को भेदमूलक स्वीकार करते हुए उसका विरोध करता है।

प्रमुख रूप से दादा धर्माधिकारी तथा काका कालेलकर ने वर्ण-व्यवस्था को समाप्त करने के पक्ष में थे तथा इस विषय में उनका महात्मा गाँधी की विचारधारा से भी कुछ मतभेद हैं। काका कालेलकर ने वर्ण-व्यवस्था को सामाजिक व्यवस्था हेतु प्रमुख माना है। सामाजिक जीवन में वह प्रतिस्पर्द्धा के स्थान पर परिस्पर्द्धा श्रेष्ठता की दिशा में निरन्तर आगे बढ़ने की प्रवृत्ति को अपनाने पर बल देता है। ग्रामों को जीवन की प्राथमिक और स्वावलम्बी इकाई का रूप प्रदान करना, कुटीर उद्योग-धन्धों का विकास, जीवन में श्रम की प्रतिष्ठा और स्त्री-पुरुष की समानता आदि इसके मुख्य विषय हैं। वस्तुतः सर्वोदय एक ऐसी मानवतावादी विचारधारा है, जो मानव मात्र की सद्गुण सम्पन्नता में विश्वास करती है। समाज में मानवीय मूल्य की स्थापना करना इसका प्रमुख लक्ष्य उद्देश्य है। मानव जीवन की समस्याओं का समाधान करने हेतु विचारधारा में बदलाव लाना मूल आधार माना है।

(3) राजनीतिक सत्ता का विकेन्द्रीयकरण और पंचायती राज की स्थापना–दलीय प्रणाली की कुप्रथाओं को समाप्त करने हेतु आचार्य विनोबा भावे ने विकेन्द्रीयकरण पर अत्यधिक जोर दिया है। उनका मानना है कि ग्राम को सामाजिक जीवन की प्राथमिक इकाई बनाया जाए और उसे ही प्रमुखता प्रदान की

जाए। उनके अनुसार ग्राम पंचायतों को फिर से सबल बनाने और बहुमत निर्णय के स्थान पर सर्वसम्मत निर्णय को अपनाने का कार्य किया जाना चाहिए। जनतन्त्र को यथार्थ रूप देने के लिए आवश्यक है कि ग्राम पंचायतों के सदस्यों का चुनाव दल प्रणाली की कार्यविधियों से मुक्त जनता की सर्वसम्मति से हो। विनोबाजी ने आधारभूत प्रजातंत्र के सिद्धान्त का प्रतिपादन किया है, इस सिद्धांत के अनुसार, ग्राम पंचायत के सदस्यों का निर्वाचन प्रत्यक्ष रूप से होगा। विनोबा के अनुसार आधुनिक लोकतन्त्र को स्वस्थता प्रदान करने और उनमें लोगों को प्रभावी एवं सक्रिय सहयोग देने की विधि या उपाय है कि सकारात्मक चुनाव सिर्फ उन क्षेत्रों के तहत हो जिनमें लोग एक-दूसरे को पहचान सकें। ग्राम पंचायतें, तहसील पंचायतों के सदस्यों का चुनाव करेंगी और तहसील पंचायतें, जिला पंजायतों के सदस्यों को चुनेगी। इसी सिद्धान्त के आधार पर राज्य तथा केन्द्रीय प्रशासन की स्थापना होगी। आधुनिक व्यवस्था में संस्थागत बदलाव होगा और इसमें आधारभूत ग्राम तथा नगर पंचायतों के अतिरिक्त अन्य सभी स्तरों पर सदस्यों का निर्वाचन अप्रत्यक्ष होगा। साथ ही मतदाता और प्रतिनिधि दोनों के लिए यह आवश्यक होगा कि वह शारीरिक श्रम से जीवन निर्वाह करने वाला अथवा कुछ घण्टे राष्ट्र की सेवा करने वाला हो। इसी मत के पक्षधर गाँधी जी भी थे, उन्होंने भी मताधिकार के अनिवार्य योग्यता शारीरिक श्रम होना चाहिए न कि सम्पत्ति या पद। भारत के सभी नागरिकों को इन व्यवस्था का पालन करना चाहिए। साक्षरता या सम्पत्ति की कसौटी व्यर्थ सिद्ध हुई। शारीरिक श्रम से उन समस्त व्यक्तियों को मौका मिलता है, जो राज्य के हित में शासन में भाग लेना चाहते हैं। विनोबाजी का मानना था कि शारीरिक श्रम की यह व्यवस्था राजनीतिक क्षेत्र के भ्रष्टाचार को दूर करने में अत्यधिक उपयोगी सिद्ध होगी।

(4) आर्थिक विकेन्द्रीकरण और समानता पर आधारित व्यवस्था—राजनीतिक विकेन्द्रीकरण के साथ-साथ आर्थिक विकेन्द्रीकरण भी आवश्यक तत्व है। गाँधी जी की भांति सर्वोदय भी मशीनचलित भारी उद्योगों के विरुद्ध है। उनका भी तर्क है कि औद्योगीकरण से धन और राजनीतिक सत्ता दोनों का केन्द्रीकरण होता है और शोषण को प्रोत्साहन मिलता है। मशीनें मनुष्य का स्थान ले लेती हैं जिसके कारण बेरोजगारी की समस्या बढ़ती है। मशीनों के कारण मनुष्य की सर्जन शक्ति और कलात्मक प्रवृत्तियाँ नष्ट होती हैं तथा मानवीय मूल्य गिर जाते हैं। इन के अनुसार सर्वोदय मशीनों का प्रयोग एक सीमित रूप में होना चाहिये। आर्थिक विकेन्द्रीकरण में यह बात सम्मिलित है कि उत्पादन के साधनों पर राज्य या किन्हीं विशेष व्यक्तियों का अधिकार न होकर स्वयं उत्पादकों का ही अधिकार होना चाहिए।

जैसे, जिस भूमि पर जो खेती करे, वह उसी के अधिकार में रहे। सर्वोदय का सम्पत्ति संबंधी दृष्टिकोण लगभग साम्यवादी है परंतु उनकी प्रवृत्ति साम्यवाद के समान भौतिक होने के स्थान पर आध्यात्मिक है। वे सम्पत्ति की समानता को आध्यात्मिक तरीके से स्थापित करना चाहते हैं, न कि कानून एवं शक्ति से, वरन् वे यह कार्य व्यक्तियों के दृष्टिकोण में मूलभूत परिवर्तन करके करना चाहते हैं। डॉ. राधाकृष्णन् के शब्दों में, आचार्य विनोबा भावे ने जंगल के कानून को ठुकरा ही दिया। उन्होंने असेम्बली के कानून तक सहारा नहीं लिया, बल्कि प्रेम के कानून के ऊपर उन्होंने अपनी श्रद्धा आधारित की है और यह प्रेम का ही कानून सबसे ऊंचा है। विनोबा भावे के इस कानून की प्रशंसा की है। भारत के प्रथम उप-राष्ट्रपति तथा द्वितीय राष्ट्रपति दार्शनिक डॉ. एस. राधाकृष्णन ने भी की है। सर्वोदयी समाज की अर्थ-व्यवस्था में लाभ की प्रवृत्ति किराए या ब्याज के लिए कोई स्थान नहीं होगा, सभी कार्य जनकल्याण हेतु किये जाएंगे। प्रत्येक अपनी क्षमता के अनुसार कार्य करे और आवश्यकता के अनुसार प्राप्त करे, यह समाज का आधारभूत नियम होगा। यह समाज एवं देश दोनों के लिए कल्याणकारी है तथा देश के विकास में भी सहयोगी है।

(5) प्रतिनिध्यात्मक प्रजातंत्र और दलीय पद्धति पर आधारित व्यवस्था–सर्वोदय प्रजातंत्र का विरोध करता है। सर्वोदय के अनुसार यह तथाकथित प्रजातंत्र वास्तव में जनता का शासन नहीं वरन् दलीय पद्धति पर आधारित व्यवस्था है। इस शासन-व्यवस्था में राजनीतिक दलों के कारण शक्ति के लिए प्रबल होड़ सी लगी हुई है कोई भी जनता के हित के लिए कार्य नहीं करना चाहते। इस पद्धति ने ही समाज को तानाशाही शासन भी दिए हैं, जैसे प्रथम विश्व युद्ध के बाद इटली, जर्मन, आदि राज्यों में जो तानाशाही शासन-व्यवस्थाएं स्थापित हुईं यह प्रजातंत्र के परिणामस्वरूप हुआ।

आधुनिक लोकतन्त्रात्मक व्यवस्था एक दिखावा मात्र भी है, क्योंकि सभी मुख्य प्रश्नों पर विचार तो पहले दल की सभाओं में कर लिया जाता है। उन्हें संसद में उपस्थित करना तथा उन पर वाद-विवाद करना औपचारिक ही होता है। इस प्रकार आधुनिक लोकतन्त्र में संसद तथा सभाएँ केवल एक दिखावा है। इसमें सच्चाई नाम मात्र को ही उपस्थित है।

सर्वोदयी विचारक दादा धर्माधिकारी के अनुसार आज के लोकतन्त्र के तीन भयंकर दोष है : अधिकार का दुरुपयोग, गुण्डाशाही का भय और भ्रष्टाचारा। इसके अतिरिक्त भारतीय लोकतन्त्र में दो अन्य दोष, सम्प्रदायवाद और जातिवाद भी है।

इसी प्रकार श्री जयप्रकाश नारायण के अनुसार, दलीय राजनीति का परम्परात स्वभाव है कि उसमें सत्ता की प्राप्ति के लिए सभी प्रकार के दूषित संघर्ष होते ही हैं और यही बात मुझे अधिक चिन्तित करने लगी। मैंने देखा कि धन, संगठन और प्रचार के साधनों के बल पर विभिन्न दल कैसे अपने को जनता के ऊपर लाद देते हैं, जनतन्त्र वास्तविक रूप में दलीयतंत्र में परिणत हो जाता है। कैसे दल प्रणाली के विपक्ष में है।

(6) लोकनीति और लोकशक्ति में आस्था—राजनीति और शासन की शक्ति में सर्वोदयी विचारधारा विश्वास नहीं करती। वह व्यवस्था को मानती है, जो दल और सत्ता से मुक्त हो और इसे ही विनोबा भावे लोकनीति कहते हैं। राजनीति और लोकनीति के व्यापक अन्तर को स्पष्ट करते हुए प्रमुख सर्वोदयी विचारक श्री कृष्णदत् भट्ट लिखते हैं कि, राजनीति में जहां शासन मुख्य है, वहां लोकनीति में स्वतन्त्रता, राजनीति में जहां नियन्त्रण मुख्य है, वहां लोकनीति में संयम, राजनीति में जहां सत्ता और अधिकारी की स्पर्द्धा मुख्य है, वहां लोकनीति में कर्तव्यों का आचरण। सर्वोदय का क्रम यही है कि शासन से अनुशासन की ओर, सत्ता से स्वतन्त्रता की ओर, नियन्त्रण से संयम की ओर, और अधिकारों की स्पर्द्धा की ओर से कर्तव्यों के आचरण की ओर बढ़ों। लोकनीति और राजनीति दोनों की अलग-अलग विचारधारा है, दोनों के उद्देश्य व सिद्धांत भी पृथक्-पृथक् हैं।

लोकनीति कानून व्यवस्था को जनता व आम जनमानस के अनुसार बनाये जाने पर बल देती है। एक बार विनोबा भावे ने एक सभा को सम्बोधित करते हुए कहा था कि, सरकार इस कार्य में कुछ नहीं कर सकती। अन्त में सरकार एक बाल्टी जैसी है, जबकि जनता एक कुएं के समान है। यदि कुएं में ही पानी नहीं होगा, तो बाल्टी में पानी कहां से आएगा। हम सीधे पानी के स्रोत अर्थात् जनता तक जाएंगे जो कार्य सरकार नहीं कर सकती, वह जनता कर सकी है। आचार्य विनोबा भावे ने जनता को सर्वोच्चता प्रदान की है।

धार्मिक एवं नैतिक मूल्य—सर्वोदय के धार्मिक एवं नैतिक प्रचलित समाज की भौतिक मानदण्डों सर्वथा अलग हो क्योंकि वर्तमान मानव जीवन से प्रेम, सहयोग, सद्भाव, सत्य और अहिंसा के सभी नैतिक मापदण्ड लुप्त होते जा रहे हैं। यह मानव जाति के सौभाग्य का नहीं वरन् दुर्भाग्य का चिन्ह है। बिना नैतिक आदर्शों की पूर्ति न तो समाज व्यवस्थित दिखाई दे सकता है और न लोकतन्त्रीय जीवन ही सम्पन्न हो सकता है। "लोकतन्त्र के लिये सिपाही, साहूकार और सन्त तीनों की सत्ता प्रतिकूल है। इसलिए नागरिक की नैतिक सत्ता भी स्थापित होनी चाहिए।

पारलौकिक अथवा भौतिक शक्ति के बल पर कोई काम हो जाए तो उसमें लोकतन्त्र की शक्ति नहीं निखरती। लोकतन्त्र तो नागरिक की नैतिक शक्ति से ही पनप सकता है। आज भारत का नागरिक अत्यन्त हताश और आतंकित है वह अपने को खोया सा पाता है। इसलिए आज समय का तकाजा है कि नागरिकों की शक्ति का आह्वान किया जाए।''

सर्वोदय में इस हताश, निराश, विक्लान्त और त्रस्त-धवस्त सभ्यता हेतु उपचार प्राप्त है। इसकी शुरुआत विनोबा जी अन्तःकरण की शुद्धि से करते हैं क्योंकि सर्वोदय प्रत्येक व्यक्ति के नैतिक जागरण की अनुभूति में ही विकसित होता है। प्रेम ब्रह्मचर्य, सत्य, अहिंसा, अभ्य, अस्तेय, अपरिग्रह, संयम, शरीर-श्रम, आत्मत्याग, स्वदेशी, सर्वधर्म समभाव आदि गुण 'सर्वोदय' समाज का लक्ष्य है और न आकांक्षा। वह तो जीवन को सादगी का यन्त्र देता है। सर्वोदय समाज सबके भले का, विश्व में मैत्री का 'वसुधैव कुटुम्बकम्' का जब मन्तव्य अभिव्यक्त करता है तब उसके पास प्रेम, सत्य और अहिंसा की शिक्षा देने के अलावा और कुछ नहीं रह जाता। 'सभी मेरे और मैं सबका' इस विचार में अपरिग्रह, सत्य, अहिंसा, दया, धर्म आदि सभी नैतिक गुणों का समावेश हो जाता है।

आर्थिक मूल्य—सर्वोदय का अर्थशास्त्र उन आर्थिक मूल्यों को नहीं मानता है जिसमें नैतिक मूल्यों हेतु कोई महत्व नहीं होता है। सर्वोदय अर्थशास्त्र में मानव तत्व की किंचितमात्र भी अपेक्षा नहीं की गई है। इस कारण सर्वोदय के लिये मनुष्य ही सम्पत्ति है, सोना-चांदी नहीं। इस मनुष्य नाम की सर्वोदय सम्पत्ति को नीति, अनीति का विचार किये बिना धन बटोरने के लिये नियम बनाना केवल मनुष्य की घमंड दिलाने वाली बात है। ''सस्ते से सस्ते खरीदकर महंगे से महंगे बेचने के नियम के समान लज्जाजनक बात मनुष्य के लिये दूसरी नहीं है।'' सर्वोदय अर्थशास्त्र सभी को लूटने की दीक्षा नहीं, बल्कि सेवा की दीक्षा है। सर्वोदय का उद्देश्य इससे पूरा नहीं होता। वह तो स्वामित्व विसर्जन को अपनी व्यवस्था का अपरिहार्य तत्व स्वीकार करता है।

स्वामित्व विसर्जन के स्वरूप को प्राप्त करने के लिये सर्वोदय अर्थदर्शन गाँधीजी के संरक्षकता सिद्धान्त को मानता है। इस मूल भावना को अंगीकृत करने से पूर्व विनोबा जी इसमें कुछ बदलाव लाने के पक्ष में थे। वह स्वामित्व के मोह को तिलांजलि देना चाहते हैं। यदि ऐसा करने में हिचक रहेगी तो समाज में अनाचार और हिंसा का राज्य ही रहेगा। विनोबा जी का मानना था कि, ''हमें निश्चय करना चाहिए कि 'ट्रस्टीशिप' के सिद्धान्त का अमल करने की हम पूरी कोशिश करेंगे और

ज्यादा जायदाद न रखेंगे। इतनी जायदाद जायज और इतनी नाजायज ऐसी कोई लकीर थोड़े ही खींच सकते हैं। ऐसा कहकर यह बात टाल देंगे तो आगे आने वाला खतरा अटल है।" भूमि को शोषण का मुख्य यन्त्र मानने के कारण उन्होंने सबसे पहले भू-स्वामित्व दूसरों पर प्रभुता चलाने और उनका शोषण करने का आद्य और सबसे जबरदस्त साधन बना। उसमें से फिर शोषण के और भी प्रकार निकले। के लिए और भी प्रकार निकले। उनमें साहूकारी ब्याजखोरी प्रमुख है।" इन दोनों का निराकरण तथा संरक्षकता सिद्धान्त की समस्त मर्यादाओं को स्वीकार के लिये हमें कुटुम्बगत आर्थिक व्यवस्था को समाज पर भी आरोपित करना होगा।

सर्वोदयी समाज की आर्थिक दृष्टि में उत्पन्न समाज की आवश्यकता के अनुरूप होगा, लाभ से प्रेरित नहीं होगा। 'विपुलता के लिये संयोजन' की आकांक्षा का सार परावलम्बन से मुक्ति ही है। सर्वोदय दर्शन इस दृष्टि से प्रत्येक ग्राम को स्वावलम्बी बनाने की आकांक्षा रखता है। गाँधीजी के बताये 'समग्र ग्राम सेवा' आदर्श को सर्वोदयी अवधारणा का प्रमुख उद्देश्य कह सकते हैं। नगर जीवन की सम्पन्नता किसी भी देश और विशेष रूप से भारत के लिये कोई वरदान नहीं है। "हमें सरलता-सिधाई की प्रतीक ग्राम-सभ्यता की ओर मुड़ना चाहिए और छोटे-छोटे ग्राम को इस प्रकार आत्मनिर्भर करना चाहिए। उनमें प्रति व्यक्ति काम की दृष्टि से स्वावलम्बी और विचार की दृष्टि से स्वतन्त्र हो।" स्वावलम्बन का अर्थ यह नहीं होगा कि जीवन की ऐसी आवश्यकतायें जो ग्राम में पूर्ण न की जा सकें उनकी पूर्ति बाहर से नहीं होगी। स्वावलम्बन का लक्ष्य तो यह है कि अन्न और वस्त्र जैसी जरूरतें ग्राम में ही पूरी होंगी।

ग्राम स्वावलम्बन के लिये हमें ग्रामोद्योग की ओर अपने सम्पूर्ण प्रयत्नों को केन्द्रित करना जरूरी है। सर्वोदय छोटे-छोटे ग्राम्य उद्योग के विकास का ध्येय सम्मुख रखता है। ऐसा करने से ग्राम स्वावलम्बन की भावना पूर्ण होती है। उत्पादन की यह विकेन्द्रित व्यवस्था केन्द्रित व्यवस्था की तुलना में कहीं अधिक उपयोगी है। सबसे पहली बात उत्पादन के अनुसार साधन मुट्ठी भर आदमियों के अधिकार में न होंगे, जिससे समाज एकाधिकार, पूंजीवादी और सर्वसत्तावाद से बच जायेगा। दूसरे काम करने के औजार कारीगरों के अपने अधिकार में होंगे। इससे मालिक और मजदूर के मध्य व्याप्त भेद समाप्त हो जायेगा। कोई किसी को काम देता है, यह कल्पना ही मिट जायेगी।" इस समाज व्यवस्था की दिशा बदलने के लिये आवश्यक यह है कि विकेन्द्रित व्यवस्था को अपनाया जाए। इस सन्दर्भ में नारायण देसाई का मानना है कि, "ग्रामोद्योग इस बोझ को भी हल्का कर सकते हैं। यदि उन्हें केन्द्रित उद्योगों

की प्रतिस्पर्धा से बचा लिया जाए तो वे भारत की बेकारी के निवारण में मदद कर सकते हैं।''

सर्वोदय उपयोगितावाद से भिन्न दर्शन

उपयोगितावाद 'अधिकतम लोगों का अधिकतम सुख' की मान्यता को स्वीकार कर चला है। सुखवाद उसका आधार है। सम्पूर्ण मानव जाति को प्रकृति ने सुख और दुःख इन दो प्रभु शक्तियों में बीच छोड़ रखा है। यह कार्य इन्हीं दो शक्तियों का है कि वह बतलायें कि हमें क्या करना चाहिए।'' इस अनुभूति के आधार पर उपयोगितावाद मंगल कामना के क्षेत्र सीमित कर देता है। ''पश्चिम के लोगों ने हमारे सामने यह ध्येय रखा है कि अधिक से अधिक लोगों को अधिक से अधिक सुख हो। वास्तव में इसी में बहुसंख्यकों और अल्पसंख्यकों के झगड़ों का बीज निहित है लेकिन सर्वोदय की दृष्टि जैसा कि गीता ने कहा है, सर्व भूतों के हितों में रात होने की है।'' अतः स्पष्ट रूप से यह कहा जा सकता है कि सर्वोदय को एक स्वास्थ्य नैतिक आधार भी स्वतः उपलब्ध है।

समाजवाद, साम्यवाद से भिन्न

सर्वोदय में जिस कल्याणकारी भावना को प्रस्तुत किया गया है कुछ व्यक्तियों की निगाह में वह भावना तो समाजवाद और साम्यवाद में भी निहित है। श्रम की निष्ठा बढ़ाने वाले यह दोनों ही विचार साधनों की पवित्रता के आग्रह को अंगीकर नहीं करते हैं क्योंकि दोनों ही विचार सर्वोदय की मूल दृष्टि से अलग हो गये हैं। वर्गहीन तथा शोषण विहीन समाज की रचना में दोनों ही प्रकार के विचारकों की रुचि है किन्तु उस लक्ष्य सामीप्य का प्रभाव इन दोनों को समीप नहीं ला पा रहा है क्योंकि पगडंडी पर चलने के लिये दोनों के सहारे, साधन एक समान नहीं हैं। ''नैतिकता के लिये समाजवाद में कतई कहीं कोई भी जगह है ही नहीं।''

मानव जीवन का वास्तविक सुख भोग में नहीं बल्कि त्याग में होता है। इसी कारण सर्वोदय के भावी समाज संयोजन की व्यवस्था भी प्रचलित पूंजीवादी और समाजवादी अथवा साम्यवादी संयोजन व्यवस्था से भिन्न ही है। पूंजीवाद में समर्थ को जीवित रहने के अधिकार की मान्यता को अंगीकृत करने के कारण 'उत्पादन के लिए नियोजन' की व्यवस्था रहती है, इसमें औद्योगीकरण और केन्द्रीयकरण की प्रवृत्ति ही मुखरित होगी। समाजवादी संयोजन में 'जिओ और जीने दो' के आदर्श को लेकर 'उपयोग के संयोजन' की बात कही गई है। किन्तु यह तथ्य सर्वथा ग्राह्य

है कि समाजवाद भी अत्यधिक केन्द्रीयकरण की ओर प्रवृत्त है। "पश्चिम में समाजवाद का अर्थ है अत्यधिक केन्द्रित उद्योग। इन स्वामित्व राष्ट्र का होता है।

आज हमें वर्तमान समाज को 'जिओ और जीने दो' के आदर्श से आगे चलने के लिये बढ़ावा देना चाहिए। सर्वोदय संयोजन "दूसरों को जिलाने के लिए जिओ" के आदर्श को स्वीकार करता है। सर्वोदय समाज की मूल और मौलिक इच्छा विकेन्द्रीयकरण में निहित है जो आर्थिक और राजनैतिक दोनों ही क्षेत्रों में समान रूप से पायी जाती है। शासनमुक्त और शोषणमुक्त समाज रचना इसका प्रमुख उद्देश्य है। संयोजन की प्रक्रिया में कुछ गिने-चुने अधिकारियों का हाथ न होकर जनता का हाथ होगा तथा योजना की पूर्ति हेतु इकाइयों द्वारा आरोपित प्रत्यक्ष कर श्रमदान, सम्पत्तिदान, स्वेच्छापूर्वक दिए गये चन्दों, बचत के माध्यमों तथा अन्य देशों से प्राप्त यन्त्रोपकरण, बिना शर्त प्राप्त पूंजी आदि से होगी।

वर्तमान लोकतन्त्र से लोकहित सम्भव नहीं

पूंजीवाद तथा समाजवाद के आधार पर कभी भी लोकतंत्र को विकसित करना संभव नहीं है। "आर्थिक दृष्टि से निरंकुश सत्ता या तानाशाही रखकर राजनीति में प्रजातन्त्र में प्रजातन्त्र स्थापित नहीं कर सकते।" सर्वोदय की दृष्टि में वर्तमान लोकतंत्र लोकनीति की उपेक्षा पर खड़े हुए हैं। वह किसी भी प्रकार जनहित अथवा लोकहित सम्पन्न नहीं कर सकते। इस सन्दर्भ में दादा धर्माधिकारी ने लिखा है कि, "आज की लोकशाही में दोष यह है कि उसमें बहुमत के अनुसार चलना पड़ता है और साधारण नागरिक में भी लोकहित की प्रेरणा बहुत मन्द होती है, और यदि यह थोड़ा बहुत खुशहाल हो गया तब तो बिल्कुल ही नहीं होती।" आज के लोकतन्त्र सैनिकों तथा पुलिस की छाया में पल रहे हैं अतः उनमें अहिंसा की भावना विलुप्त सी हो गयी है। श्री जयप्रकाश के अनुसार, "वर्तमान लोकतन्त्र में व्यावहारिक रूप में कुछ लोगों द्वारा चलाया हुआ शासन ही मानते हैं। इसलिए इसमें सन्देह है कि स्वतन्त्र बुद्धि और इच्छा का कोई भी व्यक्ति इसमें सन्तुष्ट नहीं हो सकेगा।" डॉ. विश्वनाथ टंडन का मानना है कि, "यह स्वीकार करते हुए भी कि यह...की इच्छा के अनुसार चलते हैं, फिर भी यह अपने अस्तित्व के लिए सेना शस्त्रों की छाया में रहती है।"

प्रजातंत्र संबंधित आलोचनाओं के उपरान्त से सर्वोदय विचारकों की दृष्टि से लोकतन्त्र में सुधार की सम्भावनायें हैं। सर्वोदय जिस लोकतन्त्र को अभिव्यक्त करता है, उसे 'ग्राम स्वराज्य' के रूप में स्वीकार करता है। ग्राम स्वराज्य के

लोकतन्त्रीय आधार में लोकशाही का आध्यात्मिक मूल्यांकन सहज हो सकता है। ऐसे लोकशाही सच्चे अर्थों में नागरिकों को निर्भीक एवं विवेक-सम्पन्न बना सकती है। दादा धर्माधिकारी के अनुसार, ''लोकशाही का सांस्कृतिक मूल्य यह माना जायेगा कि कोई भी नागरिक एक दूसरे से न डरे। सभी नागरिक एक दूसरे का विश्वास करें। नागरिकों के बीच का भय तथा अविश्वास दोनों का निराकरण हो।''

ग्राम स्वराज्य के तहत ग्राम एक संख्या के रूप में अभिव्यक्त है। इसमें प्रत्येक ग्राम के लिए एक ग्राम होगी। ग्राम सभा एक प्रकार से गांव की सरकार है जिसके अधिकार क्षेत्र में गांव का पूरा विकास और व्यवस्था है। विकास के लिये वह शान्ति सेना संगठित करती है तथा व्यवस्था के लिये 'शान्ति सेना'। ऐसी ग्राम सभा...को लेकर प्रखण्ड सभा (ब्लाक सभा), उसके प्रतिनिधियों से जिला सभा, राज्यसभा, राज्य सभाओं से राष्ट्र सभा की कल्पना है। इन संगठन की दो विशिष्ट भावनाएं उजागर होती हैं। (अ) विकेन्द्रीयकरण की ओर...लोकतन्त्र (ग्राम स्वराज्य) का झुकाव, (ब) प्रतिद्वंद्विता के स्थान पर सहयोग की प्रकृति। इन भावनाओं से अविभूत ग्राम स्वराज्य स्वयं अपने में पूर्णता लिए ऊपर के स्तर पर बैठी राष्ट्र सभा को केवल समन्वय और निर्देशन का कार्य करना है, न वह किसी पर बोझ बनती है और न किसी को उस पर अपने उत्तरदायितव सौंपने का प्रयास करना है।

सर्वोदय-आदर्शों की प्राप्ति के प्रयास

सर्वोदय के सैद्धान्तिक विश्लेषणों के आधार पर यह स्पष्ट रूप से कह सकते हैं कि एक समन्वयात्मक तत्वज्ञान है। शोषण-विहीन, वर्ग विहीन-शासकमुक्त, अहिंसामूलक तथा ग्रामोद्योग प्रधान ग्राम-स्वराज्य की स्थापना करना इसका प्रमुख उद्देश्य है। महात्मा गाँधी ने मात्र रचना की थी। आचार्य विनोबा भावे ने अपने सहयोगियों के साथ इस सिद्धान्त की साकार व्याख्या की और एक विचार को आन्दोलन का रूप दिया। बुद्धिमान, श्रमदान, सम्पत्तिदान, जीवन मनुष्य में सात्विक वृत्तियों को जागृत करने के मापदण्ड हैं। चम्बल घाटी की दस्युपीड़ित जनजीवन आह्वान पर शान्ति और प्रेम से परिपूर्ण हो गया है। उस महान सन्त ने हृदय परिवर्तन के क्षेत्र का विस्तार करना अपना धर्म समझा है। क्योंकि इसी परिवर्तन से ही सामाजिक क्रान्ति और सर्वोदय की प्राप्ति होगी, इस सत्य को गाँधीजी ने स्वीकार किया था। विनोबा जी ने उसे हृदय में धारण करके भूदान, ग्रामदान के माध्यम से समाज को प्रस्तुत किया।

विनोबा भावे ने शोषणविहीन समाज की स्थापना का सपना देखा था। इन्होंने

शोषणविहीन समाज की कल्पना में निष्ठाओं को पूनर्जीवित करने का प्रयास करते हैं। बौद्धिक समानता के लिए बुद्धिदान को तथा आर्थिक विषमता दूर करने को सम्पत्तिदान को एक विशिष्ट दृष्टिकोण के रूप में अंगीकार किया। सम्पत्तिशाली व्यक्ति यदि सद्विवेक से कार्य करें और अपनी सम्पत्ति का एक निश्चित भाग 1/6 आवश्यकता अनुभव करने वाले को स्वेच्छा से दानस्वरूप प्रदान करें तो आर्थिक समता लाने में काफी लाभदायक साबित होगा। वर्तमान समाज के तहत शारीरिक श्रम का महत्व नहीं रह गया है। उसे ही दृष्टि से देखा जाता है। इसका दुखद परिणाम यह हुआ कि स्वयं श्रमसाधक भी इसे बुरा और त्याज्य अनुभव करता है। इन दोनों अनुभूतियों को हृदय से निकालने के लिए विनोबा जी ने सभी को श्रमदान के लिए प्रेरित किया। जयप्रकाश नारायण के जीवनदान से सम्पूर्ण समर्पण का अध्याय भी सर्वोदय आन्दोलन का एक विशिष्ट अंग बन गया।

सर्वोदय के साधन

सर्वोदय के साधन के रूप में भूदान आन्दोलन, सम्पत्ति दान तथा ग्राम दान को अपनाया गया।

भूदान आन्दोलन

देश में इस आन्दोलन को प्रभावी एवं आगे बढ़ाने में विनोबा भावे का महत्वपूर्ण योगदान रहा है। इस आन्दोलन के जरिये से हम आर्थिक और राजनीतिक दोनों तरह के विकेन्द्रीकरण को और इन दोनों प्रकार की केन्द्रित शक्तियों को समाप्त करना चाहते हैं। भूदान यज्ञ के द्वारा हम उत्पादन का मुख्य साधन जमीन जन-जन के हाथ में पहुंचा देते हैं। आर्थिक केन्द्रीकरण यह कार्य यज्ञ मे मिली हुई जमीन के बंटवारे के हमारे तरीके से और उसके बाद गांव में हम जो व्यवस्था कायम हुई देखना चाहते हैं उससे होता है। भूमिदान यज्ञ के द्वारा ग्रामीण क्षेत्रों के लोगों की समस्या का समाधान मिलजुलकर करना चाहिए। भूदान के सम्बन्ध में जयप्रकाश नारायण का मानना था कि आर्थिक और सामाजिक क्रान्ति लाने का गाँधीवादी मार्ग है, यह नवीन जीवन का सिद्धान्त और व्यवहार है, वह एक नवीन सामाजिक दर्शन है, यह एक नवीन मानवता तथा एक नवीन सभ्यता का सूत्रपात है। विनोबाजी के भूदान यज्ञ का प्रारंभ करते हुए कहा था कि व्यक्तियों के द्वारा स्वीकार कर लिया जाना चाहिए कि समस्त धरती ईश्वर की है। इस दान किये हुए भूमि से गरीबों व दीन-दुखियों की सेवा की जा सकेगी। अगर समस्त धरती पर सामाजिक रूप में स्वामित्व हो तो

सम्पूर्ण दुःख दर्द एवं असंतोष की भावना समाप्त हो जायेगी और स्नेह तथा सहयोग को युग का सूत्रपात होगा। मैं चाहता हूं कि व्यक्तियों के द्वारा प्रारंभ में अपनी भूमि का कुछ भाग दान किया जाए। मनुष्य का कुछ नहीं है, यह प्रकृति प्रदन्त संसाधन के रूप में मनुष्य को प्राप्त हुआ है।

सर्वोदय सम्मेलन और भूदान

अप्रैल सन् 1951 में आन्ध्रप्रदेश के पंचमपल्ली स्थान पर सर्वोदय सम्मेलन आयोजित किया गया था। उस दौरान आचार्य भावे तेलंगाना में पंचमपल्ली स्थान पर ठहरे हुए थे। इस समय अनेक हरिजन और अन्य व्यक्ति आचार्य भावे से मिले और उन्हें अपनी जमीन सम्बन्धी समस्याओं से अवगत करवाया। यह घटना सर्वोदय आन्दोलन के इतिहास में क्रान्तिकारी सिद्ध हुई और इससे प्रेरित होकर आचार्य भावे ने भूदान आन्दोलन का सूत्रपात किया। यहाँ के निर्धन भूमिहीन व्यक्तियों ने विनोबा भावे से 80 एकड़ जमीन की मांग की तो इस महान नेता ने वहां उपस्थित व्यक्तियों से पूछा कि क्या कोई व्यक्ति इतनी भूमि दे सकता है? सर्वोदय नेता की बात का उत्तर पंचमपल्ली के ही श्री रामचन्द्र रेड्डी ने तुरन्त 100 एकड़ भूमि दान कर दिया। इस प्रकार 18 अप्रैल, 1951 को भूदान यज्ञ का प्रारंभ हुआ। इसके बाद पास के ही एक गांव में उन्हें 60 एकड़ भूमि भी दान के रूप में उपलब्ध हुई। विनोबा जी की बात का आंध्र प्रदेश की जनता ने सम्मान किया और उन्हें इस बात का विश्वास हो गया कि व्यक्तियों की अन्तरात्मा को परिवर्तित कर अहिंसक ढंग से क्रान्ति लाई जा सकती है। तेलंगाना में जिसे साम्यवादियों का गढ़ समझा जाता था, आचार्य ने 51 दिन में 12,201 एकड़ जमीन हासिल की। यह अपने आप में एक बड़ी विजय थी और अब विनोबा जी ने भूदान में 50 मिलियन एकड़ भूमि प्राप्त करने का लक्ष्य निर्धारित किया। इस आन्दोलन को आगे बढ़ाने में विनोबा भावे का महत्वपूर्ण भूमिका रही।

(1) प्रन्यास धारण—भूदान सम्पत्ति और विशेषतया भू-सम्पत्ति के संबंध में प्रन्यास सिद्धान्त को स्वीकार करता है। यह विश्वास करता है कि समस्त भूमि ईश्वर की है और मानव इस पर प्रन्यासी के रूप में ही अधिकार रखते हैं।

(2) नवीन अवधारणा का विकास—नवीन दृष्टिकोण को अपनाकर भूदान में सामाजिक और आर्थिक मान्यताओं में परिवर्तन लाया जा सकता है। भूदान भूमि के अन्तिम स्वामित्व के प्रश्न को हल करेगा। भूमि निजी सम्पत्ति न दूर कर उनका हृदय परिवर्तन करेगा। एक व्यक्ति को केवल उतनी ही भूमि अपने पास रखने का

अधिकार हो सकता है, जितनी कि उसे आवश्यकता है और अपनी आवश्यकता से अतिरिक्त भूमि उसे समाज को लौटानी होगी। भूदान यज्ञ के अन्तर्गत आचार्य के द्वारा न केवल धनी वरन् थोड़ी भूमि के स्वामित्व वाले निर्धन किसानों से भी भूमि दान के रूप में प्राप्त की जाती है, जिससे सबके विचारों में परिवर्तन लाया जा सके। भूदान आन्दोलन की सबसे प्रमुख विशेषता यह थी कि इसके माध्यम से दबाव या विनाश के आधार पर नहीं, वरन् हृदय परिवर्तन के आधार पर आर्थिक और सामाजिक क्रान्ति को जन्म दिया जाएगा।

(3) न्याय और नैतिकता पर आधारित—भूदान न्याय और नैतिकता के सिद्धान्त को अपनाने पर जोर देता है, जिसमें भूमि का दान दया के रूप में नहीं, वरन् इसलिए किया जाता है कि न्याय की यह मांग है। भूदान नेता का विचार है कि समाज में पर्याप्त सद्भावना विद्यमान है, आवश्यकता केवल इस बात की है कि व्यक्तियों की सद्प्रवृत्तियों को विकसित किया जाए। इसको विकसित करके नैतिकता तथा न्याय की स्थापना की जा सकेगी।

भारत के महान दार्शनिक एवं शिक्षाविद् डॉ. राधाकृष्णन् ने बहुत ही सुन्दर शब्दों में भूदान को सहमति से क्रान्ति की संज्ञा दी है।

सम्पत्ति दान—आचार्य विनोबा भावे का मानना है कि नगद राशि विभिन्न समस्याओं को विकसित कर देती है। यही हमारे देश के पतन का प्रमुख कारण रहा है। किंतु उनके विचार में परिवर्तन हुआ और उन्होंने सोचा कि बीज-खाद और पशु खरीदने के लिए धन की आवश्यकता होती है, अतः अनुभव के आधार पर उनके अपने विचारों में बदलाव आया और नवीन विचार से सम्पत्ति दान या धन की भेंट की धारणा को जन्म दिया। 23 अक्टूबर 1952 को पाटलिपुत्र नगर में उन्होंने सम्पत्ति दान आन्दोलन को शुरू करते हुए अपने शब्दों में स्पष्ट रूप से कहा था कि सम्पत्ति दान, भूदान यज्ञ की पूर्ति के लिए आवश्यक है। इस आन्दोलन के अन्तर्गत उन्होंने व्यक्तियों से अपनी आय का षष्ठांश दान में देने की प्रार्थना की।

ग्रामदान आन्दोलन

ग्रामदान को सर्वोदय के साधन के रूप में अपनाया गया। विनोबा जी के भूक्रान्ति के इस अभिनव प्रयोग को पूर्णता प्रदान करना चाहते हैं। भूदान से मोह की दीवार को तोड़ने का उपक्रम चला है किन्तु उसे विसर्जित करना शेष है। इस विर्सजन को व्यावहारिक बनाने के लिए उन्होंने उत्तर प्रदेश के मंगरौठ ग्राम में (जिला हमीरपुर) भूपतियों से उनके छोटे हिस्से की मांग न करके सम्पूर्ण भूमि के ग्रामीकरण

की मांग की। इसका मतलब यह है कि व्यक्तिगत स्वामित्व का विर्सजन करके गांव की कुल जमीन सारे गांव की हो जाये। मई 1958 में मंगरौठ ने इस त्याग को सम्पन्न किया। अब विनोबा जी को भूस्वामित्व के विसर्जन का सही मार्ग मिल गया। यद्यपि ग्रामदान का सही स्वरूप सक्रिय आन्दोलन के रूप में 1955 में प्रारंभ हुआ। वर्ग भावना की समाप्ति का आधार भूदान से अनुप्रेरित ग्रामदान का अर्थ होता है जमीन का ग्रामीकरण, जमीन पर व्यक्तिगत मालिकी के स्थान पर ग्राम संस्था की मालिकी। यह प्रमाणित हो गया कि भूदान से सम्पूर्ण भूक्रान्ति के बीज निहित हैं।

भूक्रान्ति का प्रमुख आधार ईश्वर पर आस्था है, एक होने का संकल्प उसकी प्रेरणा है। विनोबा ने भी इस आन्दोलन को श्रद्धा, स्नेह और सहानुभूति के क्षेत्र का विस्तार माना है। ''ग्रामदान और कुछ नहीं, 'एक होइये' इतना ही है। समाज में व्याप्त वैमनस्य को दूर करने के लिये तथा समजीवन की उत्पत्ति के लिए यह आवश्यक है कि यह परायापन किसी तरह दूर हो। हमें यह भी देखना होता है कि जरूरी सहायता के समय सहायता देने वाला आपस में बेगानापन, परायापन अनुभव न करने लगे। यदि ऐसा अनुभव होने लगा तो समाज में हम लाचारी का प्रचार करते हैं। और फिर जिस गुलाम और मालिक में मैत्री नहीं हो सकती, उसी प्रकार लाचारी और सहयोगकर्ता में भी मैत्री होना जटिल है। ग्रामदान हमें इस प्रकार दीन हीन होने से बचाता है। सद्भावपूर्ण मैत्री की स्थापना करता है। भूमि समस्या के निराकरण का प्रयत्न पूर्ण रूपरेखा गाँधीजी के आदर्शों के अनुकूल अहिंसात्मक है। ''भारत में भी जमीन की समस्या यदि ग्रामदान के तरीके से न सुलाझायी गई तो वह एक भयंकर रूप पकड़ सकती है। ग्रामदान ही एक ऐसा उत्तम उपाय है जिसके द्वारा शान्ति की स्थापना की जा सकती है।

ग्रामदान एक ऐसा माध्यम है जिसके द्वारा शान्तिमय क्रान्ति आसानी से हो सकती है। इसमें गांवों और उनके देश का आर्थिक पुरुत्थान भी होता है। भूमि, अन्न वस्त्र आदि जीवन की सारी समस्याओं का हल उससे पूरी तरह से समाया हुआ है। ग्रामदान भूमि के स्वामित्व का जहां ग्रामीकरण करता है वहां हृदय और मन को भी शुद्ध बनाता है। इसलिए नई व्यवस्था के इस स्वरूप में चित्त शुद्धि की आवश्यकता भी है और यह आन्दोलन इस चित्त की शुद्धि की बात को अधिक से अधिक अंगीकार करता है। जयप्रकाश नारायण के अनुसार, ''ग्रामदान में गाँधीजी के ट्रस्टीशिप के विचार का प्रयोग निहित है। इसमें सम्पत्ति समाज की ही होती है सामूहिक जीवन में स्नेह का विस्तार होता है।

लोकतंत्र और पंचायत राज्य व्यवस्था की प्रभावी सफलता हेतु ग्रामदान का

महत्व इसलिए सर्वाधिक है, क्योंकि इसमें समस्याओं के निराकरण की क्षमता है। "पंचायत राज्य की सफलता की दृष्टि से भी मैं देखता हूँ कि जब तक ग्रामदान का विचार नहीं फैलेगा और यह चुनावबाजी आएगी तब तक पंचायत राज्य सफल नहीं होगा। ग्रामदान की योजना के स्वरूप का आधार यह है कि गांव में जमीन की व्यक्तिगत मालकियत को ग्राम की मालकियत में विसर्जित करना है। सुलभ ग्रामदान की प्रक्रिया भूमि समस्या के परिहार के रूप में इस प्रकार प्रस्तुत की गई है—

(अ) भूमि का समस्त स्थायित्व ग्राम समाज को समर्पित करना होगा, जिसमें से 19/20वां हिस्सा उसी व्यक्ति को काश्त के लिये वापस प्राप्त होगा जो विरासत में उनके वारिसदारों को भी मिला करेगा।

(आ) कुल जमीन का 20वां हिस्सा गांव के भूमिहीनों के लिए देना होगा।

(इ) प्रत्येक परिवार आमदनी या उत्पादन का चालीसवाँ हिस्सा या ग्राम सभा जो परिमाण तय करे, उतना भाग ग्राम कोष कि लिए देना होगा।

(ई) गांव के हर मामले में सभी वयस्कों की एक राय से ही निर्णय लिया जायेगा।

अतः नवीन व्यवस्था के तहत ग्राम को एक संस्था के रूप में स्वीकार किया गया है तथा गांव के सम्पूर्ण बालिग व्यक्ति बिना निर्वाचन के 'ग्राम सभा' को बनायेंगे। सर्वसम्मत आधार पर ही 'ग्राम सभा' अपनी कार्यकारिणी बनायेगी। बहुमत का ग्रामदानी सभा में कोई स्थान नहीं है। वह तो सर्वानुमोदित, सर्वसम्मत आधार पर कार्य करेगी। तभी तो ग्रामदान स्वतंत्रता, समाजवाद और लोकत्रंत के बीजों को रोपा जा सकता है, ग्रामदान के बिना ग्राम स्वराज्य की कल्पना असम्भव है। ग्रामदान के अभाव में भारत का अस्तित्व तथा जनशक्ति विकसित होना सम्भव नहीं है।

ग्रामदान के इस आन्दोलन में एक आदर्श समाज की अवधारणा को साकार करने की इच्छा निहित है। चारूचन्द्र भण्डारी के शब्दों में ग्रामदान में आर्थिक, नैतिक, आध्यात्मिक, राजनैतिक और सामाजिक लाभ निहित हैं। इस समस्त ग्रामदान की प्रक्रिया में हम सहज भाव से इन गुणों को अनुभूत कर सकते हैं। गांव का विकास होगा, जिससे परिवार बनेगा, डकैती आदि बुरे आचरण नहीं होंगे। 'मैं और मेरा' का भाव विलुप्त हो जायेगा, राजनीति के स्थान पर लोकसत्ता की जागृति होगी तथा स्वामित्व विसर्जन से समानता की भावना पैदा होगी। इसलिए साम्प्रदायिक सद्भाव और अस्पृश्यता निवारण के कार्य स्वतः ही हो जायेंगे। "अतः सव दृष्टियों

से ग्रामदान का काम आज का युगधर्म है, जनमानस के हृदय की आकांक्षा है। इसलिए मुश्किल दिखाई देने वाला यह काम सहज हो रहा है।

ग्रामराज के लक्षण—ग्रामराज के विभिन्न लक्षण हैं जिनमें से कुछ प्रमुख लक्षणों को निम्नलिखित पंक्तियों में स्पष्ट किया गया है—

1. जिस प्रकार किसी परिवार की उन्नति में समस्त सदस्यों की भूमिका होती है, उसी प्रकार ग्रामराज में सभी व्यक्ति समस्त समुदाय के कल्याण हेतु कार्य करेंगे। प्रत्येक कृषक भूमि के एक टुकड़े पर कार्य करेगा। सभी के द्वारा आवश्यकतानुसार एक-दूसरे की सहायता की जाएगी। ग्रामराज में समस्त समुदाय सुखी होगा। एक व्यक्ति दूसरे व्यक्ति के साथ आपसी सद्भाव व भाईचारे का भाव रखेगा, एक व्यक्ति दूसरे का शोषण नहीं करेगा। इस समुदाय में संग्रह की प्रवृत्ति नहीं होगी और मेरे-तेरे की भावना का अन्त हो जाएगा। वर्तमान समय में व्यक्ति जिस प्रकार से स्वयं के लिए जीता है और अपनी योग्यताओं का अपने लिए ही प्रयोग करता है, ग्रामराज में प्रत्येक व्यक्ति अपनी योग्यताओं का सामान्य कल्याण में प्रयोग करेगा। श्री एम. चौधरी के अनुसार, प्रत्येक अपना सर्वस्व समुदाय को प्रदान कर देगा
2. ग्रामराज में स्वतंत्रता, समानता तथा भाईचारे का माहौल होगा क्योंकि इसमें राजनीतिक दल, जमींदार या पूंजीपतियों जैसे शोषण तत्व नहीं होंगे। स्वशासित ग्रामीण समुदायों में जनता सम्प्रभु होगी। व्यक्ति वर्ग और जाति की भावनाओं से भी पूर्णतया स्वतन्त्र होंगे। ग्रामराज में सभी व्यक्तियों को धार्मिक स्वतन्त्रता प्राप्त होगी और धर्म या जाति के नाम पर कोई भेदभाव नहीं होगा।
3. ग्रामराज में हिंसा और शोषण का कोई महत्व नहीं होगा बल्कि इसके स्थान पर अहिंसा का बोलबाला होगा। इस प्रकार ग्रामराज की प्रकृति वर्तमान समय के राज्य से नितान्त भिन्न होगी। इसमें शक्ति का केन्द्रीकरण नहीं वरन् गांवों के माध्यम से शक्ति का विकेन्द्रीकरण होगा, जिनमें प्रत्येक गांव पूर्ण और अपने आप में एक लघु राज्य होगा। प्रत्येक गांव में एक सामान्य ग्राम परिषद् होगी, जिसमें प्रत्येक परिवार अपना एक प्रतिनिधि भेजेगा। इस प्रकार अहिंसक ढंग से समाज की व्यवस्था का संचालन किया जाएगा। यह व्यवस्था ग्राम का समुचित विकास कर सकता है।
4. ग्रामराज में यह भी व्यवस्था है कि पूंजीपतियों के द्वारा निर्धनों का शोषण नहीं होगा। इसमें प्रतिस्पर्द्धा नहीं, वरन् पारस्परिक सहयोग और समन्वय होगा।

ग्रामराज में कोई राजनीतिक दल भी नहीं होंगे और राजनीति का स्थान लोकनीति अर्थात् व्यक्तियों के कल्याण की प्रवृत्ति के द्वारा ले लिया जाएगा।

भूदान, सम्पत्ति दान, ग्रामदान और ग्रामराज के अलावा सर्वोदय आन्दोलन के कार्यक्रम में बुद्धिदान, श्रमदान, साधनदान और जीवनदान आदि को भी सम्मिलित किया गया है क्योंकि समाज के उत्पादन में इन सभी की किसी न किसी रूप में भूमिका अवश्य होती है। जीवनदान का तात्पर्य यह है कि जीवनदान करने वाले व्यक्ति अपनी समस्त बुद्धि, श्रम और शक्ति का प्रयोग भूदान एवं सर्वोदय की सेवा में करेंगे। सर्वप्रथम श्री जयप्रकाश ने अप्रैल 1954 में सर्वोदय को अपना जीवन दान दिया। तत्पश्चात् विनोबाजी ने भी भूदान यज्ञमूलक ग्रामोद्योग प्रधान अहिंसक क्रान्ति के लिए अपनी जीवन दान दिया। विनोबा जी की प्रेरणा से प्रभावित होकर कई सर्वोदयी आन्दोलन के समर्थकों ने भी अपनो जीवनदान देने की बात की।

सर्वोदयी विचारधारा और कार्यक्रम का मूल्यांकन

सर्वोदय के गुण—एक विचारधारा के रूप में तो सर्वोदय ग्रहण करने योग्य है ही सर्वोदयी कार्यक्रम ने भी हमें सबके उदय की दिशा में आगे बढ़ाने का कार्य आंशिक रूप में अवश्य ही सम्पन्न किया है। सर्वोदय के गुणों की विवेचना निम्न पंक्तियों में किया गया है—

(1) सामान्य कल्याण का एक साधन—सर्वोदय के अन्तर्गत सेवा भावना का गुण पाया जाता है। सर्वोदय सत्ता और शोषण की राजनीति का विरोध करता है। इसके अन्तर्गत राज्य, सत्ता और शोषण का नहीं वरन् सेवा का एक साधन होगा। ग्रामराज अहिंसा पर आधारित है और सर्वोदय में सभी के हित की भावना निहित है। भूदान, सम्पत्ति दान और ग्रामदान ये पद्धतियाँ हृदय परिवर्तन के नैतिक साधन के रूप में हैं। सर्वोदय भावना को ग्रहण कर लेने पर धनी और गरीब सभी निजी सम्पत्ति के प्रति मोह का त्याग कर देंगे, इससे समाज का कल्याण हो सकता है।

(2) नवीन सामाजिक और आर्थिक मूल्य—सर्वोदयी विचारधारा तथा कार्यक्रम में सामाजिक एवं आर्थिक दोनों आदर्शों की प्रगति या उन्नति पर विशेष रूप से महत्व प्रदान किया जाता है। इसमें व्यक्ति सभी के हित के लिए कार्य करेंगे और समस्त समुदाय में पारस्परिक भावना होगी। इस प्रकार सामाजिक और आर्थिक क्षेत्र का समस्त संरचना में बदलाव आ जायेगा।

(3) भूदान भूमि सुधार में सहायक—भूदान आन्दोलन के प्रणेता आचार्य

विनोबा भावे ने इस आन्दोलन के अलावा ग्रामदान व भूदान इन दो आन्दोलनों को भी संचालित किया। इन आन्दोलनों से समाज में एक ऐसे वातावरण का बादल छा गया जिसके आधार पर भू-स्वामित्व की व्यवस्था में कानूनी ढंग से सुधार किया जा सके। इस योगदान के विषय में पं. जवाहरलाल नेहरू ने कहा था कि सबसे महत्वपूर्ण परिणाम जो इस आन्दोलन का निकला, वह उसके द्वारा निर्मित वातावरण का है, जो भूमि व्यवस्था में सुधार के लिए कानून बनाने में सहायक होता है, लेकिन उस विषय में यह व्यक्तियों के मानस को ही बदल देता है। भूमि सुधार के लिए कानून आवश्यक है लेकिन जनता के मानस को बदलना मूलतः उससे भी अधिक महत्वपूर्ण है। इसलिए यह आन्दोलन अधिक महत्वपूर्ण है।

(4) सर्वोदय समस्त मानव जाति के लिए–इस सन्दर्भ में आचार्य विनोबा भावे ने यह प्रकाश डाला है कि, सर्वोदय भारत का अपना शब्द है और भारत की अपनी वस्तु है, पर ऐसा शब्द या सही वस्तु नहीं है जो किसी दूसरे देश या काल में लागू न हो सके। देश, काल, परिस्थिति के भेदानुसार उसकी बाहरी पद्धति में अन्तर होता रहेगा, लेकिन उसका आन्तरिक रूप शाश्वत रहेगा। सर्वोदयी विचारधारा तो जीवन के चिरन्तन मूल्यों पर आधारित होने के कारण शाश्वत महत्व की विचारधारा है।

(5) उच्च आदर्श–सर्वोदयी विचारधारा तथा कार्यक्रम में उच्च आदर्श पर अत्यधिक जोर दिया गया है। सर्वोदय का आदर्श महान् है और सर्वोदय के उस आदर्श का अपना महत्व है। इस सम्बन्ध में सर्वोदयी विचारक श्री कृष्णदत्त भट्ट ने लिखा है कि सबका उदय कोरा स्वप्न, कोरा आदर्श नहीं है। यह वह आदर्श व्यवहार है जिसे अमल में लाया जा सकता है। सर्वोदय का आदर्श ऊंचा है, यह ठीक है, परंतु न तो वह अप्राप्य है और न असाध्य है, वह प्रयत्न साध्य है। इसके अतिरिक्त आदर्श तो भव्य ही होना चाहिए। इन्दू टिकेकर के अनुसार विनोबा भावे जीवन के सभी अंगों में गणित की अचूकता पसन्द करते हैं। वैसे त्रुटि करना मनुष्य के लिए स्वाभाविक है, लेकिन जब आदर्श त्रुटिपूर्ण होता है तो कर्म का मूल्यांकन करने की गुंजाइश ही समाप्त हो जाती है। मकान खड़ा करने में चूक हो सकती है, लेकिन ब्लू प्रिण्ट तो सदैव अचूक ही होना चाहिए।

व्यवहार में सर्वोदयी समाज की स्थापना बहुत अधिक कठिन होते हुए भी विश्व सर्वोदयी विचारकों के प्रति इस बात के लिए कृतज्ञ है कि उन्होंने मानव जाति के सम्मुख ऐसे महान् आदर्श रखे, जिनकी ओर बढ़ने का प्रयत्न विश्व के द्वारा किया जाना चाहिए। इस आदर्श को अपनाकर इसके लक्ष्यों को प्राप्त किया जा सकता है।

सर्वोदयी विचारधारा और कार्यक्रम के दोष

सर्वोदयी विचारधारा और कार्यक्रम के विभिन्न दोष बतलाये गये हैं जिनमें से कुछ प्रभावी दोषों को निम्न बिन्दुओं के तहत स्पष्ट किया गया है–

(1) सर्वोदय की धारणा व्यावहारिक नहीं–सर्वोदयी की विचारधारा अव्यावहारिक है अतः सर्वोदय को व्यावहारिक रूप में नहीं अपनाया जा सकता। सर्वोदय का आदर्श निश्चित रूप से बहुत अधिक उच्च है और सैद्धान्तिक दृष्टि से उनमें कोई दोष नहीं बतलाया जा सकता, लेकिन विश्व की जो वास्तविक स्थिति है उसके अन्तर्गत महात्मा गाँधी और अन्य व्यक्तियों द्वारा प्रतिपादित इन महान् आदर्शों के आधार पर समाज की रचना लगभग असंभव ही है। मानवीय प्रकृति जैसा कि हम वर्तमान समय में देखते हैं, स्वार्थ, मोह और लगाव की भावना को छोड़ने में असमर्थ है और ऐसी स्थिति में अहिंसा तथा पूर्ण सहयोग की भावना पर आधारित समाज की स्थापना संभव प्रतीत नहीं होती। हम नैतिकता के उस धरातल तक नहीं पहुंच सके हैं, कि कानून की सहायता के बिना एक पूर्ण अहिंसक क्रान्ति सफल हो सके। विश्व में अब तक कभी भी ऐसे समाज की स्थापना नहीं हो सकी है जिसमें सभी व्यक्ति ऐसा सोचें कि वे एक ही परिवार के सदस्य हैं।

यह धारणा अत्यधिक काल्पनिक है तथा इसमें काफी सन्देह है कि उन्हें इस धरती पर प्राप्त किया जा सकता है। यदि भारत को भी उदाहरण रूप में माना जाए तो अधिकांश व्यक्ति न तो अपने नैतिक कल्याण के प्रति उत्सुक हैं और न ही सही अर्थों में अपने भौतिक कल्याण के प्रति। बहुत से ऐसे पहलू हैं, जिस कारण इस आन्दोलन में दोष व्याप्त हैं।

(2) हृदय बदलाव में जटिलता–वर्तमान मानव स्वार्थ की भावना से प्रेरित है जबकि सर्वोदय समाज हृदय परिवर्तन पर निर्भर है। महात्मा गाँधी और विनोबा भावे जैसे महान् व्यक्ति उन थोड़े से व्यक्तियों का हृदय परिवर्तन तो कर सकते हैं जो उनके प्रत्यक्ष सम्पर्क और प्रभाव में आते हैं लेकिन सामान्य मिट्टी के बने व्यक्ति न तो स्वयं निःस्वार्थी हो सकते हैं और न दूसरों को निःस्वार्थी बना सकते हैं। महान् बौद्धिक और प्रशासनिक क्षमताओं या अन्य प्रकार के व्यक्तियों की खोज कठिन नहीं है, किंतु पूर्णतया निःस्वार्थी व्यक्तियों की खोज, जो प्रतिक्षण सर्वोदय का ही ध्यान रखते हों, निश्चित रूप से बहुत अधिक कठिन है।

(3) एक ही देश में सर्वोदय को अपनाना संभव नहीं–सर्वोदय समाज के विकास हेतु सम्पूर्ण विश्व को ध्यान देना होगा। किसी एक देश में सर्वोदय को

अपनाना संभव नहीं है। जिनकी सर्वोदय से कोई संगति नहीं है एक ही राज्य में सर्वोदयी समाज की कल्पना नहीं की जा सकती है। जब तक विश्व के सभी राज्य सर्वोदय के विचार को स्वीकार न कर लें, भारत जैसे एक ही राज्य में सर्वोदयी समाज की स्थापना की आशा बहुत अधिक धूमिल है। प्रश्न यह है कि जब हिंसा पर आधारित किसी वर्तमान राज्य के द्वारा सर्वोदयी समाज वाले किसी राज्य पर आक्रमण किया गया तो स्थिति क्या होगी?

(4) दल प्रणाली, निर्वाचन व्यवस्था, लोकतन्त्र और राज्य की आलोचना उचित नहीं—आधुनिक प्रजातंत्र के तहत दल पद्धति को सर्वोदयी विचारधारा कोई महत्व प्रदान नहीं करते थे। ये लोग जनता पर अत्याचार करते हैं। अतः इस तथाकथित लोकतन्त्र को समाप्त कर एक दलविहीन प्रजातंत्र और राज्यविहीन समाज की दिशा में आगे बढ़ने की चेष्टा की जानी चाहिए। किन्तु उनकी यह विचारधारा व्यावहारिक न होकर बल्कि अव्यावहारिक है। दलविहीन प्रजातंत्र शब्द सुनने में अच्छा लगता है लेकिन व्यवहार में राजनीतिक दल ही वे एकमात्र साधन हैं, जिनके आधार पर लोकतन्त्र की स्थापना की जा सकती है। इसके अलावा राज्यविहीन समाज के तहत किस प्रकार की व्यवस्था कायम की जाए इस पर भी सर्वोदय के विचारक कोई सन्तोषजनक उत्तर न दे सके।

(5) भूदान के आधार पर भूमि समस्या का समाधान संभव नहीं—भूदान सर्वोदय कार्यक्रम का एक प्रमुख भाग है जबकि इसके सन्दर्भ में यह कहा जा सकता है कि यह दान भूमि समस्या का कोई समाधान नहीं करता तथा इस तथ्य को निम्न पंक्तियों में स्पष्ट किया गया है—

1. यह कहा जाता है कि यदि यह आन्दोलन सफल होता है तो इससे भूमि के छोटे-छोटे टुकड़े हो जाएंगे जिससे न केवल समाज वरन् राष्ट्रीय अर्थ-व्यवस्था को भी अत्यधिक क्षति पहुंचेगी।
2. भूदान के सम्बन्ध में सत्य रूप में यह कहा जाता है कि इसके आधार पर होने वाले परिवर्तन की गति बहुत धीमी होती है। डॉ. राममनोहर लोहिया ने कहा था कि यह कार्यक्रम बहुत अच्छा है परंतु इससे 300 वर्ष में कार्य पूरा होगा। इसकी सबसे बड़ी कमी थी, इसमें गरीबों से भी भूमि को दान के रूप में लिया जाता था।
3. यद्यपि यह उचित नहीं है कि जिन व्यक्तियों द्वारा अपनी भूमि दान में दी गयी, उन व्यक्तियों के मूल उद्देश्य पर शंका की जाए, किंतु यह एक तथ्य है कि भूदान के अन्तर्गत अनेक मामलों में संदिग्ध उपयोगिता वाली भूमि दान में

दी गयी। ऊसर व बंजर भूमि को भी भूदान किया, जिस पर स्वामित्व संबंधी विवाद चल रहा था।

4. यह आरोप लगाया जाता है कि जिन व्यक्तियों ने भूदान किया, उन्होंने हृदय परिवर्तन के कारण नहीं वरन् साम्यवादियों के आतंक और भय के कारण भूदान किया।

भूदान एवं ग्रामदान के मूल्यांकन में विभिन्न आंकड़े सहायक सिद्ध हो सकते हैं, जिनमें प्रमुख हैं—भूदान में प्राप्त भूमि 41,76,814,93 एकड़ थी जिसमें भूमि का दान देने वाले व्यक्तियों की संख्या 5,75,885 तथा वितरित भूमि 11,75,848,13 थी। व्यक्तियों की संख्या जिन्हें भूमि वितरित की गयी वह 4,61,681 थी, जबकि वितरण के लिए अनुपयुक्त भूमि 18,54,882,17 एकड़ थी तथा जिसका वितरण शेष है वह 11,46,094,63 थी। दान में प्राप्त ग्रामों का संख्या 1,68,108 तथा दान में प्राप्त जिलों की संख्या 47 थीं।

आचार्य विनोबा भावे ने भूदान आन्दोलन में 5 करोड़ एकड़ भूमि दान में प्राप्त करने का संकल्प लिया गया था परन्तु मात्र 10% ही भूमि दान के रूप में मिल सकी। स्वयं विनोबाजी ने भी 1970 के बाद अपने भूदान और ग्रामदान कार्यक्रम की असफलता को अंगीकार किये और अन्त में वे पवनार आश्रम में जाकर एक संन्यासी जीवन व्यतीत करने लगे। इस प्रकार भूदान तथा ग्रामदान के कार्यक्रमों को अर्धविराम तो लग ही गया है।

सर्वोदय आन्दोलन पर भी लोगों ने विभिन्न प्रकार के प्रश्न करना शुरू कर दिये थे। इस सन्दर्भ में सबसे प्रमुख प्रश्न यह है कि सर्वोदय के परिणामस्वरूप व्यक्ति सुखी होंगे और पृथ्वी पर स्वतन्त्रता, समानता और भ्रातृत्व से पूर्ण स्वयं की स्थापना होगी, इस बात पर विश्वास किया जा सकता है। किंतु प्रश्न यह है कि इस सर्वोदयी समाज की स्थापना किन साधनों के आधार पर संभव है, जब तक वास्तविकताओं को बिल्कुल ही भुला दिया जाए, इसका निष्पक्ष एवं वास्तविक उत्तर देगा अत्यधिक जटिल है।

सर्वोदय में नवीनतम् प्रवृत्तियां डाकुओं का आत्मसमर्पण और जन आन्दोलन

सर्वोदय विशिष्ट रूप से हृदय परिवर्तन पर अधिक बल देता है तथा इस जगत में 1972 में डाकुओं को आत्मसमर्पण करना एक प्रमुख कार्य था। स्वतन्त्रता प्राप्ति

के बाद से ही भारतीय संघ के कुछ राज्यों, विशेषतया मध्य प्रदेश में डाकू समस्या भीषणतम रूप में विद्यमान रही है और पुलिस शक्ति के समस्त प्रयोग के बावजूद इस समस्या को आंशिक रूप से हल करने में भी सफलता प्राप्त नहीं की जा सकी। कुछ सर्वोदयी नेताओं, विशेषकर आचार्य विनोबा भावे और जयप्रकाश नारायण, द्वारा इस दिशा में कदम उठाया गया। 1960 में आचार्य भावे के प्रयत्नों से दस्यु तहसीलदार सिंह और अन्य अनेक डाकुओं ने आत्मसमर्पण किया और 1972 में सर्वोदयी कार्यकर्ताओं की प्रेरणा और प्रयासों से डाकुओं की एक बड़ी संख्या ने जयप्रकाश नारायण के सम्मुख आत्मसमर्पण किया। सर्वोदयी नेताओं को सक्रिय होने से डाकुओं ने इनके सामने आत्मसमर्पण करने लगे। डाकुओं के आत्मसमर्पण के लिए संभव है कि ह्रदय परिवर्तन के अतिरिक्त भी अन्य अनेक कारण रहे हों और आत्मसमर्पण का श्रेय किसे दिया जाए, इस सम्बन्ध में भी चाहे विवाद किया जा सकता हो, इसमें सबसे अधिक सर्वोदयी विचारधारा के समर्थकों ने किया।

सर्वोदय ने भारत में 1948-49 से लेकर 1960 तक सामाजिक तथा आर्थिक क्षेत्र में रचनात्मक कार्यक्रम को ही अपनाया और राजनीतिक तथा उसके सभी रूपों की पूर्णतया अपेक्षा की गयी लेकिन 1970 के बाद जब सर्वोदयी कार्यक्रम पर मनन और उसके मूल्यांकन का अवसर आया तो कुछ सर्वोदयी प्रतिनिधियों ने यह महसूस किया कि राजनीति की उपेक्षा करने से जीवन पर राजनीति का प्रभाव समाप्त नहीं हो जाता है और राजनीति की उपेक्षा सर्वोदय आन्दोलन की आंशिक सफलता का ही कारण बनी है। इस सन्दर्भ में यह स्पष्ट रूप से कहा जा सकता है कि भूदान और ग्रामदान आन्दोलन का प्रारंभ निज उद्देश्यों को ध्यान में रखकर किया गया था, उन्हें प्राप्त करने में वह सफल नहीं हो सका। ऐसी स्थिति में अनेक सर्वोदयी नेताओं ने यह सोचा कि किसी न किसी रूप में राजनीति दलीय राजनीति नहीं, वरन् जन राजनीति में भाग लेकर राजनीति को स्वस्थ दिशा प्रदान करने की चेष्टा प्रदान की जानी चाहिए। सर्वप्रथम गोपाराजू रामचन्द्र राओ, एवं वास्तविक उत्तर देना अत्यधिक जटिल है ने 9 मई, 1971 को नासिक में सर्वोदय समाज के उन्नीसवें अधिवेशन में इसी चिन्तन को अपनाया। उन्होंने अपने भाषण में कहा कि सर्वोदय आन्दोलन का अराजनीतिक दृष्टिकोण ही इसे जीवन की मुख्यधारा से पृथक् करने के लिए उत्तरदायी है और आन्दोलन को सुदृढ़ बनाने के लिए राजनीति में भाग लेने की आवश्यकता है। इसके आगे इन्होंने यह भी कहा कि यदि हमने राजनीतिक दृष्टिकोण से सोचा होता तो हम विकेन्द्रीकरण को प्रभावपूर्ण ढंग से लागू कर सकते थे और लाभकारी ढंग से सरकार को लोगों के नियन्त्रण में रख सकते थे।... हमारी

राजनीति के प्रति उदासीनता ने राजनीतिक शक्ति को व्यावसायिक राजनीतिज्ञों के हाथों में सौंप दिया है। ग्रामदान आन्दोलन सिद्धान्त रूप में अच्छा होते हुए भी राजनीतिक पूरक की कमी के कारण इसमें विशेष प्रगति नहीं हो सकी।

सर्वोदयी नेता जयप्रकाश नारायण भी लगभग ऐसा ही अनुभव कर रहे थे। उन्होंने कष्टपूर्वक यह देखा कि भ्रष्ट राजनीतिज्ञ विपुल आर्थिक शक्ति के बल पर निर्वाचन में विजयी हो जाते हैं और भारतीय शासन व्यवस्था में भ्रष्टाचार फैलता जा रहा है। श्री जयप्रकाश ने राजनीतिक भ्रष्टाचार को दूर करने के लिए विभिन्न सुझाव दिए हैं और चेष्टाएँ कीं लेकिन इन चेष्टाओं के असफल हो जाने पर इन्होंने 'जन आन्दोलन' का मार्ग अपनाया। उनके द्वारा इस आन्दोलन का संचालन बिहार में किया गया। श्री विनोबा ने 12 जुलाई 1974 को आन्दोलन और सर्वसेवा संघ की स्थिति के सम्बन्ध में कहा है कि 'सर्व सेवा संघ के जो सदस्य क्रान्तिकारी काम समझकर बिहार आन्दोलन में जाना चाहते हैं जाएँ, पर सत्य, अहिंसा और संयम की शर्त मानें।''

जन आन्दोलन के कारण राजनीतिक क्षेत्रों में अस्थिरता दिखायी देने लगी। देश में आपातकाल घोषित किया गया। यद्यपि सर्वोदय सामान्यतया इस प्रकार की राजनीतिक घटनाओं पर टिम्पणी नहीं करता, लेकिन आपातकाल में भारतीय राजनीति की दूषित प्रवृत्तियों को जिस प्रकार से नियंत्रित किया गया, उससे प्रभावित होकर भावे ने आपातकाल को अनुशासन पर्व की संज्ञा दी। आपातकाल की इस स्थिति को सर्वोदय अधिक समय तक जारी रहने के पक्ष में नहीं था। इस दृष्टि से सर्वोदय की चेष्टा है कि भारत में पुनः सामान्य राजनीतिक स्थिति स्थापित हो जाए। सर्वोदय की चेष्टा है देश में निर्दलीय बुद्धिजीवी वर्ग द्वारा राजनीतिक और सामाजिक जीवन में अधिक निष्पक्ष और महत्वपूर्ण योगदान देना चाहिए। इसी आधार पर श्री मत्रानारायण की अध्यक्षता में, आचार्य कुल की स्थापना के रूप में किया जा रहा है।

12

महात्मा गाँधी का शिक्षा दर्शन

गाँधीजी का आदर्श अपरिमित था। उनकी त्याग भावना व सुदृढ़ता उनकी सत्य तथा अहिंसावादी विचारधारा से पूर्णतया पोषित थी। कटुता तथा विद्वेष के लिए उनके हृदय में कोई स्थान नहीं था। सौहार्द्र और मानवता के सांचे में ढला उनका व्यक्तित्व एक महामानव की मूर्ति को भी पराभूत करता था। प्रत्येक चिन्तक भूतकाल के विरासत से प्रभावित होता है। वह उस पर समसामयिक वातावरणों का प्रभाव पड़ता है। उसके अपने ज्ञान व अनुभव, उसके चित्त व मानस को निर्मित करते हैं। इस सन्दर्भ में गाँधीजी ने लिखा है कि, "जो शिक्षा चित्त की शुद्धि न करे, निर्वाह का साधन न बनाए तथा स्वतन्त्र रहने का हौसला और सामर्थ्य न उपजाए, उस शिक्षा में चाहे जितनी जानकारी का खजाना हो, तार्किक कुशलता और भाषा पांडित्य समाहित हो वह सच्ची शिक्षा नहीं।" हालांकि इन्होंने शिक्षा विषय पर किसी भी पुस्तक की रचना नहीं की है लेकिन समय-समय पर अपने विचार सभाओं में तथा 'हरिजन' नामक पत्रिका के अनेक लेखों में व्यक्त किए हैं। वास्तव में गाँधी जी ने अपने जीवन के प्रारंभ में ही यह अनुभव कर लिया था कि सामाजिक, राजनैतिक, आर्थिक और नैतिक प्रगति का आधार शिक्षा ही है। गाँधी जी एक जननेता होने के साथ-साथ एक शिक्षाविद् और राजनीतिक चिंतक भी थे। गाँधी जी की यह हार्दिक इच्छा थी कि भारत का प्रत्येक नागरिक पढ़ा-लिखा हो। इसका अर्थ यह नहीं था कि वह मात्र शिक्षित ही रह जाएँ, क्योंकि गाँधी जी साक्षरता को शिक्षा का दर्जा नहीं देते थे। वे इसे ज्ञान या ज्ञान का माध्यम भी स्वीकार करते थे। गाँधीजी ने लिखा है कि—"साक्षरता न तो शिक्षा का अन्त है और न प्रारंभ। यह केवल एक साधन है,

जिसके द्वारा पुरुष और स्त्री को शिक्षित किया जा सकता है।" इस प्रकार, शिक्षा से गाँधी जी का अभिप्राय न तो साक्षरता था और न ज्ञान, तो फिर शिक्षा से उनका क्या अभिप्राय था? हमें इसका उत्तर उन्हीं के इन शब्दों में मिलता है—"शिक्षा से मेरा अभिप्राय है कि बालक और मनुष्य के शरीर, मस्तिष्क और आत्मा में पाए जाने वाले सर्वोत्तम गुणों का चतुर्मुखी विकास।"

शिक्षा का प्रमुख उद्देश्य

राष्ट्रपिता महात्मा गाँधी जीवन के सम्पूर्ण पहलुओं पर ध्यान दिया एवं शिक्षा को उसी के आधार पर विभिन्न अवधारणाओं से तौला। उनकी शिक्षा का प्रमुख उद्देश्य स्वावलम्बन था। प्राचीन भारतीय दर्शन की भांति 'सा विधा या विमुक्तये' गाँधी जी का आदर्श था। वह व्यक्ति की स्वतन्त्रता के साथ उसे एक सामाजिक प्राणी के रूप में भी देखते हैं। गाँधी जी ने शिक्षा के प्रमुख दो उद्देश्य बतलाए हैं जो निम्नलिखित हैं—

(1) तात्कालिक उद्देश्य—गाँधी जी ने शिक्षा के निम्न तात्कालिक उद्देश्य बतलाए हैं—

1. बालक को पवित्रता प्रदान करके उसके चरित्र का निर्माण करना,
2. बालक को बड़े होने पर जीविका उपार्जन करने के योग्य बनाना,
3. व्यक्ति को सब प्रकार की दासता से मुक्त करके उसकी आत्मा को उच्चतर जीवन की ओर ले जाना,
4. बालक को अपने व्यवहार में अपनी संस्कृति को व्यक्त करने का प्रशिक्षण देना तथा
5. बालक की शारीरिक, मानसिक और आध्यात्मिक शक्तियों का विकास करके उसके व्यक्तित्व का सामंजस्यपूर्ण विकास करना आदि।

(2) अन्तिम उद्देश्य—"गाँधी जी ने शिक्षा के अन्तिम उद्देश्य को इन शब्दों में व्यक्त किया है—"अन्तिम वास्तविकता का अनुभव, ईश्वर और आत्मानुभूति का ज्ञान है।"

पाठ्यक्रम

प्रचलित शिक्षा व्यवस्था में शारीरिक एवं धार्मिक शिक्षा पर बल न देकर सिर्फ बौद्धिक विकास पर बल दिया गया है। जबकि गाँधी जी के अनुसार पाठ्यक्रम ऐसा नहीं होना चाहिए जो बालक का केवल बौद्धिक विकास करे। गाँधी जी ने मुख्यतः

'क्रिया-प्रधान पाठ्यक्रम' को महत्त्व दिया है। उनकी 'बुनियादी शिक्षा' का पाठ्यक्रम हस्तकौशल, कृषि आदि से ही सम्बन्धित है। उनके अनुसार देश की आधारभूत आवश्यकताओं को ध्यान में रखकर 'क्रिया-प्रधान' पाठ्यक्रम को ही शिक्षा में समावेश होना चाहिए।

गाँधी जी ने अपनी बुनियादी शिक्षा के पाठ्यक्रम में मातृभाषा, गणित, आधारभूत शिल्प; में जैसे—कृषि, कताई-बुनाई, गत्ते का काम, लकड़ी का काम, धातु का काम, चमड़े का काम आदि। सामान्य विज्ञान में जैसे—जीव-विज्ञान, वनस्पति-विज्ञान, शरीर विज्ञान, रसायन-शास्त्र, स्वास्थ्य-विज्ञान, प्रकृति-अध्ययन, भौतिक-संस्कृति, नक्षत्र-ज्ञान आदि। सामाजिक अध्ययन में जैसे—इतिहास, भूगोल और नागरिक शास्त्र आदि। कला में जैसे—ड्राइंग और संगीत आदि। शारीरिक शिक्षा में जैसे—खेल-कूद और व्यायाम आदि। एवं हिन्दी में जैसे—जहाँ यह मातृभाषा न हो आदि को शामिल किया।

शिक्षण की प्रमुख विधि

शिक्षण के सैद्धांतिक पहलुओं के विषय में गाँधीजी को कोई खास ज्ञान नहीं था परन्तु व्यावहारिक शिक्षण प्रयोग में वे काफी योग्य थे। शिक्षण के क्षेत्र में ये सबसे अधिक बल क्रिया पर देते थे। गाँधीजी का मानना था कि सीखना और स्वयं के अनुभव से सीखना ही उत्तम होता है। वैसे ये कथन, व्याख्यान और प्रश्नोत्तर विधि के महत्त्व को भी स्वीकारते थे। उपनिषद् एवं वेदान्त द्वारा प्रतिपादित श्रवण, मनन और निदिध्यासन की विधि में भी इनका विश्वास था। ज्ञान को पूर्ण इकाई के रूप में प्रस्तुत करना और उसे किसी क्रिया के माध्यम से विकसित करना इनकी शिक्षण विधि के मुख्य आधार थे। इसे सह-सम्बन्ध विधि की संज्ञा भी प्रदान की जाती है। परन्तु गाँधी जी इन सब शिक्षण विधियों को स्वाभाविक रूप से प्रयोग करने पर बल देते थे। 'जाकिर हुसैन समिति' के अनुसार—''गाँधी जी ने अपनी शिक्षण-विधि में सहयोगी क्रिया, नियोजन, यथार्थता, पहलकदमी और व्यक्तिगत उत्तरदायित्व पर बल दिया है।''

अध्यापक

गाँधी जी अध्यापक पर आधारित शिक्षा पद्धति को महत्व न देकर बल्कि बालकों पर आधारित शिक्षा पद्धति को महत्व देते थे। उनका मानना था कि अध्यापक को बच्चे का मित्र और मार्गदर्शक होना चाहिए। उसे मैत्रीपूर्ण ढंग से बालक के

मनोभावों के प्रति प्रतिक्रिया करनी चाहिए। उसे बालक की चिन्ताओं के प्रति उदासीन न होकर, उसे मुक्त होने का परामर्श देना चाहिए। उसे बालक की समस्याओं को सुलझाने में पथ-प्रदर्शक का कार्य करना चाहिए। गाँधी जी ने जिस विद्यालय की कल्पना की है, उसमें शिक्षक के कार्य सामान्य विद्यालय के शिक्षक के कार्यों से बिल्कुल भिन्न हैं। ये कार्य क्या हो सकते हैं, इस सम्बन्ध में रंगा ने लिखा है कि "जो कार्य शिक्षक कर सकता है वह है—प्रकाश-स्तम्भ, संकेत-बोर्ड, शब्द-कोश, द्रावक और शिक्षा की जटिल प्रक्रिया को गति देने का कार्य।"

अतः गाँधीजी का विचार था कि "अध्यापक को समाज का आदर्श व्यक्ति, ज्ञान का पुंज और सत्य आचरण करने वाला होना चाहिए। इनकी दृष्टि से इस व्यवसाय को केवल व्यवसाय के रूप में स्वीकार करने वाला व्यक्ति कभी आदर्श अध्यापक नहीं हो सकता। एक अध्यापक आदर्श अध्यापक तभी हो सकता है जब वह इस व्यवसाय को सेवा कार्य के रूप में स्वीकार करे। उसे बच्चे के पिता, मित्र, सहयोगी और पथ-प्रदर्शक, अनेक रूपों में कार्य करना होता है। इसलिए उसे सहिष्णु, उदारचेत्ता और धैर्यवान होना चाहिए।"

छात्र शिक्षा प्रक्रिया का केन्द्रबिन्दु कहलाता है। गाँधीजी के अनुसार छात्र को अनुशासित रहना चाहिए और उसे ब्रह्मचर्य का पालन करना चाहिए। गाँधी जी बच्चों को उनके वैयक्तिक विकास की पूरी-पूरी छूट देते थे, पर उनके सामाजिक एवं आध्यात्मिक विकास को दृष्टि में रखते हुए। गाँधी जी प्रारंभ से ही बच्चों में शारीरिक, मानसिक, बौद्धिक और आध्यात्मिक बल का विकास करने और उन्हें आत्मनिर्भर बनाने पर बल देते थे। इनके विचार से ऐसा ही व्यक्ति अपना व विश्व का तथा समाज का हित करने में सक्षम हो सकता है। गाँधीजी का विचार था कि विद्यार्थी को संयमी के साथ-साथ जिज्ञासु, उत्साही और आत्मबल रखनेवाला होना चाहिए।

वर्धा शिक्षा योजना—1937 और गाँधी जी

तत्कालिन बेसिक शिक्षा में अनेक दोष व्याप्त थे जिन्हें दूर करने के उद्देश्य से गाँधीजी के अथक प्रयासों से वर्धा में एक सभा का आयोजन किया गया। इस सभा में शिक्षाशास्त्री और शिक्षामंत्री भी शामिल थीं। सम्मेलन के उपरांत शिक्षा की जो नई अवधारणा विकसित हुई उसी को बुनियादी शिक्षा अथवा वर्धा शिक्षा योजना कहते हैं। महात्मा गाँधी इस योजना पर विचार करने के उद्देश्य से वर्धा में शिक्षाशास्त्रियों और प्रान्तीद शिक्षामन्त्रियों ने 22 और 23 अक्टूबर, 1937 ई. को एक सम्मेलन किया। गाँधी जी ने तत्कालीन शिक्षा प्रणाली की कटु आलोचना करते हुए

कहा था कि "यह विदेशी संस्कृति पर आधारित है और भारतीय संस्कृति को इसने पूर्णतया बहिष्कृत कर दिया है। इसका एकमात्र उद्देश्य मानसिक विकास करना है। इसका हृदय पर कोई प्रभाव नहीं पड़ता है और इसमें हाथ के कार्य का कोई स्थान नहीं है, इसमें शिक्षा का माध्यम अंग्रेजी है और वास्तविक विदेशी माध्यम द्वारा असंभव है।"

सन् 1937 में वर्धा में आयोजित अखिल भारतीय सम्मेलन में भारत की वर्तमान परिस्थितियों एवं नागरिकों की आवश्यकताओं के अनुरूप गाँधी जी ने अपने शिक्षा सम्बन्धी विचार प्रस्तुत किए तथा शिक्षा सम्मेलन में सम्मिलित शिक्षाविदों व विद्वानों ने गाँधी जी के शैक्षिक विचारों पर विचार-विमर्श करके एक प्रस्ताव पारित किया, जिसमें निम्नलिखित तथ्यों को समायोजित किया गया था–

1. राष्ट्र के सभी बच्चों को सात वर्ष की निःशुल्क एवं अनिवार्य शिक्षा की व्यवस्था करना।
2. शिक्षा का माध्यम मातृभाषा होनी चाहिए।
3. सात वर्ष की सम्पूर्ण अवधि में शिक्षा का केन्द्रबिन्दु कोई हस्तशिल्प होना चाहिए।
4. बालकों को केन्द्रीय हस्तशिल्प पर आधारित शिक्षा दी जानी चाहिए, उनका चुनाव बच्चों के वातावरण को दृष्टिगत रखकर किया जाना चाहिए।
5. इस पद्धति से धीरे-धीरे शिक्षक का वेतन-व्यय निकल जाने की आशा की जानी चाहिए।

प्रचलित शिक्षा पद्धति

गाँधीजी प्रचलित शिक्षा पद्धति को दोषपूर्ण मानते थे। वे इसको दोषरहित करना चाहते थे। इस शिक्षा प्रणाली को भारत के लिए वे घातक मानते थे। उन्होंने इसके दोषों की ओर दृष्टि डालने पर देखा कि यह भारत हेतु सर्वथा अनुपयुक्त प्रणाली है। बुनियादी शिक्षा के जन्म के समय जो शिक्षा-पद्धति चल रही थी उसमें निम्नलिखित दोष व्याप्त हैं–

1. प्रचलित शिक्षा व्यवस्था व प्रणाली सामाजिक शोषण को बढ़ावा देने में प्रमुख भूमिका निभाती है। बालक को ईमानदारी से पैसा कमाने की शिक्षा नहीं दी जाती। आज का शिक्षित बालक यही सोचने लगता है कि किसी प्रकार धन कमाएँ। स्पष्ट है कि इससे सामाजिक शोषण को प्रोत्साहन मिलता है।

2. तत्कालीन शिक्षा व्यवस्था छात्रों को हाथ से काम करने की प्रेरणा नहीं देती है। छात्र पढ़-लिखकर बाबू बनना अधिक पसन्द करता है, लेकिन खेती का काम करने में उसे लज्जा आती है। वह श्रम से घृणा करने लगता है। अगर किसी गरीब देश के छात्र हाथ के काम को घटिया समझने लगें तो उस देश की प्रगति सम्भव नहीं होगी।
3. प्रचलित शिक्षा प्रणाली नगरीय जीवन को प्रोत्साहन प्रदान करती है। फलतः एक किसान का बालक भी जब शिक्षा प्राप्त कर लेता है तो गांव में नहीं रहना चाहता। गांवों के विकास की ओर कोई ध्यान भी नहीं देता। भारत में गांवों की संख्या ही अधिक है। राष्ट्र के विकास में यह दृष्टिकोण रुकावट उत्पन्न करती है।
4. अंग्रेजों ने अपने शासन काल में स्त्री शिक्षा की ओर थोड़ा भी ध्यान नहीं दिया। अशिक्षित नारी योग्य पत्नी और सक्षम माता नहीं हो सकती। उसकी शिक्षा की व्यवस्था भी होनी चाहिए। स्त्री को अशिक्षित रखना आधी आबादी को अशिक्षित तथा पंगु बनाने के समान है।
5. स्वतंत्रता के पूर्व भारत में शिक्षा का एकमात्र उद्देश्य पाश्चात्य सभ्यता में भारतीय बालकों को शिक्षित करना था। भारतीय शिक्षा की रूपरेखा निश्चित करते समय लार्ड मैकॉले ने स्पष्ट शब्दों में घोषणा की थी कि अंग्रेजी शासन को एक ऐसा वर्ग बनाने का प्रयत्न करना चाहिए, जो अंग्रेजी सरकार और भारतीय जनता के बीच दुभाषिये का काम कर सके और जो केवल रंग-रूप में भारतीय रहें, लेकिन मस्तिष्क, रीति-नीति और आचार-विचार अंग्रेजी रंग में रंग जाय। मैकॉले की धारणा सत्य प्रमाणित हुई। प्रचलित शिक्षा पद्धति में भारतीय संस्कृति की उपेक्षा की गई है।
6. वर्तमान शिक्षा पद्धति में रचनात्मक कार्यों की तरफ कोई विशेष बल नहीं दिया जाता है। गणित में एम. ए. पास छात्र दुकानदार से पहले हिसाब नहीं कर पाता। एम. एस. सी. पास छात्र बिजली का बल्ब नहीं लगा सकता, कृषि में स्नातकोत्तर शिक्षा प्राप्त छात्र जौ के पौधे को गेहूँ बताता है और अर्थशास्त्र में एम. ए. आय से अधिक व्यय कर जाता है।
7. लोकमान्य तिलक ने कहा था—स्वतन्त्रता हमारा जन्मसिद्ध अधिकार है। पेस्तालात्सी ने कहा था—शिक्षा हमारा जन्मसिद्ध अधिकार है तो शिक्षा प्राप्त करने का सभी को अधिकार है, लेकिन तत्कालीन शिक्षा प्रणाली के अनुसार प्रत्येक बालक प्राथमिक स्कूल तक की भी शिक्षा नहीं प्राप्त कर सकता था।

8. प्राचीन शिक्षा व्यवस्था में अंग्रेजी शिक्षा पर अधिक ध्यान दिया जाता था क्योंकि शिक्षा का माध्यम अंग्रेज़ी था। ब्रिटिश शासनकाल में अंग्रेजी को शिक्षा का माध्यम स्वीकार करने का उद्देश्य भारत का विकास नहीं था। यह सब तो भारतीय संस्कृति को मिटाने का प्रयास था। अंग्रेजी को बढ़ावा दिया गया, भारतीय भाषाओं का कोई ध्यान नहीं किया गया। यह एक सर्वमान्य सिद्धान्त बन गया है कि शिक्षा का माध्यम मातृभाषा होनी चाहिए। तत्कालीन शिक्षा-प्रणाली का यह दोष गाँधी जी को बहुत खटक रहा था।
9. वर्तमान शिक्षा पद्धति में बालकों की योग्यताओं तथा अभिरुचियों की ओर कोई ध्यान नहीं दिया गया था। शिक्षा-जगत में अब यह बात निर्विरोध है कि शिक्षा बाल-केन्द्रित होनी चाहिए। तत्कालीन शिक्षा में बालक की भावनाओं को कोई स्थान नहीं दिया गया था। बालक को आत्माभिव्यक्ति का मौका नहीं दिया जाता था। इससे बहुत से बालकों को विद्यालय एक जेल के समान दिखाई पड़ता था। छात्रों तथा शिक्षकों के मध्य उचित सम्बन्ध नहीं था।
10. तत्कालीन भारत में जो शिक्षा पद्धति प्रचलित है वह बालकों को असहाय बनाती है। आज का शिक्षित बालक तोते की भांति कविता रट लेगा और सुना देगा, थोड़ी अंग्रेजी भी बोल लेगा, किंतु टूटी कुर्सी नहीं ठीक कर सकेगा अथवा फटा कपड़ा सीना हो तो नहीं सी सकेगा।
11. समस्त बालकों को शिक्षित होना अतिआवश्यक है क्योंकि जिस राष्ट्र का सम्पूर्ण बालक शिक्षित होगा उस देश का विकास अवश्य होगा। इसके लिए कुछ स्तर तक शिक्षा अनिवार्य कर दी जाती है। पिछले अध्याय में हम यह पढ़ चुके हैं कि भारत में अनिवार्य शिक्षा की ओर ब्रिटिश शासन काल में कोई ध्यान नहीं दिया गया। इसका परिणाम यह हुआ कि देश में निरक्षरता बढ़ती ही गई।
12. अगर शिक्षा अनिवार्य की जाय तो उसे निःशुल्क करना भी जरूरी हो जाता है। तत्कालीन शिक्षा प्रणाली भारतीय निर्धन किसानों हेतु महंगी पड़ती थी, इसलिए वे अपने बच्चों को स्कूल भेजने में समर्थ नहीं होते थे।
13. यदि इस तरह की दूषित शिक्षा तीन-चार वर्ष तक बालक को मिल भी जाती तो वह स्थायी नहीं रह पाती थी। गाँधी जी ने स्पष्ट किया कि जब तक चौदह वर्ष की आयु तक शिक्षा अनिवार्य नहीं की जाती तब तक निरक्षरता दूर नहीं हो सकती। प्राइमरी स्कूल की चार कक्षाओं को पास करने के उपरांत बालक

जब और किसी काम में लग जाता है तो वह अपनी पढ़ाई-लिखाई भूलकर पुनः निरक्षर हो जाता है। चार वर्ष की अवधि की शिक्षा साक्षर बनाने की दृष्टि से भी बहुत कम है।

14. प्रचलित शिक्षा पद्धति मानव जीवन से दूर है क्योंकि छात्र विद्यालय में जो कुछ पढ़ता है, उसे वह घर में प्रयोग नहीं करता। घर में कुछ सिखाया जाता है, पाठशाला में कुछ और। इस तरह के विरोधी वातावरण में बालक का विकास ठीक से नहीं हो पाता। पढ़ी-लिखी लड़कियाँ विवाह के उपरांत घर का काम भी ठीक से नहीं कर पातीं।
15. शिक्षा का आदर्श व्यापक न होकर बल्कि संकुचित है। छात्रों का विकास करना ध्येय न होकर क्लर्क बनाना ही शिक्षा का उद्देश्य हो गया।
16. प्रचलित शिक्षा व्यवस्था या प्रणाली पुस्तकीय, साहित्यिक तथा शास्त्रीय होने के कारण बालक का केवल बौद्धिक विकास कर सकती है। वस्तुतः यह शिक्षा बुद्धि का भी विकास नहीं कर पाती, क्योंकि बुद्धि का विकास इन्द्रियों के सदुपयोग से ही संभव है। वर्तमान शिक्षा हाथ, पैर, आंख, कान आदि का उपयोग करना सिखाती ही नहीं।
17. महात्मा गाँधी के शब्दों में एक अच्छी शिक्षा की कसौटी स्वावलम्बन है। उनके अनुसार शिक्षा स्वावलम्बी होनी चाहिए। तत्कालीन शिक्षा-प्रणाली में स्वावलम्बन का लेशमात्र भी स्थान नहीं था।
18. प्रचलित शिक्षा पद्धति भारतीय समाज में वर्गभेद को बढ़ावा दिया है। समाज शिक्षित-अशिक्षित, गरीब-अमीर, बाबू-गैरबाबू आदि वर्गों में बंट गया है। शहरों का शिक्षित वर्ग भोली-भाली ग्रामीण जनता का शोषण करने लगा। देश के लिए यह एक दुर्भाग्य की बात थी।
19. तत्कालीन भारत में जो शिक्षा पद्धति अस्तित्व में है वह बालकों को अच्छा नागरिक बनाने में सफल नहीं हो सकी है। इस शिक्षा ने स्वार्थपरता को जन्म दिया है। सार्वजनिक स्थानों और सार्वजनिक कार्यों की ओर उपेक्षा के भाव को जन्म दिया है। शिक्षित टिकट बाबू अशिक्षित यात्री से पैसा ऐंठने में संकोच नहीं करता। व्यक्तिगत स्वार्थ हेतु सामाजिक कल्याण को तिलांजलि दे दी जाती है। प्रचलित शिक्षा-प्रणाली ने सामाजिकता तथा नागरिकता के विकास हेतु कार्य नहीं किया।
20. प्रचलित शिक्षा पद्धति में सबसे बड़ा दोष यह है कि प्रत्येक वर्ष अधिकांश छात्र परीक्षा में सफल नहीं होते हैं और एक ही कक्षा में कभी-कभी छात्र को दो-तीन

वर्ष पढ़ना पड़ जाता है। ऐसी शिक्षा विधि से ऊबकर कभी-कभी छात्र विद्यालय छोड़कर घर बैठ जाते हैं।

वर्धा शिक्षा योजना का उद्भव

गाँधीजी दक्षिण अफ्रीका प्रवास के समय सत्याग्रह आन्दोलन को संचालित करने के लिये वे जोहांसबर्ग के समीप एक फार्म किराये पर ले रखा था, जिसमें सत्याग्रही सपरिवार रहते थे। इनमें हिन्दू, मुसलमान, पारसी आदि विभिन्न सम्प्रदायों के लोग थे। इन बच्चों को शिक्षा देना प्रारंभ किया गया। यहां पर बच्चों को कुछ हाथ का काम करना पड़ता था और केवल तीन घण्टे का समय पढ़ाई-लिखाई में दिए जाते थे। शिक्षा का प्रमुख आधार मातृभाषा थी। पुस्तकों का सहारा अल्प मात्रा में लिया जाता था। गाँधी जी का यह कार्यक्रम सन् 1911 ई. से सन् 1914 ई. तक चलता रहा। शिक्षा संबंधी गाँधी जी के विचार प्रयोग पर आधारित थे। दक्षिण अफ्रीका से लौटने पर भारत में भी उन्होंने अपना प्रयोग जारी रखा। 1915 में स्थापित साबरमती आश्रम उनका प्रयोग स्थल था।

गाँधी जी ने अपनी शिक्षा संबंधी विचारों का प्रसार-प्रचार "हरिजन पत्र" में सन् 1936 में प्रारंभ कर दिया था। सन् 1937 ई. में जब देश के नौ प्रान्तों में कांग्रेसी मन्त्रिमण्डल स्थापित हुए तो गाँधी जी ने अपनी शिक्षा योजना को लागू करने का विचार किया। अक्टूबर 1937 ई. में नवीन शिक्षा पर विचार करने हेतु वर्धा में शिक्षाशास्त्रियों का एक अखिल भारतीय सम्मेलन आयोजित किया गया। इस सम्मेलन के सभापति गाँधी जी थे। गाँधी जी ने शिक्षा सम्बन्धी अपने विचार इस सम्मेलन में व्यक्त किये। सम्मेलन ने इस विषय पर पर्याप्त विचार-विमर्श किया और कुछ प्रस्ताव पारित किये। यही प्रस्ताव बुनियादी शिक्षा के आधारभूत सिद्धांत हैं, जो इस प्रकार हैं–

1. सात वर्ष तक निःशुल्क एवं अनिवार्य शिक्षा।
2. शिक्षा का माध्यम मातृभाषा।
3. उद्योग केन्द्रित शिक्षा तथा
4. स्वावलम्बन।

उपरोक्त चारों सिद्धान्तों के आधार पर भारत की राष्ट्रीय शिक्षा की बुनियाद रखी गयी। इस शिक्षा को गाँधी जी नई तालीम या बुनियादी शिक्षा कहते थे। इस शिक्षा को और भी कई नामों से पुकारा जाता है; जैसे, वर्धा योजना, आधारभूत शिक्षा,

नेशनल एजूकेशन, मौलिक शिक्षा, बेसिक एजूकेशन आदि। नाम कुछ भी रख लें, परंतु सबका उद्देश्य एक ही है।

वर्धा शिक्षा योजना की ऐतिहासिक पृष्ठभूमि

इस शिक्षा को व्यवहार में लाने के लिए आचार्य डॉ. जाकिर हुसैन के तत्वावधान में एक समिति का गठन किया गया। इस समिति ने एक व्यापक योजना तैयार की। समिति ने अपनी रिपोर्ट में बुनियादी शिक्षा के उद्देश्य शिक्षकों की शिक्षा, निरीक्षण परीक्षा, आदि पर चर्चा करने के साथ परिशिष्ट में कताई-बुनाई का पाठ्यक्रम भी प्रस्तुत किया। समिति ने मूलोद्योग, गणित, मातृभाषा, समाजशास्त्र, सामान्य विज्ञान, चित्रकला, राष्ट्रभाषा और संगीत को अध्ययन के विषय के रूप में प्रस्तावित किया। इस समिति की रिपोर्ट को प्रस्तुत किया गया। इस अधिवेशन में रिपोर्ट पर बहुत वाद-विवाद हुआ। प्रथम तीन नियमों को स्वीकृत कर लिया गया और चतुर्थ नियम पारित न हो सका। इस योजना को क्रियान्वित करने हेतु अप्रैल सन् 1939 ई. सेवाग्राम में हिन्दुस्तानी तालीम संघ की स्थापना की गयी। इस संघ ने बेसिक शिक्षा के विस्तार में विशिष्ट योगदान दिया।

शिक्षा की योजना को देश के अन्य राज्यों में सन् 1938 में लागू किया गया, विशेष रूप से जहां कांग्रेसी मन्त्रिमण्डलों की स्थापना हो गई थी। प्रान्तों की इस दिशा में रुचि देखकर केन्द्रीय सरकार ने भी इस ओर ध्यान देने लगी। केन्द्रीय सरकार की केन्द्रीय शिक्षा परामर्शदात्री परिषद् ने इस नई योजना पर विचार करने हेतु मुम्बई के तत्कालीन मुख्यमंत्री श्री बी. जी. खेर की अध्यक्षता में एक समिति का गठन किया। दूसरे वर्ष उन्हीं की अध्यक्षता में दूसरी समिति बनायी गयी। दोनों खेर समितियों ने वर्धा योजना का अध्ययन किया और उसमें सुधार करने के लिए निम्नलिखित सुझाव दिये–

1. हिन्दी की शिक्षा अनिवार्य हो और उसकी लिपि अरबी और देवनागरी दोनों हों।
2. बेसिक शिक्षा छः से चौदह वर्ष तक आयु के बच्चों हेतु अनिवार्य होनी चाहिए।
3. ग्यारह वर्ष की आयु पर अथवा पांचवीं कक्षा के उपरांत दूसरी प्रकार के विद्यालयों में बालकों को जाने की छूट होनी चाहिए।
4. सर्वप्रथम वर्धा शिक्षा-योजना ग्रामीण क्षेत्रों में लागू होनी चाहिए।

5. किसी बाह्य परीक्षा की जरूरत नहीं। आन्तरिक परीक्षा ही पर्याप्त होगी।
6. शिक्षा का माध्यम मातृभाषा हो।

खेर समितियों की संस्तुतियों को केन्द्रीय शिक्षा परामर्शदात्री परिषद् ने स्वीकार कर लिया तथा सार्जेण्ट शिक्षा योजना में उनको क्रियान्वित किया गया। भारत सरकार एवं प्रान्तीय सरकारों ने खेर समिति को क्रियान्वित किया। वर्धा में विद्यामन्दिर प्रशिक्षण विद्यालय की स्थापना सन् 1938 में की गयी। इसी वर्ष उड़ीसा, बिहार, उत्तर प्रदेश, कश्मीर, मुम्बई और मध्य प्रदेश में दस प्रशिक्षण केन्द्रों की स्थापना की गयी तथा प्राथमिक शिक्षा बोर्ड का भी गठन किया गया। पुराने स्कूलों को बेसिक स्कूलों में प्राचीन विद्यालयों को प्राथमिक विद्यालयों का रूप दे दिया गया। संयुक्त प्रान्त में सात अल्पकालीन शिक्षा शिविरों की भी स्थापना हुई।

बेसिक शिक्षा को सुव्यवस्थित एवं समृद्धशाली बनाने हेतु कई महत्वपूर्ण कदम उठाए गये। शिक्षकों को प्रशिक्षित करने के लिए कुछ प्रमुख केन्द्रों की स्थापना भी की गयी। सन् 1938-39 ई. के मध्य में वर्धा में एक ट्रेनिंग कॉलेज की स्थापना की गयी जिसमें नार्मल स्कूल के शिक्षकों एवं बेसिक शिक्षा के निरीक्षकों के प्रशिक्षण का प्रबन्ध किया गया। मध्य प्रदेश, मद्रास और मुम्बई में तीन प्रशिक्षण केन्द्रों की और स्थापना की गयी। प्राथमिक स्तर के विद्यालयों की संख्या में वृद्धि की गयी। देश में चौदह प्रशिक्षण केन्द्रों की स्थापना हो गयी। सन् 1940 से 1942 तक बेसिक शिक्षा की प्रगति कुछ मन्द पड़ गई। विद्यामन्दिर प्रशिक्षण संस्थान बन्द हो गया। हिन्दुस्तानी तालीमी संघ ने कुछ निरीक्षण कार्य प्रारंभ कर दिया। सन् 1942 से 45 तक पुनः बेसिक शिक्षा में प्रगति हुई। सन् 1945 में सेवाग्राम में एक राष्ट्रीय सम्मेलन हुआ, जिसमें विशेषज्ञों की एक समिति बनाई गई। समिति ने पाठ्यक्रम में सुधार का सुझाव दिया। जनवरी सन् 1947 में दिल्ली में अखिल भारतीय शिक्षा सम्मेलन हुआ जिसमें शिक्षामन्त्री मौलाना अबुल कलाम आजाद ने अनिवार्य शिक्षा की गति तीव्र करने पर बल दिया। बेसिक शिक्षा के कार्यक्रम को निर्धारित करने हेतु एक समिति बनायी गयी। इस समिति के द्वारा दिये गए सुझावों को स्वीकार कर लिया गया तथा 15 अगस्त सन् 1947 को भारत पूर्ण रूप से स्वतंत्र हो गया।

वर्धा शिक्षा योजना का संचालन

स्वतंत्रता के बाद बेसिक शिक्षा को राष्ट्रीय शिक्षा का एक महत्वपूर्ण अंग माना गया। महात्मा गाँधी की विचारधारा में कुछ बदलाव कर दिया गया। स्वावलम्बन के अर्थ में विशेष रूप से बदलाव हुआ है। यह बदली विचारधारा ही अब बेसिक शिक्षा

की विशेषता है। प्राथमिक शिक्षा के साधनों में भी विशेष रूप से बदलाव किया गया। प्रारंभ में हाथ के काम को ही बुनियादी शिक्षा का माध्यम माना गया था। अब अन्य उद्योगों को भी इसमें शामिल कर लिया गया है। अब कागज का काम, बागबानी, टोकरी बनाना आदि को भी बेसिक शिक्षा के माध्यम के रूप में मान लिया गया है। 1947 के उपरान्त बुनियादी शिक्षा की प्रगति हेतु स्वैच्छिक और सरकारी दोनों स्तरों पर प्रयास शुरू हुए। नये-नये बेसिक स्कूल खोले गए। बेसिक पद्धति में भी परिवर्तन किया गया। बेसिक शिक्षकों के प्रशिक्षण का कार्य भी शुरू किया गया। इस क्षेत्र में हिन्दुस्तानी तालीम संघ, विश्वभारती तथा जामिया मिलिया ने सन् 1948 से ही सराहनीय कार्य करना प्रारंभ कर दिया।

केन्द्रीय शिक्षा परामर्शदात्री परिषद् की बेसिक शिक्षा समिति ने सन् 1948 में बुनियादी स्कूलों के भवन के सन्दर्भ में विभिन्न परामर्श दिये थे। इसी वर्ष से ही केन्द्रीय परामर्शदात्री परिषद् ने भारत सरकार को परामर्श देते हुए निम्नलिखित तत्वों की ओर प्रशासन का ध्यान आकर्षित किया–

1. बेसिक शिक्षकों के प्रशिक्षण की सुविधा देना।
2. बेसिक स्कूलों के भवनों हेतु सरल व सस्ता तरीका निकालना।
3. नवीन प्राथमिक अथवा बेसिक विद्यालयों की स्थापना।
4. वर्तमान प्रारम्भिक स्कूलों को बेसिक स्कूलों में परिवर्तित करना।

बेसिक शिक्षा में समरूपता लाने हेतु 1949 ई. में केन्द्रीय शिक्षा परामर्शदात्री परिषद् ने निम्नलिखित सुझाव व परामर्श दिये–

1. जो अध्यापक छः माह का प्रशिक्षण प्राप्त किये हों, उन्हें तीन माह का रिफ्रेशर कोर्स दिया जाना चाहिए।
2. नये बेसिक स्कूल तब तक न खोले जाएँ जब तक कि कम से कम एक और दो कक्षाओं हेतु बेसिक प्रणाली में प्रशिक्षित अध्यापक न मिल जायें।
3. प्रत्येक स्कूल के पास क्राफ्ट की शिक्षा का साधन हो और पर्याप्त भूमि हो।
4. पाठ्य-पुस्तकों तथा निर्देश पुस्तिकाओं के प्रकाशन की समुचित व्यवस्था की जाय।
5. जूनियर बेसिक स्कूलों की शिक्षा की अवधि पांच वर्ष हो। प्रधानाध्यापक एक वर्ष का प्रशिक्षण प्राप्त किए हों।
6. इन स्कूलों के अधिकांश शिक्षक एक वर्ष या छः माह का प्रशिक्षण प्राप्त किये हों।

भारत सरकार ने स्वतंत्रता के पश्चात् यानी सन् 1951 में प्रथम पंचवर्षीय

योजना प्रारंभ की जिसमें बुनियादी शिक्षा की प्रगति के लिए एक योजना बनाई। इस योजना में स्नातकोत्तर बेसिक प्रशिक्षण महाविद्यालय की स्थापना करने का प्रावधान था। इन महाविद्यालयों के पाठ्यक्रम प्रयोगात्मक कार्य आदि का उल्लेख योजना के तहत कर दिया गया था। जिस चुने हुए क्षेत्र में योजना थी, वहां योजना के तहत सामाजिक शिक्षा संस्थाओं को भी शामिल कर लिया गया। प्रथम पंचवर्षीय योजना के दौरान इस तत्व पर विशेष रूप से ध्यान दिया गया था कि ग्रामीण अंचलों में परिस्थितियों के अनुसार बुनियादी शिक्षा में सुधार व परिवर्तन किया जाए। सन् 1954-55 में बेसिक शिक्षा प्रसार नाम से एक नई योजना आरंभ की गई। जिसमें निम्नवत् विशेषताएँ हैं–

1. वर्तमान प्रशिक्षण संस्थाओं को बेसिक प्रणाली में ढालना।
2. प्राथमिक विद्यालयों में हस्तकला के शिक्षण का प्रारंभ।
3. हस्तकला के शिक्षकों का प्रशिक्षण।
4. बेसिक स्कूलों हेतु पाठ्य-सामग्री की व्यवस्था करना।
5. तत्कालीन प्राथमिक विद्यालयों को बेसिक प्रणाली में बदलना।
6. नवीन बेसिक स्कूलों एवं प्रशिक्षण संस्थाओं की स्थापना।

केन्द्र सरकार में देश के विविध राज्यों में बेसिक शिक्षा का अध्ययन करने के लिए एक समिति गठित की। केन्द्रीय शिक्षा परामर्शदात्री परिषद् ने भी बेसिक शिक्षा के निमित्त एक स्थायी समिति का निर्माण किया है, जिसका काम बेसिक शिक्षा के बारे में परिषद् को परामर्श देना है। प्रथम योजना के अन्त में केन्द्रीय शिक्षा मन्त्रालय ने बेसिक शिक्षा की उन्नति हेतु राष्ट्रीय बेसिक शिक्षा अनुसन्धान केन्द्र की स्थापना की।

बेसिक शिक्षा की उन्नति हेतु द्वितीय पंचवर्षीय योजना में भी प्रमुख रूप से प्रावधान किया गया। इस योजना के आधार पर पूरे भारत में 48 हजार प्राथमिक स्कूलों की स्थापना की गयी। अनेक जूनियर बेसिक स्कूलों को सीनियर बेसिक स्कूलों में बदल दिया गया। साधारण प्रारम्भिक स्कूल तथा जूनियर स्कूल भी बेसिक स्कूलों की प्रणाली में बदले गए। लगभग तीन सौ आदर्श बेसिक स्कूल खोले गये। राष्ट्रीय बेसिक शिक्षा अनुसन्धान केन्द्र ने बेसिक शिक्षा के लिए उपयोगी साहित्यों की रचना की गयी। केन्द्र से बुनियादी 'तालीम' नाम से एक पत्रिका भी निकली गई थी। अखिल भारतीय ऐंग्लो-इण्डियन शिक्षा मण्डल ने अपने स्कूलों में बेसिक शिक्षा आरंभ कर दी। पब्लिक स्कूल सम्मेलन में भी बेसिक शिक्षा में विशेष रूप से ध्यान दिया गया। पब्लिक स्कूलों में बेसिक शिक्षा को लागू करने के संदर्भ में भारत

सरकार ने एक समिति गठित की थी। समिति ने सिफारिश की कि धीरे-धीरे इन स्कूलों में भी बेसिक शिक्षा प्रारंभ की जाए और इस दिशा में सबसे पहला कदम यह हो कि पब्लिक स्कूलों में भारतीय संस्कृति पर विशेष ध्यान दिया जाए।

भारत सरकार ने चौथी पंचवर्षीय योजना समाप्त होने के बाद प्राथमिक शिक्षा को राष्ट्रीय शिक्षा का अंग माना। पंचवर्षीय योजनाओं में अनिवार्य एवं निःशुल्क शिक्षा की व्यवस्था हेतु बेसिक शिक्षा प्रणाली ही स्वीकृत की गई। बेसिक शिक्षा जगत में तो कोई खास प्रगति नहीं हो पायी किन्तु शिक्षा के क्षेत्र में अवश्य उन्नति हुई।

प्रायः बेसिक एक मतभेद का विषय बनी रही। परिणामस्वरूप इसमें अपेक्षित सफलता नहीं मिल पायी। सरकारी उत्साह में भी कुछ कमी थी। भारत सरकार ने सन् 1956 में इस समस्या को दूर करने हेतु कान्सेप्ट ऑफ बेसिक शिक्षा की प्रगति का मूल्यांकन किया और कई महत्वपूर्ण सुझाव दिये। जिसमें से एक सुझाव यह था कि प्रत्येक राज्य के एक विशेष चुने हुए क्षेत्र में बेसिक प्रशिक्षण महाविद्यालय आदि की स्थापना की योजना अब अनुपयुक्त है। समिति ने सुझाव दिया था कि सम्पूर्ण प्रारम्भिक शिक्षा को बेसिक बनाया जाए।

वर्धा शिक्षा योजना की मूल बातें

वर्धा शिक्षा योजना की मूल बातों को संक्षेप में निम्न पंक्तियों में प्रकाश डाला गया है–

1. प्राथमिक शिक्षा में इस बात पर बल दिया जाता है कि बालक जो कुछ घर पर देखता है, उसी के आधार पर विद्यालय में शिक्षा प्राप्त करे। ऐसा नहीं होना चाहिए कि घर एक बात सिखा रहा है और विद्यालय दूसरी बात। गांव का बालक खेती-बारी के निकट रहता है। इस खेती-बारी के माध्यम द्वारा शिक्षा प्राप्त करना उसके लिए सरल होगा। बेसिक शिक्षा इस तथ्य की ओर ध्यान देती है।
2. बेसिक शिक्षा में सबसे प्रमुख बात यह थी किय उसमें व्यवसाय से संबंधित शिक्षा दी जाती थी। यहां इस बात पर यह ध्यान देना आवश्यक है कि बेसिक शिक्षा में उद्योग की शिक्षा न होकर उद्योग के द्वारा शिक्षा होती है। हाथ के काम द्वारा शिक्षा दी जाती है, हाथ का काम केवल माध्यम है। अतः बेसिक स्कूल को कारखाना नहीं समझना चाहिए। हाथ के कामों में तीन मुख्य हैं–कातना, बुनना, खेती का काम और मिट्टी का काम। गाँधी जी के अनुसार इन तीन कामों से मानव जीवन का परिचय बहुत पुराना है।

3. शिक्षा देने की एक विधि समवाय पद्धति है। आधुनिक विदेशी शिक्षा पद्धतियों में भी समवाय का आश्रय लिया गया है। यह बात दूसरी है कि किसी पद्धति में सामाजिक वातावरण का सहारा लिया गया है तो किसी में प्राकृतिक का। प्राथमिक शिक्षा में समवाय प्रमुख रूप के तीन तरह के हैं, जिनमें प्रथम- एक विषय का, दूसरे- विषय से सम्बन्ध स्थापित करके दूसरा प्रत्येक प्रकार के ज्ञान को जीवन से सम्बन्धित करके तथा तीसरा- एक विषय के भिन्न-भिन्न भागों का आपस में सम्बन्ध स्थापित करके।

   समवाय के सकारात्मक एवं नकारात्मक दोनों रूप हैं जैसे सामाजिक अध्ययन के समय मातृभाषा के शब्दों का उच्चारण करना प्रत्यक्ष समवाय पद्धति से पढ़ाते हुए कुछ बातों का ध्यान रखना जरूरी है। इसके लिए विषयों की शिक्षा आवश्यकतानुसार ही हो और शिक्षण के समय का खूब उपयोग किया जाय। समन्वय में अस्वाभाविकता नहीं आनी चाहिए। समन्वय का आधार हस्तकला हो। हस्तकला का चुनाव स्थानीय परिवेश पर आधारित होना चाहिए। पाठ में बालक की क्रियाशीलता का ध्यान रखना चाहिए। समवाय पद्धति में शिक्षक को प्रत्येक अवसर का उपयोग करने हेतु सतर्क रहना पड़ता है।

4. ब्रिटिश शिक्षा प्रणाली में बालक श्रम से घृणा करना सीख जाते थे। बेसिक स्कूल में प्रत्येक छात्र को हाथ से काम करना पड़ता है। इसलिए बालकों में श्रम से घृणा का भाव नहीं आता। बेसिक शिक्षा बालकों में श्रम से प्रेम करने की आदत डाल देती है।

5. प्राथमिक शिक्षा को ज्ञान अनुभवजन्य माना गया है। अनुभव काम करने से ही होता है। काम करके सीखना स्थायी होता है। प्राथमिक शिक्षा में बालक काम करते करते ज्ञानार्जन करते हैं। छात्र तकली चलाते जाते हैं और उसी समय कपास की खेती, सूती उद्योग धन्धों का इतिहास आदि का ज्ञान भी प्रात कर लेते हैं।

6. प्राथमिक शिक्षा भारतीय संस्कृति की पृष्ठभूमि में बालक को शिक्षा देती है। विश्व को आज अहिंसा की जरूरत है। आज ऐसे नागरिकों की जरूरत है जो विज्ञान को सांस्कृतिक नियमों से समन्वित कर सकें। बेसिक शिक्षा ऐसी ही सांस्कृतिक विचारधारा की पोषक है। बेसिक शिक्षा के समर्थक इसे अहिंसक क्रान्ति का बिगुल मानते हैं।

7. सम्पूर्ण छात्रों को बुनियाद स्कूलों में हस्तकला की शिक्षा दी जाती है। उनके द्वारा बनाई गई वस्तुओं की बिक्री से विद्यालय को कुछ आय हो सकती है।

बालक किसी उद्योग को सीखकर भावी जीवन में सुगमता से जीविकोपार्जन भी कर सकता है। इस आधार पर यह कहा जा सकता है कि बेसिक शिक्षा का आधार आर्थिक भी है।

8. प्राथमिक शिक्षा के दौरान ही बालकों के सामाजिक गुणों का विकास किया जाना चाहिए। शिक्षा में पुस्तकों की अपेक्षा स्वतन्त्र ज्ञान पर बल दिया जाता है। समस्त विषयों की शिक्षा किसी हस्तकला के चारों ओर केन्द्रित रहती है। हस्तकला द्वारा बालकों में आज्ञापालन, सहिष्णुता, सहयोग आदि गुणों का विकास किया जाता है। भारतीय समाज के उन्नयन हेतु जिस प्रकार के सदस्यों की जरूरत है, बेसिक शिक्षा उस प्रकार के सदस्य निर्मित करने का दावा करती है।

9. यह शिक्षा मनोविज्ञान के सिद्धांत पर निर्भर है, जिसमें बालक को प्राथमिकता प्रदान की जाती है। बालक को इस शिक्षा में प्रतिदिन आत्म-प्रकाशन का अवसर दिया जाता है। बालक उद्योगों में अच्छा काम करके दूसरों को प्रभावित कर सकता है। इसमें बालक की शक्तियों का विकास किसी कार्य के द्वारा किया जाता है।

10. बुनियाद स्कूलों के विषय में महात्मा गाँधी का मानना था कि इन विद्यालयों को अपना खर्च स्वयं निकालना चाहिए। गाँधीजी ने जिस समय यह बात कही थी, उस समय की परिस्थिति के अनुसार उन्हें यही बात कहनी भी चाहिए थी। देश में निरक्षरता व्याप्त थी। निर्धनता के जंजीर में सम्पूर्ण देश जकड़ा हुआ था। गाँधी जी ने देखा कि देश को साक्षर बनाना तब तक कठिन है जब तक कि स्कूल आर्थिक दृष्टि से स्वावलम्बी नहीं बनते। इसीलिए उन्होंने प्राथमिक शिक्षा में स्वावलम्बन को मुख्य स्थान दिया। किंतु प्रारंभ से ही बेसिक शिक्षा के इस सिद्धान्त का विरोध हुआ है। विरोध के कुछ स्पष्ट आधार हैं जो इस प्रकार हैं–

    (i) कुछ अभिभावकों ने आपत्ति की कि ग्रामीण उद्योग धन्धे सिखाकर बालकों के ज्ञान प्राप्त करने में बाधा डाली जा रही है।
    (ii) स्वावलम्बन से बालकों का शोषण होगा।
    (iii) शिक्षा में कमाने की प्रवृत्ति का आना दुर्भाग्य की बात है। स्वावलम्बन सिद्धान्ततः उपयोगी नहीं है।
    (iv) कोई उद्योग ऐसा नहीं है जिससे विद्यालय का सारा खर्च आ सके।

(v) स्वावलम्बन सिद्धान्त को अपनाने से उद्योग माध्यम न रहकर साध्य हो जायेगा।

(vi) बालकों द्वारा बनाई वस्तुओं में टूट-फूट होना स्वाभाविक है। उद्योग द्वारा शिक्षा देने में कुछ और खर्च करने हेतु तैयार रहना है, खर्च निकालना तो बहुत दूर है।

(vii) बालकों की बनाई वस्तुएँ अच्छी नहीं होंगी। उनकी बिक्री हेतु बाजार मिलना कठिन होगा।

उपरोक्त विवेचित विरोध के कारण शिक्षा के इस सिद्धान्त में सर्वाधिक परिवर्तन व सुधार किया गया। प्राथमिक शिक्षा के समर्थक भी अब यह मानने लगे हैं कि स्वावलम्बन का अर्थ पाठशाला का पूरा खर्च निकालना न होना चाहिए। किंतु स्वावलम्बन के गुण का विकास करने हेतु कुछ न कुछ आय हेतु पाठशाला को प्रयास करना ही चाहिए।

प्राथमिक विद्यालयों के संचालन हेतु पूर्ण स्वावलंबन अब आंशिक बन गया है अर्थात् स्कूल अपना खर्च यथासंभव निकालें और सरकार से भी कुछ मदद लें। कुछ लोग इस आंशिक स्वावलम्बन का भी विरोध करते हैं। किंतु यदि प्राथमिक शिक्षा में आर्थिक तत्व को पूर्णरूपेण उपेक्षित कर दिया जायेगा तो बेसिक शिक्षा का बालक के जीवन से सम्बन्ध नहीं रहेगा, बालक हाथ के काम की ओर ध्यान नहीं देंगे, स्कूल के सामान हेतु अतिरिक्त व्यय की जरूरत पड़ेगी और बालकों में स्वावलम्बन की भावना उत्पन्न नहीं होगी। आज बेसिक शिक्षा में स्वावलम्बन के सिद्धांत को ही आंशिक तथा मर्यादित रूप में स्वीकार किया जाता है।

वर्धा सम्मेलन

गाँधी जी शिक्षा का प्रमुख उद्देश्य स्वावलंबन को ही स्वीकार करते थे। इसी कारण उन्होंने इस संदर्भ में हरिजन पत्र में अनेक महत्वपूर्ण लेख लिखे। 1937 में गाँधी जी ने बुनियादी तालीम पर गहन विचार किया। इन लेखों का बहुत असर हुआ। परिणामतः सेठ जमनालाल बजाज के मारवाड़ी विद्यालय में (वर्धा नामक नगर में) अक्टूबर 1937 ई. में एक शिक्षा सम्मेलन बुलाया गया। इस सम्मेलन में जो प्रस्ताव पारित किया गया, वे कुछ इस प्रकार हैं–

1. 7 वर्ष से 14 वर्ष की अवस्था तक के प्रत्येक बालक को निःशुल्क एवं अनिवार्य शिक्षा प्रदान की जानी चाहिए।

2. शिक्षा का माध्यम मातृभाषा होनी चाहिए।
3. शिक्षण प्रक्रिया का केन्द्र कोई हस्तोद्योग हो। अन्य विषयों की शिक्षा हस्तोद्योग के माध्यम द्वारा दी जानी चाहिए।
4. शिक्षा को इतना स्वावलम्बी अवश्य बना दिया जाय कि उससे अध्यापकों का वेतन निकल सके।

डॉ. जाकिर हुसैन की अध्यक्षता में वर्धा सम्मेलन में एक समिति बनायी गयी। जिनमें कुल नौ सदस्यों का चुनाव किया गया। इन नौ सदस्यों में आर्य नायकम्, काका कालेलकर, जे. सी. कुमारप्पा, किशोरीलाल मशरूवाला, प्रोफेसर के. टी. शाह, आचार्य विनोबा भावे प्रमुख सदस्य थे। इस समिति के अध्यक्ष डॉ. जाकिर हुसैन थे। अतः इस समिति को जाकिर हुसैन समिति भी कहा जाता है। जिसके बारे में हम संक्षिप्त प्रकाश नीचे डालेंगे।

जाकिर हुसैन समिति

डॉ. जाकिर हुसैन का जन्म 8 फरवरी सन् 1897 को हैदराबाद के एक सम्भ्रान्त मुसलिम परिवार में हुआ था। उनके पिता पेशे से वकील थे और "आइन-ए-डक्कन" नामक कानून सम्बन्धी पत्रिका के सम्पादक भी थे। डॉ. जाकिर हुसैन की प्राथमिक शिक्षा हैदराबाद में एक अंग्रेज शिक्षक की देख-रेख में सम्पन्न हुई थी। जब ये 9 वर्ष के थे तभी उनके पिता की मृत्यु हो गयी। इसके बाद पितृग्राम लौट आये। वहीं फर्रुखाबाद में इनकी माध्यमिक शिक्षा पूरी हुई। उसके उपरांत इन्होंने "मोहम्मडन ऐंग्लो ओरियण्टल कॉलेज" से बी.ए. की शिक्षा पास की। पुनः इन्होंने वहीं एम. ए. में नाम लिखवाया, किन्तु बीच में ही 12 अक्टूबर 1920 में राष्ट्र सेवा हेतु गाँधी जी के असहयोग आन्दोलन में कूद पड़े और उनका अध्ययन अधूरा रह गया 18 वर्ष की किशोरावस्था में इनका विवाह शाहजहाँ बेगम से हुआ। कॉलेज छोड़ते ही इन्होंने अलीगढ़ में जामिया मिलिया इस्लामिया राष्ट्रीय शिक्षा संस्था की स्थापना की। यह संस्था 1925 ई. में दिल्ली स्थानान्तरित हो गयी। इस बीच वे सफल शिक्षक के रूप में यहीं कार्य करते रहे।

सन् 1924 में अर्थशास्त्र की उच्च शिक्षा की उपाधि लेने की दृष्टि से ये जर्मनी गए। वहीं से उन्होंने पी.एच.डी. किया। 1926 ई. में वे भारत लौटे और 29 वर्ष की अवस्था में ही वे जामिया मिलिया के उपकुलपति बनाये गए। 1926-48 ई. तक उन्होंने इस पद का कार्यभार संभाला। 1938 ई. से 1950 ई. तक डॉ. हुसैन ने "हिन्दुस्तान तालीमी संघ" सेवा ग्राम के अध्यक्ष पद को गौरवान्वित किया तथा गाँधी

जी के शैक्षिक विचारों को मूर्त रूप देने में महत्वपूर्ण योगदान दिया। 1948 से 1949 तक ये विश्वविद्यालय अनुदान आयोग के सदस्य रहे। 1948 से 1956 तक डॉ. जाकिर हुसैन ने अलीगढ़ विश्वविद्यालय में कुलपति पद पर आसीन होते हुए भी विशेष योगदान दिया। 1952 से 1954 ई. तक इन्होंने भारतीय प्रेस आयोग के सदस्य के रूप में कार्य किया। इन्हें 1954 ई. में "पद्म भूषण" उपाधि से अलंकृत किया गया। 1955 से 1958 ई. तक इन्होंने पेरिस में यूनेस्को की कार्यकारिणी की सदस्यता का भार संभाला। 1957 ई. से 1962 ई. तक ये बिहार के राज्यपाल रहे। 1962 ई. में ये भारत के उपराष्ट्रपति बनाये गए। सन् 1967 ई. में डॉ. जाकिर हुसैन भारत के राष्ट्रपति पद पर प्रतिष्ठित हुए एवं भारतीय जनता के अल्पसंख्यक वर्ग का नेतृत्व किया। इनकी विद्वता के सम्मान में कलकत्ता, काहिरा, अलीगढ़, दिल्ली एवं प्रयाग विश्वविद्यालयों ने इन्हें डी. लिट. की मानद उपाधियाँ प्रदान कर गौरवान्वित किया। भारतीय धरा और संस्कृति की ऐसी महान् विभूति और अधिक दिनों तक सेवा न कर सकी क्योंकि 3 मई, 1969 ई. को अचानक राष्ट्रपति भवन में इस महान विभूति की जीवनलीला समाप्त हो गई और 5 मई, 1969 ई. को इनका पार्थिव शरीर जामिया मिलिया के प्रांगण में दफन कर दिया गया।

डॉ. जाकिर हुसैन की अध्यक्षता में जो समिति बनायी गयी थी, उसके सभी सदस्य गाँधी के विचारों से प्रेरित थे। उनमें काका कालेलकर भी थे। गाँधीवाद पर इनकी अटूट आस्था थी। इससे संबंधित इन्होंने कई पुस्तकों की रचना की। आर्य नायकम् के गाँधीवादी विचारों की छाप देश पर इतनी पड़ी थी कि स्वयं गाँधी जी ने आर्य नायकम् की प्रशंसा की थी। आचार्य विनोबा भावे के सर्वोदय आन्दोलन से सभी परिचित हैं। गाँधी जी के परम शिष्य आचार्य विनोबा भावे पवनार के सन्त कहे जाते थे। भूदान आन्दोलन द्वारा जिस अहिंसक क्रान्ति का उन्होंने सूत्रपात किया था उसकी चर्चा देश ही नहीं विदेशों में भी हुई थी।

जाकिर हुसैन समिति के समस्त (9) सदस्य सत्य और अहिंसा पर विश्वास करते थे तथा गाँधीवादी शिक्षा पद्धति के विकास हेतु समर्पित थे। इन सभी सदस्यों ने गम्भीर चिन्तन-मनन करके जो निष्कर्ष निकाला उससे सभी सदस्य सहमत थे और एकमत होकर उन्होंने प्रतिवेदन प्रस्तुत किये। दिसंबर 1937 में प्रथम प्रतिवेदन और अप्रैल 1938 में दूसरा प्रतिवेदन प्रस्तुत किया गया था। प्रथम प्रतिवेदन में वर्धा शिक्षा योजना के मूल सिद्धान्तों को प्रस्तुत किया गया और इसके उद्देश्यों, अध्यापक, अध्यापक प्रशिक्षण, विद्यालय प्रबन्ध, निरीक्षण, कताई-बुनाई सहित अन्य शिल्प आदि को शामिल किया गया है। द्वितीय प्रतिवेदन में कृषि, धातुकर्म, काष्ठ कला और अन्य

शिल्पों को शामिल किया गया है और इन सब विषयों का विस्तृत पाठ्यक्रम प्रस्तुत किया गया है। इस प्रतिवेदन में यह भी उल्लेख किया गया था कि इन विषयों में साहचर्य कैसे स्थापित किया जा सकता है। शिल्प को आधार मानकर पाठ्यक्रम कैसे पढ़ाया जाए, इसका भी उल्लेख इस प्रतिवेदन में किया गया है।

कांग्रेस के हरिपुरा अधिवेशन में जाकिर हुसैन समिति के प्रतिवेदन को प्रस्तुत किया गया और इसे स्वीकार भी कर लिया गया। इस प्रकार इसे देश के द्वारा भी इस प्रतिवेदन को स्वीकृति मिल गई।

वर्धा शिक्षा योजना द्वारा स्वीकृत पाठ्यक्रम

वर्धा शिक्षा योजना में चित्रांकन, हिन्दुस्तानी, गृह-विज्ञान, मातृभाषा, सामाजिक अध्ययन, सामान्य विज्ञान, अंकगणित, संगीत जैसे विषयों को सम्मिलित किया गया इसके अतिरिक्त योजना में विभिन्न हस्त उद्योग, जैसे कातना, बुनना, गत्ते का काम, चमड़े का काम, काष्ठ कर्म, फल-सब्जियाँ उगाना, खेतीबाड़ी या स्थानीय भौगोलिक परिस्थितियों के अनुसार कोई भी अन्य हस्तोद्योग जिसमें शिक्षा देने की सम्भावनाएँ को भी शामिल किया गया।

इस शिक्षा योजना के अनुसार पांचवीं कक्षा तक सह-शिक्षा होगी। इसलिए इस प्रक्रम तक बालकों तथा कन्याओं का पाठ्यक्रम एक समान होगा। छठी कक्षा से पाठ्यक्रम परिवर्तित किया जायेगा। लड़कियों को गृह-विज्ञान की शिक्षा देने हेतु अन्य वर्ग में सम्मिलित किया जायेगा।

पाठन विधियाँ

वर्धा शिक्षा योजना में परियोजना (प्रोजेक्ट) विधि पर विशेष रूप से ध्यान दिया गया। पठन-पाठन की किसी भी नवीन विधि का प्रयोग नहीं किया गया। आम तौर पर छात्र-छात्राओं के प्रशिक्षण में विभिन्न पाठन विधियों को प्रयोग में लाया गया जिनमें से कुछ विधियाँ अग्रलिखित हैं—

1. अभिव्यक्ति के अन्य साधन—जैसे नाटकीयकरण आदि।
2. समवाय अथवा अनुबन्ध—यहाँ केन्द्रीय विषय के रूप में किसी हस्तोद्योग, सामाजिक वातावरण अथवा भौतिक वातावरण को ग्रहण किया जाता है।
3. क्रिया द्वारा ज्ञानार्जन—इस योजना में केवल उत्पादक एवं लाभप्रद क्रियाओं को ही चुना जाता है।
4. वास्तविक वस्तुओं का प्रदर्शन।

वर्धा शिक्षा योजना की विशेषताएँ

भारतीय संस्कृति के मूल्यों को अपनाना तथा विद्यार्थियों को स्वावलम्बी बनाना। इसके अतिरिक्त अन्य योजनाएँ इस प्रकार हैं जैसे सम्बन्ध, मनोवैज्ञानिक नियमों पर आधारित, सामाजिक भावना का विकास, नागरिकता की शिक्षा, श्रम के प्रति आस्था, गृह उद्योगों को प्रोत्साहन देना, समवायी शिक्षा तथा बालक की क्रियाशीलता को महत्व देना।

वर्धा शिक्षा योजना के दोष

यह शिक्षा उद्योग केन्द्रित थी बाल केन्द्रित नहीं, वर्धा शिक्षा योजना में सबसे पहला दोष यह था कि इस योजना में सम्पूर्ण शिक्षा को उद्योग केन्द्रित कर देने से बौद्धिक शिक्षा का सन्तुलन बिगड़ जायेगा और समाज में जुलाहों, कुम्हारों आदि की संख्या बहुत बढ़ जायेगी।

यह योजना विशेष रूप से ग्रामों हेतु है। नगर में रहने वाले बालकों हेतु इसका प्रयोग सीमित है। स्वावलम्बन का सिद्धान्त उपयुक्त नहीं है। इससे पाठशालाएँ कारखानों का रूप धारण कर लेंगी और अध्यापक अपने वेतन हेतु बालकों का शोषण करेंगे। वर्तमान युग में नये-नये आविष्कार हो रहे हैं। अतएव तकली, चरखा, कताई-बुनाई आदि पर बल देना, देश को अवमति की राह दिखाना है। छोटे-छोटे बालक हस्तोद्योग का ठीक से चयन नहीं कर सकते क्योंकि उनकी रुचियों का विकास नहीं हुआ होता।

इस योजना में नैतिक और धार्मिक शिक्षा की व्यवस्था नहीं की गयी है। इसके अलावा इस योजना का एक दोष यह था कि उसमें छात्र-छात्राओं को स्वाध्याय का बहुत कम अवसर प्राप्त होता है। इस योजना में शारीरिक शिक्षा की उपेक्षा की गयी है, पाठ्यपुस्तकों को आवश्यकता को नजरअंदाज किया गया है।

वर्धा शिक्षा योजना का मूल्यांकन

भारतीय स्वतंत्रता के बाद गाँधी जी के विचारों व अन्य सिद्धांतों की भांति प्राथमिक शिक्षा योजना को नजरअंदाज कर दिया गया। 1966 में गठित कोठारी आयोग ने इसको समाप्त करने पर बल दिया। बुनियादी शिक्षा के नाम पर प्रचुर धनराशि को स्कूल प्राप्त कर उसका दुरुपयोग करने लगे। रातों-रात साइनबोर्ड बदलकर परम्परागत स्कूल बेसिक स्कूल बन गए लेकिन उनमें वर्धा शिक्षा योजना

के मौलिक सिद्धान्तों को उपेक्षित किया जाने लगा। जिस शिक्षा को गाँधी जी ने देश हेतु अपनी सर्वोत्तम भेंट कहा था, उसकी दुर्गति को देखकर स्वयं जाकिर हुसैन को कहना पड़ा कि जिस ढंग से बुनियादी शिक्षा को क्रियान्वयन हो रहा है, वह एक प्रवंचना मात्र है। भारतीय शिक्षा आयोग ने अपने 1966 ई. के प्रतिवेदन में इसके विरुद्ध अपनी सिफारिश प्रस्तुत की। अब देश में वर्धा शिक्षा योजना का महत्व मात्र इतिहास के पन्नों तक ही सीमित रह गया है।